电子商务及经管类专业实践教学创新系列教材

电子商务物流实务

主　编　张　浩　王婷睿
副主编　米传民　彭鸿广
参　编　陈业玲　张　玲
　　　　郝忠娜　孙　伟

机械工业出版社

本书系统地介绍了电子商务物流管理的理论与实务。全书共分九章，对电子商务物流进行了概述，结合实际问题介绍了电子商务物流中的运输管理、仓储管理、配送管理、库存管理等基本知识，结合案例讲解了最常见和实用的B2C和C2C模式下的物流实务，以及电子商务物流信息管理实务和物流保险实务。

书中提供了大量的案例、专栏、小贴士、例题和形式多样的思考、训练与练习题，以供读者阅读、训练使用，便于读者对所学知识的正确理解和巩固以及对综合能力的培养。本书在实用性和操作性方面都具有很强的指导作用，提供知识链接以方便读者作深入的研究，提供电子教案和教学PPT以方便教学。

本书主要是为满足我国高等院校电子商务类和物流类专业本科生专业学习的需要而编写出版的，也可以作为电子商务企业经理、网店经营者以及其他各类管理人员的工作参考书。

图书在版编目（CIP）数据

电子商务物流实务/张浩，王婷睿主编．—北京：机械工业出版社，2014.11（2016.8重印）
电子商务及经管类专业实践教学创新系列教材
ISBN 978-7-111-47740-2

Ⅰ．①电…　Ⅱ．①张…②王…　Ⅲ．①电子商务—物流—物资管理—高等学校—教材
Ⅳ．①F713.36②F252

中国版本图书馆CIP数据核字（2014）第192717号

机械工业出版社（北京市百万庄大街22号　邮政编码100037）
策划编辑：梁　伟　　责任编辑：秦　成　宋　燕
封面设计：鞠　阳　　责任印制：李　洋
北京振兴源印务有限公司印刷
2016年8月第1版第3次印刷
184mm×260mm・15.75印张・388千字
3001—5000册
标准书号：ISBN 978-7-111-47740-2
定价：37.00元

凡购本书，如有缺页、倒页、脱页，由本社发行部调换

电话服务
服务咨询热线：（010）88379833
读者购书热线：（010）88379649

网络服务
机工官网：www.cmpbook.com
机工官博：weibo.com/cmp1952
教育服务网：www.cmpedu.com
金书网：www.golden-book.com

前　言

目前物流问题已成为发展电子商务的瓶颈，各大电子商务网站对物流表现出了前所未有的重视。比如网上零售商亚马逊在凤凰城建了一个有28个足球场那么大的物流中心，淘宝网正在建设推广“物流宝”，京东商城也在自建物流中心，苏宁易购则在完善其线下物流配送体系。

电子商务的发展也影响了物流运营模式的作业特征，物流业正呈现出快速发展并有待完善的形势，不但物流公司专业人员缺乏，而且电子商务网站也更需要物流方面的人才。现代企业普遍实现了信息化管理并联网，也就是说，在开展广义的电子商务过程中，相关物流问题也非常突出。我国这方面的人才非常欠缺，各所高校也正在积极进行人才培养模式的转变及教学方法的改革。

本书在理论够用的原则下，突出实际操作技能的阐述，有助于各类企业分析和解决物流问题，特别是解开电子商务网站和在网上交易的中小商户面临的现实困惑。

本书共分九章。第一章从理念上进行梳理，说明学习本书的重要性，理清电子商务与物流的作用和相互关系，介绍全书的知识结构，提出问题并引导后续章节的学习，然后分两大部分展开阐述。第一部分是物流基础知识，本书是从电子商务角度谈起，重点介绍电子商务物流运输管理、电子商务物流仓储管理、电子商务物流配送管理、电子商务物流库存管理等基本物流问题，以上内容构成了第二～五章。第二部分是实务讲解，结合案例讲解了与电子商务有关的，最常见和实用的B2C和C2C模式下的物流实务，以及电子商务的物流信息管理和物流保险实务及应用，有关内容构成了第六～九章。

书中提供了大量、生动的案例（主要包括导入案例、实用案例和小思考几种类型，部分章节后面还有案例分析），辅以专栏资料、小贴士、小知识、企业家观点等形式多样的讲解方式，配以各种习题和实际操作训练（教学支持中给出了部分训练的资料），以供读者阅读、训练使用，便于学生对所学知识的巩固和综合能力的培养。

本书由张浩和王婷睿负责设计全书结构、草拟写作提纲、组织编写工作和最后统稿定稿。本书编写的具体分工如下：第一章由孙伟编写；第二、八章由米传民编写；第三章由郝忠娜编写；第四章由彭鸿广编写；第五章由陈业玲编写；第六章由张玲编写；第七章由张浩编写；第九章由王婷睿编写。张浩负责第一、五、八章的审稿修改；王婷睿负责第四、六、七章的审稿修改；彭鸿广负责第二、三、九章的审稿修改。

本书教学时建议参考知识链接或其他资料的内容，丰富和补充最新知识，特别是网站发展的最新动态，综合运用知识讲解、案例分析、提问、讨论、训练、习题等方式以达到良好的教学效果。

本书在编写过程中参考了有关书籍和资料，在此向其作者表示衷心的感谢，本书的编写得到了中国互联网协会的支持，得到了政府教育部门和南京林业大学经济管理学院等学校的支持，在这里一并表示感谢！

由于编者水平有限，书中难免存在疏漏之处，敬请读者批评指正。

编　者

目　录

第一章

电子商务物流概述

【教学目标】

通过本章的学习，掌握电子商务及物流的基本概念，了解电子商务和物流活动发展历史和发展趋势；理解电子商务对传统物流活动的影响和电子商务环境下物流活动的特征；理解物流与电子商务的关系、电子商务物流的特点。

【教学指导】

本章是整个教材的先导，为了系统地学习电子商务环境下如何开展物流管理的理论知识和应用方法，建议教师由热点问题引入本课内容，结合案例，引导学生有一个整体性的思考，然后学习本单元的主要内容。通过对电子商务及物流的概念、模式、发展趋势，现代化物流在电子商务活动中的重要作用，电子商务下物流的特点等方面的教授，帮助学生认识和理解电子商务与物流的相互关系及学习电子商务物流的重要意义。

【学习指导】

在基于掌握电子商务和物流概念的基础上，理解电子商务和物流活动的演变过程，从而理解电子商务与物流的相互关系，在学习中要大胆创新，敢于提出自己的见解，培养自己独立思考问题的能力。带着小思考 1-1 的问题，学习后续章节。

【导入案例】

电子商务：中国经济增长新动力

中国网络电视台消息（新闻联播）："'电子商务'，就在我说这四个字的一瞬间，近 19 万元的交易额已经在中国诞生了。可别小看这 19 万元，它让人们的生活方式变了，消费观念变了，让企业的销售渠道变了，发展方式变了。电子商务正在成为我国经济增长新动力。"

送快递的丁杰刚刚被提拔为经理，现在他每天指挥着三四百人的队伍，为客户送货。可四年前刚入行时，在他眼里，这个职业看不到什么前景。

快递员丁杰："那时候我们一个月就拿一千多块钱的工资，而且快件很少，送完这个快件，很可能要跑出去五六公里才有下一个快件。"

活少、路远，是因为当时我国的电子商务还处于起步阶段。那时，网络零售额只有 500 多亿元，仅占当年社会消费品零售总额的 5‰。

科技部现代服务业专家组、副组长柴跃廷："仅仅是星星点点的东西，也就是说还没有到达一个井喷式的发展阶段。"

也是在那时候，我国围绕网络购物、网上交易、支付服务出台了一系列政策、措施，互联网普及率不断攀升，电子商务由此步入了发展的快车道。

网络零售额从起步到500亿元用了十年左右的时间，而从500亿元跃升到5 000亿元，仅仅用了三年。与此同时，网络购物用户规模日益扩大，到2010年年底已达1.61亿人。而快递员丁杰所在的京东商城也以每年200%的速度高速成长。

京东商城董事局主席刘强东："我们上半年接近了100亿元销售额，所以全年能销售280亿元。"

中国社科院财贸研究所副所长荆林波："去年到今年为止，风险投资公司投资中国的互联网企业多达155个项目，这个数字超越了美国纳斯达克市场上所有的融资额度，所以我想我们欣喜地看到中国的电子商务爆炸式的发展期。"

2011年上半年，我国电子商务交易额近3万亿元，网络零售额3 500亿元左右，相当于社会消费品零售总额的4.7%。虚拟经济也带动了实体经济的飞速发展。2010年，我国社会物流总额增长了1.6倍，快递公司猛增到6 500多家，收入570多亿元；第三方电子支付规模增长近60倍，超过了1万亿元；随之兴起的电子商务服务业解决了160多万人的就业。电子商务已成为我国经济发展的新动力。这一切让快递员丁杰的生活有了新变化。

快递员丁杰："以前这一天下来只送20单左右，但是现在这一天下来我能送100多单，现在我拿的工资翻了几番。"

目前，我国正在制定《电子商务发展"十二五"规划》，而涉及电子商务的法律、法规体系也在逐步完善。据商务部测算，到"十二五"末，我国每十个人中就有一个人上网购物，网络零售额超过3万亿元，相当于社会消费品零售总额的9%。

（资料来源：http://news.cntv.cn/program/xwlb/20110827/104838.shtml）

随着互联网络的普及和电子商务环境的逐渐改善，电子商务的巨大优势被企业关注，大量企业正在以不同的形式介入到电子商务活动中，使电子商务以惊人的速度发展。伴随着电子商务的快速发展，物流行业的从业者快递员小丁切切实实地感受到了工作、生活中发生的变化。电子商务和物流作为现代商品流通的两大手段，物流活动在电子商务环境下将发生什么样的变化，具有怎样的特征？它们之间有着怎样的联系？

第一节　电子商务概述

电子商务英文名称有Electronic Commerce（EC）和Electronic Business（EB）之分。EC指的是顾客与服务提供者或商家（包括我们熟悉的商店、商场等）之间的商务关系。比如顾客在网络上购买商品，并享受服务提供者提供的服务等。EB指的是一种更为广泛的商业关系，包括企业内部商务关系、供应链关系、客户关系、在线交易服务等一系列的商务活动内容，既包括顾客与服务提供者之间的商务关系，也包括生产商与原料生产商之间的商务关系，以及商家、生产商和原料生产商与政府部门之间的商务关系等，它是现实社会中存在的不同实体之间的各种商务关系的具体体现。

一、电子商务活动的演变与发展

电子商务活动的雏形可以追溯到20世纪70年代末，主要是通过增值网（Value-Added

Network，VAN）实现企业间的电子数据交换（Electronic Data Interchange，EDI）和电子资金传送（Electronic Funds Transfer，EFT）。EDI 电子商务在 20 世纪 80 年代得到了较大的发展，企业交易双方可以通过 EDI 网络将交易过程中产生的单据、发票等报文数据以规定的标准格式进行数据传送，如图 1-1 所示。到了 20 世纪 90 年代，EDI 电子商务技术发展已经十分成熟，基于 EDI 的电子商务活动可以使企业降低交易成本，提高工作效率，同时减少由于失误带来的损失，因此在国际贸易、海关业务和金融领域 EDI 得到了大量的应用。但是这个阶段的电子商务对技术、设备、人员有较高的要求，并且使用价格极为昂贵，因此 EDI 电子商务仅局限在先进国家和地区及大型企业范围内应用，大多数中小企业难以应用 EDI 开展电子商务活动。

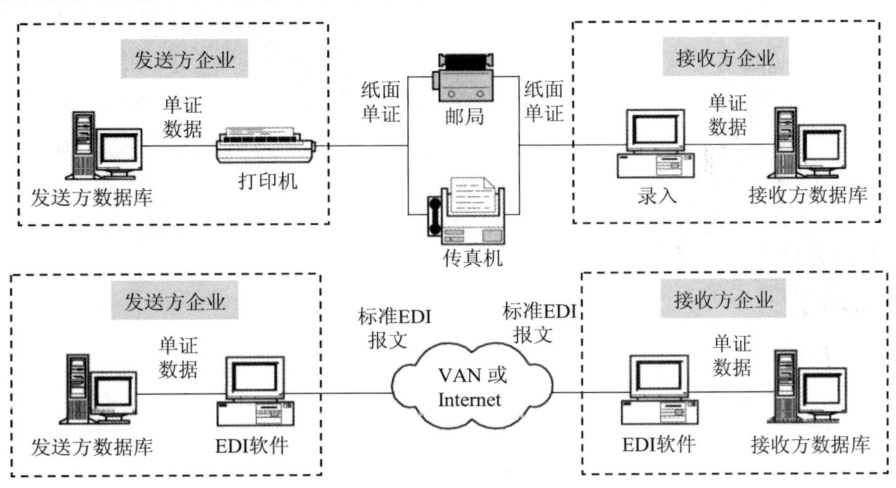

图 1-1　手工条件下贸易单证与 EDI 条件下贸易单证的传递

进入到 20 世纪 90 年代初期，随着信息技术的蓬勃发展，通过互联网开展电子商务活动开始具备现实条件，如图 1-2 所示。这个阶段的电子商务活动的主要特征是，以覆盖全球的互联网络为架构，以交易各方为主体，以银行支付和结算为手段，以客户数据库为依托。商务活动从单纯的网上发布信息、传递信息发展到了在网上完成采购、销售、支付等全部业务流程。与基于增值网的 EDI 电子商务活动相比，基于互联网的电子商务互动为各种各样的企业，无论大小，提供了广阔的发展空间和商机，使中小企业可以用更低的成本进入国际市场参与竞争。同时，互联网为消费者提供了更多的消费选择，使消费者得到更多的利益。基于互联网的电子商务打破了时空的局限，改变了商务活动形态，企业在商务活动中应用电子商务在降低成本、创造商机等方面获得了很大的益处。

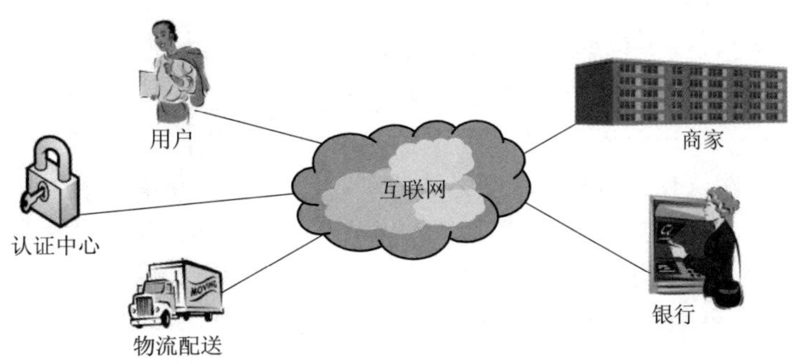

图 1-2　基于互联网的电子商务

从世界范围来看，美国是电子商务起步最早的国家，在技术、市场和法律等方面一直保持在世界领先的地位。加拿大紧随其后，名列世界第二。据统计，目前全球90%的电子商务网站在美国，其每年的电子商务交易总额也超过了全球电子商务交易总额的50%。欧洲国家尽管其电子商务起步较晚，但完善的网络基础设施为电子商务的发展提供了优良的条件，电子商务发展迅速。即使在2009年经济危机的情况下，欧洲网上销售额仍然达到了1 437亿欧元，英国、德国和法国网上销售额占欧洲在线交易的70%，欧洲的网上销售主要集中在旅游、信息、书籍和金融经济四个领域，其中旅游业的网上营业额位居世界第一。根据欧盟和部分国家的电子商务报告，芬兰、瑞典、丹麦等国，企业网上采购的比例已经达到60%以上。在欧洲，人们越来越倾向于网上购物这种便捷的交易方式。

近年来我国电子商务发展同样迅猛，截止到2012年前三个季度我国电子商务市场交易额达5.6万亿元人民币，比去年同期增长25%。在中国互联网信息中心（CNNIC）最新发布的第31次《中国互联网络发展状况统计报告》中，截至2012年12月底我国网民规模已经达到5.64亿人，较2年年底提升3.8%，我国网络购物用户规模达到2.42亿人，网络购物使用率提升至42.9%。与2011年相比，网购用户增长率为24.8%，网络购物应用呈现迅猛的增长势头。

二、电子商务概念的争议

电子商务是翻译过来的术语，对应的英文有EC和EB两种，其概念大约在1996年前后被提出并迅速传播和推广，电子商务的内涵随着网络技术的发展和人们对电子商务认识的深入而在不断地演变，但至今仍缺少一个权威的定义。到底什么是电子商务，我们可以先来看一下国际组织、各国政府、跨国公司和学术界的定义。

1．世界电子商务大会对电子商务的定义

1997年11月6日至7日，国际商会在法国首都巴黎举行第一次世界电子商务会议（The World Business Agenda for Electronic Commerce）。全世界各国商业、信息技术、法律等领域的专家和政府部门的代表参加了这次会议，其中有一项重要内容就是共同探讨电子商务的概念问题，大会结束时发布的电子商务的权威性定义为：电子商务（Electronic Commerce），是指实现整个贸易活动的电子化。从涵盖的范围可以将电子商务定义为：交易的各方以电子贸易的方式，而不是通过当面交换或直接面谈方式进行的任何形式的商业交易活动。从技术方面可以将电子商务定义为：电子商务是一种多技术应用的集合体，包括交换数据（如电子数据交换，电子邮件）、获得数据（如共享数据库、电子公告牌）以及自动捕获数据（如条码、IC卡应用等）。

2．世界贸易组织对电子商务的定义

国际组织世界贸易组织（WTO）在其《电子商务》专题报告中，对电子商务的定义是：电子商务（Electronic Commerce）是通过电信网络进行的生产、营销、销售和流通活动，它不仅是指基于互联网（Internet）上的交易活动，而且是指所有利用电子信息技术（IT）来解决问题、降低成本、增加价值和创造商业和贸易机会的商业活动，包括通过网络实现从原材料查询、采购、产品展示、订购到出品、储运、电子支付等一系列的贸易活动。

3．联合国经济与发展组织对电子商务的定义

联合国经济与发展组织（OECD）对电子商务的定义是：电子商务是发生在开放网络上的

包含企业之间（Business to Business）、企业与消费者之间（Business to Consumer）的商业交易。

4．美国政府对电子商务的定义

美国政府在其《全球电子商务纲要》中比较笼统地指出：电子商务是通过互联网（Internet）进行的各项商务活动，包括广告、交易、支付、服务等活动，全球电子商务将会涉及全球各国。

5．加拿大电子商务协会对电子商务的定义

加拿大电子商务协会对于电子商务给出了较为严格的定义：电子商务是通过数字通信进行商品、服务买卖和资金转账，它还包括公司间和公司内利用电子邮件、EDI、文件传输、传真、电视会议、远程计算机联网所能实现的全部功能（如市场营销、金融结算、销售、商务谈判）。

6．国际著名 IT 公司对电子商务的定义

IBM 公司一直是电子商务的积极倡导者，它对电子商务的描述是，电子商务（EB）是在互联网等网络的广阔联系与传统信息技术系统的丰富资源相互结合的背景下，应运而生的一种相互关联的动态商务活动；它强调的是在计算机网络环境下的商业化应用，不仅仅是硬件和软件的结合，而是在互联网（Internet）、企业内部网（Intranet）、企业外部网（Extranet）下进行的业务活动。其定义公式为：电子商务（EB）=IT+Web+Business；英特尔（Intel）公司对电子商务的定义是，电子商务=电子化的市场+电子化的交易+电子化的服务；惠普（HP）公司提出的定义是，以扩展现代企业信息技术的基础结构，电子商务是跨时空、跨地域的电子化世界（Electronic World），EW（Electronic World）=EC（Electronic Commerce）+EB（Electronic Business）+EC（Electronic Consumer）。

由此可见，电子商务是一门新兴的综合性、应用性的学科，与现实生活有着密切的联系。它是 IT 技术和商务运行结合而产生的一种新型的商务交易过程，是新经济含义下的一种主要经济方式。电子商务，简单来讲就是利用先进的电子技术进行商务活动的总称。在理论上电子商务的概念可以从广义和狭义两个角度来理解。狭义的电子商务是指基于互联网环境下的商品交易及与商品交易相关的商务活动，即 Electronic Commerce，主要是指顾客与商家的网络商务行为。广义的电子商务是指一切利用电子手段进行的商业活动，即 Electronic Business，包括企业内部商务关系、供应链物流关系、客户关系、在线交易等更为广泛的商业关系、商务活动内容。

电子商务的内涵是一个动态的发展过程，由于信息技术不断发展，不断地有新技术和新思想的融入，因此理解电子商务的概念时，不能只注意到它的技术，把电子商务归结为商务活动的电子化，或者把技术手段与商务活动局限于某一发展阶段的内容和表现。电子商务的根本是商务，追求利润、讲求效益是电子商务的第一目标，从商务需求出发，根据商务需求和商务目标选择适当的技术，而不能从技术和模式出发，本末倒置。在开展电子商务时应注意技术背后隐藏着客户和企业的需求，而不能单纯追求技术的先进和系统的完备，没有客户和企业的需求，再好的技术也只能是摆设。

我国在 2007 年由国家发展和改革委员会、国务院信息化工作办公室联合发布了我国首部《电子商务发展“十一五”规划》，其中首次明确了电子商务的基本概念：电子商务是网络化的新型经济活动，即基于互联网、广播电视网和电信网络等电子信息网络的生产、流通和消费活动，而不仅仅是基于互联网的新型交易或流通方式。

三、电子商务的模式

【小贴士 1-1】

关于电子商务模式的认识

我们平时上网时可能习惯在淘宝网、京东商城、亚马逊等网站比较一下价格后，再决定在哪家购买，但是否留意过这些网站有什么不同？除了内容的不同之外，它们之间最大的区别在于经营模式的区别。

美国著名的电子商务专家，北卡罗来纳大学奥斯汀分校的迈克尔·拉普（Michael Rappa）教授曾对商务模式下了这样的定义：商务模式（Business Model）是公司维持自身发展（即取得收入）所采取的商务经营方法，是通过指明公司在价值链的位置来阐述它是如何赚取利润的。

电子商务模式主要是指电子商务的商业模式，即一个企业在网络环境下的商业模式运作，产生收益以维持公司的生存。企业以其核心竞争力提供效益最大化的增值服务是其成功的关键，因此电子商务模式意味着一个企业如何在价值链中定位自己从而获得收益。目前常见的电子商务模式有 B2B、B2C、C2C 和 B2G 模式，其中主要模式下的物流管理实务将在后续章节中讲解。

1．B2B

B2B（Business to Business），即企业与企业之间的电子商务交易模式。它是指商家在特定电子网络平台上进行信息发布、谈判签约、订货付款以及商品发送、管理等所有环节活动。根据采用的网络技术的不同，目前企业间实施的电子商务模式有三大类：一是基于增值网络和内联网（Intranet）的封闭电子商务模式；二是基于 EDI 和企业间网络（Extranet）基础上的电子商务模式；三是基于 Web 互联网（Internet）基础上的企业间电子商务模式，如阿里巴巴（china.alibaba.com）等。

2．B2C

B2C（Business to Customer），即企业与消费者之间的电子商务交易模式。这是利用计算机网络使消费者直接参与经济活动的一种形式，基本等同于电子化的零售，也是普通网民最为熟悉的一种电子商务类型。目前在互联网上有很多这种电子商务类型的例子，如亚马逊（www.amazon.com），我国的京东商城（www.jd.com）、苏宁易购（www.suning.com）、当当网（www.dangdang.com）、中粮我买网（www.womai.com）、海尔商城（www.ehaier.com）等均属此类。这种形式使企业和消费者直接通过互联网进行商品买卖，目前这种模式下的网络商店可以提供的商品和服务很多，从鲜花、书籍到计算机、汽车等，应有尽有。从参与 B2C 商务活动的主体来看，买方是普通顾客，而卖方可以是生产企业也可以是流通企业，生产企业的销售更多体现为网络直销，流通企业的销售则主要体现为网络商店形式。

3．C2C

C2C（Customer to Customer），即消费者与消费者之间的电子商务交易模式，是买卖双方依托第三方提供的电子商务平台实现交易的一种方式。第三方电子商务平台是从事电子商务业务的公司利用互联网技术互联网通信手段，专门打造的供买卖双方从事交易活动

的在线交易虚拟空间，如淘宝网（www.taobao.com）、拍拍（www.paipai.com）等。

4．B2G

B2G（Business to Government），即企业与政府之间的电子商务模式。这种商务活动覆盖政府与企业之间的各项事务，包括政府的采购、税收、商检，以及法规政策颁布等。政府作为消费者，一方面可以通过互联网发布自己的采购清单，公开、透明、高效、廉洁地完成所需物品的采购；另一方面政府对企业宏观调控、指导规范、监督管理等职能通过网络以电子商务方式更能充分、及时地发挥。

四、电子商务的发展趋势

1．美国电子商务的发展趋势

在美国，随着网民中女性网民的数量大幅增加，其电子商务已由注重基本功能的开发，提高使用性能，简化流程节省网络购物时间的趋势，转为网络购物增加趣味性和娱乐性元素的趋势。同时 Facebook 和 Twitter 等具有即时互动功能的社群网站的盛行，也带动了电子商务向社交化、即时化、同步化的发展趋势。例如，亚马逊购物网站就直接把社交网站 Facebook 的社交功能，结合到亚马逊自己的网站上。社交网站与购物网站的结合，使得消费者能够即时分享商品内容、价格波动等消息，也能立即获知别人的消费行为。

2．欧洲电子商务的发展趋势

在欧洲，电子商务随着电子商务投资热潮和移动电子商务的发展，以信息技术为核心，涉及金融、人才、第三方物流等的电子商务服务业迅猛发展，电子商务与企业信息化相互融合，朝着集成化、协同化和服务化的方向发展，明显呈现以政府公共服务带动企业供应链电子商务发展的新趋势。即把各种交易服务集合于一起的发展阶段，在贸易服务、运输服务、信用调查服务、资金结算服务与业务提供商之间构成一个大平台，实现信息资源共享，全方位服务于客户。

3．我国电子商务的发展趋势

在我国，电子商务活动开展时间不长，但发展态势良好，我国政府和有关主管部门对电子商务给予了高度的重视和积极的支持。在商务部发布的《电子商务“十二五”发展指导意见》中明确提出：2015 年电子商务法规标准体系基本形成，协同、高效的电子商务管理与服务体制基本建立，规范、诚信的电子商务交易环境逐步完善；电子商务成为企业拓展市场、推动“中国制造”转型升级的有效手段、消费者方便安全消费的重要渠道；电子商务服务业规模化、规范化发展，成为我国现代商贸流通体系建设的重要组成部分。到 2015 年，我国规模以上企业应用电子商务比例将达 80%以上；应用电子商务完成进出口贸易额占我国当年进出口贸易总额的 10%以上；网络零售额相当于社会消费品零售总额的 9%以上。随着我国经济的快速发展和人民生活水平的提高，电子商务基础设施、网上支付系统和配送系统的完善和技术的进步，我国的电子商务具有以下发展趋势。

（1）纵深化趋势

首先，随着互联网和终端设备的快速普及发展，制约电子商务发展的网络和硬件瓶颈将逐步得到解决，消费者的上网费用将越来越低廉，同时移动电子商务将快速发展，移动通信将成为进行电子商务的主要媒体，同时电子商务的法律环境将更完善，电子商务的安全性将得到有力的提升，中国将结合自身国情，发挥国家在保障电子商务交易安全方面的主导作用，消除人们对目前电子商务安全性的担心。电子商务的物流体系逐步完善，跨地区的专业性物流渠道正在建立和完善，使得电子商务公司在配送体系的选择方面空间更大，成本更低。我国电子商务的支撑环境逐步趋向规范和完善。

其次，企业对电子商务的认识更加深化，实施电子商务的紧迫性和可能性都大大提高，企业电子商务的发展深度进一步拓展。目前，企业发展电子商务的模式还只是处于起步阶段，不成熟的地方很多，主要原因之一是受资金、技术和专业人才缺乏限制，随着电子商务技术创新与集成度的提高，电子商务知识的普及，企业电子商务将向纵深挺进，企业电子商务将从网上商店和门户的形态，过渡到将企业的核心业务流程、客户关系管理等都延伸到互联网上，网络将成为企业资源计划、客户关系管理及供应链管理的中枢神经。

最后，随着网民数量的快速增加，网民的消费观念和行为将发生变化，对电子商务的接受程度提高。个人参与电子商务的深度将得到拓展，个人数字设备、家庭数字电器将加速普及并实现上网，从而拓展电子商务的发展空间。

（2）多元化、专业化

一是随着网民的逐年成长，满足消费者个性化的要求且能够提供专业化的产品线和专业水准的服务将变得至关重要，面向个人消费者的网络消费将呈现专业化趋势。今后我国上网人口仍将是以中高收入水平的人群为主，他们购买力强，受教育程度较高，消费个性化要求比较强烈。因此，基于 B2C 模式电子商务网站前景看好，提供一条龙服务的垂直型网站及某一类产品和服务的专业网站发展潜力也将增大。

二是行业电子商务将成为下一代电子商务发展的主流。我国的电子商务进入迅猛发展时期的典型特征是风险资金、网站定位等将从以往的“大而全”模式转向专业细分的行业商务门户。第一代的电子商务专注于内容，第二代专注于综合性电子商务，而下一代的行业电子商务将增值内容和商务平台紧密集成，充分发挥互联网在信息服务方面的优势，使电子商务进入实用阶段。

（3）国际化趋势

电子商务最大的优势之一就是超越时间、空间的限制，能够有效地打破国家和地区之间各种有形和无形的壁垒，对于促进每个国家和地区对外经济、技术、资金、信息等的交流将起到革命性的作用。我国电子商务企业将走向世界，中国企业需要提升国际竞争力，发展电子商务是缩短国内企业与国外差距的一个最有效的手段，中国企业可以由此与发达国家真正地站在同一个起跑线上。电子商务对我国的中小企业开拓国际市场、利用好国外各种资源也是一个十分有力的方式，借助电子商务，中小企业传统市场竞争力可以得到加强，并有更多的机会将产品销售到全球各个国家和地区。同时国外电子商务企业将努力开拓中国市场，与我国的电子商务企业走向世界一样，国外的电子商务企业也会渗透到国内，如亚马逊在这方面就已先走一步。

第二节　物流管理概述

一、物流活动的演变与发展

物流活动在人类从事产品交换时就已经存在，早期存在于自然界中的劳动工具的运动，以及后来与农业生产相关仓储都可以看作是物流的雏形。人类社会开始商品生产之后，生

产和消费逐渐分离，在连接生产和消费的中间环节产生了物流。随着社会生产规模和消费水平的发展，大生产和专业化分工方式的采用，商品逐渐丰富，生产和消费的分离越来越普遍。但是生产和消费的有效连接却存在着难度，这就需要依靠物流活动来弥补这种分离和分工，由此可见，物流活动的形成是商品经济发展的产物。但物流作为一个与商流分离的独立领域，形成的历史还不是很长，不同国家的物流发展由于历史背景和经济条件的不同，形成了不同的阶段，其实质是基本一样的，大体上可分为以下几个阶段。

1．物流活动的实体分配阶段

实体分配（Physical Distribution）阶段，物流活动的特征是企业重视产品的实体分配过程。由于在20世纪50～60年代市场环境发生改变，由商品的卖方市场变为买方市场。企业为了扩大市场份额，满足不同层次顾客的需求，实行了多样化生产，因此大大增加了库存单位，导致库存成本、订单处理成本及运输成本的增加。企业为了保证利润，不得不把注意力从集中在产品销售上转移到注重产品的物流环节，从而以最低的成本确保产品有效地送达顾客。

2．物流活动的综合物流管理阶段

综合物流管理（Integrated Logistics Management）盛行于20世纪70～80年代，当时企业越来越认识到把物料物流与产品物流综合起来管理，这样可以大大地提高企业经济效益。20世纪70年代后美国首先进行了运输自由化，承运人和货主能自由定价，服务的地理范围也可以扩大了，承运人与货主之间建立了紧密与长期的合作关系，增加了企业系统分析物流、降低成本和改进服务的可能，同时，全球性竞争加剧，采用新的物流管理技术、改进物流系统更加成为必要。

3．供应链物流管理阶段

供应链管理（Supply Chain Management）是20世纪80年代提出的，随着经济和流通的发展，世界各国不同的企业（厂商、批发业者、零售业者）都在进行物流革新，建立相应的物流系统，开始把着眼点放在物流活动的整个过程。供应链物流强调的是在商品的流通过程中企业间加强合作，改变原来各企业分散的物流管理方式，以这种物流体系来提高物流效率，创造的成果由参与企业共同分享，从而形成由供应商、制造商、仓库、配送中心和渠道商等构成的物流网络。这一时期物流需求信息可直接从仓库出货点获取，通过传真方式进行信息交换，产品跟踪采用条码扫描，信息处理技术也得到了有效的改善。同时，这一时期第三方物流也已开始兴起。

二、物流概念的争议

“物流”一词最早起源于美国，1915年阿奇·萧（Arch Shaw）在《市场流通中的若干问题》一书中就提到“物流”一词，英文中主要使用P.D.（Physical Distribution of goods）和Logistics两种表达形式。物流现象普遍存在于社会经济各个领域，由于观察、认识角度的不同，相关定义与理论多种多样、纷繁杂陈。同电子商务的概念一样，世界各国对物流的定义在表述上不尽相同，各种专业组织对物流的认识也因研究的角度不同而存在差异。

1．美国物流管理协会对物流的定义

美国物流管理协会（Concil of Logistics Management，CML）对物流早期的定义是：“物

流是为了计划、执行和控制原材料、在制品库存及制成品从起源地到消费地的有效率地流动而进行的两种或多种活动的集成。这些活动可能包括但不仅限于：顾客服务、需求预测、交通、库存控制、物料搬运、订货处理、零件及服务支持、工厂及仓库选址、采购、包装、退货处理、废弃物回收、运输、仓储管理。”

在 20 世纪 80 年代，美国物流管理协会将其修正为：“物流是对货物、服务及相关信息从起源地到消费地的有效率、有效益地流动和依存，进行计划、执行和控制，以满足顾客要求的过程，该过程包括进向、去向、内部和外部的移动以及以环境保护为目的的物料回收。”

2001 年，美国物流管理协会又对物流定义作了进一步修订，修订后的定义是：“物流是供应链过程的一部分，它是对商品、服务及相关信息在起源地到消费地之间有效率和有效益的正向和反向移动与储存进行的计划、执行与控制，其目的是满足客户要求。”

2．欧洲物流协会对物流的定义

欧洲物流协会（European Logistics Association，ELA）于 1994 年发表的《物流术语》中将物流定义为：“物流是在一个系统内人员或商品的运输、安排及与此相关的支持活动的计划、执行与控制，以达到特定的目的。”

3．日通研究所对物流的定义

日通研究所的《物流手册》中，把物流解释为“物流是把物资从供给者手里移动到需要者手里，创造时间性、场所性价值的经济活动”，它的活动领域是“包装、搬运、保管、在库管理、流通加工、运输、配送等”。物流有各种目的（出货量、目的地、收货人、成本、时间、服务水平等），为了达到其目的，需要使用物流技术（包装方法、运输方法、搬运方法、保管方法、信息处理技术等），并且为了有效地操作，需要管理活动。

4．我国国家标准对物流的定义

我国 2006 年颁布的国家标准《物流术语》（GB/T 18354—2006）中对物流的定义是：“物流是物品从供应地向接收地的实体流动过程。根据实际需要，将运输、储存、装卸、搬运、包装、流通加工、配送、信息处理等基本功能实施有机结合。”

从以上概念中可以看出，对物流的解释尽管在文字上有所差异，但实质内容是一样的。首先，物流是一项经济活动，是各种物品实体从供应者向需求者的物理移动的经济活动；其次，物流是一项管理活动，通过对物流各环节进行计划、组织、执行与控制，从而有效率、有效益地实现物品从供应者到需求者之间的流动；最后，物流是一项服务活动，是物流企业或物流供给者为社会物流需求者提供的一项一体化服务业务，以满足用户对货物流通多方面的需求。

三、物流的主要内容

物流的主要内容也指物流环节或者物流的功能，一般认为其活动内容包括：运输、装卸搬运、仓储、包装、配送、流通加工、物流信息处理等。下面分别介绍（主要是简单直观地介绍物流是做什么的）。

1．运输

运输是物流的中心环节之一，可以说是物流最重要的一个功能。运输的任务是对物资

进行较长距离的空间移动。物流部门通过运输解决物资在生产地点和需要地点之间的空间距离问题，从而创造商品的空间效益，实现其使用价值，以满足社会需要。运输的主要方式有铁道运输、汽车运输、船舶运输（分海运和内河航运两种）、航空运输、管道运输，详见第二章。

2．装卸搬运

装卸搬运是指在同一地域范围内进行的，以改变物体的存放状态和空间位置为主要内容和目的的活动，具体包括：装上、卸下、移送、拣选、分类、堆垛、入库、出库等活动。装卸搬运是伴随输送和保管而产生的必要的物流活动，虽然它本身不产生任何价值，但物流的主要环节，如运输和存储等是靠装卸、搬运活动连接起来的，物流活动其他各个阶段的转换也要通过装卸搬运连接起来。装卸搬运发生次数频繁，作业内容复杂，属于劳动密集型、耗费人力的作业，所消耗的费用在物流费用中也占有相当大的比重。近年来，从事装卸搬运的企业广泛使用各种机械化、信息化、自动化程度高的装备，从而提高作业效率、降低物流成本。

3．仓储

仓储在物流系统中起着缓冲、调节和平衡的作用，是物流的另一个重要环节。产品从生产领域进入消费领域之前，往往要在流通领域停留一定的时间，这就形成了商品储存。在生产过程中，原材料、燃料、备品备件和半成品也需要在相应的生产环节之间有一定的储备，作为生产环节之间的缓冲，可以保证生产的连续进行。仓储的目的是克服产品生产与消费在时间上的差异，使物资产生时间上的效果。它的内容包括储存、管理、保养、维护等活动。需要特别指出的是，仓储管理和库存控制不是一回事，前者更关注于仓库的管理活动，后者更关注于从整体上降低成本、提高效率。

4．包装

包装被称为生产的终点，同时也是社会物流的起点，可分为物流包装和商业包装。对于物流包装，无论是产品或是原材料，在搬运输送以前都要加以某种程度的包装捆扎或装入适当容器，以保证产品完好地被运送到消费者手中或下一环节，所以包装的主要作用是保护物品，使物品的形状、性能、品质在物流过程中不受损坏，通过包装还使物品形成一定的单位，作业时便于处置。商业包装主要起吸引消费者购买、方便使用等作用。本书未对包装进行专门介绍，读者可参考其他教材和文献。

5．配送

配送是按客户的订货要求，以现代送货形式，在物流节点进行分货、配货作业，并将配好的货物合理地送交用户，实现资源的最优配置的物流活动。与运输相比，配送是根据客户订货的要求，在货物集结地的配送中心按照货物种类、规格、品种搭配、数量、时间、送货地点等要求，进行分拣、配货、装卸、车辆调度和路线安排等一系列作业，最终将货物运送给客户的一种特殊的送货形式。与一般的送货不同，配送是以客户为出发点的，客户处于主导地位，真正体现了“用户第一”的观念。此外，配送也不仅仅是送货，还包括分拣、配货和调度车辆等作业，有着不同于传统送货的现代特征。这是物流中最复杂的内容之一，也是电子商务面临的重要现实问题，详见第四章。

6．流通加工

在流通过程中，辅助性的加工活动称为流通加工，如贴标签、分割、简单组装等。此外，包装也可在物流节点完成，从而成为流通加工的重要内容之一。这是为了弥补生产过程加工的不足，更有效地满足用户或本企业的需要，使产需双方更好地衔接，将这些加工活动放在物流过程中完成，而成为物流的一个组成部分。流通加工是生产加工在流通领域中的延伸，也可以看成流通领域为了更好地服务，在职能方面的扩大。

7. 物流信息处理

物流信息是指反映物流各种活动内容的知识、资料、图像、数据、文件的总称。物流信息处理是现代物流区别于传统物流的关键所在。物流与信息的关系非常密切，物流信息和运输、仓储等各个环节都有密切关系，在物流活动中起着神经系统的作用。如果没有信息，物流则是一个单项的活动。只有靠信息的反馈作用，物流才成为一个有反馈作用的，包括了输入、转换、输出和反馈四大要素的现代系统，详见第八章。

四、物流的发展趋势

总体来看，物流的发展将呈现全球化、多功能化、系统化、信息化和标准化的发展趋势，其中信息化是物流活动的核心。现代物流活动充分利用现代信息技术，打破了运输环节独立于生产环节之外的行业界限，特别是通过供应链建立起对企业产、供、销全过程的计划和控制，从而实现物流的信息化，即采用信息技术对传统物流业务进行优化整合，达到降低成本、提高水平的目的。具体来说，物流的发展将呈现以下主要趋势。

1. 第三方物流发展加快

第三方物流已日益成为物流服务的主导方式，通过集成物流相关功能与活动向外部客户提供物流服务，通过提供一整套的物流业务服务于供应链上所有的节点，这是流通领域商、物分离，以及社会分工与专业化深入发展的结果。从欧美国家来看，生产加工企业不再拥有自己的仓库，而由另外的配送中心为自己服务，这已经成为一种趋势。西方发达国家中，美国的第三方物流正从产品生命周期的发展期走向成熟期，市场总额和份额近些年来大幅增长。欧洲第三方物流业的发展世界领先，目前第三方物流服务的使用比例高于北美地区，且市场需求稳速增长。国际和国内多数第三方物流服务企业是从传统的物流相关行业发展起来的，如交通运输业、仓储业、空运业、海运业、货运代理业以及企业内部的相关部门等，他们根据顾客的不同需求，提供各具特色的服务。

2. 信息化程度加强

信息技术、网络技术已日益广泛应用于物流领域，物流与电子商务正在日益融合。电子数据交换（EDI）技术在物流领域的应用曾简化了物流过程中烦琐、耗时的订单处理过程，使得供需双方的物流信息得以即时沟通，物流过程中的各个环节得以精确衔接，极大地提高了物流效率。而互联网的出现则促使物流行业发生了革命性的变化，基于互联网的及时准确的信息传递满足了物流系统高度集约化管理的信息需求，保证了物流网络各节点之间以及节点与总部之间信息的充分共享。

3. 物流发展全球化

物流全球化包含两层含义：一层含义是指经济全球化使世界越来越成为一个整体，大型公司特别是跨国公司日益从全球的角度来构建生产和营销网络，原材料、零部件的采购

和产品销售的全球化相应地带来了物流活动的全球化；另一层含义是指，现代物流业正在全球范围内加速集中，并通过国际兼并与联盟，形成越来越多的物流巨无霸。这些兼并活动不仅拓宽了企业的物流服务领域，同时也大大增强了企业的市场竞争力。世界物流业发展趋势已经与制造业和贸易业的跨国集中一样，逐步向少数国际性的大型物流企业集中。新组成的物流联合企业、跨国公司将充分发挥互联网的优势，充分利用现代信息与通信技术，及时、准确地掌握全球物流动态信息，构筑起全球一体化的物流网络，实现规模化经营，节约时间和费用从而为货主提供优质服务。除此之外，另一种集约化的经营方式是物流企业和组织之间的合作与建立战略联盟。

第三节　电子商务与物流

一、电子商务与物流的关系

1．物流是电子商务的重要环节和根本保证

电子商务是以数字化网络为基础进行的商品、货币和服务交易，优势在于减少信息社会的商业中间环节，缩短周期、降低成本、提高经营效率、提高服务质量，使企业有效地参与竞争。电子商务的每笔交易都包含三个基本过程：商品信息的发布与交流；网上商品的交易与结算；商品送达用户手中的配送过程。其中，信息流、商流和资金流的处理都可以通过计算机和网络通信设备实现，而商品实体的流动则是较为特殊的一种。除了少数电子产品（如软件、电子出版物、信息咨询服务等）可以直接通过网络传输的方式交货，大多数商品传输仍要通过实体物流来解决。

在电子商务交易活动的成本中，物流成本占相当高的比例，物流服务的质量直接影响到货物的正确性、交货期、货损率等，现在顾客的要求越来越高，竞争也越来越激烈，因此物流在整个电子商务活动中占据着非常重要的地位，它的成功与否直接关系到电子商务的成败，它的运作效率和成本决定着电子商务所带来的经济价值。

【实用案例 1-1】

亚马逊物流中心：规模巨大令人惊叹

北京时间 2012 年 12 月 4 日消息，据国外媒体报道，世界上最大的网上零售商是亚马逊，而亚马逊最大的物流中心是在美国亚利桑那州的凤凰城。这个物流中心有 28 个足球场那么大，鉴于他们的目标是在每个时候都能提供每个人需要的每样东西，这样巨大的规模也不算是出人意料。

为了处理顾客订单，亚马逊在全球设立了 80 个物流中心。尽管亚马逊现有的业务规模已经非常惊人，它还计划在未来一年左右的时间内，在加利福尼亚州开设至少两个新的物流中心。

随着假期购物季的全面展开，为了满足预期中的顾客购物需求，亚马逊雇用了额外 5 万名员工。

Imgur 用户 SippingTea 发布了一些令人惊讶的照片（见图 1-3），让我们对这种巨大的业务规模有个直观的了解。

图 1-3　亚马逊物流中心

（资料来源：http://news.xinhuanet.com/tech/2012-12/04/c_124042588.htm）

物流是实现电子商务“以顾客为中心”理念的根本保证。电子商务归根到底是商务，没有准确、及时的物流配送，再先进的电子商务都只能是空中楼阁。可以想象，如果消费者在网上购买的商品，不能及时送到，或者送来的并非是所购商品，那消费者还会选择网上购物吗？相反，快捷、准确又便宜的配送服务则有利于扩大电子商务的市场范围，提高其市场竞争力，从而推动电子商务的快速发展。纵观世界各国中电子商务发展较快的企业，不难发现他们都是以强大的配送能力为支撑的。

2．电子商务为物流带来了新的挑战和机遇

表面上看，电子商务似乎只是交易方式的改变，实际上以电子商务为代表的信息技术也改变着社会经济的各个方面，给物流活动的经济环境带来了全方位的变化。

首先表现在生产环境上的变化。电子商务通过互联网突破了时间和空间的界限，将企业与消费者、企业与企业，以及企业内部之间的经济依存关系连接得更加紧密。生产企业得以通过网络平台来重新配置各种社会资源、简化商务实现程序、提高各环节的运作效率，

这将使一些新型生产方式由于运作成本降低而迅速普及，如大规模定制生产、JIT 生产等。这些新型生产方式需要的是一种从需求出发的拉动式供应链，其关键就在于高效、准确的配送服务。

其次表现在消费环境的变化。消费者的地域范围扩大了，只要有了互联网，人们就可以通过它搜寻所需商品并进行交易。同时在电子商务中，消费者不需要置身商场，挑选商品和付款活动都在网络虚拟的商店中进行，因此，不可能再指望消费者自己完成交易后的物流活动，这个任务只能由卖方来承担，消费方式的改变意味着配送必须向末端延伸，配送终点由零售店变成更加分散的千家万户。

最后表现在商流环境的变化。电子商务对商流的改变是最直接的，首先是对商流渠道的整合，也就是减少中间环节，使渠道由细长到扁平。流通渠道扁平化的必然结果是企业将面临更多、更分散的流通渠道，因此电子商务大大提高了商流的速度，这必然要求网下的物流配送与其匹配，否则就不能充分发挥电子商务方便、快捷的优势。

电子商务的发展对物流活动提出了更高的要求，在电子商务环境下的物流活动的配送范围将更广泛（全球采购），目的地将更分散（配送到家），物流速度将更快，配送反应能力将更强，配送服务水平将更高，配送成本将更低，并具有可视性及其他增值服务。

二、电子商务对物流的影响

1．观念上的变化

电子商务对传统的物流观念带来了深刻的影响。传统的物流企业需要置备大面积的仓库，而电子商务系统网络化的虚拟企业将散置在各地的分属不同所有人的仓库通过网络系统连接起来，使之成为“虚拟仓库”，进行统一管理和调配使用，服务半径和货物集散空间都放大了。例如在 2009 年京东商城成立物流公司，自建全国物流体系，目前已在华北、华东、华南、西南、华中、东北的建立六大物流中心，覆盖了全国各大城市，并在西安、杭州等城市设立二级库房，仓储总面积超过 500 000m^2。这样的企业在组织资源的速度、规模、效率和资源的合理配置方面都是传统配送所不可比拟的，相应的物流观念也必须是全新的。

2．技术上的变化

各种新型物流技术和装备，特别是信息技术的应用明显得到加强，互联网信息技术对物流活动的控制取代了传统的物流活动的管理程序。传统的物流配送过程是由多个业务流程组成的，受人为因素影响和时间影响很大。网络的应用可以实现整个过程的实时监控和实时决策，当系统收到一个需求信息时，可在最短的时间内作出反应，任何一个有关配送的信息和资源都会通过网络管理在几秒钟内传到有关环节。并按照预定的工作流程通知各环节开始工作。由于改变了在传统的物流配送管理中信息交流的限制，在电子商务环境下完成一个物流配送的时间将大大缩短。这种变化在我们的周围就能感知，比如现在许多快递公司已运用了条码技术，在打印发票时也实现了无线远程终端打印，即在收件现场实时打印。

3．流程上的变化

电子商务网络的使用简化了物流配送过程，推动了传统物流企业的变革。传统物流配送的整个过程极为烦琐，而在电子商务环境下的新型物流配送中心里可以大大缩短这一过程。在互联网支持下的信息技术的使用，将使物流配送周期缩短，成本降低，从而提高物流配送企业的竞争力。随着物流行业的普及和发展，行业内竞争也越来越激烈，使得用传统的方法获得超额利润的时间和数量会越来越少，由于信息不对称所带来的盈利机会越来越少，物流企业只有主动变革，具有真正的创新和实力才能获得超额利润。

【实用案例 1-2】

山东菏泽交通集团的信息化建设

按照“突破发展，做大做强”的发展战略，山东省菏泽交通集团货物物流业围绕实现由经营车辆向经营货源、由经营运输向经营物流两个转变，计划通过搭建物流信息和物流运输两个平台，不断发展车辆，加快基础设施和物流园区建设，形成以物流园区、物流大市场为中心，以各级货运站、配载点为支撑，以各类车辆为载体，集货运交易、货运配载、仓储中转于一体的功能齐全的现代化货运物流业。

建设菏泽交运物流信息平台，需要结合公众互联网、内部网络、无线 WAP 网络、无线 GPRS、无线 3G、电话电路等多种综合技术手段，以达到多渠道、全方位为物流企业服务的目的。

（1）信息平台系统

平台中的重点模块如下。

客户端软件：通过 CS 模式客户端软件为用户提供实时有效的车源、货源信息，为车主、货主搭建及时有效的沟通桥梁。

PC 客户端：PC 客户端是运行在用户计算机上的客户端软件，通过对用户计算机绑定限定用户登录保障软件使用的安全性。用户可以通过 PC 客户端软件进行车源、货源等物流信息的发布和查询。

手机客户端（内嵌）：在支持 PC 客户端的同时，开发手机客户端的版本，覆盖无法上网或不方便上网的用户使用。目前支持 Win Moblie（智能手机操作系统）、塞班（Symbian）手机操作系统的客户端。习惯使用手机的用户可以通过手机客户端系统发布自己的物流信息。

WAP 网站：建设手机 WAP 网站，不方便使用 PC 进行访问的用户可以通过手机访问下载适合用户手机类型的客户端软件。

呼叫中心：建设开通呼叫中心。用户可以通过拨打热线电话，通过话务员的帮助获得信息平台上用户发布的各种物流信息。通过短信接口，话务员可以将用户需要的信息直接发送到对方的手机上。

网上商城：提供网上商城的接口功能。

数据交换网关：为了更大限度地满足客户的需求，为客户提供更多的物流信息资源，系统通过 Web Service 的方式提供与社会上其他物流信息平台进行数据共享的接口，这样不仅能帮助客户在更多的信息平台上查询信息，同时能将客户发布的信息在更多的物流信息平台上同步进行发送，从而增加了成功的机会。

（2）主要拓展的业务

1）短信服务。系统可以根据客户登记的手机号码，组合一定格式的短信内容，直接发

送到客户手机上，系统支持管理人员手工发送、模版发送，同时也支持系统自动进行短信发送功能。

2）车辆人员定位。通过 GPS 或者基站定位，系统可以实时追踪车辆或者货物的位置，从而实现对车辆、货物的管理，为车辆的高效、安全运行提供了保障。物流企业因为行业性质，其有大量的员工需要在外工作，公司对其在工作期间的行为难以掌握，通过对员工配备 3G 终端，便可以通过定位功能顺利地解决该问题。

3）移动物流系统。移动物流系统将相关的数据信息保存在移动终端内，业务人员可以将终端内的数据通过联通 3G 网络传输到企业内部的业务系统中，同时移动终端也能主动地从业务系统中获取自己所需要的数据信息。

（资料来源：www.ciotimes.com）

三、电子商务环境下物流的特征

与传统的物流活动相比，电子商务环境下的物流活动具有以下特征。

1．虚拟性

电子商务物流配送的虚拟性来源于网络的虚拟性。通过借助现代计算机技术，配送活动已由过去的实体空间拓展到了虚拟网络空间，实体作业节点可用虚拟信息节点的形式表现出来。实体配送活动的各项职能和功能可在计算机上进行仿真模拟，通过虚拟配送，找到实体配送中存在的不合理现象，从而进行组合优化，最终实现实体配送过程的效率最高、费用最少、距离最短、时间最少等目标。

2．实时性

虚拟性的特性不仅能够有助于辅助决策，让决策者获得高效的决策信息支持，还可以实现对配送过程的实时管理。配送在数字化、代码化之后，突破了时空制约，配送业务运营商与客户均可通过共享信息平台获取相应配送信息，从而最大限度地减少各方之间的信息不对称，有效地缩小了配送活动过程中的运作不确定性与环节间的衔接不确定性，打破以往配送途中的“失控”状态，做到全程的“监控配送”。

3．个性化

个性化配送是电子商务物流配送的重要特性之一。作为物流最后一个环节的配送服务，所面对的市场需求是多品种、少批量、多批次、短周期的，小规模的频繁配送将导致配送企业的成本增加，这就必须寻求新的利润增长点，而个性化配送正是这样一个开采不尽的“利润源泉”。电子商务物流配送的个性化体现为“配”的个性化和“送”的个性化。“配”的个性化主要是指通过配送企业在流通节点（配送中心）根据客户的指令对配送对象进行个性化流通加工，从而增加产品的附加价值。“送”的个性化主要是指依据客户要求的配送习惯、喜好的配送方式等为每一位客户制定量体裁衣式的配送方案。

4．增值性

除了传统的分拣、备货、配货、加工、包装、送货等作业以外，电子商务物流配送的功能还向上游延伸到市场调研与预测、采购及订单处理，向下延伸到物流咨询、物流方案的选择和规划，库存控制决策，物流教育与培训等附加功能，从而为客户提供具有更多增值性的物流服务。

【小思考 1-1】

苏宁易购的物流体系

苏宁易购是苏宁电器旗下新一代 B2C 综合网上购物平台，现已覆盖传统家电、3C 电器、日用百货等品类。苏宁电器高层表示，苏宁易购的各项基础运营平台和外部推广条件已经全部成熟，苏宁电器将依托自身庞大的采购和服务网络，和全球数千家家电厂商、IBM、思科等技术合作伙伴、新浪等网站倾力合作，力争用三年时间使苏宁易购占据中国家电网购市场超过 20%的份额，将其打造成为中国最大的 3C 家电 B2C 网站，强化与实体门店“陆军”协同作战的虚拟网络“空军”，全面创新连锁模式。

仔细研究会发现，在苏宁易购上购买商品时，其承诺的配送时间相对其他网站要短，这与该集团强大的线下实体店与配送体系有关。作为消费者，购物时的操作只是点几下鼠标，而这背后有一系列的问题值得深思：是由谁把货送上门呢？是第三方物流吗？是苏宁自己送吗？购买冰箱和购买小家电一样吗？专门为你一个人送吗？用什么交通工具送？车上装了些什么？车从哪儿来？走什么路线？货物是怎样装上车的？先装什么、后装什么？仓库里如何知道哪辆车装什么货？这些货在仓库的什么位置？怎样备货和把需要的货分拣出来？需要的货仓库里全有吗？如果没有怎么办？仓库里的货又从哪儿来？准备多少？什么时候订货？和供应商如何谈？我们要带着这一系列的问题来学习后面的章节。

【本章小结】

本章主要介绍了电子商务及物流的基本概念、电子商务和物流活动发展历史和发展趋势，以及电子商务对传统物流活动的影响和电子商务环境下的物流活动所具有的特征等基本知识点，通过对电子商务及物流的概念、模式、发展趋势，现代化物流在电子商务活动中的重要作用、电子商务下物流的特点等方面的学习，为系统地学习本书后面的章节内容打下基础。

【知识链接】

阅读材料：

[1] 唐纳德 · 鲍尔索克斯，等．供应链物流管理[M]．马士华，译．北京：机械工业出版社，2010.

[2] 特班，等．电子商务：管理视角[M]．严建援，等译．北京：机械工业出版社，2011.

[3] 陈秋双，龙磊，等．现代物流系统概论[M]．北京：中国水利水电出版社，2005.

[4] 张浩，等．采购管理与库存控制[M]．北京：北京大学出版社，2010.

网站资料：

艾瑞网 http://www.iresearch.cn/

中国电子商务研究中心 http://b2b.toocle.com/
中国互联网信息中心 http://www.cnnic.cn/
腾讯科技频道 http://tech.qq.com/
中国物流学会 http://csl.chinawuliu.com.cn/
中国物流与运输网 http://www.cltnet.cn/

【习题】

1．试述世界各著名 IT 公司对电子商务的定义。
2．物流活动的演变与发展经历哪几个阶段？各有什么特点？
3．关于物流管理，有很多概念，我们应该如何去认识它们？
4．简述电子商务与物流之间的关系。
5．简述电子商务环境下物流活动的特征。

第二章

电子商务物流运输管理

【教学目标】

通过本章学习，了解物流运输的作用与原理，结合国内外物流运输案例，掌握物流运输方式、组织管理、业务管理、商务管理，以及国际货物运输的基本内容。

【教学指导】

建议教师结合运输发展趋势，以及我国物流运输现状，与教材内容对比分析。讲解时可补充其他引导案例，尤其是注重结合我国物流运输管理发展中存在的问题，针对具体情况，结合国外典型案例，进行比较讲解。

【学习指导】

建议在网上购物或网上销售时，注意物流运输方式的比较，结合运输业发展实际状况进行电子商务物流运输的分析，从而理解运输在电子商务物流中的作用，以及掌握物流运输管理的主要内容。

【导入案例】

京东商城自建物流再升级 自营干线运输运营

近日，京东商城一辆辆满载货物的货柜车从北京马驹桥的京东库房缓缓驶出，京东商城自营干线运输车队宣告正式投入运营。此举作为京东商城“货通全国，物畅其流”目标的有力支撑，将为消费者带来更为便捷的购物感受。随着京东商城自建物流体系的再度升级，“送货更快、更精准，服务更周到”的购物体验将加倍提升。

京东商城自营干线运输正式投入运营，实现了城市之间运输的自主性，提高仓库与仓库之间的运输速度，是京东商城自建物流战略中的重要举措。据悉，京东此前的长途运输主要采用第三方物流，运输期间经停站点多，装卸货物频率高、差错率也更高，如遇销售旺季，面对海量的货物运输压力，第三方物流的缺陷更会不断放大。

京东商城自建干线运输运营，从根本上完善了京东物流配送系统，解决了物流配送在运输环节的各种问题，在运输能力、运输效率、投递精准性、配送服务等方面均将大大提升。以从北京到上海为例，自营干线运输车队仅需 18～20h 即可到达，运输时间大大缩短。

对此京东商城方面表示，自营干线运输车队的建立，主要是为了改善客户的购物体验，也将进一步为客户提供更充分、准确的库存准备，大大提高配送效率。

京东商城自营干线运输以单价上百万元的“SCANIA”牵引车担当主力，所有牵引车均配有采用空气悬挂技术制造的挂车，减震效果更加明显，可以最大限度地减少货物在长途运输中的意外损害。长达 18m 的载货箱体，可以达到单车运载近 100m^3 货物的能力。京东商城运输车队的“豪华阵容”，为车队安全快速和强大的运输能力提供了最可靠的保障。

目前，京东商城已拥有六大物流中心，在全国超过 300 座城市建立了配送队伍，京东商城通过不断完善“最后一公里”配送服务，从速度和服务细节上提升客户体验。而此次其自营干线运输的实现更是提高了城市间运输效率，确保配送的时效性在可控范围之内，更进一步打通了全国物流网络。

随着用户对物流效率的要求越来越高，只有大力构建自己的物流体系，掌控物流的所有环节，才能实现运营环节的效率最大化。业内人士分析，京东商城自营干线运输车队正式运营，强大的运输能力和快速准确的投递特点，将让客户的购物体验焕然一新，此举作为京东商城“货通全国，物畅其流”的有力支撑，让消费者省心、放心、安心的同时，也必然成为京东商城区别于其他电商平台的优势。

（资料来源：http://it.sohu.com/20120627/n346675565.shtml）

运输是物流的主要功能要素之一。对大多数企业来说，运输成本在整个物流成本中所占的比例是最大的。综合分析表明，从供应源到最终消费源的物流过程中，运输费用占全部物流费用的 50%左右，一些企业甚至达到 60%。因此，重视物流运输管理，可以有效降低运输成本，从而降低物流成本。

第一节　物流运输概述

一、物流运输的概念

运输是指人或货物借助运输工具和运输基础设施在空间上产生的位置移动。运输的主要目的是在满足用户要求的前提下，以最少的时间和最低的费用完成货物的空间位移。

物流运输是指利用载运设备和工具，将货物从供应地向接收地运送的物流活动，包括集货、分配、搬运、中转、装卸、分散等一系列操作。在物流运输中，将生产领域内的运输称为“搬运”，将小宗货物从物流网点到用户的短途、末端运输称为“配送”。

装卸搬运是指在同一个地域范围内进行的、以改变货物的存放状态和空间位置为主要内容和目的的活动。其中，装卸是物品在指定地点以人力或机械把货物装入运输设备或卸下；搬运是指在同一场所，以对物品进行水平移动为主的物流作业。在实际操作中，装卸和搬运往往密不可分。

运输的“运”与搬运的“运”，主要区别在于：运输是在较大范围内发生的；搬运是在同一地域的小范围内发生的。

二、物流运输的作用

物流运输的作用主要体现在以下几个方面。

1．物流运输是社会物质生产的必要条件之一

交通运输业是整个国民经济的一个重要产业部门，在社会再生产过程中发挥着重要作用。物流运输是保证企业有节奏地生产、开发新的自然资源和劳动资源，促进地区经济和国际贸易发展的必要条件。物流运输作为社会物质生产的必要条件，表现在两个方面：①在企业中，物流运输是生产的直接组成部分。没有物流运输，生产的各个环节就无法连接。②在社会上，物流运输是生产过程的继续，这一活动连接生产与再生产、生产与消费的各个环节，连接国民经济各部门、各企业，连接城乡，连接不同国家和地区。

2．物流运输是物流的主要功能要素之一

根据物流的概念，物流是货物的物理性运动，这种运动不仅改变了物的空间状态，也改变了物的时间状态。物流运输不仅可以改变货物的空间状态，也可以部分改变货物的时间状态，再配以搬运、配送等活动，完成改变货物空间状态的全部任务。在物流概念日益普及的今天，依然有许多人认为物流就是运输，因为运输是物流最主要的活动，尽管这种认知是不全面的，但可见运输在物流中占有重要的地位。

3．物流运输可创造空间效用

通过改变货物的空间位置而创造的价值是物流运输的空间效用。物流运输的空间效用是指同种货物由于所处的位置不同，其使用价值实现的程度也就不同，即效用价值不同。通过物流运输活动，将货物从效用价值低的地方转移到效用价值高的地方，从而使货物的使用价值得到更好的体现，即创造货物的最佳效用价值。从这个意义上讲，物流运输提高了货物的使用价值。

4．物流运输可创造时间效用

物流运输除创造空间效用外，还创造时间效用，具有一定的储存功能。物流运输的时间效用，是指货物处在不同的时刻，使用价值实现的程度不同，效用价值也不一样。通过储存保管，使货物从效用价值低的时刻延迟到效用价值高的时刻再进入消费，从而更好地实现商品的使用价值，而这一过程的实现离不开物流运输。

5．物流运输是“第三方利润”的主要源泉

降低生产成本中的物化劳动消耗，即原材料成本的降低，称为“第一利润源”；提高劳动生产率以降低活劳动消耗称为“第二利润源”；降低物流成本称为“第三利润源”。随着科学技术的进步，通过降低物料消耗和提高劳动生产率，取得利润的潜力越来越小，因此通过降低物流成本取得利润越来越受到重视。在整个物流成本中，运输成本的比重最大，因此物流运输成为“第三利润源”的主要源泉。

三、物流运输的分类

物流运输按不同的分类标准，有不同的分类方法。

1．按运输设备及运输工具分类

物流运输按运输设备及运输工具分类，主要分为铁路运输、公路运输、水路运输、航空运输、管道运输。这些运输方式是物流运输的重要内容，将在第二节进行专门分析。

2．按运输的范畴分类

物流运输按运输的范畴分类，主要分为干线运输、支线运输、二次运输和厂内运输。

（1）干线运输

干线运输是运输的主体，它是利用铁路、道路干线、大型船舶的固定航线进行的长距离、大载量的运输，是进行远距离空间位移的重要运输方式。

（2）支线运输

支线运输是与运输干线相接的分支线路上的运输。支线运输是干线运输与收、发货地点之间的补充性运输形式，路程较短，运输量相对较小。支线的建设水平往往低于干线，运输工具水平也往往低于干线，因而速度较慢。

（3）二次运输

这是一种补充性的运输方式，路程短，是干线、支线运输到站后，站与仓库或指定接货地点之间的运输。二次运输的运量一般较小。

（4）厂内运输

这是在工业企业范围内，直接为生产过程服务的运输，一般发生在车间与车间之间、车间与仓库之间。此外，与厂内运输对应的物流，可称为厂内物流。

3．按运输的协作程度分类

物流运输按运输的协作程度分类，主要分为一般运输和联合运输。

（1）一般运输

一般运输是指孤立地采用不同运输工具或采用同类运输工具但没有形成有机协作关系的运输方式。

（2）联合运输

联合运输简称“联运”，是使用同一运送凭证，由不同运输方式或不同运输企业进行有机衔接以接运货物，利用每种运输手段的优势以充分发挥不同运输工具效率的一种运输形式。采用联合运输方式，对用户来讲，可以简化托运手续，方便用户，同时可以加速运输速度，也有利于节省运费。

4．按运输中途是否换载分类

物流运输按运输中途是否换载分类，主要分为直达运输和中转运输。

（1）直达运输

直达运输是在组织货物运输时，利用一种运输工具从起运站、港一直运送至到达站、港，中途不经过换载、不入库储存的运输形式。

直达运输可以避免中途换载所出现的运输速度减缓、货损增加、费用增加等一系列弊病，从而能缩短运输时间、加快车船周转、降低运输费用、提高运输质量。

（2）中转运输

所谓中转运输，是指在组织货物运输时，在货物运往目的地的过程中，在途中的车站、港口、仓库进行转运换转，包括同种运输工具不同运输线路的转运换装，不同运输工具之间的转运换装。

中转运输的作用在于，通过中转，往往将干线、支线运输有效地衔接，不仅可以化整为零或集零为整，从而方便用户、提高运输效率；还可以充分发挥不同运输工具在不同路段上的最优水平，从而获得节约或效益，也有助于加快运输速度。中转运输方式的缺点是在换载时，会出现低速度、高货损、增加费用支出的情况。

中转运输及直达运输在不同条件下各有利弊，优劣不能笼统言之。因此，在具体运输过程中，需要从整体考虑，以总体效益为最终判断标准。

5．几种特殊的运输方式

除了上述物流运输方式外，还存在一些特殊的物流运输方式。

（1）成组运输

成组运输是指借助一定的成组工具或设备，将两个以上质量轻、体积小的单件货物组合成同一尺寸、规范化、标准化的大货物单元，再进行运输的方式。成组运输便于实现机械化、自动化操作，提高运输、装卸效率，减少货损货差，大幅度地提高运输速度，从而最终降低运输和搬运成本。成组运输的主要形式有托盘运输和集装箱运输。

1）托盘运输。根据 2006 年 12 月正式发布、2007 年 5 月起正式实施的中华人民共和国国家标准《物流术语》（GB/T 18354—2006），对托盘定义为：“用于集装、堆放、搬运和运输的放置作为单元负荷的货物和制品的水平平台装置。”托盘运输的优势主要表现在加速货物搬运和降低运输成本方面。托盘的发展可与叉车同步，叉车与托盘的共同使用，形成的有效装卸系统大大地促进了装卸活动的发展，装卸机械化水平得以大幅度提高，使长期以来在运输过程中的装卸瓶颈得以解决或改善。可以说，托盘的出现有效地促进了整个物流过程水平的提高。

2）集装箱运输。集装箱运输是指货物装在集装箱内进行运送的一种新颖的、先进的现代化运输方式。集装箱运输不能单纯理解为用集装箱载运货物，更应理解为通过集装箱实行多种运输方式的联合运输。集装箱运输发展迅速，在现代物流运输中具有重要地位，本章后面将专门对其进行阐述。

（2）多式联运

多式联运是一种以实现货物整体运输的最优化效益为目标的联运组织形式，是根据实际运输要求，将不同的运输方式组合成综合件的一体化运输。多式联运是将全程运输作为一个完整的单一运输过程来安排，通过一次托运、一次计费、一张单证、一次保险，由各运输区段的承运人共同完成货物的全程运输。多式联运广泛应用于国际货物运输中，这种情况被称为国际多式联运。

（3）散装运输

散装运输是指货物不带包装的运输，是使用专用设备将产品直接由生产厂方送至用户使用地的运输方式。适合散装运输的货物见表 2-1。

表 2-1　适合散装运输的货物

类　别	主要货物
液体类产品	原油、汽油、煤油、柴油等油料，液体化工品，食用油等
固体类产品	水泥、粉煤灰等粉料，沥青、焦炭等块料，化工产品中各种塑料切片、粒料、粉料等

散装运输可以节省包装材料和费用，减少货物在运输过程中的损失，提高运输质量，加速车船周转速度，提高运输效率。据推算，水泥由纸包装改为散装，每吨可节省包装费 8.3 元。实行散装运输的优越性还在于工作环节少，机械化、自动化程度高，装卸速度快。

第二节　物流运输方式

一、铁路运输

铁路运输是利用机车、车辆等技术设备沿铺设轨道运行的运输方式。铁路运输与其他现代化运输方式相比较，具有下列特点。

1．运输能力大

铁路运输能力大，能负担大量客货运输，每辆列车载运货物和旅客的容量远比飞机和汽车大得多。

2．速度快

常规铁路的列车运行速度一般为 80km/h 左右，而在高速铁路上运行的旅客列车目前速度可达 300km/h，甚至更高。铁路货运速度虽比客运慢一些，但是每昼夜的平均货物送达速度还是比水路运输快。

3．成本低

虽然由于设备和站点等的限制使得铁路营运的固定成本较高，但是铁路营运变动成本相对较低，这使得铁路运输的总成本通常比道路运输和航空运输要低。高固定成本和低变动成本使得铁路运输的规模经济十分明显。运距越长，运量越大，单位成本就越低。

4．安全可靠

铁路运输安全可靠，环境污染小，单位能源消耗较少，并且铁路运输一般可全天候运营，受气候条件限制小。

由于铁路运输具有上述技术经济特点，因此，铁路运输极适合国土幅员辽阔的大陆国家，适合运送经常的、稳定的大宗货物，适合中长距离的货物运输以及城市间旅客运输的需要。

二、公路运输

公路运输主要是使用机动车，也使用其他车辆在公路上进行客货运输的一种方式。公路运输在所有的运输方式中是影响面最广泛的一种运输方式。其主要特点如下。

1．全运程速度最快

因公路运输可实现“门到门”运输，故可减少货物转换运输工具所需要的等待时间与搬运时间，对于限时运送的货物，或市场临时急需的货物，更适合公路运输，尤其是短途运输，其整个运输过程较其他任何方式都迅速、方便。一般来讲，运距在 200km 以内，汽车公路运输的实际运输速度比铁路运输和水路运输快 3 倍以上。

2. 运用灵活

公路运输具有较强的灵活性，可随时调拨，不受时间限制，且停放方便。

3. 受地形气候限制小

汽车在道路上行驶，可翻山越岭，受地形限制小，遇到恶劣气候，影响也较小。

4. 载运量小

同火车、轮船等运输工具相比，公路运输所采用的汽车运输工具，载运量要小得多。

5. 安全性差

公路运输，由于车种复杂、道路不良、驾驶人员疏忽等因素，交通事故率相对较高，安全性较差。

在综合运输体系中，公路运输的灵活性最强。公路运输可以实现“门到门”运输，可实现即时运输，起运批量小，服务范围广，能最大限度地满足货主个性化的服务要求。公路运输还可负担铁路运输、水路运输达不到的区域内的运输，它是补充和衔接其他运输方式的运输方式。在短距离运输时，汽车速度明显高于铁路和水运。但在长途运输方面，有其缺陷：一是耗用燃料多，造成途中费用过高；二是汽车设备磨损大，因此折旧费和维修费用高。

因此，公路运输比较适宜在内陆地区运输短途旅客、货物。因而，它可以与铁路、水路联运，为铁路、港口集中、疏散和运输物资，可以在其他运输方式难以触及的区域（如偏远山区等）进行旅客和货物运输。

三、水路运输

水路运输是使用船舶等浮运工具，在江、河、湖、海及人工水道上载运货物的一种运输方式。水路运输主要承担大吨位、长距离的货物运输，是在干线运输中起主力作用的运输形式。在内河及沿海，水路运输也常作为小型运输工具使用，担任补充及衔接大批量干线运输的任务。水路运输在形式上，有沿海运输、近海运输、远洋运输和内河运输等方式。水路运输具有如下特点。

1. 成本低

在水路运输中，除运河以外的内河航道均是利用天然江河加以整治，修建必要的导航设备和港口码头等就可通航。海运航道更是大自然的产物，一般不需要人工整治，且海运航线往往可以取两港口间的最短海运距离。因此，一般来说，河运的平均运输成本比铁路低，而海运的成本更低。

2. 运送能力大

水路运输的输送能力相当大。在远洋运输中，目前世界上超巨型油船的运载质量达 55 万 t，巨型客船已超过 8 万 t。海上运输在条件允许的情况下，可改造为最有利的航线，因此，海上运输的输送能力巨大。

此外，由于水路运输具有占地少、运量大、投资省、运输成本低等特点，在运输长、大、重件货物时，与铁路运输、公路运输相比，水路运输更具有突出的优点。对过重、过

长的大重件货物，铁路运输、公路运输无法承运，而水路运输都可以完成。对大宗货物的长距离运输，水路运输则是一种最经济的运输方式。

水路运输速度通常比铁路运输等运输方式慢，而且受自然条件的限制较大，冬季河道或港口冰冻时即须停航，海上风暴也会影响正常航行。

四、航空运输

航空运输是使用飞机或其他航空器进行客货运输的一种形式。航空运输始于 20 世纪初，是在第二次世界大战后才逐渐繁荣起来的现代运输方式。随着航空运输技术的不断成熟，航空运输在长距离运输中具有无可比拟的优势。

与其他运输方式相比，航空运输最大的特点是速度快，并且具有一定的机动性。现代普通的运输机，时速一般在 900km/h 左右，比火车快 5～10 倍，比海轮快 20～25 倍。航空运输不受地形地貌、山川河流的阻碍，只要有机场并有航路设施保证，即可开辟航线。如果用直升机运输，则机动性更大。其局限性主要表现在：①航空货运的运输费用较其他运输方式高，不适合低价值货物运输；②舱容有限，载运能力小，对大件货物或大批量货物运输有一定限制；③飞行安全容易受恶劣气候影响等。

因此，航空运输只适宜长途旅客运输和体积小、价值高的物资，如鲜活食品、邮件等货物的运输，此外在紧急情况下，如战争情况下也是一种快速的运输方式。

五、管道运输

管道运输是利用管道输送气体、液体和粉状固体的一种运输方式，货物在管道内顺着压力方向移动从而实现货物的运输。随着石油、天然气等燃料需求的增加，管道运输逐渐形成沟通石油、天然气资源与石油加工场所以及消费者之间的主要输送工具。管道不仅修建在一国之内，还连接国与国之间、洲与洲之间，成为国际、洲际能源调剂的大动脉。

管道运输具有输送能力大（管径为 1 200mm 的原油管道年输送量可达 1 亿 t）、效率高、成本低以及能耗小等优点。由于管道埋于地下，所以基本不受气候影响，可以长期稳定运行，沿线不产生噪声且漏失污染小，并且除泵站、首末站占用一些土地外，管道运输占用土地少，且不受地形与坡度限制，易取捷径，可缩短运输里程。管道输送流体能源，主要依靠每隔一段距离设置的增压站提供压力能，因此，设备运行比较简单，易于就地自动化和进行集中遥控，由于节能和高度自动化，用人较少，运输费用较低，是一种很有发展前景的现代化运输方式。

但是，管道运输也存在缺点：灵活性差，适宜长期定向、定点、定品种运输；合理运输量范围较窄，若运输量变化幅度过大，则管道运输的优越性难以发挥，更不能输送不同品种的货物。

六、集装箱运输

1956 年 4 月美国人马尔康·马克林（Malcon Mclean）首先在纽约—休斯敦航线上开展了海陆集装箱联运试验，取得了成功并获得了巨大的经济效益，每吨货物装卸成本仅为原来的 1/37。20 世纪 60 年代末期开始，集装箱在世界范围内迅速发展，完成了集装箱箱型的标准化，集装箱运输工具也逐渐完成了由改装型向专用型的过渡，集装箱专用码头（泊位）和专业作业线大量建成和投入使用，大型的专用装卸设备（装卸桥、龙门吊等）和堆场机械投入使用，与集装箱运输相适应的管理体系逐步形成。由于集装箱运输使货物流通过程中各个环节发生重大改变，被称为20世纪的“运输革命”。伴随着现代社会物流业的迅猛发展，集装箱运输作为运输的一个重要形式，在现代物流组织中越发显得重要。

1．集装箱的定义、分类

所谓集装箱，是指具有一定强度、刚度和规格的专供周转使用的大型装货容器。根据国家标准化技术委员会（International Organization for Standardization Technical Committee: ISP/TC 104）及我国《物流术语》（GB/T 18354—2006）的规定，集装箱是具有下列条件和特征的货物运输容器：能长期反复使用，具有足够的强度；各种运输方式联运或中途中转时，不需进行倒装；可以进行机械装卸，并可从一种运输方式比较方便地直接换装到另一种运输方式；便于货物的装卸作业和充分利用容积；内部几何容积在1m^3以上。

集装箱的主要分类如下。

（1）按照集装箱用途分类

1）杂货集装箱（Dry Cargo Container）。杂货集装箱也称为干货集装箱或通用集装箱，适用于除冷冻货、活动物、植物以外，不需要调节温度，且在尺寸、质量等方面均适用于箱内的所有货物。在集装箱门类中，这种集装箱所占比重最大，国际标准组织建议的标准集装箱系列，就是指这种集装箱。

2）保温集装箱（Insulated Container）。保温集装箱是用于需要冷藏和保温的货物运输的集装箱，一般其箱壁用导热率低的材料隔热。保温集装箱又可以分为以下三种。

① 冷藏集装箱（Refrigerated Container），货物装于箱内可保持一定的温度，主要用于运输冷冻货物。

② 隔热集装箱（Insulated Produce Container），一种以干冰制冷，防止箱内温度上升、保持货物新鲜的集装箱，适用于载运蔬菜、水果等。

③ 通风集装箱（Ventilated Container），这是一种在端壁上开有通风口的集装箱，适用于载运不需冷冻，但有呼吸作用的水果。

3）特种集装箱（Special Container）。它适用于装运特种货物，有散货集装箱、框架集装箱、开顶集装箱、罐式集装箱、汽车集装箱、牲畜集装箱、兽皮集装箱、平台集装箱等。

（2）按大小分类

集装箱按大小分类可分为以下三种。

1）大型箱，装载量在20t以上的大型箱（如20ft箱、40ft箱）。

2）小型箱，装载量在5t以下的（如我国通用的1t箱）。

3）中型箱，装载量在5～20t的为中型箱（如我国通用的5t箱、10t箱）。

（3）按规格尺寸分类

目前，国际上通常使用的干货柜有：

1）20ft货柜，外尺寸为20ft×8ft×8ft6in。

2）40ft货柜，外尺寸为40ft×8ft×8ft6in。

3）40ft高柜，外尺寸为40ft×8ft×9ft6in。

（4）按制造材料分类

集装箱按制造材料分类，有钢制集装箱、铝合金集装箱、玻璃钢集装箱，此外还有木集装箱、不锈钢集装箱等。钢制集装箱，用钢材造成，其优点是强度大、结构牢、焊接性高、水密性好、价格低廉；缺点是重量大、防腐性差。铝合金集装箱，用铝合金材料制成，其优点是重量轻、外表美观、防腐蚀、弹性好、加工方便、制造成本低、修理费低、使用年限长；缺点是造价高、焊接性能差。玻璃钢集装箱，用玻璃钢材料制成，其优点是强度大、刚性好、内容积大、隔热、防腐、耐化学性好、易清扫、修理简便；缺点是重量大、易老化、拧螺栓处强度降低。

（5）按结构分类

集装箱按结构分类，可分为三类，有固定式集装箱、折叠式集装箱和薄壳式集装箱。固定式集装箱还可分密闭集装箱、开顶集装箱（Open Top Container）、板架集装箱等。折叠式集装箱是指集装箱的主要部件（侧壁、端壁和箱顶）能简单地折叠或分解，再次使用时可以方便地再组合起来。薄壳式集装箱是把所有部件组成一个钢体，它的优点是重量轻，可以适应所发生的扭力而不会引起永久变形。

2．集装箱的规格标准和术语

1933 年，欧洲的国家铁路联盟（UIC）制定出最早的集装箱标准。1964 年，国际标准化组织制定了集装箱的国际标准，主要包括：集装箱的名称术语；集装箱的分类，外部尺寸、内部尺寸和质量等级；集装箱角件的技术条件；集装箱的技术和试验方法；集装箱的代号、识别、标记和操作方法等。

在我国，1978 年制定了货物集装箱的国家标准，集装箱重量系列采用 5t、10t、20t 和 30t 四种，相应的型号为 5D、10D、ICC、IAA。其中 5D 和 10D 集装箱主要用于国内运输，ICC 和 IAA 集装箱主要用于国际运输。

在集装箱运输过程中，经常使用的集装箱名词术语如下。

（1）集装箱外尺寸（Container’s Overall External Dimensions）

它包括集装箱永久性附件在内的集装箱外部最大的长、宽、高尺寸。它是确定集装箱能否在船舶、底盘车、货车、铁路车辆之间进行换装的主要参数，是各运输部门必须掌握的一个重要技术参数。

（2）集装箱内尺寸（Container’s Internal Dimensions）

它是指集装箱内部的最大长、宽、高尺寸。它决定集装箱内部容积和箱内货物的最大尺寸。集装箱内容积是按集装箱内尺寸计算的装货容积，是物资部门或其他装箱人必须掌握的重要技术资料。

（3）集装箱计算单位（Twenty-feet Equivalent Units，TEU）

国际上以 20ft 的标准集装箱作为计算单位，即 1 个 TEU，则一个 40ft 的集装箱为 2 个 TEU。在国际运输中，集装箱船舶的载运量、码头、堆场通过能力和装卸、搬运机械的生产效率等都是以标准箱来计算。

3．集装箱运输的特点

（1）集装箱运输是一种高效率的运输方式

由于货物的标准化和装卸机械、运输工具的专业化和大型化，使集装箱运输成为一种高效率的运输方式，具体体现在：①装卸效率高；②运输工具利用率高；③货物运达速度快；④节省货物的运输包装费用和运杂费用；⑤提高库场使用率。

（2）集装箱运输是一种高质量的运输方式

集装箱运输是以标准大小的箱为运算单元，其装卸、转换、运输、暂存过程中都是以箱为单位整体进行的，提高了货物运达速度。在运输过程中，货物都是装在箱内，且箱子又有较高的强度和较好的封闭性，可以降低运输过程中由于各种原因引起的货损、货差、被盗、丢失的可能性。

为了保证集装箱运输的高效率，货物全程运输所涉及的各环节（托运、装卸、通关等）都简化了手续，大大方便和简化了货主办理单据和各种财务及行政手续。

（3）集装箱运输是一种资金高度密集型的运输产业

集装箱运输中的集装箱、各类运输工具的现代化，各种港站设施、机械设备及整个集疏运系统都需要投入大量的资金。同时，集装箱运输需要的人力资源相对较少，但对人员素质提出更高的要求。

（4）集装箱运输是一种专业化、标准化的运输方式

集装箱运输的专业化和标准化主要体现在以下几个方面。

1）由箱型的标准化及货物装在箱内运输带来的货物重量和外形尺度的标准化。

2）各种运输方式中运输工具的专业化和标准化。

3）各类港、站设施的专业化，以及结构、布局及设计要求的标准化。

4）各类装卸、搬运机械设备的标准化。

5）运输管理组织、运输装卸技术工艺的标准化。

6）运输法规、运输单据的统一化、标准化等。

4．集装箱运输的组成要素

从系统论观点来讲，现代化集装箱运输系统是一个世界范围的复杂的专业化运输系统，其基本组成要素如下。

（1）适箱货物

适箱货物是指本身具有较高价值，其外包装现状、尺度及重量等属性使之可以有限装载于集装箱内进行运输的货物。

（2）国际集装箱

国际集装箱是货物标准化的装运工具和外包装。它既是货物的一部分，又是运输工具的组成部分，是运输的基本单元。

（3）集装箱海上运输干线及干线船舶

集装箱海上运输干线的设置、各干线上挂港及船型和班期的确定，一般由各航运公司根据货物的流向和流量、港口的地理位置和泊位条件及周边地区集疏运条件等因素，并考虑本公司运输组织的合理性、经济性及市场占有份额等因素来综合确定的。

（4）集装箱运输港口与码头子系统

它主要是指世界各地的干线（枢纽）港及其码头。这类港口具有集装箱专用码头，均配备现代化的装卸机械和管理信息系统，其吞吐量中中转箱应占有较大比重，应当具有较完善的集疏运系统。

（5）内陆（包括沿海）集疏运子系统

集装箱运输系统的集疏运子系统是围绕各干线（枢纽港）展开的，是由各种方式的运输

线路（包括铁路、公路、内河航运、海上支线、远洋运输船舶等）和各类集装箱货物集散点（包括码头堆场、集装箱货运站、内陆（港）货运站、铁路办理站、公路转运站、内河码头、支线港、货主工厂和仓库等）组成的覆盖枢纽港及周边广大地区的网络系统，一般具有多级结构。

（6）集装箱运输管理子系统

与上述要素相比，集装箱运输管理子系统属于相对“软”的组成部分，主要包括：管理机构、经营机构、集装箱运输的法规及标准体系、集装箱运输技术和工艺体系、集装箱运输管理信息系统等。

（7）与集装箱运输相关的子系统

由于集装箱运输是一个复杂的系统工程，因此也受到其他子系统的支持和影响。这些子系统甚至直接参加其业务活动，但又不是集装箱运输系统固有的事物和实体。

【小知识 2-1】

沃尔玛冷藏箱运输

沃尔玛（Wal-Mart Stores, Inc.）（NYSE: WMT）总部位于美国阿肯色州的本顿维尔，主要涉足零售业，作为一家世界性连锁企业，以营业额计算为全球最大的公司，同时也是世界上雇员最多的企业。目前，沃尔玛在全球 15 个国家开设了超过 8 000 家商场，下设 53 个品牌，员工总数 210 多万人，每周光临沃尔玛的顾客 2 亿人次。在中国，2006 年 8 月 28 日深圳配送中心由蛇口搬迁至龙岗区坪山镇，第一期使用面积比原配送中心的面积增加一倍。沃尔玛的业务之所以能够迅速增长，并且成为现在非常著名的公司之一，是因为沃尔玛在节省成本以及在物流配送系统与供应链管理方面取得的巨大成就。

沃尔玛在整个物流过程当中，最昂贵的就是运输部分，所以沃尔玛在设置新卖场时，尽量以其现有配送中心为出发点，卖场一般都设在配送中心周围，以缩短送货时间，降低送货成本。沃尔玛在物流方面的投资，也集中用于物流配送中心建设。

1995 年以来，由于分布于美国和世界各地超市大卖场食品杂货销售量逐年增长，水产品、肉制品、乳制品和速冻食品等日常保鲜食品份额的不断扩大，时刻紧盯全球食品市场动态变化的沃尔玛因势利导，在 2012 年扩大投资 4 亿～5 亿美元，进一步扩充公司内部拼箱冷藏集装箱业务的团队，在优化其干货集装箱运输业务的同时，加速延伸其经营管理的冷藏拼箱运输业务在全球的覆盖面，其冷藏集装箱拼箱运输模式涉及范围包括远洋货轮、拖轮、集装箱卡车和航空运输。专门负责货运的沃尔玛集团副总裁（Tracy Rosser）曾指出：“当前美国和世界各地的拼箱冷藏集装箱运输网络功能不足，冷藏拼箱业务缺口大。这正是沃尔玛通过改革创新和扩大投资，双管齐下，大力发展全球性冷藏拼箱集装箱运输业务的原因。”

采用冷藏或者干货拼箱运输模式的食品杂货和其他货物不分项目种类多少和数量大小。各个地区配送中心集装箱卡车运输车队、供货商、仓储经营商、批发零售商等供应链合伙人可通过信息技术网络和信息共享系统实现一体化，或者相互密切配合的经营管理。这样可以弥补普通冷藏集装箱运输功能的不足，最大限度地利用美国和世界各地集装箱卡车运输能力，从而把集装箱卡车运输空载率降低到最低水平；同时又严格控制配送中心和超市大卖场等各个环节的存货水平，促使货物流向更加精准，避免市场资源浪费和产品成本扩大，从而进一步提高沃尔玛的经济效益。

（资料来源：百度百科—— 沃尔玛公司）

第三节　物流运输管理

一、物流运输管理的含义

物流运输管理是指按照运输的规律和规则，对整个物流运输过程所涉及的各种活动，包括原材料入厂和成品出厂的运输、自有运输/租用或购买运输的决策、运输方式及承运人的选择、承运人和托运人的合同、战略伙伴关系的建立、路线计划的确定等，采用计算机技术对于人力、运力、财力和运输设备进行合理组织和平衡调整，监督实施，达到为用户提供优质运输服务、提高物流效率、降低物流成本的目的。根据物流运输的特点，在管理中应贯彻“及时、准确、经济、安全”的基本原则。

1）及时，即按照产、供、销等环节的实际需要，将货物及时送达指定地点，尽量缩短货物的在途时间。

2）准确，即在运输活动中，避免各种内外部因素的影响和差错事故的发生，准确无误地将货物送交指定的收货人。

3）经济，即通过合理地选择运输方式和运输路线，有效地利用各种运输工具和设备，减少消耗，提高运输经济效益，合理地降低运输费用。

4）安全，即在运输过程中，能够防止霉烂、残损及危险事故的发生，保证货物的完整无损。

二、物流运输管理的内容

物流运输管理的内容包括运输市场的宏观管理和物流运输业务的微观管理两个层面。

运输市场的宏观管理是政府主管部门对运输行业的管理，包括运输市场准入的管理，运输市场各项规章的制定、执行与监控等，以建立和完善公开、公平、公正的运输市场竞争环境。

物流运输业务的微观管理是企业对运输过程的业务管理，包括货物的发送、接运、中转等业务和安全运输的管理，以达到提高效率、降低成本的目的。发送业务是根据交通运输部门的规定，按照运输计划，将货物从起运地运往目的地的第一个环节。接运业务是在办理交接手续后，将到达的货物及时地接运到指定地点的工作。当货物从起运地到目的地之间不能依靠一次运输直达时，就要经过二次运输而发生中转作业。中转作业起着承前启后的作用，既要及时接运前一程运输的货物，又要及时发送该货物，使之进入下一程运输。运输安全管理是指要努力防止运输事故的发生，建立和健全各项运输安全制度，并严格执行，还应及时处理运输事故，一旦发生运输事故，有关各方当事人要立即采取措施，减少损失，分清责任，及时处理。

另外，从管理科学角度来讲，物流运输管理包括物流运输方式优化、运输路线优化、运输组织计划及其编制、运输调度管理等内容，相关内容可参阅物流运输组织、物流运输管理的参考书。本书后面主要结合国际物流运输发展趋势，从实务方面，对同电子商务物

流运输相关的国际多式联运和国际货运代理进行阐述。

【实用案例 2-1】

UPS 为敦煌网提供电子商务运输解决方案

2009 年 8 月 7 日，UPS（纽约证券交易所代码：UPS）北京公司宣布其全套整合的运输工具现已在敦煌网（www.dhgate.com）上线。敦煌网是中国领先的全球在线批发交易平台。UPS 科技为敦煌网用户带来便利的综合运输体验，提高交易管理效率。

UPS 在线工具与敦煌网交易系统的整合，使敦煌网用户可以在交易环节中计算物流成本、要求 UPS 取货、追踪货运情况并查看国际货运的中转时间。

“敦煌网是目前中国唯一整合全套 UPS 在线工具的 B2B 电子商务交易平台。此次合作在降低交易成本、提高跨境交易物流可靠性和便利性方面都为我们的客户带来独一无二的体验。”敦煌网创始人兼首席执行官王树彤女士表示，“在 UPS 的帮助下，敦煌网用户的跨境交易物流过程简化，交易周期缩短，大幅提升了用户的交易管理效率。”

由于 UPS 技术节约了打电话、计算处理和文件归档所需的时间，敦煌网的买家与卖家均将显著受益。此外，通过使用 UPS 在线工具，买方可在网上而不是打电话追踪查询订单的状态，这也可以帮助卖方节省在客户服务方面的成本。

UPS 特有的签名追踪功能，使卖方在线即可查询到包括电子签名和递送地址的证明信息，从而加快了付款的流程。

“敦煌网的发展，适应并抓住了全球微经济趋势的潮流。敦煌网通过开辟全球在线跨境交易渠道，帮助中国的中小供应商直接对接海外千万级的新生代买家群体，为全球的小型企业提供新的成长机会。”王树彤说。

作为中国批发贸易领域在线交易的先驱，敦煌网现为 40 万中国中小供应商与 210 万全球买家提供在线外贸交易服务。敦煌网一直致力于将国际贸易在线化，为更安全、更有效、更流畅的在线外贸交易而不断努力，与 UPS 的合作就是这一宗旨的力证。

UPS 中国区总裁兼亚太区资深副总裁黎松江先生表示：“中国电子商务平台有着巨大的发展空间，在全球经济中将越来越重要。UPS 与敦煌网的业务合作关系体现了我们在这个领域的信心。凭借我们独一无二的全球覆盖网络、各种限时快递产品以及供应链解决方案，UPS 已为助力中国电子商务的发展与成功做好了充分准备。”

根据 2008 年 *Internet Retailer* 杂志的报道，UPS 为美国 25 大在线零售商中的 22 家提供了递送服务。UPS 也在近期将其运输技术与香港 eBay 进行了整合。这一整合与本次敦煌网的合作一起，说明 UPS 在中国正积极投身快速发展的电子商务领域。

UPS 在线系统的第一阶段现已登录敦煌网的在线交易平台，第二阶段的系统整合将会在今年完成。当系统实现全面整合，UPS 在线工具将为敦煌网在线客户带来前所未有的全方位便捷体验，用户可输入货物大小实时估算费率，并追踪其货物运输状态。

UPS 在线工具的主要亮点如下。

（1）第一阶段整合的要点

● 运输（Shipping）——处理货运事宜，打印标签。只要单击一下按钮，即能自动检索并保存每笔交易的目的地信息，大大提高采购效率和售后客户满意度。

● 追踪（Tracking）——通过对货物运输状态的自动更新，允许买卖双方进行包裹追踪。

（2）第二阶段整合的要点

● 费率与服务选择（Rates and Service Selection）——确保实时获取 UPS 的运输费率。

● 中转时间（Time in Transit）——比较 UPS 不同运输服务类型的速度。

● 美国地址确认（UPS U.S. Address Validation）——确保客户下单时输入的美国运输地址是准确无误的。

● UPS 在线取货（UPS Online Pickup）——在线安排取货时间/地点，无需通过 UPS 客服热线取货。

● 签名追踪（Signature Tracking）——除了追踪包裹，客户还能获得递送信息的重要证明，包括电子签名和送货地址。

● 无纸化发票（Paperless Invoice）——以电子化方式提交商业发票，加快清关速度，同时降低国际处理等待的可能性，节约墨水和纸张。

● 回邮（Returns）——通过提供 UPS 回邮标签或取件请求，简化买方的退货程序。

● 国际贸易工具（Trade Ability）——获取最新法规和许可信息、监视清单与表格，并可实时追踪客户的国际运输情况。

（资料来源：http://finance.qq.com/a/20090811/003571.htm）

三、国际多式联运

国际多式联运是一种以实现货物整体运输的最优化效益为目标的联运组织形式，是指由多式联运经营人使用两种或两种以上的不同运输方式，将货物送至目的地的国际货物运输。它是通过一次托运，一次计费，一次单证，一次保险，由各运输区段的承运人共同完成货物的全程运输，将货物的全程运输作为一个完整的单一运输过程来安排。

1．多式联运的定义与特征

根据 1980 年《联合国国际货物多式联运公约》以及 1997 年我国交通部和铁道部共同颁布的《国际集装箱多式联运管理规则》的定义，国际多式联运是“按照多式联运合同，以至少两种不同的运输方式，由多式联运经营人将货物从一国境内接管货物的地点运至另一国境内指定地点交付的货物运输”。

从上述定义以及国际上的通行做法，可以看出国际多式联运必须具备以下特征。

（1）它必须订立国际多式联运合同

国际多式联运中，由多式联运经营人与发货人订立多式联运合同。国际多式联运合同是多式联运经营人与托运人之间权利、义务、责任与豁免的合同关系和运输性质的确定，也是区别多式联运与一般货物运输方式的主要依据。该合同必须具备：①至少使用两种以上不同的运输方式；②承担国际货物运输；③接受货物运输，对合同中的货物负有运输、保管的责任；④属于一种承揽、有偿的合同。

（2）全程运输必须使用国际多式联运单据

国际多式联运虽由多种运输方式共同完成一票货物的全程运输，但由多式联运经营人签发的多式联运单据应满足不同运输方式的需要，该单据是证明多式联运合同，以及证明多式联运经营人接管货物并负责按照合同条款支付货物的凭证。这不同于单一运输

方式下使用的单据，如海上运输采用海运提单，铁路和公路运输采用货运单，航空运输采用空运单。

（3）全程运输必须使用两种以上不同的运输方式

国际多式联运必须使用两种以上不同的运输方式，因此，在一定程度上确定货物是否属于多式联运，其中运输方式的组成是一个非常重要的因素。例如，航空运输长期以来依靠汽车接送货物，从形式上，包括两种运输方式，但这种汽车接送业务习惯上被视为航空运输业务的一个组成部分，是航空运输的延伸，这样的情况不属于国际多式联运。

（4）它必须是国际间的货物运输

国际多式联运方式所承运的货物必须是从一个国家的境内接管货物地点运至另一国境内指定交付地点的货物。因此，即使采用两种以上不同运输工具，但在一国之内的货物运输，也不属于国际多式联运。

（5）多式联运经营人对全程运输负责

在国际多式联运中，凡是有权签发多式联运单据，并对运输负有责任的人均可视为多式联运经营人，如货运代理人、无船承运人等。国际多式联运全过程涉及多种关系人，法律关系非常复杂。其中，有多式联运经营人和货物托运人之间的关系，多式联运经营人与发货人的受雇人、代理人之间的代理关系，承揽关系，侵权行为关系等，各关系人之间的权利、义务不尽相同。一旦确定了多式联运经营人和发货人之间的法律关系，在某种程度上也就明确了多式联运经营人与其他各联系人的法律关系。

2. 国际多式联运的优越性

（1）手续简单统一，节省人力、物力和有关费用

在国际多式联运方式下，无论货物运输距离有多远，无论使用几种运输方式完成对货物的运输，也不论运输途中经过多少次转换，所有一切运输事宜均由多式联运经营人负责办理。而托运人只需办理一次托运，订立一份运输合同，支付一次费用，办理一次保险，从而省去托运人办理托运手续的许多不便。同时，由于多式联运采用一份货运单证，统一计费，因而也可简化制单和结算手续，节省人力和物力。此外，一旦运输过程中发生货损、货差，由多式联运经营人对全程运输负责，从而也可简化理赔手续，减少理赔费用。

（2）缩短货物运输时间，减少库存，降低货损、货差事故，提高货运质量

在国际多式联运方式下，各个运输环节和各种运输工具之间配合密切，衔接紧凑，货物所到之处中转迅速及时，大大减少了货物的在途停留时间，从而从根本上保证了货物安全、迅速、准确、及时地运抵目的地，因而也相应地降低了货物的库存量和库存成本。同时，多式联运一般采用集装箱为运输单元，进行直达运输，由于集装箱可以使用专业机械装卸，且不涉及箱内货物，因而货损、货差事故大为减少，从而在很大程度上提高了货物的运输质量。

（3）降低其他物流成本

由于多式联运可实行“门到门”运输，因此对货主来说，在将货物交由第一承运人以后即可取得货运单证，并据以结汇，从而提前了结汇时间。这不仅有利于加速货物占用资金的周转，而且可以减少利息的支出。此外，由于货物是在集装箱内进行运输的，因此从某种意义上来看，可相应地节省货物的包装、理货和保险等费用的支出。

（4）提高运输管理水平，实现运输合理化

对于区段运输而言，由于各种运输方式的经营人各自为政，自成体系，因而其经营业务范围受到限制，货运量相应也有限。而一旦由不同的运输经营人共同参与多式联运，经营的范围可以扩展，同时可以最大限度地发挥其现有设备的作用，选择最佳运输路线组织合理化运输。

3．国际多式联运的运输组织形式

不同运输方式均有其自身的优点与不足，国际多式联运可综合利用各种运输方式的优点，充分体现社会化大生产、大交通的特点。其主要形式如下。

（1）海陆联运

海陆联运是国际多式联运的主要组织形式，也是远东/欧洲多式联运的主要组织形式之一。目前，大型的国际联运公司有丹麦马士基国际航运公司、中国远洋运输公司、中国台湾长荣航运公司和德国那亚航运公司等。近年来，海陆联运业务在国内发展很快，新兴的物流公司也很多，如广州市海恒物流有限公司、上海中亚海陆联运公司以及连云港中江国际货运代理有限公司等。这种组织形式以航运公司为主体，签发联运提单，与航线两端的内陆运输部门开展联运业务，与路桥运输展开竞争。

（2）路桥联运

在国际多式联运中，路桥运输起着非常重要的作用，它是远东/欧洲国际多式联运的主要形式，也称大陆桥运输。所谓路桥运输是指采用集装箱专用列车或卡车，把横贯大陆的铁路或公路作为中间桥梁，使大陆两端的集装箱海运航线与专用列车或卡车连接起来的一种连贯运输方式。严格地讲，路桥运输也是一种海陆运输形式。只是因为其在国际多式联运中的独特地位，故在此将其单独列为一种运输组织形式。

（3）海空联运

海空联运又被称为空桥运输。在运输组织方式上，空桥运输与路桥运输有所不同，路桥运输在整个货运过程中使用的是同一个集装箱，不用换装，而空桥运输的货物通常要在航空港换装入航空集装箱。运输距离越远，采用海空联运的优越性就越大。目前，国际航空联运线主要有：

1）远东—欧洲。目前，远东与欧洲间的航线有以温哥华、西雅图、洛杉矶、旧金山为中转地，也有以香港、曼谷、海参崴、新加坡为中转地。

2）远东—中南美。近年来，远东至中南美的海空联运发展较快，因为此处港口和内陆运输不稳定，所以对海空联运的需求很大，主要以迈阿密、洛杉矶、温哥华为中转地。

3）远东—中近东、非洲、大洋洲。其主要是以香港、曼谷为中转地至中近东、非洲的运输服务。在特殊情况下，还有经马赛至非洲、经曼谷至印度、经香港至大洋洲等联运线。

4．货物的交接地点与方式

国际多式联运的交接地点与交接方式完全按照贸易合同与货主的要求而定，可以多种多样。通常以集装箱的方式运输，其货物的交接地点，在国际上采用一般规则。下面以陆海陆的“门到门”运输为例予以说明。

（1）整箱货的“门到门”运输（Full Container Load，FCL）

其运输过程为：发货人的“门”—装货港—卸货港—收货人的“门”。

交接货物地点均在收发货人各自的仓库或工厂，集装箱由收货人自理。

（2）整箱货接收（FCL）/拼箱货交货（Less than Container Load，LCL）

其运输过程为：发货人的“门”—装货港—卸货港—联运经营人的集装箱货运站—收货人。

在这种运输方式中，接收货物的地点是在发货人的仓库或工厂，交货地点是在联运人的集装箱的货运站，整箱货在集装箱货运站拆箱后以散件方式由收货人自提。拆箱后将货物分别交出，从而形成拆箱分拨业务。

（3）拼箱货接收/整箱货交货（LCL/FCL）

其运输过程为：发货人—联运经营人的集装箱货运站—装货港—卸货港—收货人的“门”。

在这种运输方式中，接货地点在联运人的集装箱货运站，交货地点在收货人的仓库或工厂。货物向集装箱货运站集中，一般由发货人自行安排，货物交到集装箱货运站后，由联运经营人接货并装箱，这时联运过程开始。在集装箱货运站进行的拼箱业务称为拼箱集运业务。

（4）拼箱货接收/拼箱货交货（LCL）

其运输过程为：发货人—联运经营人的集装箱货运站—装货港—卸货港—联运经营人的集装箱货运站—收货人。

这种方式既包括拼箱集运业务，又包括拆箱分拨业务。

综上所述，按一般规则整箱货物是在发货人、收货人的工厂或仓库交接货物，交接货物的条件一般为车上交货，即货交承运人（Free Carrier，FCA）。在此情况下，联运经营人不负责集装箱的装卸。拼箱货是在联运经营人的集装箱货运站交接货物，交接货物的条件一般为仓库交货，即联运经营人不管装卸车。

上述方式是国际习惯做法，但在实际业务中却往往会有例外。如虽是整箱运输业务，而发货人不具有处理集装箱的设备和能力，把装拆箱工作委托联运经营人在集装箱货运站办理。又如搬迁时的拼箱货物，货主要求送到家中等。作为多式联运经营人应按照货主要求提供各种服务。当货主要求有别于国际一般规则时，在划分责任、计收费用时一定要注意依据贸易合同条件的规定严格加以划分，明确规定各有关方应承担的费用。

5．国际多式联运单证

多式联运单证是各当事人之间进行国际多式联运业务活动的凭证。因此，要求单证的内容必须正确、清楚和完整。《多式联运公约》第八条规定，多式联运单据应当载明下列事项：

1）货物种类及主要标志（包括危险货物的特性），包数或件数，毛重或以其他方法表示的质量。

2）货物外表状况。

3）多式联运经营人的名称和主要营业场所。

4）发货人名称。

5）收货人名称（如经发货人指定）。

6）多式联运经营人接管货物的地点、日期。

7）交货地点。

8）在交付地点交货的日期或期间（如经双方明确协议）。

9）多式联运单据是否可以转让的声明。

10）多式联运单据签发地点和日期。

11）多式联运经营人或经其授权人的签字。

12）每种运输方式的运费，或应由收货人支付的运费及支付用货币，或关于运费由收货人支付的其他说明（如经双方协议）。

13）预期经过的路线、运输方式和转运地点（如在签发多式联运单据时已经确知）。

14）遵守《多式联运公约》的声明。

15）其他事项（由双方拟定且不得违反多式联运签发国的法律）。

多式联运单证所记载的内容，通常由货物托运人填写，也可由多式联运经营人或其代表根据托运人提供的有关托运文件制成。但在多式联运经营人接管货物时，被认为货物托运人或发货人已向多式联运经营人保证其在多式联运单证中所提供的货物种类、标志、件数、尺码、数量等情况准确无误。

如果货物的灭失、损坏是由于发货人或货物托运人在单证中所提供的内容不准确或不当所造成，发货人应对多式联运经营人负责，即使在多式联运单已转让的情况下也不例外。当然，如果货物的灭失、损坏是由于多式联运经营人在多式联运单证中列入不实资料，或漏列有关内容所致，该多式联运经营人则无权享受限制赔偿责任的保护，而应按货物的实际损害负责赔偿。

多式联运经营人在接收托运的货物时，必须与接货单位（集装箱货运站或码头堆场）出具的货物收据进行核对无误后，即签发多式联运单证。多式联运单证由多式联运经营人或其授权的人签字，在不违背多式联运单证签发国法律规定的情况下，多式联运单证可以是手签的、手签笔迹复印的、打透花字的、盖章或用其他机械或电子仪器打印的。

多式联运经营人凭接货单位签收的货物收据，根据发货人或货物托运人的要求，签发可转让或不可转让的多式联运单证。

在集装箱货物的国际多式联运中，多式联运经营人接收货物的地点有时不在装船港，而在某一内陆集装箱货运站，或在装船港的集装箱码头堆场，甚至在发货人的工厂货仓库。因此，在很多场合下，从接收货物到实际装船之间有一待装期，在实际业务中，即使货物尚未装船，托运人也可凭场站收据要求多式联运经营人签发多式联运提单，这种提单属收货待运提单。

【小贴士 2-1】

虽然目前多式联运中集装箱使用非常普遍，但是国际多式联运运输不一定必须以集装箱为运输单位，早在《国际铁路货约》《华沙条约》和《公路货运公约》中就已经存在多式联运的概念，而当时并没有集装箱运输。只是在集装箱运输发展起来后，才出现真正意义上的多式联运。

四、国际货运代理

1. 国际货运代理的定义

国际货运代理协会联合会（International Federation of Freight Forwarders Association, FIATA）对货运代理的定义：根据客户的指示，并为客户的利益而揽取货物运输的人，其本人并不是承运人。货运代理也可以依照这些条件，从事与运送合同有关的活动，如储存货物、报关、验收、收款等。

从定义来看，国际货运代理人主要是接受委托方的委托，就有关货物的运输、转运、仓储、保险以及对货物零星加工等业务服务的一个机构，管理国际货物的运输、中转、装

卸、仓储等事宜。一方面，它与货物托运人订立运输合同，同时它又与运输部门签订合同。对货物托运人来说，它又是货物的承运人。

按一般法律概念去理解国际货运代理人的基本法律性质是比较容易的，这一代理关系是由委托人和货运代理人两方组成的。这种代理关系一经确定后，委托方与货运代理人之间的关系则成为委托与被委托的关系，有关双方的责任、义务，则应在根据双方订立的代理协议或代理合同中明确。

2. 国际货物运输代理业务

下面以出口货物运输代理和进口货物运输代理为例说明国际货物运输代理的主要业务内容。

（1）出口货物运输代理业务

出口货运代理业务流程如图 2-1 所示。

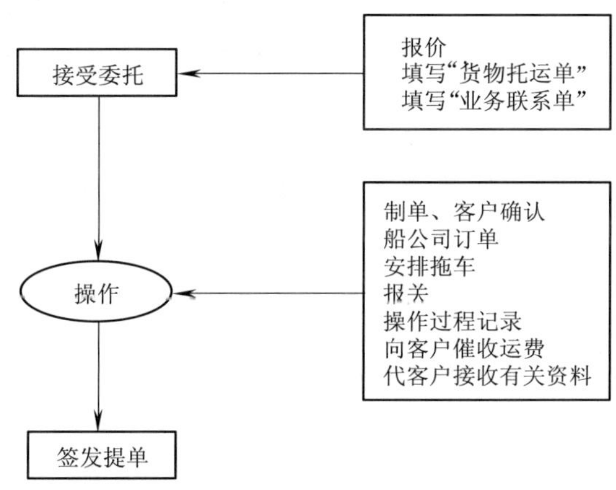

图 2-1　出口货运代理业务流程

1）接受委托过程。揽货人员或客户服务人员在对客户报价时，必须核实相关运价、运输条款、船期，在确定有能力接受托运的情况下，如实告知客户完成此次委托所需的时间和船期，并按公司对外报价表向客户报价。

当客户接受报价并下委托时，揽货人员或客户服务人员有责任向客户提供本公司的空白“货物托运单”，也可接受客户自己的托运单，但此类托运单应包括本公司托运单的主要条款。如托运单上无运价，则需将有关书面报价附于其后。同时，要求客户在托运单上签字、盖章，如客户不能及时提供内容详细的托运单，则必须在装船前补齐，否则由此产生的费用由客户负责。

接受客户的委托后，揽货人员应详细填写“业务联系单”的有关内容。揽货人员在通知客户服务人员订舱的同时把“业务联系单”和上述客户订舱资料交给客户服务人员。

对不符合本控制程序的订舱委托，客户服务人员可以拒绝接受订舱，并有义务向部门经理汇报。

2）操作过程

① 一旦接受客户订舱，货运代理人应尽快安排向船运公司订舱及安排拖车及报关事宜（客户自拖、自报除外），并从拖车公司那里获取箱号、封条号。

② 货运代理人应尽快按委托书要求制单并传真给客户确认。如有需要，还应将目的港

代理的名称、地址、联系方式打印在提单上，并安排货物装船前完成单证校对工作。

③ 货运代理人应认真填写操作过程记录，对需换单转船、电报放货的委托应有记录，并提供给相关部门。

④ 客户服务人员将计费人员已签字、盖章的收费单交给客户（或揽货人员）。揽货人员有责任及时向客户催收运费或按合同（或协议）规定，定期向客户催收运费。

⑤ 客户服务人员应及时通知报关行等分承包方，退回有关资料，如出口退税核销单、报关手册等，这些资料需退还给客户，揽货人员有责任对客户服务人员予以提醒。

当客户或揽货人员询问二程船信息时，客户服务人员应予以提供。

3）签发提单过程。提单签发人员必须核实货物已装船离港，验证运费手续满足合同（协议）中运费支付条款后，才能签发此次委托所对应的提单，具体操作按作业指导书（提单签发管理规定）进行。

4）特殊货物的处理。承接大型物资运输，货运代理人应有相关人员进行运输线路实地考察，在确保有能力承接的情况下才可接受委托，并委派合格的专业承包方实施服务。

对冷藏货物的运输，货运代理人应委派合格的分承包方完成，检验冷藏装箱温度是否符合顾客的需求，船上有无可供电源和插座等，并安排符合要求的拖车实施托运集装箱的服务。

危险品的运输，货运代理人应要求客户必须提供完整的危险品适运资料，包括发货人详细名称、地址、电话，目的港 24 小时应急联络人，危险品货物安全适运申报单、适运证及装箱证明，简明应急措施等，应委派合格的分承包方，用危险品专用拖车作陆路运输，并在货物上加贴危险品标志。

（2）进口货运代理业务

进口货运代理业务分为船舶到港前的准备工作和船舶到港后的准备工作，然后是审查提单等有关单证，签发提货单给收货人提货，最后还要做好每一航次船舶的文件归档工作。进口货运代理业务程序如图 2-2 所示。

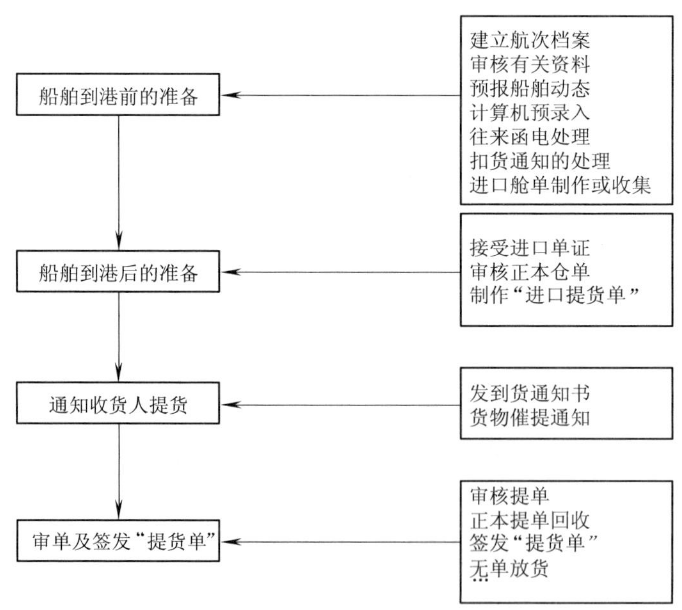

图 2-2　进口货运代理业务流程

1）船舶到港前的资料准备及计算机初步录入工作

① 建立航次档案。船舶到港前，货运代理人收到船公司或其代理的传真舱单或放货特别指示（如有）等有关资料后，要建立相应的船舶航次档案。

② 审核有关资料。货运代理人应初步审核传真舱单，主要根据海关要求审核舱单上每票货的中文货名、收货人、质量、件数等。

③ 预报船舶动态。船舶到港前 10 天、7 天、5 天、1 天，货运代理人都要向进口舱单的收货人或通知人发送“舱期预报”，并向收货人确认舱单内容是否正确，补充中文货名等（集装箱班轮除外）。

④ 计算机预录入。根据客户确认后的舱单传真件，客户服务人员在业务计算机系统中输入舱单的各项内容，输入时注意提单号、收货人、卸港、存货地、中文货名、规格型号、件数、毛重、体积、箱号等的准确性。

⑤ 往来函电处理。对于船舶到港前收到的船公司或其代理有关修改进口舱单的函电指示，客户服务人员应在计算机系统中作相应更改，并尽快通知外勤业务员在给口岸单位的舱单上作相应的修改。

⑥ 扣货通知的处理。收到扣货通知后，货运代理人应在台账和该票二程提单正反面盖“暂不放货”专用章和登记时间，并通知货主货已到，但暂不放货。接到放货通知后，货运代理人立即在台账和提单正反面加盖“可以放货”专用章并登记时间、签名，同时通知货主办理提货手续。放货通知和其他进口资料一并归档。

⑦ 进口舱单制作或收集。对于散杂货进口，如果无随船正本舱单，根据委托方的要求，货运代理人应严格按照委托方或船长所提供的资料制作进口舱单，并要求其确认。对于班轮，要求班轮公司提供符合要求的进口舱单，多家班轮公司共用舱位的情形下，应将多家班轮公司的进口舱单收集齐全，将制作或收集齐全的进口舱单在船舶到港前交给外勤人员签收。对所有预抵船舶，按船舶航次、到港时间进行初步归档并作适当标记。

2）船舶到港后的资料核对及提货单准备工作。

① 进口舱单、提单等资料的接收。船舶到港后，客户服务人员从船务部外勤处接收进口舱单、提单等有关进口单证、资料，清点后在外勤的单证交接本上签收。如有需本公司转交货主的随船文件，应妥善保管，并在舱单相应的提单下注明，以便货主提货时交货主。

② 正本舱单的审核。根据收到的进口正本舱单，货运代理人应仔细核对已录入计算机的舱单资料，主要核对总票数、提单号、收货人、卸港、存货地、中文货名、规格型号（如有）、件数、毛重、体积、箱号等，如发现不符合，应以进口正本舱单为准进行修改，有疑问时，与船运公司联系，以落实不符之处。

③ 制作“进口提货单”。货运代理人打印进口提货单和条码，将打印的提货单和舱单、随船提单进行核对；如发现提单和舱单不相符，需及时和船运公司或其代理联系；如船运公司电函确认为其舱单内容有误，原则上不允许直接修改进口舱单，进口业务员应将其书面更正指示保存在船运公司更改通知文件夹中，作为以后货主来办理舱单更改手续时向海关提供的凭证；船运公司或其代理确认是提单内容有误，也应将其书面更改指示附在此票货的进口提单后面，以便在签发提货单时告知货主。

④ 进口电子舱单发送海关。货运代理人将已审核无误的进口舱单于当日传输到海关计算机系统中，并在海关计算机资料（舱单）传送登记本上登记，注明海关舱单航次号、发送人和发送时间。

⑤ 货运代理人应分船名、航次打印进口登记台账，并按船运公司分类归档，以方便客户办理进口提货手续。

3）通知收货人办理提货手续。

① 发到货通知。货运代理人应在收到进口正本舱单的当天根据进口提货登记台账以电话或传真的形式发出到货通知，并在台账通知方式一栏中注明通知方式、日期、对方通知人。若无法按舱单等单证内容与通知方或收货人取得联系，或舱单中未注明联系电话时，应及时向船公司或其代理查询，得到答复后根据所提供的联系资料发出到货通知。对按港口规定而限时提取的危险品或其他特种货，货运代理人应及时以书面或电话方式通知货主，严格按要求提货，确保装卸作业正常进行。

② 货物催提通知。对货物到港后 5 日内仍无人来办理提货手续的收货人，货运代理人需再次发出到货通知，在进口单证台账中做好第二次催提记录，视情况报船运公司或其代理，以便其通过发货人督促收货人及早提货。

4）审单及签发“提货单”。

① 提单审核。如正本提单由提货人出具，货运代理人需对提货人所出具的提单进行审核，内容包括：第一，确认船运公司对该票货物是否有扣货指示，如有，则及时协助收货人与船运公司联系解决放货问题；第二，与舱单中该票货的有关内容是否一致；第三，提单是否为船运公司正本海运提单，如船运公司或其代理提供的有关单证资料中有签发提单复印传真件的，要将收货人出示的正本提单与提单复印传真件核对，以确认其真实性；第四，对于指示提单需审核背书是否连贯、完整；第五，海运费等费用是否为到付，如果是到付，则根据船运公司的指示收取运费或其他费用；第六，对于记名提单，由该收货人加盖公章背书、签名并填写身份证号码，第一次提货需留身份证复印件，如收货人公司的公章不便外带，需有用其他印章代替公章背书的授权委托书，并用授权的其他印章背书；第七，对于指示提单，若“CONSIGNEE”一栏为“TO ORDER”，需有发货人和收货人同时背书，若“CONSIGNEE”一栏为“TO ORDER OF×××”，则须有×××的背书，最后提货人的公章背书须和本公司签发的提货单收货人一致，若“CONSIGNEE”一栏为“TO ORDER OF ORIGINAL B/L NO. ××××××”，则该提单不能作为物权凭证放货（只能作为 MEMO 提单），需凭提单号为“××××××”的提单取货。

② 正本提单的回收。货运代理人应要求提货人在正本提单背面加盖公章或该公司的授权章（需有授权证明书在本公司备案），提货人签名、注明身份证号码及提货日期。分以下几种情况，收回正本提单，并在收回的正本提单上签字或盖核销章：第一，一般情况下收回三份正本中的一份即可，在特殊情况下，接船公司要求收回全套正本提单才可签发提货单；第二，对于改港货物．必须收回全套正本海运提单；第三，对于转船货物，能否接受收货人出具的全程海运提单，需依舱单或船东书面指示而定。

③ 签发提货单。确认提单及背书完全无误后，货运代理人在提货单上加盖提货单签发章，经办人和审核人审核提货单有关内容，并在相应栏内签字。指示提单的提货单上，必须标上实际收货人的单位全称。提货单留底联上要求实际收货人签字、盖章。

④ 无单放货。对所有需要无单放货的提单，客户服务人员应在无单放货登记本上登记船名、航次、提单号、货名、货量、进口日期，由部门经理签字后，方可放货给收货人。无单放货有以下两种情况：第一，电报放货，船运公司或委托方有明确书面指示已经收回全套正本报单，客户服务人员可以放货给进口收货人，并有船运公司授权的有关员工的签字和盖章，可直接放货给收

货人；第二，保函放货，是否接受保函，原则上要由船运公司确定，客户服务人员在接到收货人的保函后，传真给委托方签字确认后，方可放货给收货人。保函放货客户服务人员必须填写“无单放货审批表”，由部门经理或总经理审核后方可签发“提货单”给指定收货人。

⑤ 归档。待该航次所有进口货签发“提货单”完毕后，客户服务人员应将进口业务的有关单证，包括正本进口舱单、提货单留底联、有效背书的正本提单、头程正本提单（如有）等，连同与该票货有关的往来电函等一并归入航次档案，并在档案封面上登记有关的归档资料名称，一般情况下文档保存期为 3 年。

⑥ 与船运公司、客户沟通。对于船运公司、委托方、客户的电话、传真及查询，客户服务人员应及时给予清楚、明确的答复，需要书面答复的，应在当日完成；不能马上答复的，应首先确认收到，然后在 3 个工作日内给予明确答复，所有纸面复函均需主任或经理批阅后发出。

（3）中转货运代理业务

总体而言，货物中转代理业务与货物进出口代理业务的操作流程相差无几，最大的区别是在中转代理业务中，货物的运输需经过两次或两次以上的订舱。中转货运代理的关键环节是货物的中转衔接。

第四节　物流运输合同与纠纷解决

物流运输，尤其国际物流运输，环节众多，影响因素复杂多样，因此如何保障物流运输有效地开展，需要相应的法律、法规提供保障。本节主要从货物运输合同、运输责任划分、货运事故和违约处理方面进行说明。具体全面的法律、法规，请参阅相关参考书。

一、货物运输合同

货物运输合同是指承托双方签订的，明确双方权利、义务关系，确保货物有效位移的，具有法律约束力的合同文件。

1．货物运输合同的分类

（1）按承运方式分类

货物运输合同按承运方式分类，可分为道路运输合同、铁路运输合同、水路运输合同、航空运输合同、管道运输合同及多式联运合同。

（2）按合同期限分类

货物运输合同按合同期限分类，可分为长期合同和短期合同。长期合同是指合同期限在一年以上的合同。短期合同是指合同期限在一年以下的合同，如年度合同、季度合同、月度合同。

（3）按货物数量分类

货物运输合同按货物数量分类，可分为批量合同和运次合同。批量合同，一般是一次托运货物数量较多的大宗货物运输合同。运次合同，一般是托运货物较少，一个运次即可完成的运输合同。

所谓运次是指完成一个包括准备、装载、运输、卸载四个主要工作环节在内的一次运输过程。

（4）按合同形式分类

货物运输合同按合同形式分类，可分为书面合同和契约合同。书面合同是指签订正式书面形式的合同。契约合同是指托运人按规定填写货物运输托运单或货单，这些单证具有契约性质，承运人要按托运单或货单要求承担义务，履行责任。

2．运输合同的特征

货物运输合同除具有合同普遍的法律特征外，还具有自身特征。

1）货物运输合同是当事人之间为实现一定经济目的，明确相互权利、义务关系而订立的协议，签订合同的当事人，双方或一方必须是法人。

2）签订货物运输合同的承运方必须持有经营货运的营业执照，具有合法的经营资格。

3）货物运输合同的内容限于运输经济行为，以运输经济业务活动为主要内容。

4）承托双方除了就合同的必要条款达成协议外，还要求托运人必须将托运的货物交付给承运人，合同才能成立。

5）货物运输合同的当事人往往涉及第三者，即除了托运人和承运人外，一般还包括收货人。

6）货物运输合同具有标志合同的性质，主要内容和条款由有关部门统一制定。

3．货物运输合同的订立

（1）货物运输合同订立的原则

货物运输合同的签订是承托双方经过协商后用书面形式签订的有效合同，其签订的基本原则如下。

1）合法规范原则。所谓合法规范，是指签订货物运输合同的内容和程序必须符合法律的要求。只有合法规范才能得到国家的承认，具有法律效力，当事人的权益才能得到保护，达到签订货物运输合同的目的。

2）平等互利原则。不论企业大小、所有制性质，在签订货物运输合同中，承、托双方当事人的法律地位一律平等，在合同内容上，双方的权利、义务必须对等。

3）协商一致原则。合同是双方的法律行为，双方意愿经过协商达到一致，彼此均不得把自己的意志强加于对方。任何其他单位和个人不得非法干预。

4）等价有偿原则。合同当事人都享有同等的权利和义务，每一方从对方得到利益时，都要付给对方相应的代价，不能只享受权利而不承担义务。

（2）货物运输合同订立的程序

1）要约。要约是希望和他人订立合同的意思表示，即合同当事人的一方提出签订合同的提议，提议的内容包括订立合同的愿望、合同的内容和主要条款。要约一般由托运人提出。

2）承诺。承诺是受要约人同意要约的意思表示，即承运人接受或受理托运人的提议，对托运人提出的全部内容和条款表示同意。受理的过程包括双方协商一致的过程。

（3）货物运输合同的内容

签订货物运输合同必须按照有关规定，写明以下内容：

1）货物的名称、性质、体积、数量及包装标准。

2）货物起运和到达地点、运距、收发货人名称及详细地址。

3）运输质量及安全要求。

4）货物装卸责任和方法。

5）货物的交接手续。

6）批量货物运输的起止时间。

7）年、季、月度合同的运输计划、提送期限和运输计划的最大限量。

8）运杂费计算标准和结算方式。

9）变更、解除合同的期限。

10）违约责任。

11）双方商定的其他条款。

4．货物运输合同的履行

货物运输合同签订之后，就具有法律的约束力，合同当事人必须按照合同规定的条款认真履行各自的义务。

托运人应按合同规定的时间准备好货物，及时发货、收货，装卸地点和货场应具备正常通车条件，按规定做好货物包装和储运标志。

承运人应按合同规定的运输期限、货物数量和起止地点，组织运输，完成任务，实行责任运输，保证运输质量。在货物装卸和运输过程中，承、托双方应办理货物交接手续，做到责任分明，并分别在“发货单”和运费结算凭证上签字。

5．货物运输合同的变更和解除

货物运输合同变更和解除是指在合同尚未履行或者没有完全履行的情况下，遇到特殊情况而使合同不能履行，或者需要变更时，经双方协商同意，并在合同规定的变更、解除期限办理变更或解除。任何一方不得单方擅自变更、解除双方签订的运输合同。所谓变更合同是指合同部分内容和条款的修改补充。所谓解除合同是指解除由合同规定双方的法律关系，提前终止合同的履行。

凡发生下列情况之一者，允许变更和解除：

1）由于不可抗力使运输合同无法履行。

2）由于合同当事人一方的原因，在合同约定的期限内确实无法履行运输合同。

3）合同当事人违约，使合同的履行成为不可能或不必要。

4）经合同当事人双方协商同意解除或变更，但承运人提出解除运输合同的，应退还已收的运费。

货物运输过程中，因不可抗力造成道路阻塞导致运输阻滞，承运人应及时与托运人联系，协商处理，发生货物装卸、接运和保管费用按以下规定处理：

1）接运时，货物装卸、接运费用由托运人负担，承运人收取已完成运输里程的运费，退回未完成运输里程的运费。

2）回运时，收取已完成运输里程的运费，回程运费免收。

3）托运人要求绕道行驶或改变到达地点时，收取实际运输里程的运费。

4）货物在受阻处存放，保管费用由托运人负担。

二、运输责任划分

1．承运人责任

承运人责任是由于承运人的过错使货物运输合同不能履行或不能完全履行所承担的违

约责任，主要指承运人未按约定的期限将货物运达，或因承运人责任将货物错送或错交，此时应将货物无偿运到指定的地点，交给指定的收货人。承运人责任主要有以下类别。

1）逾期送达责任，即不按合同规定时间和要求配车发运，造成货物逾期送达，按合同规定付给对方违约金。

2）货损货差责任。从货物装运时起到货物运达交付完毕止，在这个运输责任期间，发生货物的灭失、短少、变质、污染、损坏的，应按货物实际损失赔偿对方。

3）错运错交责任。货物错运到达地点或错交收货人，由此造成延误时间，按货物逾期送达处理。

4）故意行为责任。经核实的确属于故意行为造成的事故，除按合同规定赔偿直接损失外，交通主管部门或合同管理机关对承运人处以罚款，并追究肇事者个人责任。

货物在承运责任期间和站、场存放期间内，发生毁损或灭失，承运人、站场经营人应负赔偿责任。但有下列情况之一者，承运人、站场经营人举证后可不负赔偿责任：

1）不可抗力。

2）货物本身的自然性质变化或者合理损耗。

3）包装内在缺陷，造成货物受损。

4）包装体外表面完好，内装货物毁损或灭失。

5）托运人违反国家有关法令，致使货物被有关部门查扣、弃置或作其他处理。

6）押运人员责任造成的货物毁损或灭失。

7）托运人或收货人过错造成的货物毁损或灭失。

2．托运人责任

托运人责任是指托运人未按合同规定的时间和要求，备好货物和提供装卸条件，以及货物运达后无人收货或拒绝收货，从而造成承运人车辆延滞及其他损失，托运人应负赔偿责任。

因托运人下列过错，造成承运人、站场经营人、搬运装卸经营人的车辆、机具、设备等损坏、污染或人身伤亡以及因此而引起的第三方的损失，由托运人负责赔偿：

1）在托运的货物中有故意夹带危险货物和其他易腐蚀限运货物等行为。

2）错报、匿报货物的重量、规格、性质。

3）货物包装不符合标准，包装、容器不良，而从外部无法发现。

4）错用包装、储运图示标志。

5）托运人不如实填写运单，错报、误填货物名称或装卸地点，从而造成送、装货落空以及由此引起的其他损失，托运人应负赔偿责任。

3．其他相关责任

货运代办人以承运人身份签署运单时，应承担承运人责任，以托运人身份托运货物时，应承担托运人的责任。

搬运装卸作业中，因搬运装卸人员过错造成货物毁损或灭失，站场经营人或搬运装卸经营者应负赔偿责任。

三、货运事故和违约处理

货运事故是指货物运输过程中发生货物毁损或灭失。货运事故和违约行为发生后，承

托双方及有关方应编制货运事故记录。

货物运输途中，发生交通肇事造成货物损坏或灭失，承运人应先行向托运人赔偿，再由其向肇事的责任方追偿。

1．货运事故处理具体规定

货运事故处理过程中，收货人不得扣留车辆，承运人不得扣留货物。由于扣留车、货而造成的损失，由扣留方负责赔偿。

货运事故赔偿数额按以下规定办理：

1）货运事故赔偿分限额赔偿和实际损失赔偿两种。法律、行政法规对赔偿责任限额有规定的，依照其规定；尚未规定赔偿责任限额的，按货物的实际损失赔偿。

2）在保价运输中，货物全部灭失，按货物保价声明价格赔偿；货物部分毁损或灭失，按实际损失赔偿；货物实际损失高于声明价格的，按声明价格赔偿；货物能修复的，按修理费加维修取送费赔偿。保险运输按投保人与保险公司商定的协议办理。

3）未办理保价或保险运输的，且在货物运输合同中未约定赔偿责任的，按本条第一项的规定赔偿。

4）货物损失赔偿费包括货物价格、运费和其他杂费。货物价格中未包括运杂费、包装费以及已付的税费时，应按承运货物的全部或少部分的比例加算各项费用。

5）货物毁损或灭失的赔偿额，当事人有约定的，按照其约定，没有约定或约定不明确的，可以补充协议，不能达成补充协议的，按照交付或应当交付时货物到达地的市场价格计算。

6）由于承运人责任造成货物灭失或损失，以实物赔偿的，运费和杂费照收；按价赔偿的，退还已收的运费和杂费；被损货物尚能使用的，运费照收。

7）丢失货物赔偿后，又被查回，应送还原主，收回赔偿金或实物；原主不愿接受丢失物或无法找到原主的，由承运人自行处理。

8）承托双方对货物逾期到达、车辆延滞、装货落空都负有责任时，按所造成的损失相互赔偿。

2．货运事故处理程序

货运事故处理按照如下程序进行。

1）货运事故发生后，承运人应及时通知收货人或托运人。收货人、托运人知道发生货运事故后，应在约定的时间内，与承运人签注货运事故记录。收货人、托运人在约定的时间内不与承运人签注货运事故记录的，或者无法找到收货人、托运人的，承运人可邀请 2 名以上无利害关系的人签注货运事故记录。

2）当事人要求另一方当事人赔偿时，须提出赔偿要求书，并附运单、货运事故记录和货物价格证明等文件。要求退还运费的，还应附运杂费收据。另一方当事人应在收到赔偿要求书的次日起，60 日内做出答复。

3）承运人或托运人发生违约行为，应向对方支付违约金。违约金的数额由承、托双方约定。

4）对承运人非故意行为造成货物迟延交付的赔偿金额，不得超过所延迟交付的货物全程运费数额。

具体处理时，有以下惯例：①货物赔偿时效从收货人、托运人得知货运事故信息或签注货运事故记录的次日起计算；②在约定运达时间的 30 日后未收到货物，视为灭失，自 31 日起计算货物赔偿时效；③未按约定的或规定的运输期限内运达交付的货物，为迟延交付。

【本章小结】

本章主要对物流运输的基本概念、物流运输方式、物流管理、物流合同和纠纷解决进行了阐述，帮助读者了解物流运输管理的基本内容和整体框架。

【关键术语】

物流运输、运输管理、集装箱运输、多式联运、货运代理

【知识链接】

应用型阅读材料：

[1] 朱隆亮，谭任绩．物流运输组织管理[M]．北京：机械工业出版社，2003．

[2] 喻小贤，苟建华，吕延昌．物流运输管理[M]．北京：高等教育出版社，2005．

[3] 孙瑛，韩杨，刘娜．物流运输管理实务[M]．北京：清华大学出版社，2011．

[4] 阎子刚．物流运输管理实务[M]．北京：高等教育出版社，2011．

[5] 胡兴成，喻靖文，杨爱明．物流法律法规[M]．南京：南京大学出版社，2012．

研究型阅读材料：

[1] Derek Crews,Disha Bhatia.Supervisory Practices in the Transportation/Logistics Industry [J].S.A.M. Advanced Management Journal, 2012, 77（1）: 38-45.

[2] 蒋满元．基于可持续发展的物流运输绿色化的途径与方法分析——以 SHARP 公司的绿色运输实践为例[J]．环境科学与管理，2007（8）：47-49.

网站资料：

沃尔玛集团网站：http://www.walmart.com/

中远集运网站：http://www.coscon.com/

中外运集团网站：http://www.sinotrans.com

【发展趋势】

2010 年 11 月 19 日，沃尔玛中国旗下品牌山姆会员商店在中国推出网上购物服务。2012 年 4 月，推出了一种名为“现金支付”（Pay with Cash）的新功能，允许用户在线下单购买商品，然后在附近的沃尔玛实体零售店进行支付。中远集运在网上开辟“电子商务”栏目，进行物流运输中的电子商务处理。从这些案例可以看出，一方面，物流运输作为电子商务的一个必要环节，愈发重要；另一方面，在物流运输管理中，也需要电子商务化。

随着运输燃料成本的上涨，以及对环境保护的要求日益增强，物流运输环境也需要“绿色化”。物流运输绿色化的目的主要在于通过有效的物流系统的规划与控制，在保证物流服务目标的前提下，尽量降低运输中的能量消耗和各种废弃物的排放以及运输工具对道路的占用。

【习题】

一、选择题

1．下列不属于按运输范畴对物流运输分类内容的是（　　）。

A．管道运输　　B．干线运输　　C．支线运输　　D．二次运输

2．在国际集装箱运输中的计算单位为（　　）。

A．10ft 货柜　　B．20ft 货柜　　C．40ft 货柜　　D．40ft 高柜

二、简答题

1．简述配送和运输的区别。

2．简述物流运输的作用。

3．比较铁路运输和公路运输的优缺点。

4．简述物流运输管理的含义。

5．简述国际多式联运的优势。

6．简述出口货运代理的业务流程。

三、思考题

1．集装箱运输对于物流运输的重要意义。

2．物流公司如何综合使用多种运输方式？

【案例分析】

FedEx 公司

总部位于美国田纳西州孟菲斯的 FedEx 公司（http://www.fedex.com/）成立于 1973 年 4 月，现已成为世界最具规模的快递运输公司之一，为遍及全球的顾客和企业提供涵盖运输、电子商务和商业运作等一系列的全面服务。如今，该公司拥有 649 架货机，超过 4 万辆递送车，运用先进的科技，为全球超过 220 多个国家和地区的客户提供服务，每天递送超过 850 万票货件。

FedEx 公司主要以第三方物流、配送企业的身份参与电子商务。该公司认为，既然公司已经具备了从信息、销售到配送所需的全部资源和经验，那么公司就必须拓展电子商务业务。FedEx 公司完全可以获得电子商务方面的成功，因为 FedEx 公司控制了电子商务最为重要的环节——配送，这是其他多数电子商务公司无法比拟的。

根据以上案例所提供的资料，请分析：

1．FedEx 公司采用何种运输方式开展快递业务？

2．FedEx 公司在电子商务日益发展中所起的作用。

第三章

电子商务物流仓储管理

【教学目标】

通过本章的学习，了解电子商务物流仓储的基本概念与性质，仓储的类型和作用。理解仓储管理的概念、原则，掌握其作业流程。掌握仓储商务管理的内容及流程，仓储保管合同的内容、原则与程序。了解国内外仓储业的现状和未来发展趋势等内容。

【教学指导】

仓储是电子商务物流面临的基本问题之一，为了系统地学习相关知识和应用方法，建议教师由热点问题或实际案例引入本课内容，结合案例，引发学生有一个整体性的思考，然后再学习本章主要内容。对于仓储管理中商品的入库、保管保养、出库三个阶段，以及合同管理、仓单等应用性强的知识适当详细讲解并补充相关内容。

【学习指导】

在掌握相关概念的基础上，理解电子商务物流中仓储活动的主要内容和过程，始终带着一个问题：“在仓储中应如何保证电子商务的顺利完成？如何降低成本、提高效率？”，不断思考，在学习中要大胆怀疑，敢于提出自己的见解，培养自己独立思考问题的能力。

【导入案例】

电商一库难求

电子商务业务量以几何级数暴增，大大增加了其对物流仓储配送的需求。电子商务的规模在急剧扩张，不仅仓库网点不断增加，而且更多的电商有迫切的扩容需求，电商的单个仓库开始突破 10 万 m^2。

五洲在线是一家电子商务运营服务商，它的主要业务就是给企业提供电子商务方面的仓储物流服务，大量的业务来自淘宝，这家公司现在正面临着仓库扩容的需求。

五洲在线原本在北京、广州、太仓有三个仓库，正在上海张罗一个 10 万 m^2 的仓库，7 月份准备投入运营；广州的仓库原来有 9 000m^2 也将扩大到 3 万～5 万 m^2。五洲在线总裁梁凯的感受是：“业务发展需求在急速超过企业已有的仓储容量。”2009 年，五洲在线只为少数的客户做物流仓储服务。2010 年下半年，一下子就有了 10 多个客户。2011 年，单是在淘宝的“聚划算”，五洲在线就有 30 多个客户。

回溯五洲在线的“仓库史”，恰好也是B2C电子商务蓬勃发展的一个缩影。

2009年，五洲在线为杰克•琼斯和爱慕做电子商务后端的仓储物流服务，在北京有一个3 000m^2的仓库，但一下子就满了。

2010年10月份，五洲在线在太仓又找了一个1.2万m^2的仓库，但当年，多了4个大客户，太仓仓库也满了。

就在2008年至2010年电子商务爆发的数年间，梁凯称找一个仓库特别困难。

京东商城CEO刘强东正在上海建设一个庞然大物——“亚洲一号”。此时，京东商城的员工规模也从2004年的36个人扩展到了2011年5月的1万人。

上海是京东商城最大的物流中心。今年京东商城还要有7个一级物流中心同时开工，每个投资都在6亿元以上。刘强东曾提到：“京东商城在上海新建的物流中心，原来设计的是12万m^2，反复做了论证，目前来看，12万m^2很难满足我们当初设计的规模要求，我们现在考虑15万～16万m^2，而且是一个库房。”

京东商城选择买地自己建立仓库，除了战略上的考虑，显然对传统的物流仓储并不满意。刘强东曾表示：“传统的仓储物流中心，一个大院子，里面有10个库房，每个库房1万m^2，加起来10万m^2，但是符合不了我们的要求。一个客户下来的订单，我们要分开发出去。大家如果仔细看一下的话，假如说买大家电，还买小家电，再买一个数码相机，现在上海的货，只能放在三个库房里面。”

在仓库供应的上端，一些开发商开始研究电子商务的需求。联东U谷成本管理中心副总监刘斌告诉记者，工业园区仓库的系统就常常会和租赁仓库的电商系统存在不兼容的问题，譬如园区有自己的入库、出库系统，但电子商务做B2C也有自己的出库、入库系统。刘斌认为，为电子商务客户服务，实体仅仅是一部分，虚拟化的东西则是难点所在。

五洲在线市场拓展部总监张颜荣认为，一般园区的出库、入库很多是由B2B模式而来，而B2C的出库、入库则要复杂更多，因为物流配送面向个人，个性化需求很强，譬如在配送中程序里因为出现了客户要求退换货，就可能要安排出“库中拦截”和“库外拦截”的模式。整个B2C的配送中，顾客对物流服务是有直接感知的。如果系统设置得不合理，就很容易导致客户体验感不好。

现在很多大的电子商务公司要自己买地建仓的原因之一便是租赁工业园区的仓储不能满足他们的业务需求。新蛋网的总裁顾建兴曾经对媒体透露，新蛋网曾投入2亿元自建仓储，这是因为完全依靠租用，当订单量达到一定数额后，便无法满足需求，更重要的是，无法和新蛋网的系统对接。新蛋网的IT系统来源于美国，网站可以与仓储直接对接，节省人工操作。

（资料来源：经济观察网）

分析与思考：电子商务的仓储管理有何独特之处？

第一节　物流仓储概述

仓储是物流系统不可或缺的构成要素。在社会分工和专业化生产的条件下，仓储是保证社会再生产顺利进行的重要条件。全面而又深入地认识和掌握仓储和仓储管理知识，是提高物流系统效率和实现物流系统合理化的客观需要。

一、仓储的概念与作用

1. 仓储的概念

仓储是指通过特定场所储存和保管物资和商品的行为，是对有形物品提供存放场所、存取物品过程和对存放物品的保管、控制的过程，是物品离开生产过程但尚未进入消费过程的间隔时间内的物流停滞。它是包含库存和储备在内的一种经济现象，普遍存在于一切社会现象中。所谓库存，是指仓库中处于暂时停滞状态的物资。储备则是一种能动的储存形式，是有目的的、能动的使物资在生产领域和流通领域中的暂时停滞，是物资在生产与再生产，生产与消费之间的暂时停滞。仓储活动随着物资储存的产生而产生，又随着生产力的发展而发展。仓储是商品流通的重要环节之一，也是物流活动的重要支柱。

2. 仓储的性质

仓储是物质产品的生产持续过程，物质的仓储也创造着产品的价值。仓储既有静态的物品储存，也包含动态的物品存取、保管、控制的过程。仓储活动发生在仓库等特定的场所，仓储的对象既可以是生产资料，也可以是生活资料，但必须是实物。由此可见，从事商品的仓储活动与从事物质资料的生产活动虽然在内容和形式上不同，但它们都具有生产性质，无论是处在生产领域的企业仓库，还是处在流通领域的储运仓库和物流仓库，其生产的性质是一样的，所以总的来看，仓储活动是生产性的。

仓储活动所消耗的物化劳动和活劳动，一般不改变劳动对象的功能、性质和使用价值，只是保持和延续其使用价值。仓储活动的产品无实物形态，却有实际内容，即仓储劳务。所谓劳务，是指劳动消耗，这要追加到货品的价值中去。追加数量的多少，取决于仓储活动的社会必要劳动量。货品经过储存保管虽然使用价值不变，但其价值却在增加。这是因为仓储活动的一切劳动消耗，都要追加到货品的价值中去。在仓储活动中，还要消耗一定数量的原材料，要有适当的机械设备相配合，这部分消耗和设备的磨损要转移到库存货品中去，构成其价值增量的一部分。作为仓储活动的产品——仓储劳务，其生产过程和消费过程是同时进行的，既不能储存，也不能积累。

3. 仓储的作用

货品的仓储活动是由货品生产和货品消费之间的客观矛盾决定的。货品在从生产领域向消费领域转移过程中，一般都要经过货品的仓储阶段，这主要是由货品生产和货品消费在时间上、空间上以及品种和数量等方面的不同步而引起的。仓储的作用可以从正、反两个方面来看。

（1）仓储的正面作用

1）仓储是社会生产顺利进行的必要条件。现代社会生产的一个重要特征就是专业化和规模化，一方面劳动生产率高、产量大，绝大多数产品都不能被即时消费，需要经过仓储阶段，这样才能避免生产过程被堵塞，保证生产能够继续进行；另一方面，生产所使用的原料、材料等需要有合理的储备，才能保证及时供应，满足生产需要。

仓储本身是生产率提高的结果，但同时仓储的发展又能促进生产率的提高。良好的仓储条件能确保生产规模的进一步扩大，促进专业化分工的进一步细化及劳动生产率的进一步提高。

2）调整生产和消费的时差。人们需求的持续性与产品季节性、集中生产与批量供给之间存在供需时差的矛盾，通过仓储将集中生产的产品进行储存，持续地向消费者提供产品，才能保证人们的消费需求得到满足。另一方面，集中生产的产品如果即时推向市场，必然造成市场短时期内产品供给远远大于需求，造成产品价格大幅降低，甚至无法消费而被废弃；相反，非供应季节中市场供应量少而价格高，通过将产品进行仓储，均衡地向市场供给，能够稳定市场，并有利于生产的持续进行。

3）保存劳动产品价值的作用。生产出的产品在消费之前必须保持其使用价值，否则将会被废弃，这项任务需要由仓储工作人员来承担。在仓储过程中，对产品进行保护、管理，以防止损坏而丧失价值。同时，仓储是产品提供给消费者前的最后一道作业环节，可以根据市场对产品消费的偏好，对产品进行最后加工改造和流通加工，提高产品的附加值，以促进产品的销售，增加企业收益。

4）流通过程的衔接。产品从生产到消费，需要经过分散、集中、分散的过程，还可能需要经过不同运输工具的转换运输。为了有效利用各种运输工具，降低运输过程中的作业难度，实现经济运输，货品需要通过仓储进行候装、配载、包装、成组、分批、疏散等。为了满足销售的需要，货品在仓储中一般要进行整合、分类、拆除包装、配送等处理和存放。

5）市场信息的传感器。任何产品的生产都必须满足社会的需要，所以生产者必须把握市场需求的动向。社会仓储量的变化是了解市场需求极为重要的途径。仓储量减少、周转量加大，表明社会需求旺盛；反之则表明需求不足。厂家存货增加表明其产品需求减少，或者竞争力降低，或者生产规模不合适。仓储环节所获得的市场信息虽然比销售信息滞后，但更为准确和集中，信息反应快捷且成本很低。现代企业特别重视仓储环节的信息反馈，将仓储量的变化作为决定生产规模的依据。

6）开展物流管理的重要环节。仓储是物流的基础性环节。在物流过程中，货品相当一部分时间处于仓储之中，在仓储中进行运输整合、配送准备、流通加工、市场供给调整。仓储成本是物流成本的最重要组成部分。开展物流管理必须特别重视对仓储的管理，只有有效的仓储管理才能实现物流管理合理化的目的。

7）提供信用保证。在大批量货品的实物交易中，购买方必须检验货品、确定货品的存在和货品的品质后方可成交。购买方可以到仓库查验货品。由仓库保管人出具的货品仓单是实物交易的凭证，可以作为对购买方提供的保证。仓单本身就可作为融资工具，可以直接使用仓单进行质押。

8）交易现货的场所。存货人要转让已在仓库存放的货品时，购买人可以到仓库查验货品，取样化验，双方可以在仓库进行转让交割。国内众多的批发交易市场，既有货品存储功能的交易场所，又有货品交易功能的仓储。众多具有便利交易条件的仓储都提供交易活动服务，部分仓储变成了有影响的交易市场。近年来大量发展的仓储式商店，就是仓储交易功能高度发展、仓储与商业密切结合的结果。

（2）仓储的反面作用

仓储是物流系统中一种必要的活动，但也经常存在冲减物流系统效益，恶化物流系统运行的趋势。甚至有人明确提出，仓储中的库存是企业的“癌症”。因为仓储会使企业付出巨大代价，仓储的反面作用主要包括：

1）固定费用和可变费用支出。仓储要求企业在仓库建设、仓库管理、仓库工作人员工资、福利等方面支出大量的成本费用开支增高。

2）机会损失。储存物资占用资金以及资金利息，如果用于另外项目可能会有更高的收益。

3）陈旧损失与跌价损失。随着储存时间的增加，存货时刻都在发生陈旧变质，严重的更会完全丧失价值及使用价值。同时，一旦错过有利的销售期，又会因为必须低价贱卖，不可避免地出现跌价损失。

4）保险费支出。为了分担风险，很多企业对储存物采取投保缴纳保险费方法。保险费支出在仓储物资总值中占了相当大的比例。在信息经济时代，社会保障体系和安全体系日益完善，这个费用支出的比例还会呈上升的趋势。

上述各项费用支出都是降低企业效益的因素，再加上在企业全部运营中，仓储对流动资金的占用达到40%～70%的高比例，有的企业库存在某段时间甚至占用了全部流动资金，使企业无法正常运转。由此可见，仓储既有积极的一面也有消极的一面。只有考虑到仓储作用的两面性，尽量使仓储合理化才能有利于物流业务活动的顺利开展。

4．仓储的类型

根据经营主体、仓储对象、仓储功能和经营方式的不同，仓储可进行如下的分类。按仓储经营主体划分，仓储可分为：①企业自营仓储；②商业营业仓储；③公共仓储；④战略储备仓储。按仓储对象划分，仓储可分为：①普通物品仓储；②特殊货物仓储。按仓储功能划分，仓储可分为：①储存仓储；②物流中心仓储；③配送中心仓储；④运输转换仓储；⑤保税仓储。按仓储经营的方式划分，仓储可分为：①保管式仓储；②加工式仓储；③消费式仓储。

【阅读资料 3-1】

古代粮食仓储制度分析及启示

“国家大本，食足为先。”粮食储备问题关系国计民生，历史上各朝各代无不把它摆在治国安邦的重要位置。当前，我国正在积极推进粮食流通体制改革，分析古代粮食仓储制度，可以起到“以史为鉴”的作用。

一、历代王朝高度重视建仓储粮

1．积极兴建仓储设施

我国粮食储备的历史十分悠远。夏朝，仓储制度正式成为国家的一项重要财政制度。自周代开始的历代王朝不仅重视中央仓储的建设，也注重在地方兴仓储粮，仓储制度渐趋成熟，仓储规模不断扩大。例如汉代，汉高祖七年（公元前200年）开始营建新都长安，首批重点建设工程就包括了太仓。除太仓外，中央直接管理的粮仓还有位于甘泉的甘泉仓、华县的华仓等。此外，郡、县两级另有常设之仓，各诸侯国、军队特别是边防兵系统也建立了粮仓。而汉宣帝时耿寿昌提倡建立的常平仓制度，更成为后世封建王朝沿用的主要仓储制度。

2．千方百计筹粮

《魏书·李彪传》说：“国无三年之储，谓国非其国。”而在农业生产力较为落后的情

况下，国库要保持三年之储实非易事。因此，历代封建王朝都千方百计地筹措粮源，除狠抓皇粮国赋入库外，还积极拓展其他筹粮入库渠道。例如宋代，不同类型的仓廪有不同的粮食来源。正仓亦称官仓，其粮食来源主要是皇粮国赋；各州、县的义仓，主要是从官收的春、秋二税中，每石另收一斗储仓；常平仓的储谷主要是每年夏、秋两季以略高于市价收购，其本钱由国家财政统筹拨付；广惠仓的仓米来源是官府对无人耕种的绝户田募人耕种所收的租谷；社仓主要靠官府提供谷本，收“息米”，同时也通过劝捐和劝借的方式，面向富民，筹措谷本。

二、历史上粮食仓储的职能与作用

在农业是“决定性的生产部门”的中国封建社会，粮食仓储除了供应皇室及贵族的粮食消费、维系国家机器运转以外，还有以下几个方面的重要职能与作用。

1. 平抑粮价，调控市场

这是古代仓储制度的一项基本而重要的功能。从周代开始，历代王朝十分重视发挥仓储的这项职能作用。尤其是从汉代设置常平仓制度以来，调控更成为仓储的主要职能。每当青黄不接、灾荒或战乱引起市场谷价上涨时，政府以常平仓所存之谷平价粜卖于市，以不致“谷贵伤民”；当谷物丰收市场谷价下跌时，政府又动用库帑平价收购，以不致“谷贱伤农”，从而对市场起到稳定、调节作用。

2. 赈灾备荒，安民固本

我国是个灾荒多发国家，因此，历代统治者十分重视“荒政”，而他们采取的最主要的救荒之策就是设仓积谷，适时救济灾民，安定社会。自隋代起，在已有的官仓之外，又创设了一种民间自置粮仓，专门供当地备荒赈恤之用，这就是由长孙平倡议而设立的义仓。义仓由各州军民共同设置；出粟方式为“劝课”，具有自愿性质；所出粟麦品种“随其所得”，没有固定要求；仓窖造于当地村社，委托社司管理；所储仓谷用于饥荒赈给；出粟标准平均每户一石以下，按“贫富差等”法交纳。义仓制度是封建仓储赈灾救荒的重要手段之一。

3. 供养军队，备战应战

“兵马未动，粮草先行”，粮食储备是古代战争最重要的物质保障。例如，西汉一朝，几与战争相始终。作为后勤保障的重要方面，粮仓和武库一起，为西汉军队提供了雄厚的物质基础，使西汉王朝拥有进行战争和维持统治的强大后盾。

三、历史上加强仓储管理的基本做法

仓储是保证封建国家粮食安全的关键手段，也是易生腐败之地。历代封建王朝仓储制度中均存在较多问题，主要表现为：仓吏腐败，亏空严重；储备不足，调控乏力。为解决这些问题，封建王朝十分重视加强仓储管理，其主要做法有以下四点。

1. 对粮食储备实行专管，由中央财政直接控制

一般说来，中央财政最高行政长官是全国仓储的最高主管，其下另设专门的“仓官”负责仓储事宜。如明代，户部掌管全国钱粮，各省由布政司分理，无论京库钱粮支用还是地方存留与上解，都须遵循户部的细则定例，并接受户部的审核。

2. 对不同类型的仓储采取不同的管理形式

例如常平仓等官仓主要由各级政府机构管理，而义仓、社仓、预备仓等民间仓储，则在官府的指导下，主要由民间自行管理。

3. 制定较严密的管理条规和制度

例如，秦代有专门的仓律，规定严格；西汉设有专门的会计簿册，详细记录仓储谷物

数量、品种、出入、经手人、核验等，上级官吏经常检查所属仓谷。宋代以后，有关仓储的规章更多、更细、更严。

4. 注意加大监督检查的力度

清雍正严查钱粮亏空就是一例。据载，在雍正元年至三年（1723—1725 年）期间，雍正连续发出有关清查钱粮亏空的上谕三十余道，并派朝廷官员协助清查地方钱粮亏空。在清查过程中，他下谕：即便涉及高官与贵族，也绝不宽贷。对被参贪赃的官员，一是抄家，二是罢官，严重者处以极刑。

（资料来源：选自论文联盟 http://www.lwlm.com）

二、仓储管理的概念与任务

1. 仓储管理的概念

简单地说，仓储管理就是指对仓库及仓库内储存的货品所进行的管理，是仓储机构对仓储服务所进行的计划、组织、控制的活动总和。具体来说，仓储管理包括仓储资源的获取、作业管理、库存控制、经营管理、仓储保管、安全管理、仓库选址与规划、经济管理等一系列管理工作。

仓储管理的内涵随其在社会经济领域中作用的不断扩大而变化。仓储管理从单纯意义上的对货品存储管理发展成物流过程的中心环节，它的功能已不是单纯的货品存储，而是兼有包装、分拣、流通加工、简单装配等多种增值服务。因此，广义的仓储管理应包括对这些工作的管理。

2. 仓储管理的原则

（1）效率原则

仓储管理的核心就是效率管理，实现以最少的劳动量投入获得最大的产出。劳动量的投入包括生产工具、劳动力的数量以及他们的作业时间和使用时间。仓储的效率表现在仓容利用率、货品周转率、进出库时间、装卸车时间等指标上，表现出“快进、快出、多存储、保管好”的高效率仓储。效率是仓储管理的核心，没有生产的效率，就不会有经营的效益，就无法开展优质的服务。

高效率是管理科学性和艺术性的体现，仓储企业要通过准确核算和科学组织，妥善布置场所和空间，实现部门与部门、人员与人员、设备与设备、人员与设备之间的默契配合，使仓储作业过程有条不紊地进行。

高效率还需要有效管理过程的保证，包括现场的组织、督促，标准化、制度化的操作管理，严格的质量责任制的约束。现场作业混乱，操作随意，作业质量差，甚至出现作业事故，显然是不可能有效率的。

（2）效益原则

厂商生产经营的目的是为了追求利润最大化，这是经济学的基本假设条件，也是社会现实的反映。利润是经济效益的表现，而实现利润最大化需要做到经营收入最大化和经营成本最小化。仓储企业应围绕获得最大经济效益这一目的进行组织和经营。但也需要承担应有的社会责任，履行环境保护、维护社会安定的义务，实现生产经营的社会效益。

（3）服务原则

仓储活动本身就是向社会提供服务产品。服务是贯穿在仓储中的一条主线，如仓储的定位、仓储作业、对仓储货品的控制等都是围绕着服务进行的。仓储管理就是围绕服务定位，对如何提供服务、改善服务、提高服务质量所进行的管理，包括直接的服务管理和以服务为原则的生产管理。

仓储服务水平与仓储经营成本有着“背反”关系。服务好、成本高，收费也高。仓储服务管理需要在降低成本和提高服务水平之间保持平衡。

3．仓储管理的任务

（1）配置仓储资源

市场经济最主要的功能是通过市场价格和供求关系调节资源的配置，使资源发挥最大效益，而仓储管理的目的也是如此。配置仓储资源也应依据所配置的资源获得最大效益为原则。配置仓储资源的具体任务包括：根据供求关系确定仓储的建设规模；依据竞争优势选择仓储地址；以生产的差异化决定仓储专业化分工和确定仓储功能；以所确定的功能决定仓储布局；根据设备利用率决定仓储设备配置等。

（2）组建仓储管理机构

生产要素特别是人的要素只有在良好组织的基础上才能发挥作用，发挥整体的力量。仓储管理机构的确定需要围绕仓储经营的目标，依据管理幅度、因事设岗、权责对等等管理原则，建立结构简单、分工明确、互相合作、互相促进的组织结构和管理队伍。

仓储管理机构根据仓储隶属性不同，分为独立仓储企业的管理组织和附属仓储机构的管理组织。仓储管理机构一般都设有内部行政管理、商务管理、库场管理、机械设备管理、安全保卫、财务管理以及其他必要的管理机构。仓储内部大都实行直线职能管理制或者事业部管理制。

（3）开展仓储商务活动

仓储商务工作是仓储对外的经济联系，包括市场定位、市场营销、交易和合同关系、客户服务、争议处理等。仓储商务是经营性仓储生存和发展的关键工作，是经营收入和仓储资源充分利用的保证。从仓储经营角度来看，商务管理的目的是为了实现收益最大化，最大限度地满足市场需要。

（4）组织仓储生产

仓储生产包括货品入库、堆存、出仓、检验、理货及在仓储期间的保管、质量维护、安全防护等。仓储生产组织应遵循高效、低耗的原则，充分利用机械设备、先进的保管技术和有效的管理手段，实现仓储的快进、快出，提高仓储利用率，降低成本，不发生差、损、错事故，保持连续、稳定生产。生产管理的核心在于充分利用先进的生产技术和手段，建立科学的生产作业制度和操作规范，实现严格的监督管理，采取有效的员工激励机制。

（5）塑造仓储企业形象

作为服务产业的仓储业，所面对的主要是生产者、流通经营者，其企业形象的建立主要是通过服务质量、产品质量、诚信和友好合作获得，并通过一定的宣传手段在潜在客户中推广。在现代物流管理中，由于企业不仅要对服务质量高度要求，而且需要获得合作伙伴的充分信任，因此，作为物流环节的仓储企业，其形象的建立显得极为重要。只有具有良好企业形象的仓储经营企业才能在物流行业中占有一席之地，才能适应现代物流的发展。

（6）提高仓储管理水平

任何企业的管理都不可能一成不变，需要随着形势的发展而不断发展，以适应新的变化。仓储管理也要根据仓储企业经营目的的改变、社会需求的变化而改变。仓储管理要从简单管理到精细管理、从直观管理到科学管理，在管理实践中不断修正、完善和提高，实行动态仓储管理，以提高管理水平。

（7）提高仓储工作员工的素质

没有高素质的员工队伍，就不会有优秀的企业。仓储管理的一项基本任务就是加强对员工的培养，提高仓储企业员工的素质，加强对员工的约束和激励。员工素质包括技术素质和精神素质。通过不断的系统培训和严格考核，保证每个员工掌握其所在劳动岗位应知、应会操作，明白岗位工作制度和操作规程，明确岗位职责。同时，也要重视员工的地位，不能将员工仅仅看作是生产工具、一种等价交换的生产要素。在信赖中约束，在激励中规范。做到员工人尽其才，劳有所得，人格被尊重，形成热爱企业、自觉奉献、积极向上的精神面貌。

4．仓储管理的具体要求

企业仓储管理的基本工作是从生产出发，及时、准确、保质、保量地搞好物资供应，为企业的生产、发展服务。其具体要求是：严格把好入库验收关，确保入库物资数量准确、质量完好，并使物资储存、供应、销售各环节平衡衔接；搞好在库物资保管、保养工作，最大限度地降低物资损耗，如实登记仓库实物账，经常清理、盘点库存物资，做到账、卡、物相符；做好物资供应工作，满足生产建设需要，不断提高服务质量；督促物资的合理使用与节约，严格限额发料，搞好物资回收和综合利用；健全仓库管理制度，不断提高管理水平；做好仓库主要经济技术指标考核工作，加强经济核算，提高经济效益；加强仓库安全工作，搞好安全操作、劳动保护、仓库消防及防台防汛工作。

为了使仓库管理规范化，保证财产物资的完好无损，要根据企业管理和财务管理的一般要求，结合企业的具体情况，制订仓库管理工作细则。

【实用案例 3-1】

月山啤酒集团的仓储物流改革

月山啤酒集团在几年前就借鉴国内外物流公司的先进经验，结合自身的优势，制订了自己的仓储物流改革方案。

第一，成立了仓储调度中心，对全国市场区域的仓储活动进行重新规划，对产品的仓储、转库实行统一管理和控制。由提供单一的仓储服务，到对产成品的市场区域分布、流通时间等全面的调整、平衡和控制，仓储调度成为销售过程中降低成本、增加效益的重要一环。

第二，以原运输公司为基础，月山啤酒集团注册成立了具有独立法人资格的物流有限公司，引进现代物流理念和技术，并完全按照市场机制运作。作为提供运输服务的“卖方”，物流公司能够确保按规定要求，以最短的时间、最少的投入和最经济的运送方式，将产品送至目的地。

第三，筹建了月山啤酒集团技术中心。月山啤酒集团应用建立在互联网信息传输基础上的 ERP 系统，筹建了月山啤酒集团技术中心，将物流、信息流、资金流全面统一在计算

机网络的智能化管理之下，建立起各分公司与总公司之间的快速信息通道，及时掌握各地最新的市场库存、货物和资金流动情况，为制订市场策略提供准确的依据，并且简化了业务运行程序，提高了销售系统工作效率，增强了企业的应变能力。

通过这一系列的改革，月山啤酒集团获得了很大的直接和间接经济效益。首先是集团的仓库面积由 7 万多 m^2 下降到不足 3 万 m^2，产成品平均库存量由 12 000t 降到 6 000t。其次，这个产品物流体实现了环环相扣，销售部门根据各地销售网络的要货计划和市场预测，制订销售计划，仓储部门根据销售计划和库存及时向生产企业传递要货信息；生产厂有针对性地组织生产，物流公司则及时地调度运力，确保交货质量和交货期。最后，销售代理商在有了稳定的货源供应后，可以从人、财、物等方面进一步降低销售成本，增加效益，经过一年多的运转，月山啤酒物流网取得了阶段性成果。实践证明，现代物流管理体系的建立，使月山啤酒集团的整体营销水平和市场竞争能力大大提高。

三、仓储管理作业流程

按作业过程来分，仓储管理主要有商品的入库、保管保养、出库三个阶段。

1．商品的入库阶段

它是指仓储管理人员根据入库凭证或供货合同的规定，接收承运单位或供货商运到仓库的物品，并对货物进行验收、记账及建立货物档案。搞好物品入库阶段作业，把好物品入库验收关是搞好仓储全过程管理的基础。

（1）商品验收作用

所有到库商品，必须在入库前进行验收，只有在验收合格后方可正式入库。这种必要性体现在：一方面各种到库商品来源复杂，渠道繁多，从结束其生产过程到进入仓库，经过一系列储运环节，受到储运质量和其他各种外界因素的影响，质量和数量可能发生某种程度的变化；另一方面，各类商品虽然在出厂前都经过了检验，但有时也会出现失误，造成错检或漏检，使一些不合格商品按合格商品交货。

（2）商品验收标准

商品验收主要是对商品数量、质量和包装的验收，即检查入库商品数量是否与订单资料或其他凭证相符，规格、牌号等有无差错，商品质量是否符合规定要求，物流包装是否能保证货物在运输和储存过程中的安全，销售包装是否符合要求。在仓库验收商品时，所验商品都是整批、连续到库，品种、规格较为复杂，在有限时间内不可能逐件查看，一般采用抽查的方法。验收抽查比例大小，一般依据商品特性、价值大小、品牌信誉、物流环境等因素确定。只有经验收能达到公司的各项预定的验收标准才准许入库。在验收商品时，基本上可根据下列几项标准进行检验：

1）买卖双方约定的商品接收标准。

2）采购合同或订单所规定的要求和条件。

3）以议价时的合格样品为标准。

4）以各类产品的国家品质标准或国际品质标准为依据。

（3）商品入库作业管理原则

入库作业作为仓库作业的基础，迅速、准确地收货就成为其最重要的作业目标，因此，在安排进货作业时必须注意以下几个原则：

1）尽量使进货地点靠近商品存放点，避免商品进库过程的交叉、倒流。

2）尽量将卸货、分类、标志、验货等作业环节集中在一个场所完成，这样既可以减少空间占用，又可以节省人力、物力，降低成本，提高作业效率。

3）通过制作作业相关性分析图，合理布置作业顺序，避免倒装、倒流等现象。

4）对作业人员及搬运设备的调度安排与进货作业的日活动分布相配合。

5）入库商品流动尽量设计成直线。

6）对小件物品或可以使用托盘集合包装的物品，尽量固定在可流通的容器中进行搬运或存储，以减少货物倒装的次数。

7）详细认真记录进货信息，以备后续作业的查询及信息资料的管理。

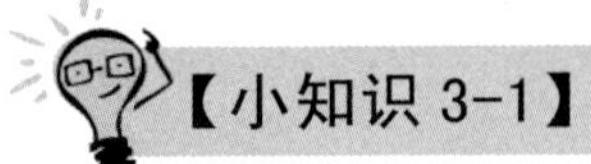

快递业收件的规定

国家邮政局制定了《快递业务操作指导规范》，对快递业收件做了如下规定。

快递企业应当建立并执行快件收寄验视制度。对寄件人交寄的信件，必要时快递企业可要求寄件人开拆，进行验视，但不得检查信件内容。寄件人拒绝开拆的，快递企业不予收寄。对信件以外的快件，快递企业收寄时应当场验视内件，检查是否属于国家禁止或限制寄递的物品。寄件人拒绝验视的，不予收寄。

快递企业在收寄相关物品时，依照国家规定需要寄件人出具书面证明的，应当要求寄件人出示证明原件，核对无误后，方可收寄。经验视，快递企业仍不能确定安全性的存疑物品，应当要求寄件人出具身份证明及相关部门的物品安全证明，核对无误后，方可收寄。收寄已出具相关证明的物品时，应当以纸质或电子文档形式如实记录收寄物品的名称、规格、数量、收寄时间、寄件人和收件人的人名、地址等信息，记录保存期限应当不少于 1 年。

2．商品的保管保养阶段

它是指仓储管理人员对经验收合格的物品进行科学储存规划、堆码苫垫、维护保养等作业的过程。物品保管保养阶段的关键作业是，制定物品分类储存规划和对不同性质物品采取有效的保管保养措施。搞好物品保管保养，对于合理储存物品，提高仓库利用率和作业效率，确保物品数量准确、质量完好有着十分重要的意义。

（1）商品储存规划

商品储存场所除了储存商品之外还有商品的入库、装卸搬运、检验、流通加工、包装、出库等其他的作业程序。如何提高储存场所的利用率、降低运作成本是每一个企业所要关注的问题。因此，在储存场所的布置规划中应科学合理地根据商品的特性、储存要求等进行商品的储存规划。

仓库总平面布置不只包括库区的划分以及建筑物等平面位置的确定，还包括运输线路的组织与布置、库区安全防护以及绿化和环境保护等内容。

仓库总平面布置首先是按作业功能进行分区。根据仓库各种建筑物性质、使用要求、运输关系以及安全要求等，将商品性质相同、功能相近、联系密切、对环境要求一致的建筑物分成若干组，再结合仓库用地内外的具体条件，合理地进行功能分区。仓库总平面布

置应能充分、合理地利用机械化进行作业。

仓库总平面一般可以划分为仓储作业区、辅助作业区、行政生活区，除了上述区域之外，还包括铁路专用线和库内道路。

1）仓储作业区。仓储作业区是仓库的主体，仓库的主要业务和商品保管、检验、包装、分类、整理等都在这个区域里进行。主要建筑物包括库房、货场、站台，以及加工、整理、包装场所等，仓库作业区布置中所要考虑的因素包括减少运动的距离、有效地利用时间、充分利用仓库面积等。

2）辅助作业区。在辅助作业区内进行的活动是为主要业务提供各项服务，如设备维修、加工制造、各种物料和机械的存放等。辅助作业区的主要建筑物包括维修加工以及动力车间、车库、工具设备库、物料库等。

3）行政生活区。行政生活区由办公室和生活场所组成，具体包括办公楼、警卫室、化验室、宿舍和食堂等。行政生活区一般布置在仓库的主要出入口处并与作业区用隔墙隔开。这样既方便工作人员与作业区的联系，又避免非作业人员对仓库生产作业的影响和干扰。

仓储作业区与辅助作业区分开的目的是为了避免在辅助作业区内发生的灾害事故危及存货区域。在划定各个区域时，必须注意使不同区域所占面积与仓库总面积保持适当的比例。商品储存的规模决定了主要作业场所规模的大小。同时，仓库主要作业的规模又决定了各种辅助设施和行政生活场所的大小。各区域的比例必须与仓库的基本职能相适应，保证商品接收、发运和储存保管场所尽可能占最大的比例，提高仓库的利用率。

在仓库总面积中需要有库内运输道路，对于大型仓库还要包括铁路专用线。商品出入库和库内搬运要求库内外交通运输线相互衔接，并与库内各个区域相贯通。这些交通运输道路构成了仓库内部四通八达的交通运输网。仓库交通运输网布置得是否合理，对于仓库组织仓储作业和有效利用仓库面积都产生很大的影响。在满足各项作业需要的前提下，应尽可能减少道路占用的面积。

运输道路的配置应符合仓库各项业务的要求，方便商品入库储存和出库发运，还应适应仓库各种机械设备的使用特点，方便装卸、搬运、运输等作业操作。库内道路的规划必须与库房、货场和其他作业场地的配置相互配合，减少各个作业环节之间的重复装卸、搬运，避免库内迂回运输。各个库房、货场要有明确的进出、往返路线，避免作业过程中相互干扰和交叉，以防止因交通阻塞影响仓库作业。

在具体规划时，根据上面各区的要求还需要对作业活动设施的关联性进行分析配置，反复分析和评价直至得到最合适的设施关联方案。

（2）商品堆码苫垫

商品一旦验收后就进入商品的入库堆垛程序。商品的堆码与苫垫工作，是商品入库管理中的一个重要环节，将会直接影响到商品的储存质量。堆码与苫垫就是根据商品的包装形状、重量和性能特点，结合地面负荷、储存时间将商品按一定的要求集中堆放在指定的货位，并进行苫垫或密封。合理科学的商品堆码与苫垫能够使储存的商品仍保持使用价值，同时可以提高仓库的利用率等。

1）商品堆码技术。堆码就是根据商品的特性、形状、规格、质量及包装质量等情况，同时综合考虑地面的负荷、储存时间，将商品分别叠堆成各种码垛。合理科学的商品堆码技术，对提高入库商品的储存保管质量，提高仓容利用率，提高收发作业及养护工作的效率，有着相当重要的作用。

2）商品苫垫技术。苫垫可以分为苫盖和垫底两种。商品苫垫是为了防止各种自然因素对储存商品质量的影响的一种措施，商品在堆垛时一般都需要苫垫，即把货垛垫高，对露天货物进行苫盖，只有这样才能使商品避免受潮、淋雨、暴晒等，保证储存、养护商品的质量。

（3）商品保管保养

储存保管的商品总是在不断变化的，只是快慢不一样而已。因此，商品的储存保管就是要讲究一种科学的管理方法，要掌握每一种物品的物理、化学等特性，采取相适应的措施以达到科学的仓储管理。对商品所进行的保养和维护工作，称为商品的养护。商品养护是防止储存商品质量变化的重要措施，是仓储保管中一项经常性的工作。

商品养护的任务是通过科学合理的养护措施以保证储存商品的质量。但是，储存商品的质量变化是绝对的，只是快慢不同而已。另外，由于一些其他方面的因素，储存商品的质量也会发生变化从而导致报废。因此，商品养护的目的就是要依据商品的物理、化学性质，避免人为误操作因素，运用商品养护中各类理论知识和养护技术，掌握商品质量发生变化的规律，做到最大限度地减少损耗以维护商品的安全，从而保证储存商品的使用价值。

影响储存养护商品质量变化的因素有：

1）人为因素。人为因素是指物品在储存过程中不按照商品储存保管的客观规律或违反操作规程而造成影响商品的质量后果。例如，由于包装不合理、装卸不慎、堆垛苫垫不当或机械事故、储存期过长等而造成商品的损坏变质。

2）客观因素。客观因素是由于物品本身的物理、化学性质和自然因素的影响等所造成的商品质量的损坏变质。商品的物理性质是指商品某种性质改变时，不牵涉到物质分子（或晶体）化学组成改变的性质，如导热性、弹性、强度、刚度、熔点等。商品的化学性质是指商品某种性质必须在其分子（或晶体）起化学反应时方显示出来的性质，如氧化反应、还原性、酸性、碱性、腐蚀、燃烧、爆炸和化学稳定性等。

3）外部自然因素。商品在储存养护过程中的质量变化，除了商品物质内部运动变化的结果外，同时还与储存的外界因素有着密切的关系。这些外界因素主要包括空气中的氧、日光、温度、湿度、微生物、昆虫等，它们是影响储存商品质量、数量变化的外部因素。如果掌握了在储存期间影响商品质量的自然因素的特点及其变化规律，通过采取一系列科学合理的保养维护工作，可以有效地控制储存环境因素，减少或减缓外界因素对仓储商品质量的不良影响。

商品在养护过程中也应遵循“以防为主、以治为辅、防治结合”的储存养护原则。要做到早防、早治，将防与治渗透到整个商品储存养护过程中。做好商品储存养护中的防治结合工作不仅是养护技术问题，同时也是养护管理的问题。因此，需要运用科学合理的技术，不断实践，找到符合规律的、行之有效的养护措施，搞好商品储存养护工作。

3．商品的出库阶段

物品出库是指仓储管理人员根据货主或业务部门的出库指令，对物品进行备料、复核、包装和发货等作业过程。随着客户对物流服务的要求不断提高，物品配送业务必然迅速发展，如何将传统的出库作业向物流配送作业转化，是仓储部门有待解决的问题。搞好出库配送，为客户提供增值服务，对于提升物流企业形象、满足客户个性化需求有着关键的作用。

（1）商品出库基本原则

1）必须根据业务部门或客户开具的商品调拨通知单进行，仓库不准随意动用或外借库存商品。

2）在特殊情况下，企业自备仓库可根据上级主管业务部门的电报、电话（必须先做好记录）先行出库，后补办手续。

3）下列商品不经业务部门的允许不准出库：质量不合格、规格不符件、缺件不配套、包装不牢以及未进行检查验收、无技术证件和不允许使用的商品。

4）用户自提商品在规定期限内办理，逾期不提者，不予办理发货。

（2）商品出库要求

1）在具体品种、规格、质量上必须完全符合出库凭证上所规定的内容。

2）在办理出库手续上，要求迅速、及时、简化环节、提高出库效率。

3）增强服务意识，提高为用户服务的水平，减少并力争杜绝差错事故的发生。

4）出库应贯彻“先进先出，存新发旧”的原则。

5）商品装箱时，对包装商品要逐项填写装箱单。有技术证件的，要一起放于箱内易见的位置，便于收货人开箱时核对清点。

6）出库的商品要根据不同的性质、特点进行包装，箱内要填塞紧密，包装捆扎要牢固。易燃品、易碎品、怕热、怕冻、怕震商品要严格包装，并附特殊标记，确保运输安全。

7）无包装或不易识别的商品（如外形、尺寸近似等），要标上料笺，便于用料单位点收。

8）保管部门应严格执行签发手续，当商品发出后应在原出库凭证上的回单上注明发货时间和实发数量，并加盖主管人和承办人的印章（或签字）。逐级退回上一级主管业务部门，作为账务处理的依据。如果是用料单位自提，提货人还应在出库凭证上签字。

9）商品出库完毕，仓储部门应及时销账，及时清理现场，并将提货凭证注销后归档存查。

4．仓储合理化的途径

由前面提到的仓储的作业及流程就可以看出，仓储合理化是提高物流体系工作效率的必要条件。所谓仓储合理化，就是用最经济的办法实现仓储的相关功能。仓储的不合理往往表现在对仓储功能实现的过分强调，由于过分投入仓储力量和其他仓储劳动造成库存的不合理。所以，合理仓储的实质是在保证仓储功能的实现前提下，系统的投入最少。影响仓储合理化的主要因素如下。

（1）仓储量

被储存物品的数量过大会导致仓储成本费用的增加；而仓储量过小则会导致物品保证供应能力的下降。因此，仓储合理化就必须仓储量合理化。

（2）仓储结构

仓储结构是指不同规格、品种物品仓储量的比例关系。市场情况与物品规格，品种的选择，以及其结构变化都必须相符合。这就要求在确定合理仓储量的同时，必须考虑仓储结构的合理化。

（3）仓储时间

仓储时间与商品销售时间成反比关系，商品销得快，仓储时间就短，反之亦然。另外，仓储时间还受物品的自然属性的影响，超过物品自然属性所允许的储存时限，物品就会失去其使用价值。因此，仓储时间的合理性也至关重要。

（4）仓储网络

为了满足生产和生活消费的需要，必须设置若干个仓储网点，从而构成仓储网络。仓储网络过多或过少，都会影响仓储的合理化。

【小贴士 3-1】

仓储合理化与库存合理化

本节主要从仓储系统的角度讨论合理化问题，其中仓储量和仓储结构的本质是库存问题，第五章有详细的管理方法介绍。

第二节　仓储商务及其主要业务

一、仓储商务管理概述

1．仓储商务与仓储商务管理

仓储商务是指仓储经营人利用所具有的仓储保管及其他服务能力向社会提供仓储及其他服务产品并借此获得经济收入所进行的交换行为。仓储商务是仓储企业对外的基于仓储资源和能力经营而进行的经济交换活动，是一种商业交换行为，企业自营仓储不发生严格意义上的仓储商务。仓储商务活动包括市场商情调查和发现商业机会，市场分析和定位，会晤和签订专门类别的合同，合同履行的协调，争议处理和风险控制，企业形象建设与品牌管理，制订竞争战略和发展市场，保持企业可持续发展。

仓储商务管理是仓储经营人对仓储商务所进行的计划、组织、领导和控制的过程，是依法经营的仓储企业对外行为的管理。仓储商务管理涉及企业的经营战略和经营绩效，因而更为重视管理的效益性。相对于其他企业活动管理，商务管理具有更强的外向性；商务管理又有整体性的特性，商务工作不仅是对外商务职能部门的工作，涉及仓储企业整体的经营和效益，也要有如法律、财经、信息管理等部门参与，因而仓储商务管理是仓储企业高层管理的核心工作，重点是如何吸引老客户，发展新的客户和业务领域。

2．仓储商务管理的目的

仓储商务管理的目的是为了仓储企业充分利用仓储资源，最大限度地获得经济收入和提高经济效益。其目的具体表现在以下几个方面。

（1）最充分地利用企业资源

商务管理的目的是为了获得尽可能多的产品交换量，使得仓储生产的产量最大。在良好的仓储管理之下，仓储企业获得大量的商业机会，也承担了按时完整提供产品的义务，这就需要仓储企业充分利用企业的一切资源，包括仓储能力和作业能力、生产的资金和人力资源，完成生产任务，使仓储的一切资源都得到最充分的利用。

（2）满足社会需要

仓储企业的商务管理就是为了使仓储企业能进行尽可能大的产品交换，向社会提供尽可能多的仓储产品，满足社会对仓储产品的需要。仓储商务管理的任务就是有效地开发市场，跟随市场的需要改变产品结构，提高服务水平，降低产品价格，提高产品竞争力。通过市场开发、挖掘商业机会、促进交易使产品被更广泛的市场和客户接受。

（3）降低成本

生产成本、交易成本的高低是决定产品能否被社会接受的基本条件。仓储商务管理不仅要尽可能地提高交易回报，在市场竞争之下，更重要的是控制成本，提高产品竞争力。仓储商务管理要采取先进的经济管理理论、现代化技术、传统的有效经营手法，控制和减少交易成本，还要通过将限定的产品价格分解到每个生产环节，控制整体生产成本。

（4）减少风险

企业的经营风险绝大部分来自于商务风险，高水平的商务管理就在于避免发生商务风险，防止责任事故和规避经营风险。建立风险防范机制，妥善地处理协议纠纷，建立仓储商务质量管理体系是仓储商务管理的重要任务。

（5）塑造企业形象

商务人员对外交往，代表着企业的形象。仓储企业应通过以人为本、任人唯贤、职责明确的原则建立的商务队伍，在对外商业交往中精明能干，业务熟练，提倡合作和服务的精神，以及企业的整体守合同、讲信用的商务管理，形成仓储企业可信赖、高水平的企业形象。商务的每一项工作都会对企业形象产生直接的影响。

（6）提高收益

一方面，通过充分利用仓储企业的有效资源，提供满足社会需要的产品，实现企业产品被市场广泛接受，促进产量的提高；另一方面，严格的成本管理、最少的风险承担使得成本降低，提高仓储企业的经济收益。提高整体收益、实现仓储企业可持续发展是仓储商务管理的最终目的。

3．仓储商务管理的原则

仓储商务管理必须遵循一定的原则，主要包括以下几点。

（1）满足社会需要

社会主义生产的目的就是为了满足社会不断增长的需要。仓储生产同样也是为了满足社会对仓储的需要。仓储商务管理就是保持仓储产品社会交换的不断进行，使仓储资源能被最大限度地利用，服务于社会，为社会创造更大的财富。在仓储商务管理中，以社会的需要来组织产品的供应，当产品供不应求时充分挖掘和发展仓储能力，使需要仓储的物资都能获得必要的仓储；当供过于求时，通过组织增值服务，开展多元服务，进一步提高服务质量，使仓储总供给量与市场需求平衡。仓储企业要避免垄断经营、歧视经营、囤积仓储能力不足等不满足社会需要的经营方式。随着社会需求的不断增长和不断变化，仓储商务也应不断求新、求变，不断创新，跟上社会需要的发展。

（2）适应市场竞争

市场经济的基本特征就是广泛的市场竞争，没有竞争就没有市场。低门槛的仓储业，供给的增长极快，也就必然成为竞争激烈的行业。仓储商务工作面临的就是竞争激烈的局面，商务管理就要敢于竞争、善于竞争，既要敢于开展积极的竞争，也要勇于面对竞争的挑战。仓储业需要制订完整的市场竞争策略，建立成本优势、价格优势、服务优势、技术优势；充分利用资本经营手段，规模化发展，实现规模效应，形成网络服务，形成竞争优势，在市场竞争中求生存、求发展。

（3）守法、依法商务

市场经济是法制的经济，需要通过法律、规范市场，防止恶性竞争和不正当竞争，防止侵害合法权益，维护合法行为和利益。商务工作需要严格遵守法律、法规的强制规定，法律有规定的严格按照法律规定行事，法律没有规定的按照法律的精神开展商务行为。仓储作业在商务工作中严格遵守《民法》《合同法》《消防法》《环境保护法》等法律、法规，守法商务，依法商务。商务工作涉及与企业外的经济利益关系，商务管理部门特别要重视利用法制手段保护企业自身的利益，防止合法的利益受到侵犯，维护自身的合法权益。

（4）追求利益最大化

追求利润最大化是市场经济主体的生产经营目的。作为商业活动，仓储经营显然也是为了在向社会提供仓储产品中获得最大的经济效益。获得收益最大化也就是仓储商务管理的基本原则。在仓储商务管理中需要通过合理地利用企业资源、有效的营销手段和竞争策略、广泛的市场开发、准确的产品定位、优质的服务、以人为本的激励措施促进产品的销售，使仓储资源能被充分、高效率的利用。另一方面通过不断降低交易成本，控制生产成本，防止责任风险的发生使得企业成本降低，实现仓储经营的利润最大化，使企业能保持正常经营和进一步发展。

二、仓储商务管理的内容及流程

1．仓储商务管理的内容

作为仓储企业管理的组成部分，仓储商务管理包括对仓储商务工作的人、财、物的组织和管理，涉及企业资源的合理利用，制度建设、激励机制以及仓储商务队伍的教育培养等各方面。具体内容包括以下几点。

1）仓储商务机构的设定和商务人员的选用和配备，商务工作制度、商务管理制度的设立。

2）有效地组织市场调查，广泛收集并高质量地分析市场信息，捕捉到有利的商业机会，科学制订竞争策略。

3）根据市场的需要和发展，科学地规划并设计产品营销策略，督促产品推销。

4）进行科学合理的组织、充分利用先进的技术和传统的有效方法降低交易成本。

5）准确地进行成本核算，确定合适的价格，提高产品竞争力。

6）细致地进行成本分解，促进企业整体成本管理的效果，进一步降低成本。

7）以优质的服务满足消费者和用户的需要，实现企业的经济效益和社会效益。

8）加强交易磋商管理和合同管理，严格依照合同办事，讲信用、保证信誉。

9）建立风险防范机制，妥善处理商务纠纷和冲突，防范和减少商务风险。

10）加强商务人员管理，以人为本，充分发挥全体商务人员的积极性和聪明才智。重视商务人员的培养和提高，确保商务工作人员能跟上时代发展的要求并保持发展后劲。

2．仓储商务管理的流程

（1）仓储经营决策

仓储企业根据社会对仓储产品的需要、仓储企业所具有的能力和实力以及仓储市场的供给水平，遵循充分运用企业资源、满足社会需要和获得最大利润的原则，合理制订实现企业经营发展目标的方法和经营决策。根据需要和能力，仓储企业可以选择采取租赁经营、公共仓储、物流中心或者配送中心，采用单项专业经营或者综合经营，实行独立经营或者联合经营的经营定位。根据企业所选择的经营方式，合理组织商务队伍，制定仓储商务管

理和作业规章制度，形成科学、合理的管理体系。

（2）市场调查和市场宣传

市场调查不仅是企业经营决策的依据，也是仓储企业经营过程中长期的日常工作。商务部门需要不断进行市场调查和发现商业机会，以便建立商业关系。商务市场调查主要针对市场的供求关系、消费者对产品需求的变化以及将来的发展，进行准确调查和科学预测，以便企业进行经营决策和产品设计，促进商务宣传的有效开展。

市场宣传是企业建立企业形象的一种手段，也是企业获得商业机会的手段之一。商务部门应合理和充分地利用企业有限的资源，采取针对性的有效措施，对潜在客户和竞争性客户进行有效宣传和推广，促进业务关系的建立。市场宣传可以采用新闻宣传、广告宣传、企业联系、宣传推广、人员促销等方法进行。

（3）订立仓储合同

合同是市场经济主体之间期望发生民事关系的手段。通过订立合同，两个独立的经济主体发生了债权债务关系。需要仓储服务的存货人与经营仓储的保管人通过订立仓储合同发生了货物保管和被保管的经济关系，并通过仓储合同调整双方关于仓储的权利和义务。仓储合同经过双方要约和承诺的过程，当双方意见一致时合同成立。

由于物资仓储往往需要较长的时间，还可能需要对仓储物进行加工处理、分拆等作业的流通管理。为了保证保管人严格按照存货人的要求进行处理，避免时间久远遗忘而出现争议，以及涉及仓单持有人的第三方关系，因而需要订立较为完备的合同，需要合同条款细致，内容充分。由于仓储保管是双方的行为，需要较为完整的合同订立程序，明确的合同成立的表示，以及完整的合同形式。

（4）存货人向仓库存货

存货人应按合同的约定向保管人交付仓储物。存货人交付仓储物是存货人履行合同的行为。存货人交付仓储物时必须对仓储物进行妥善处理，保证仓储物适合仓储。对存放危险品或者易变质物品，应提供有关资料，说明仓储物的性质和处理方式。对仓储物的状态、质量程度提供相应的证明。存货人须按合同的约定将仓储物存放到合同约定的地点，或者运往仓储地点，为仓库卸货提供方便。在货物交付给仓库时，存货人与仓库工作人员共同理货、查验货物。合同约定预付仓储费的，存货人在存货时应向保管人支付约定的仓储保管费。

（5）保管人接收货物和保管货物

保管人应按照合同约定，在接收仓储物之前准备好仓储场地，使场地适合仓储物存放和保管。保管人在接收仓储物之前必须验收仓储物，对仓储物进行理货检验，确认仓储物的状态、质量及准确数量。

合同约定由保管人负责仓储物装卸、堆放的，保管人应安排并妥善进行卸载、堆放。仓储物接收完毕，保管人应根据约定向存货人签发仓单。约定由存货人卸货存放的，存货人按照仓库的安排，将货物运至指定的地点，卸货并按仓库的要求进行堆码摆放。

在仓储物入仓后，保管人应按照合理的方法、有效的措施对仓储物进行妥善管理和相应的作业。在存放期间发生仓储物品的损害或变化，应及时通知存货人及时处理，且采取必要的处理措施，减少损失。同时允许存货人或者仓单持有人检查仓储物或提取样品。

（6）存货人提货

仓储期届满，存货人或者仓单持有人凭仓单向保管人提取仓储物，交付仓储费用和保管人的垫费、仓储物的性质造成报管人的损失、超期存货费和超期加收费等费用。提货人在提货时要对仓储物进行检验，确认仓储物的状态和数量。提货人提货完毕，在仓单上签署后，将仓单交回保管人。如合同未约定存储期限，存货人或者仓单持有人可以随时要求提取仓储物，但应有合理的通知期。提货人对仓储中产生的残损货物、收集的地脚货、货物残余物等应一并提取。仓储物在存放期间产生的孳息，没有约定由保管人享受的，保管人应交给仓单持有人。

【小贴士 3-2】

仓单的概念和作用

仓单是保管人在接收仓储物后签发的表明一定数量的保管物已经交付仓储保管的法律文书。保管人签发仓单，表明已接收仓储物，并已承担对仓储物的保管的责任以及保证将向仓单持有人交付仓储物。签发仓单是仓储保管人的法律义务，根据《中华人民共和国合同法》规定：“存货人交付仓储物时，保管人应当给付仓单。”

仓单的作用表现在：签发仓单表明保管人已经接收了仓单上所记载的仓储物；仓单是仓储保管人凭以返还保管物的凭证；仓单是确定保管人和仓单持有人、提货人责任和义务的依据；同时仓单还是仓储合同的证明。

【小贴士 3-3】

孳息的含义及分类

孳息的原意是指：繁殖生息，出自晋江统《徙戎论》。法律词条“孳息”的意义是：孳息与原物是彼此分离的，孳息是相对于原物而言的，孳息是原物派生的。应注意法定孳息的种类。孳息是《民法》中的一个法律概念，它指由原物所产生的额外收益。根据《民法》，孳息分为天然孳息和法定孳息。

孳息本为原物的对称，其概念起源于罗马法时代，最初是指由土地产生的按期供人、畜食用之物，如麦子等。后来，随着法学的日渐繁荣，孳息的含义渐广，不再单指土地的出产物，还包括依原物的用途而按期产生的各种收益，不仅有植物的果实，而且牛、马所生的小犊、小驹，甚至是矿场的矿物等均构成孳息。

罗马法上关于孳息的分类主要有天然孳息、加工孳息和法定孳息。

天然孳息，指依物的本性天然而生长，不需要人力作用就能获得的孳息，如天然牧草等。

加工孳息，又可称为人工孳息，指需要人力加工才能获得的孳息，如种植收获的果实、谷物等。

法定孳息，指物因某种法律关系所产生的收益，如租金、利息等。

此外，罗马法还据此确定了不同分类的孳息归属规则。出台了世界上第一部民法典的法国，也在其民法典上作出了类似于罗马法的规定。

罗马法关于孳息的规定有三个重点：一是明确了什么是孳息；二是根据其产生的原因进行了科学的分类；三是根据产生的原因确定了不同孳息的归属。它对现实经济生活

有什么意义呢？这里认为至少有以下几点：首先解释了增长的财富及其范围；其次是解释了财富增长的原因及其分类；最后是根据财富增长的原因进行了权利归属的界定。其中重要的是，对加工孳息的确认及其归属的规定，表明了后来马克思所说的财富来源于劳动的创造，肯定了劳动在人类财富增长中的重要作用。对加工孳息归属的规定，对社会经济生活的影响尤其重要。

3．仓储货源组织

为了组织货源，开拓仓储市场，必须认真进行市场的调查研究，掌握市场信息，只有知己知彼，才能立于不败之地。

（1）仓储货源调查

市场调研是指系统客观地搜集、整理、分析市场活动的各种资料，并在调查研究的基础上，发现存在的问题，提出解决问题的建议，供领导拟定计划，确定销售策略，进行销售决策。

仓储企业的市场调研，是为组织仓储货源服务的，要研究当地仓储市场结构，商品构成和经销渠道，了解货主的习惯、心理和商品的流通趋势，熟悉竞争对手的情况。对外贸易仓储企业主要为进出口商品储存服务，在有余力时可以承揽社会物资。首先要摸清本省、本市进出口商品的数量、品种、贸易额和它的发展趋势，增长的百分比，当地有多少仓库，对外贸易专业公司自营仓库有多少，自己处于什么位置，有多少商品能争取到手。对于口岸中转仓库，还要了解其他相关省、市的出口商品情况，哪些商品需经本口岸中转，运输线路有无可能改变等，以便根据市场的特点，研究采用具体的推销及揽货方式、策略和方法。

仓储企业要把市场调研的结果写成报告；要建立货主档案，将调研和平时业务接触的有关资料记录在案；要了解在历年业务往来中存在哪些问题，货主有哪些意见和要求。只有了解和理解货主，才能为货主提供优质服务，才能把业务揽到手。

（2）仓储货源组织

仓储企业的经营业务主要是储存、中转货物，提高经济效益的关键在于货源，仓库无货可存或者货源不足，就很难经营下去。因此，仓储企业的经营要把组织货源摆在第一位，研究经营决策和营销决策，并要有相应的机构和人员予以具体落实。在市场经济条件下，快递仓储市场出现了竞争因素，货主在选择仓库上有较大的主动权，谁家的条件优越、价格优惠、服务工作做得好，谁就能争取到货源，在竞争中取胜。

三、仓储合同管理

1．仓储合同的定义和种类

（1）仓储合同的定义

仓储合同也称为仓储保管合同，是指仓储保管人接受存货人交付的仓储物，并进行妥善保管，在仓储期满将仓储物完好地交还，保管人收取保管费的协议。《中华人民共和国合同法》（下文简称《合同法》）第 381 条将仓储合同规定为：“仓储合同是保管人储存存货人交付的仓储物，存货人支付仓储费的合同。”同时，《合同法》第 395 条规定：“仓储合同分则未规定的事项，适用保管合同分则的有关规定。”

（2）仓储合同的种类

1）一般保管仓储合同。它是指仓库经营人提供完善的仓储条件，接受存货人的仓储物进行保管，在保管期届满，将原先收保的仓储物原样交还给存货人而订立的仓储保管合同。该仓储合同的仓储物为确定物，保管人需原样返还。合同特别重视对仓储物的特定化，且保管人承担归还原物的严格责任，包括孳息。

2）混藏式仓储合同。混藏式仓储是指存货人将一定品质数量的种类物交付给保管人，保管人将不同存货人的同样仓储物混合保存，存期满时，保管人只需以相同种类、品质、数量的商品返还给存货人，并不需要原物归还的仓储方式。这种仓储方式常见于粮食、油品、矿石或保鲜期较短的商品的储藏。混藏式仓储合同的标的物为确定种类物，保管人严格按照约定数量、质量承担责任，且没有合理耗损的权利。混藏式仓储合同具有保管仓储物价值的功能。

3）消费式仓储合同。存货人在存放商品时，同时将商品的所有权转移给保管人，保管期满时，保管人只需将相同种类、品质、数量的替代物归还给存货人。存放期间的商品所有权由保管人掌握，保管人可以对商品行使所有权。消费保管的经营人一般具有商品消费能力，如面粉加工厂的小麦仓储，加油站的油库仓储，经营期货交易的保管人等。消费式仓储合同的不同之处是涉及仓储物所有权转移到保管人，自然地，保管人需要承担所有人的权利和义务。

4)仓库租赁合同。仓库租赁是仓库所有人将所拥有的仓库以出租的方式开展仓储经营，由存货人自行保管商品的仓储经营方式。仓储人只提供基本的仓储条件，进行一般的仓储管理，如环境管理、安全管理等，并不直接对所存放的商品进行管理，仓库租赁合同严格意义上来说不是仓储合同。

2．仓储合同当事人

仓储合同的当事人双方分别为存货人和保管人。存货人是指将仓储物交付仓储的一方。存货人必须是具有将仓储物交付仓储的处分权的人，可以是仓储物的所有人，也可以是只有仓储权利的占有人，如承运人，或者是受让仓储物但未实际占有仓储物的拟似所有人，或者有权处分人，如法院、行政机关等。存货人可以是法人、非法人单位、事业单位、个体经营户、国家机关、群众组织、公民等。

保管人为仓储货物的保管一方。根据《合同法》规定，保管人必须具有仓储设备和专门从事仓储保管业务的资格。也就是说，保管人必须拥有仓储保管设备和设施，具有仓库、场地、货架、装卸搬运设施、安全、消防等基本条件，取得相应的公安、消防部门的许可。从事特殊保管的，还要有特殊保管的条件要求。设备和设施无论是保管人自有的，还是租赁的，保管人必须具有有效的经营使用权。同时，从事仓储经营必须具有经营资格，进行工商登记，获得工商营业执照。保管人可以是独立的企业法人、企业的分支机构，或者个体工商户、合伙、其他组织等，可以是专门从事仓储业务的仓储经营者，也可以是贸易货栈、车站、码头的兼营机构或者从事配送经营的配送中心。

3．订立仓储保管合同的基本原则

1）订立合同的双方都必须是法人。法人是指具有一定的组织机构，独立的财产或独立核算，能够以自己的名义进行民事活动，享受权利和承担义务，依照法定程序成立的企业、国家机关、事业单位、社会团体等。按照这个条件，从事营销业务的专业公司可以和从事储

存或储运业务的仓储公司签订储存保管合同。这些企业所属的职能部门或下属单位不能以个人的名义对外签订合同，但是可以由各自的主管企业授权，以企业的名义对外签订合同。

2）按照《经济合同法》的规定，除了当时可以结算的储存方式以外，合同都应当是书面形式。当事人协商同意的有关文书、电报、图表也是合同的组成部分。

3）订立经济合同，必须遵守国家的法令，必须符合国家政策和计划要求，否则，订立的合同无效。

4）订立经济合同，必须贯彻协商一致、平等互利、等价有偿的原则。订立仓储保管合同，必须经过双方的充分协商，求得一致意见方能签订，任何一方不得将自己的意志强加给对方。任何组织和个人也不得非法干预双方签订仓储保管合同。订立仓储保管合同，存货方和保管方的地位是平等的，双方的权利、义务必须平等，内容条件必须公平合理，不能损害他方的利益，也不能损害社会公共利益。存货方和保管方都是独立的经济组织，都有各自的经济核算，订立的储存保管合同必须等价有偿。

4．签订仓储保管合同的基本程序

签订仓储保管合同时，一般要经过以下三个步骤。

第一步：提出“要约”，即由存货或保管的一方提出签约的建议，包括订约的要求和合同的主要内容。

第二步：“承诺”，即对另一方提出的“要约”，表示完全同意，在此基础上签订协议、合同即具有法律效力；如果对“要约”的内容、条件有不同意见，必须经过充分协商，取得一致意见。

第三步：“签约”，即由双方的法人代表签字、单位盖章。如果法定代表授权本单位的经办人员代理签订合同时，代理人应该事先取得本企业的委托证明。如果法人之间代理签订合同，代理单位必须事先取得委托单位的委托证明，并根据授权范围以委托单位的名义签订，并对委托单位直接产生权利和义务。

5．仓储保管合同的主要内容

为保证合同双方的合法权利和义务，在签订仓储保管合同时，应仔细考虑有关条款，主要应包括以下内容：

1）储存商品的品名或类别。

2）储存商品的数量、质量和包装。

3）商品验收的内容、标准、方法和时间要求。《经济合同法》第22条特别强调：“存货方应当向保管方提供必要的货物验收资料，否则，发生货物品种、数量、质量不符合同规定时，保管方不承担赔偿责任”。

4）商品的保管条件和保管要求（危险性物品必须说明商品的性质、性能）。

5）商品的储存计划和出入库手续、时间和储存地点。

6）商品保管耗损的标准和耗损的处理方法。

7）计费项目、标准、结算方式，开户银行账号。

8）责任划分和违约处理。

9）变更（修改）和解除合同的程序及期限。

10）合同的有效期限。

11）其他特定事项。

仓库兼办或代办的其他业务，可以参考上述条款，结合兼办、代办业务的具体内容双方具体商订，但必须注意权利、义务、责任明确，文字确切、肯定。

6．合同的履行、变更和解除

仓储保管合同一经依法确立，即具有法律约束力，双方必须信守合同，全面履行各自的义务，任何一方不得擅自变更或解除合同。但有下列情况时允许变更或解除仓储保管合同：

1）在不损害国家利益的前提下，存货方和保管方经过协商同意变更或解除合同。

2）订立合同所依据的国家计划已修改或取消。

3）经上级批准，当事人一方的机构变更或是经营的业务调整，确实无法履行原订的仓储保管合同。

4）由于不可抗力的原因（指不能预见和人力不可避免的强制力量，如地震、风灾、水灾、旱灾、自然原因发生的火灾和军事行动等），致使仓储保管合同无法履行。

5）当事人一方，由于抢险救灾或执行政府部门的紧急任务，致使仓储保管合同无法履行。

6）一方违约，使合同履行成为不必要。当事人一方要求变更或解除合同，应及时通知另一方，在双方协商意见一致的基础上签订变更或解除仓储保管合同的协议。在签订变更或解除协议前，原订的仓储保管合同仍然有效。因变更或解除合同而使当事人一方遭受损失的，责任方应向对方赔偿经济损失（依法免除责任者除外）。

7．违约与赔偿

由于当事人一方的过错，造成仓储保管合同不能履行，由有过错一方承担经济责任。如果当事人双方都有一定的过错则根据实际的情况，由双方分别承担各自应负的违约责任。

存货方或保管方如果有一方违反仓储保管合同，责任方应当按合同规定向对方支付违约金。不论对方是否因此发生了经济损失，违约金都应当支付。违约金是罚款性质，可以促使当事人认真履行合同。由于一方违约给对方造成经济损失，责任方应向对方赔偿直接经济损失。直接损失数额超过违约金数额的应当补足其不足部分。

发生赔偿损失时，通常只补偿经济损失，不负责赔偿实物。违约金或赔偿金应在明确责任后规定的时间内向对方支付，否则按逾期付款处理。但任何一方不得用扣发商品或拒付费用的办法来抵冲。

需要说明的是，在仓储保管合同中，关于商品数量一项一般应有一定的灵活性。就是说在对储存量的规定中，应设定一个完成计划的幅度，这个幅度是双方性，就是说在对储存量的规定中，应设定一个完成计划的幅度，这个幅度是双方认可的，实际发生的储存量在这个幅度内，不必支付违约金或赔偿金。

8．仓储保管合同纠纷的调解与仲裁

仓储保管合同在执行中发生纠纷，双方应当本着互谅互让的精神充分协商解决。协商不成时，任何一方均可向国家规定的合同管理机关（通常是指工商行政管理局）申请调解或仲裁，也可以直接向人民法院起诉。

调解达成协议的，双方都应当按协议书认真履行。调解达不成协议的，仲裁机关按照法律和合同做出仲裁，并制作仲裁决定书，双方按照仲裁决定书执行。如果当事人有一方对仲裁不服，可以在收到裁决书法定的时间（15天）内向人民法院起诉；逾期不起诉，裁决书即具有法律效力。

第三节　国内外仓储管理启示

一、国外仓储管理现状及启示

第二次世界大战以后，世界经济得到了迅速的恢复和发展，货物的物流量越来越大，物流中的矛盾也愈加突出。如何使物流更为畅通、如何使物流过程更为合理，已成为人们关注的问题。为此，国外出现了一些专门研究物流的机构，特别是美国和日本。随着商品经济的发展，商品流通费用占商品总成本的比例呈上升趋势（目前，一些国家的商品流通费用已占商品总成本的 10%～30%），这就要求通过降低流通费用来提高经济效益。西方国家已在这方面做出了许多努力。例如，20 世纪 50 年代始于美国，20 世纪 70 年代在日本得到高速发展的自动化立体仓库就是这种努力的结果。目前，欧美国家又在发展大型中转仓库，面积可达上万平方米，单层高度达十多米，使货物流转更加畅通和迅速。

下面以两个代表性国家——美国和日本的仓储发展状况为例，来了解国外仓储管理的现状。

1．美国的仓储行业

美国的仓储业与其整体物流业一样，社会化水平较高。美国的仓储业是随着工业的发展而逐步壮大起来的，现已成为一个相对独立的行业。目前，流通领域为工业生产服务的仓库，出现了公共仓库代替生产厂家仓库的趋势，公共仓储公司的形式在近十几年迅猛发展。这种发展不是公司数量的增加，而是公司规模的扩展。一些大型仓储公司，都在全国主要地区建立仓库，设立分公司，一个仓库就是一个配送中心。

美国仓储行业普遍推行系统化、程序化、现代化管理，使仓储系统运行达到高效率、高效益。在管理上，仓储公司把分散在全国各地的仓库视为统一体，进行系统规划、设计和控制，以谋求整体的高效率、高效益。值得提出的是，美国的流通仓库中，90%都采用托盘—叉车—货架形式的存储搬运机具（货架层间间距可以调整），而且以经济效益和生产率的高低为依据来决定自动化先进机具的取舍，不盲目采用。在制订作业计划时，非常强调把握生产率和灵活机动性这两个环节，并注意充分利用现有工具，使之达到最优化。仓储公司借助电子计算机与现代通信手段，建立了一个庞大的系统网络，既连接自家公司的所有仓库，又连接主要生产厂家、用户和运输公司，由公司总部的指挥中心统一控制，对系统运行过程控制。

美国仓储行业高度重视服务质量，实现全方位客户服务。仓储公司把服务质量视为赖以生存和发展的根基，从而赢得了服务领域宽、服务质量高和服务成本低的信誉。目前，仓储公司提供的最基本服务有加工、配送和信息。美国把仓库中的流通加工誉为一种“市场技术”。仓库加工都是根据客户要求进行的，如分解包装后再贴上标签，或把汇集的货物重新组合包装等，这也是配送服务所必需的。配送除需满足按时按量地把所需货物送到客户手中这一基本要求外，还要考虑物流成本问题，尤其是对远距离配送，不但要尽可能地满载，而且要求回程不空驶。公司服务的关键，在于计划与安排好库存和为客户送货的（包括用户自提）时间，及时把货物交给客户。为此，仓储公司会设立阵容强大的服务办公室，直接与生产厂和客户联系。

美国仓储行业的另一个显著特点是人员素质较高，非常重视人力资源管理。激烈的市场竞争，促使仓储公司非常重视质量管理。而质量管理的关键又在于人员质量，即员工的素质和工作责任心。为此，仓储企业一方面采取措施，提高员工素质，增强工作责任心；另一方面，努力创造稳定人心、高效率工作的环境与条件。

提高员工素质，首先是严把招聘关；其次是培训。招聘员工要严格测试（包括职业道德、文字及统计知识等方面）和体验，考核过关后，还要培训，跟班实习，直到能独立工作。独立工作后仍然要跟踪观察、评估，以便继续训练与提高。

2．日本的仓储业

日本作为一个资源缺乏的发达国家，对仓储的建设特别重视，而且现代化程度较高。在日本，除企业物流外，许多物流中的仓储主要是由独立的企业承担，政府对仓储业的管理主要是通过法律的约束，如制定了专门的《仓库法》。在仓储经营方面，越来越多的日本仓储企业在从事拆、分、拼装商品等多种经营业务，并出现了众多的为生产企业和商业连锁点服务的配送中心，由此大大减少了各部门内自备仓库中的货物存储量，从而降低了资金的积压。在其国民经济中，配送业担当着毋庸置疑的重要角色，连接着生产与消费。而在商品配送领域中，运输和仓储可以比作马车的两个轮子，由它实现生产与消费的有效连接。

目前，日本正处在经济社会迅速变化的时期。作为仓储业，主要重视以下几个问题：一是规划更有效的商品配送，应对进口量的增加；二是促进信息和自动控制系统；三是对物品寄存服务需求作出响应。

日本非常重视仓储业运作水平的提高。伴随着仓储设施的改进，利用便捷的信息交换系统进行信息传递是不可或缺的。日本已经引入仓储业主与其客户间的电子数据交换（EDI）系统，这使得信息传递在准确性和便捷性方面，取得了更大的发展，在人员开支以及其他各种物力节省方面，也取得了重大成效。为了满足客户的需求，已开发出了一种标准的物流 EDI 系统，以实现仓储业的信息传递。

同时考虑到工作环境因素以及提高效率和降低总体费用的目标，日本也积极促进自动控制系统的使用。由于货物种类的增加，庞大的事务处理变得越来越复杂。许多仓储企业正在使用自动条码检查系统，以简化全过程。这种系统使得任何人都能检查货物及仓库信息，并能准确、及时地控制货物总量及信息。有的企业正在使用计算机化仓储系统，货物的出入库，完全由计算机控制系统自动完成，大大节省了企业的人员开支。

二、国内仓储业发展现状及趋势

近年来我国电子商务和物流业发展速度迅猛，国内仓储业也取得了巨大的发展，改革了仓库管理制度，新建、改建了一大批设备较好的仓库。总体来说，目前已呈现出以下整体状况和发展趋势。

1．国内仓储业的发展现状

（1）整体管理水平有所改善

从历史沿革来看，我国是以行政部门为系统建立仓库的，所以不同部门、不同层次、不同领域为满足自身使用的方便都来设立仓库。因此我国的仓库拥有量居世界前列，但是仓库管理水平却不高，究其根本原因是从思想上对仓储管理不够重视，近年来已得到了较

大的改善。但是还是有许多人认为，应把主要精力放在如何争取货源上，不太关心如何管理好库存物资。从社会整体意识来看，普遍认为管理仓库不需要知识和技术，致使仓库人员的文化素质不高。从企业经营意识来看，有相当数量的企业管理观念仍然停留在企业“大而全”和“小而全”的经营组织方式，不惜高成本自己干，不愿意将业务外包，多元化经营的意识不强。

（2）功能专业化程度已逐步增强

社会分工是生产力发展的结果，又是促进生产力发展的动力。以前我国仓储业的状况基本是低水平重复，近年来这种状况已通过分工和专业化的发展发生了改变。许多仓储企业已经完成或正在完成改制，在“产权明晰、权责明确、政企分开、管理科学”原则的指导下，建立科学先进的企业组织结构，成为自主经营、自负盈亏的市场竞争的主体，改变了我国仓储业的不良状况，真正地成为了市场资源，促进了仓储业的发展。

在市场竞争的作用下，目前仓储业专业化、特性化、功能化、个性化的特征已初步形成，企业已充分认识到，只有将资源充分利用到有特长的项目，才能提高效益，形成竞争的优势。目前不同类别的仓储企业已形成了自己的专业化特色并取得了长足的发展，如药品、食品、电子产品、服装、农产品以及冷链物流等。

（3）仓储标准化程度已逐步提高

物流标准化程度提高将直接提升整体供应链的效率，降低各种成本。仓储业是为物资流通提供服务的，是物流和商流的具体操作环节，仓储与物流和商流的其他环节的无缝配合，是提高整体物流和商流效率的重要措施，其中整体物流标准化是实现无缝结合重要的手段，物流标准化必然需要仓储标准化。

标准化是指采用法律、法规规定的标准或者社会普遍实行的习惯，主要有：国际标准化组织（ISO）的推荐标准，国家质量技术监督局发布的中华人民共和国国家标准（GB），行业主管部门或者行业协会发布的行业标准，企业制定的企业标准等。仓储标准化不仅是为了实现仓储环节与其他环节的密切配合，同时也是仓储企业内部提高作业效率、充分利用仓储设施和设备的有效手段，是开展信息化、机械化、自动化仓储的前提条件。

仓储标准化主要有：包装标准化、标志标准化、托盘成组标准化、容器标准化、计量标准化、条码的采用、作业工具标准化、仓储信息标准化等技术标准化，以及服务标准、单证报表、合同格式、仓单等标准化。就目前现状而言，仓储业的标准化程度已大大提高，但整体水平与发达国家相比仍相去甚远。

（4）仓储机械化、自动化程度已逐步提高

机械具有承重能力强、工作时间久、效率高、损害低等众多的优势，仓储作业大都是负荷重，作业量大，时间紧，作业环境恶劣，存在着众多系统性不安全隐患，因而仓储机械化是仓储发展的必然。仓储作业通过机械化可实现最少使用人力作业，加大作业集成度，减少人身伤害和货物损害，同时提高作业效率。特别是随着货物运输包装的大型化、托盘化的发展，仓储作业也必然需要机械化作业。

仓储自动化是指由计算机管理和控制的仓库的仓储。在自动化仓库中，货物仓储管理、作业控制、环境管理等仓储工作通过信息管理、条码、扫描技术、射频通信、数据处理等技术指挥仓库堆垛机、传送带、自动导引车、自动分拣等自动设备完成仓储作业，自动控制空调、制冷设备、监控设备进行环境管理，向运输设备下达运输指令安排运输等，并同时完成报表、单证的制作和传送。对于危险品仓储、冷库暖库、粮食等特殊仓储，采取自动化仓储也很有必要。自动化仓库的资金投入巨大，建设和改造成自动化仓库需要进行细致的论证和评估，保证有巨量的仓储周转量才能分摊投资成本，否则会产生资源的严重浪费，也会造成后期的经营困难。

目前我国正以迅猛的速度建设了一批机械化和自动化程度较高的仓库，承担着各行各业繁忙的物流业务。对于电子商务企业而言，对现代化仓库的投资力度非常大，如苏宁易购、京东商城、海尔商城等大型电子商务网站，此外淘宝在建设“物流宝”这一平台时，仓库也是其最重要的基础设施。

（5）仓储信息化、网络化程度已逐步提高

对于存量巨大、存货品种繁多的物流中心和配送中心，要提高仓库利用率，保持高效率的货物周转，实施精确的存货控制，没有计算机的信息管理和处理是不可想象的。仓储信息化管理包括通过计算机和相关信息输入输出设备，对货物识别、理货、入库、存放、出库，进行操作管理，进行账目处理、结算处理，提供适时的查询，进行货位管理、存量控制，制作各种单证和报表，甚至于进行自动控制等。

可以说，仓储要提高效率、降低损耗、降低成本就必须实现信息化。仓储是物流的节点，是企业存货管理的核心环节，企业生产、经营的决策需要仓储及时和准确地反映存货信息，在充分掌握物质的储备、存量、存放地点、消费速度的情况下才能准确地进行生产和经营决策。有效的物流管理是建立在对物流的实时控制和支配的基础上，管理的决策应及时到达仓库，由仓库对物流进行控制和组织。要实现以上的目的，就需要仓库、厂商、物流管理者、物资需求者、运输工具之间建立有效的信息网络，实现仓储信息共享，通过信息网络控制物流，做到仓储信息网络化。

（6）仓储经营向多元化发展

现在许多仓储企业正向多元化经营的方向发展，不但保留了传统的仓储、运输业务，而且拓展了配送、代购代销、流通加工等常见业务，但是在不同行业之间，不同地区之间的直接竞争关系比较明显。此外，很多企业还开展了货运代理（含国际货代）、仓单质押、物流保险等业务，本书最后一章有专门介绍。

2．国内仓储业的发展趋势

随着科学技术水平和管理水平的提高，以及电子商务的发展，我国仓储业的发展趋势可从以下方面体现。

（1）总体技术水平继续提高

总体来说，各种新技术的应用将得以加强，特别是条码、扫描技术、射频通信、数据处理等技术，以及堆垛机、传送带、自动导引车、自动分拣等自动设备的应用将得以加强。各种自动化立体库的建设和投入使用已是必然趋势，包括仓储企业与电子商务平台的对接，商务信息和物流信息的无缝对接等，本书第八章有具体介绍。

（2）专业化分工继续加强

冷链物流、药品、危险品等物流水平和专业化程度将得到加强。电子商务中不同物流属性的商品分工将越来越细，如电子产品、化妆品、服装、书、工艺品等，这方面的整体储运水平有待于进一步提高，而如何提高这方面的物流水平正是学习本书的目的所在。此外，许多生活中的常见问题也需要专业化的物流支撑，如蔬菜等农产品如何实现电子商务，又如何解决其中的物流问题等，这是值得我们思考的现实问题。

（3）管理更加科学化

目前仓储企业的整体管理水平仍不是很高，企业（部门）内部应实施现代企业科学管理，采用高效化的组织机构，实行规章化的岗位责任制，建立促进生产率提高的动态的奖励分配制度，实施有效和系统的职工教育培训制度，采取科学化的管理方法，培养积极向上的优秀企业文化，从而实现高效率、高效益的仓储经营。

（4）加强企业间的合作

从目前的发展趋势来看，供应链管理已不再是停留在学者研究层面上的术语，而更是在实践中运用的方法论。企业之间更应进行供应链管理，改变单纯的独立经营状况或传统的竞争关系，以合作的思想进行资源整合，打通企业和部门间的信息流、资金流和物流，从而提高整体供应链效率、降低社会总成本。

【本章小结】

本章主要阐述了仓储的概念与性质、仓储的类型和作用，仓储管理的概念、原则和作业流程，仓储商务管理的内容及流程、仓储保管合同的内容、原则与程序以及国内外仓储业的现状和未来发展趋势等内容。

仓储是物质产品的生产持续过程，物质的仓储也创造着产品的价值；仓储管理的任务是配置仓储资源、组建仓储管理机构、开展仓储商务活动、组织仓储生产、塑造仓储企业形象、提高仓储管理水平、提高仓储工作员工素质，仓储管理主要有商品的入库、保管保养、出库三个阶段；作为仓储企业管理的组成部分，仓储商务管理包括对仓储商务工作的人、财、物的组织和管理，涉及企业资源的合理利用，制度建设、激励机制以及仓储商务队伍的教育培养等各方面；及时了解国内外仓储业务的发展现状，对于未来我国仓储业的发展有重要的借鉴作用。

【知识链接】

应用型阅读材料：

[1] 梅艺华，吴辉．仓储管理实务[M]．北京：北京理工大学出版社，2010．

[2] 欧阳振安，严石林．仓储管理[M]．北京：对外经济贸易大学出版社，2010．

网站资料：

中国仓储与物流网：http://www.caws.org.cn/

中国仓储自动化网：http://www.auto808.com/

南京仓储物流网：http://www.cch56.com/

中国仓储信息网：http://www.56ck.com.cn/

【习题】

（1）如何正确理解仓储的含义？

（2）试简述仓储的功能，并举例说明。

（3）试调查分析我国仓储业的人员素质状况，并简要说明提高的途径。

（4）仓储商务管理应遵循哪些原则？

（5）试整理美国、日本之外的其他国家的仓储现状。

【实际操作训练】

调研本地一家仓储企业的经营现状，根据仓储合同的范本内容，为该企业拟定一份仓储合同。

【案例分析】

仓储合同与合同违约

某汽车装配厂从国外进口一批汽车零件，准备在国内组装、销售。2004 年 3 月 5 日，与某仓储公司签订了一份仓储合同。合同约定，仓储公司提供仓库保管汽车配件，期限共为 10 个月，从 2004 年 4 月 15 日起到 2005 年 2 月 15 日止，保管仓储费为 5 万元。双方对储存物品的数量、种类、验收方式、入库、出库的时间和具体方式、手续等作了约定，还约定任何一方有违约行为，要承担违约责任，违约金为总金额的 20%。

合同签订后，仓储公司开始为履行合同做准备，清理了合同约定的仓库，并且从此拒绝了其他人的仓储要求。2004 年 3 月 27 日，仓储公司通知装配厂已经清理好仓库，可以开始送货入库。但装配厂表示已经找到更便宜的仓库，如果仓储公司能减低仓储费的话，就送货仓储。仓储公司不同意，配装厂明确表示不需要对方的仓库。4 月 2 日仓储公司再次要求配装厂履行合同，配装厂再次拒绝。

4 月 5 日，仓储公司向法院起诉，要求汽车配装厂承担违约责任，支付违约金，并且支付仓储费用。而汽车配装厂答辩合同未履行，因而不存在违约问题。

分析与思考：你认为该仓储合同是否生效？为什么？

第四章

电子商务物流配送管理

【教学目标】

通过本章的学习，掌握配送的概念和特点，熟悉配送的类型，掌握配送的一般流程以及各流程的主要作业内容，熟悉配送系统优化的主要内容，并了解配送与电子商务之间的关系，掌握电子商务环境下物流配送的常见模式。

【教学指导】

建议教师在讲授基本理论时多结合电子商务物流配送的实际与最新动向，了解新的技术和管理方式在配送作业中的应用，并启发学生自己分析与思考电子商务物流配送中存在的问题，并提出解决方案。

【学习指导】

建议对国内外主要的电子商务网站进行浏览，发现其配送的特点与模式，并分析该配送模式的适用环境，发现其中的规律。关注电子商务中物流配送的发展和变化，并思考产生这些变化的原因。

【导入案例】

天猫结盟九大快递商 承诺年内服务交易超 50 亿元

天猫正尝试用自己的方式提供 B2C 标准化物流服务。5 月末，天猫与九家国内一线快递公司联合宣布达成合作。天猫总裁张勇与九家快递公司现场大秀“恩爱”。张勇说：“天猫与快递业谁都离不开谁”；而申通快递董事长陈德军则说：“最近几年的业务增长幅度都超过了 50%，基本上是来自于网购。”

天猫承诺年内将为九家快递公司提供超过 50 亿元的物流服务贸易交易额，即每天增量 100 万张订单，而快递企业们则将为天猫提供专属定制的多类标准化及增值服务。标准化的限时送达服务成为合作的首推项目。

宣布当天，邮政 EMS 率先为天猫商家、消费者定制推出次日送达服务，覆盖全国 73 个主要城市、1 400 多条线路。圆通、韵达、中通三大公司也针对天猫平台推出累计覆盖 82 个城市、近 4 000 条快递线路的承诺时效服务，承诺在相应城市 1～3 天内送达。如果出现延期送达，消费者可以获得时效未履行的快递费赔偿 5～10 元，并承诺费用不会由此上涨。而顺丰、申通、宅急送、百世汇通、海航天天等公司将陆续推出货到付款、晚间配送、预约时间、上门退换货、消费者自提等服务。

天猫则将向物流合作伙伴开放相关信息接口以分享数据，并开发电子商务快递业务预警雷达、天猫物流指数等产品，将网络零售信息，结合快递公司营运网络状态情况等信息与物流企业、平台 B2C 商家和消费者分享。此前在天猫平台上已接入了这些快递公司，但具体订单预判、数据对接是由商家自行与快递服务商对接，而现在天猫将提供整合数据工具，并集成前述的一系列预警服务、数据接口。

天猫内部人士说，数据服务将是这项合作的最核心部分。这使得天猫对于平台的信息流掌握和运营得到进一步强化，并实现其内环境进一步外扩至物流配送行业。

阿里集团人士说，这一合作模式在去年“光棍节大促”期间开始最初的摸索尝试，如今天猫将会先在全公司试点，后续将会逐步覆盖整个大淘宝系。

思考：天猫与快递商结盟对双方有哪些益处？在合作过程中可能会碰到哪些问题？

（资料来源：《第一财经日报》2012 年 5 月 29 日）

第一节　物流配送概述

一、配送的概念

配送作为物流的一个主体功能要素，随着生产方式的变化和消费者个性化的发展，其重要性越来越明显，受到越来越多企业的关注。由于配送包含物流的几乎所有功能要素，从某种意义上说，配送属于物流的一个缩影。

根据国家技术监督局颁布的中华人民共和国国家标准《物流术语》（GB/T 18354— 2006），配送是指：“在经济合理区域范围内，根据用户的要求，对物品进行拣选、加工、包装、分割、组配等作业，并按时送达指定地点的物流活动。”这一概念比较全面地描述了配送的内容、功能、目的和范围。从该概念之中，我们可以比较清楚地看到配送的内涵。

1）配送的范围。根据配送的商品品种、价值、客户分布不同，范围应该有所差异。

2）配送的目的。满足用户的要求，不同的用户其要求是不一样的，因此配送应具有灵活性。

3）配送的功能。拣选、加工、包装、分割、组配等作业，是为了达到用户的要求，降低配送成本的前提下采取的手段，因此功能应根据需要设置，并要考虑其是否具有附加价值。

4）配送的要求。按时送达，体现了配送的服务性质。

5）配送的本质。物流活动，体现了配送属于物流的范畴。

同时，这个概念的内容也体现了配送所具有的特点。

1）配送是接近用户资源配置的全过程。

2）配送的实质是送货。配送是一种送货，但和一般送货有所区别。一般送货可以是一种偶然的行为，而配送却是一种固定的形态，甚至是一种有确定组织、确定渠道，有一套装备和管理力量、技术力量，有一套制度的体制形式。所以，配送是高水平的送货形式。

3）配送是一种“中转”形式。配送是从物流节点至用户的一种特殊送货形式。从送货

功能来看，其特殊性表现为：从事送货的是专职流通企业，而不是生产企业；配送是“中转”型送货，而一般送货尤其从工厂至用户的送货往往是直达型；一般送货是生产什么，有什么送什么，配送则是企业需要什么送什么。所以，要做到需要什么送什么，就必须在一定中转环节筹集这种需要，从而使配送必然以中转形式出现。当然，从广义上讲，许多人也将非中转型送货纳入配送范围，将配送外延从中转扩大到非中转，仅以“送”为标志来划分配送外延，也是有一定道理的。

4）配送是“配”和“送”有机结合的形式。配送与一般送货的重要区别在于，配送利用有效的分拣、配货等理货工作，使送货达到一定的规模，以利用规模优势取得较低的送货成本。如果不进行分拣、配货，有一件运一件，需要一点送一点，这就会大大增加动力的消耗，使送货并不优于取货。所以，追求整个配送的优势，分拣、配货等项工作是必不可少的。

5）配送以用户要求为出发点。在定义中强调“按用户的订货要求”明确了用户的主导地位。配送是从用户利益出发、按用户要求进行的一种活动，因此，在观念上必须明确“用户第一”“质量第一”，配送企业的地位是服务地位而不是主导地位，因此不能从本企业利益出发而应从用户利益出发，在满足用户利益的基础上取得本企业的利益。更重要的是，不能利用配送损伤或控制用户，不能利用配送作为部门分割、行业分割、割据市场的手段。

6）概念中“以最合理方式”的提法是基于这样一种考虑：过分强调“按用户要求”是不妥的，用户要求受用户本身的局限，有时会损失自我或双方的利益。对于配送者来讲，必须以“要求”为据，但是不能盲目，应该追求合理性，进而指导用户，实现共同受益的商业原则。

二、配送与物流的关系

1．配送属于物流的范畴

配送是物流的三大主体功能之一，是物流的一个缩影。它作为一种特殊的物流活动形式，几乎涵盖了物流中所有的要素和功能。

2．配送与物流的差异

1）从物流角度来看，配送是最终消费者的物流，所以配送与顾客的关系更为紧密，是最终配置。

2）从区域上来看，物流的范围更广，配送的范围相对较窄。

3）从商品品种上看，物流的品种较少，配送的品种较多。

4）从客户量上来看，物流的客户量少，需求量大；配送的客户量多，需求量较少。

三、配送与运输的关系

1．运输和配送的相同点

我们知道，物流所有活动通常是在线路和物流节点完成的。运输活动必须通过运输工具在运输线路上移动才能实现物品的位置移动，这是一种线路活动。配送以送为主，属于运输范畴，也是线路活动，它们起到相互补充的作用。一般而言，运输通常在供应链的上游作业，配送在供应链下游作业。

2．运输与配送的不同点

1）从线路上看：运输通常为干线运输，运输距离长；配送通常为支线运输（末端运输），运输距离较短，导致配送运输难度更大。

2）从商品品种上看：运输通常是少品种，大批量运输，配装配载难度小；配送通常是多品种，少批量运输，配装配载难度大。

3）从运输工具上看：运输的完成可以根据需要选用运输工具，五种运输工具均常见，以大型货车、铁路或轮船居多；配送的完成因为其送货区域较小，客户需求量较少，通常以小型货车最为常见。

4）从管理目的来看：运输以效率优先，在运输过程中重点考虑的是如何降低运输成本，选用最合适的线路，最合适的运输工具来完成运输任务；配送以服务优先，配送实施之前首先是根据不同客户的需求、服务要求采取不同的配送方式，其次再考虑降低成本的可能性。

5）从附属功能来看：运输通常有装卸、捆包作业，其作业环节比较单一；配送通常有装卸、保管、包装、分拣、流通加工等作业，其作业环节的复杂程度根据商品特征有很大差别，但通常比运输的环节多和复杂，不确定性较大。

四、配送与送货的关系

配送是具有千年历史的送货形式在现代经济社会中的发展和创新，虽然配送的本质是送货，两者之间有历史的渊源关系，但是两者之间不能等同。我们不能用传统的送货去理解现代的配送，两者的区别主要有以下几点。

1．配送比送货的内容广

配送是综合性的、一体化的物流运动。从运动环节上看，配送包含货物运输、集货、存货、理货、拣选、配货、配装等活动；从运作程序上看，配送贯穿搜集信息、备货、运送货物等。而送货仅仅是配送的一项活动。

2．配送与送货的目标不同

送货方式对用户而言，只是满足其部分需求，这是因为送货人有什么送什么。而配送则将用户的需求作为目标，在观念上是“用户第一”“质量第一”，具体体现为用户需要什么送什么，希望什么时候送就什么时候送。

3．配送需要信息系统相配合

配送不仅是分货、配货、送货等活动的有机结合形式，同时，它与订货系统、销售系统也有密切联系。因此，必须依赖物流信息的作用，建立完善的配送系统，成为现代化的配送方式，这是送货不可比拟的。

4．配送的技术要求高

现代配送的全过程，必须有现代化的技术装备和管理方法为保证。因此，配送在规模、效率、速度、质量、服务水平方面，都远远超过了传统的送货形式。在配送活动中，大量采用各种传输设备及识别码、拣选等机电设备，使物流作业像流水线一样工厂化。

5．配送是一种体制上的演进

传统送货形式，只是一种推销代运的手段。或者说，在我国运输紧张的条件下，把代

运作为一种扩大推销、取得竞争优势的手段。配送则是一种物流职能，是大生产、专业化分工在流通领域的反映。所以，如果说传统送货是一种代运服务方式的话，那么，配送就是一种物流体制上的演进，最终要发展为“配送制”。配送与送货的区别见表 4-1。

表 4-1　配送与送货的区别

项　目	配　送	送　货
工作内容	货物经过分类、配组、分装等	没有分类、配组等理货工作
工作效率	考虑车辆的配载；路线优化	不考虑
时间要求	计划性强，送货时间准确	计划性相对差、时间不一定准确
成本要求	最优	存在运力浪费，成本费用高
与其他环节关系	备货、储存、流通加工、分拣、送货等作业环节统一管理	备货、储存、流通加工、分拣、送货等作业环节分割进行
市场性质	以市场需求为导向，是增值服务	有什么送什么，只能满足客户的部分需求
目的意义	企业战略的重要组成部分	只是企业提高销售量的一种手段
组织管理	有专职的企业物流部门，公司组织管理水平高，有完善的信息管理系统做支撑	在生产企业只是一种附带业务
基础设施	必须有完善的交通运输网络和设施，有将分货、配货、送货等活动有机结合的能力	没有具体需求
技术装备	全过程有现代化物流技术和装备保证	技术装备简单
行为性质	一种定制化的长期固定服务	短期促销行为，是一种偶然行为

五、配送与电子商务的关系

21 世纪是电子商务的时代，在知识经济条件下，电子商务呈现出强劲的发展势头。电子商务将改变目前人们发展产业、开展企业经营管理和从事商务的观念和方式，使整个产业经历彻底的变革。简单来讲，电子商务是指利用 IT 技术对整个商务活动实现电子化的总称。具体说来，电子商务（Electronic Commerce，EC）是在互联网开放的网络环境下，通过计算机网络技术的应用，以电子交易为手段来完成金融、物资、服务和信息价值的交换，快速而有效地从事各种商务活动的最新方式。电子商务的应用有利于满足企业、供应商和消费者对提高产品和服务质量、加快服务速度、降低费用等方面的要求，帮助企业借助网络查询和检索信息来支持决策。

1. 电子商务对物流配送的冲击和影响

（1）物流配送观念的改变

传统的物流配送企业需要置备一定面积的仓库，而电子商务系统网络化的虚拟企业将散置在各地的分属不同所有者的仓库通过网络系统连接起来，使之成为“虚拟仓库”，进行统一管理和调配使用，服务半径和货物集散空间被放大了，这样的企业在组织资源的速度、规模、效率和资源的合理配置方面都是传统的物流配送所不可比拟的，相应的物流观念也必须是全新的。

（2）作业方式的改变

一个先进系统的使用，会给一个企业带来全新的管理方法。物流配送过程是由多个业务流程组成的，受人为因素影响和时间影响很大。网络的应用可以实现整个过程的实时监控和实时决策。新型物流配送的业务流程都由网络系统连接。当系统的任何一个神经末端收到一个需求信息的时候，该系统都可以在极短的时间内作出反应，并可以拟定详细的配送计划，通知各环节开始工作。这一切工作都是由计算机根据人们事先设计好的程序自动完成的。

（3）配送速度的改变

在物流配送管理中，由于信息交流的限制，完成一个配送过程的时间比较长，但这个时间随着网络系统的介入会变得越来越短，任何一个有关配送的信息和资源都会通过网络管理在几秒钟内传到有关环节，对配送速度提出了更高的要求。

2．配送为电子商务的发展提供了基础和支持

从商务角度来看，电子商务的发展需要具备两个重要的条件：一是货款的支付；二是货物的配送。网上购物无论如何方便快捷，如何减少流通环节，唯一不能减少的就是货物配送，配送服务如不能相匹配，则网上购物就不能发挥其方便快捷的优势。

（1）物流配送是电子商务主要的组成部分

电子商务的任何一笔交易，都包含信息流、商流、资金流、物流，其中信息流既包括商品信息的提供、分销促销、技术支持、售后服务等内容，也包括诸如询价单、报价单、付款通知单、转账通知单等贸易单证，还包括交易方的支付能力、支付信誉等。商流是指产品在购、销之间进行交易及其所有权转移的运动过程，具体是指产品交易中的一系列活动。资金流是指资金的转移过程，包括付款、转账等过程。在电子商务中，以上三流的处理都可以通过计算机、网络通信设备来实现。物流配送，作为“四流”中最为特殊的一种，是指产品实体的流动过程，包括运输、储存、装卸、保管、配送、物流信息管理等各种活动。对于大多数产品而言，在电子商务环境下，物流虽然要经过物理方式传输，但由于一系列机械化、自动化工具的应用，准确、及时的物流信息对物流过程的监控，将使物流的流动速度加快、准确率提高，能有效地减少库存，缩短生产周期。

（2）物流配送是实现电子商务的有力保障

在整个电子商务的交易过程中，物流配送实际上是以商流的后续者和服务者的形态出现的。没有现代化的物流配送，任何商流活动都会成为一纸空文。在产品商流活动中，所有权在购销合同签订的那一刻起，就由供方转移到需方，而产品实体没有因此而移动。在传统的交易过程中，商流伴随相应的物流活动，即按照需方的需求将产品实体由供方以适当的方式、途径向需方转移，而在电子商务下，消费者通过上网点击购物，完成了商品所有权的交割过程，即商流过程。但产品电子商务活动并未结束，只有通过物流配送，将商品真正转移到消费者手中，商务活动才最终结束。

合理化、现代化的物流配送，通过准时制供应与有效客户反应，能够有效降低成本、优化库存结构、减少资金占压、缩短生产周期，保障了电子商务的顺利、有效进行。如果缺少了现代化物流配送的支持，无论电子商务是多么便捷的贸易方式仍无法最终实现。物流配送是完成电子商务完整交易过程中的一个非常重要的环节，它是实现整个交易过程的最终保证。可以说，没有真正意义的物流配送，便没有真正意义的电子商务。电子商务是信息传送的保证，而物流配送是实物执行的保证。

六、配送的类型

1．按配送运行模式分类

从配送的经营主体来说，配送的运行模式可以分成企业自营配送、第三方配送和共同

配送。

（1）企业自营配送

企业自营配送是企业为了保证生产和销售的需要，自己出资建立物流配送系统，对本企业所生产或所销售的产品进行配送活动。对于电子商务企业而言，该模式的优点在于自营配送启动容易，配送速度快，拥有对物流配送系统运作过程的有效控制权，借此提升该系统对企业服务顾客的专用性，企业的物流配送人员接触终端客户，可以将市场动态的信息反馈到企业，对于获得第一手市场信息也有帮助作用；同时，可以有效地防止企业商业秘密的泄漏。其缺点在于自营物流配送需要较大的一次性投资，从建立配送中心到购买配送设施占用资金较多，对企业是个很大的负担，会分散企业内部的财力、人力、物力，影响主营业务的发展，不利于培养企业的核心业务。另外，一般购物网站自身的网上交易量是有限的，配送达不到规模效应，就没有规模经济，自然配送成本较高，企业的盈利能力降低。自营配送活动根据其在企业经营管理中的作用一般分为两个方面：企业销售配送和企业的内部供应配送。

【实用案例 4-1】

从 2007 年开始，京东商城即开始自建物流配送体系。2010 年，京东商城建设了三年的物流体系在用户体验上打出了一张好牌——在电商行业首次提出“211”限时送达——211 限时达服务，即上午 11 点前下订单，当日下午送达；夜里 11 点前下订单，第二天上午送达。随着仓储租金的上涨，京东商城开始自建仓储基地。刘强东在 2012 年年初表示，全国同时有 6 个仓储基地在建，全年在物流方面的投资将达到 36 亿元。曾有业内人士估算，京东商城这样建一个现代化的仓储基地需要投资 8 亿～10 亿元。如照此计算，京东商城在仓储基地建设上的开支将不止 36 亿元。在近日针对价格战举办的媒体沟通会上，刘强东还透露，过去京东商城只有 15 个仓库，2012 年下半年会加速开 10 余个大家电仓库，2013 年至少开 25 个。

（资料来源：《21 世纪经济报道》）

（2）第三方配送

第三方配送或称外包型配送模式，是指交易双方或供需双方把自己需要完成的部分或全部配送业务，委托给第三方专业的配送企业来完成的一种配送运作模式。第三方也叫物流服务提供者（Logistic Service Provider），是指专门从事商品运输、库存保管、订单处理、流通加工、包装、配送、物流信息管理等物流活动的社会化的物流系统，它的基本功能是设计执行及管理商务活动中的物流要求，利用现代物流技术与物流配送网络，依据与第一方（供应商）或第二方（需求者）签订的物流合同，以最低的物流成本，快速、安全、准确地为客户在特定的时间段，按特定的价格提供个性化的系列物流配送服务。第三方物流配送给企业带来的利益具体如下。

1）企业将其非优势所在的物流配送业务外包给第三方物流来运作，不仅可以享受到更为精细的专业化的高水平物流配送服务，而且企业可以将精力专注于发展自己擅长的业务，充分发挥其在生产制造领域或销售领域方面的专业优势，增强其主业务的核心竞争力。

2）企业通过社会物流资源的共享，不仅可以避免企业“小而全、大而全”的宝贵资源的浪费，为企业减少了物流投资和营运管理费用，降低了物流成本，而且可以避免自营物流所带来的投资和营运风险。

归纳起来，第三方配送的信息、网络、专业、规模、装备等方面所表现出来的优势，带来的不仅是企业的物流效率与效益的提高，最终实现的是物流供需双方的双赢。

（3）共同配送

简单来讲，共同配送是两个或两个以上的有配送业务的企业相互合作对多个用户共同开展配送活动的一种物流模式。共同配送是企业追求配送合理化，经长期的发展和探索优化出的一种配送形式，也是现代社会中采用较广泛、影响面较大的一种配送模式。共同配送的目的主要是合理利用物流资源，因此根据物流资源利用程度，共同配送大体上可分为以下几种具体形式。

1）系统优化型的共同配送。它是指由一个专业物流配送企业综合各家用户的要求，对各个用户统筹安排，在配送时间、数量、次数、路线等诸方面作出系统最优的安排，在用户可以接受的前提下，全面规划、合理计划地进行配送。这种方式不但可以满足不同用户的基本要求，又能有效地进行分货、配货、配载、选择运输方式、选择运输路线、合理安排送达数量和送达时间。这种对多家用户的配送，可以充分发挥科学计划、周密计划的优势，实行起来较为复杂，却是共同配送中水平较高的形式。

2）车辆利用型共同配送。它主要有：①车辆混载运送型共同配送。这是一种较为简单易行的共同配送方式，仅在送货时尽可能安排一个配送车辆，实行多货主货物的混载。这种共同配送方式的优势在于以一辆较大型的且可满载的车辆代替了以往多货主分别送货或客户分别各自提运货物的多辆车，并且克服了多货主、多辆车都难以满载的弊病。②返程车辆利用型的共同配送。这是一种为了不跑空车，让物流配送部门与其他行业合作，装载回程货或与其他公司合作进行往返运输的共同配送方式。③利用客户车辆型共同配送。这是一种利用客户采购零部件或采办原材料的车进行产品的配送的配送形式。

3）接货场地共享型共同配送。接货场地共享型共同配送是多个用户联合起来，以接货场地共享为目的的共同配送形式。一般是用户相对集中，并且用户所在地区交通、道路、场地较为拥挤，各个用户单独准备接货场地或货物处置场地有困难，因此多个用户联合起来设立配送的接收点或货物处置场所。这样不仅解决了场地的问题，也大大提高了接发水平，加快了配送车辆运转速度，而且接货地点集中，可以集中处置废弃包装材料，减少接货人员数量。

4）配送中心、配送机械等设施利用型的共同配送。它是指在一个城市或一个地区中有数个不同的配送企业时，为节省配送中心的投资费用提高配送运输的效率，多家企业共同出资合股建立配送中心进行共同配送或多家企业共同利用已有的配送中心、配送机械等设施，对不同配送企业用户共同实行配送。

由于我国配送企业大多经营规模较小，成本较高，缺乏资源及技术等优势，因此共同配送对于在我国实现同业或异业互补、提高物流配送效率、降低物流配送成本，以及实现优化配送等方面有着重要作用。当然，在我国发展共同配送涉及很多具体的细节问题，如各企业的产品、规模、商圈、客户、经营意识等差异问题，以及组织协调、费用分摊、商业机密等问题，均须在实施时认真考虑加以解决。作为物流配送发展总体趋势的共同配送，是提升我国商业物流环境、改善整体社会生活品质的一个重要配送模式，应在我国物流发展中加以重点推广。

【实用案例 4-2】

对物流来说，苏宁电器 2005 年开始投资几十亿元已经建成 8 个大型物流基地和 193 个物流配送中心，这一物流网络被苏宁易购共享。其中，大家电配送共享苏宁电器原有的配送网络，实行本地化仓储配送；小件商品方面，利用苏宁易购自建的快递队伍及苏宁全国门店体系，进行全国范围的配送及自提服务。“有苏宁的地方就要有苏宁易购”，这是张近东对苏宁实体门店提出的新要求。这使对于之前对苏宁易购还持怀疑态度，甚至由于线上线下的冲突而对苏宁易购持有敌意的实体门店，也必须服从于总部对于苏宁易购的重视。陶京海表示：“在这次调整后，苏宁线上线下交叉的大家电配送部分，完全由系统进行派单和配送，不受人工干预，不再存在物流资源向实体店的倾斜。而针对小件商品，苏宁易购自建快递队伍将迅速扩大规模，除覆盖目前苏宁电器所在城市外，对于周边区域也将迅速覆盖。”

（资料来源：http://tech.163.com/12/obob/02/8392HULC000915BF.htmb）

2．按配送时间及数量不同分类

（1）定时配送

定时配送是指按规定时间间隔进行配送，如数天或数小时一次等，而且每次配送的品种及数量可以根据计划执行，也可以在配送之前以商定的联络方式（如电话、计算机终端输入等）通知配送的品种及数量。

由于这种配送方式时间固定、易于安排工作计划、易于计划使用车辆，因此，对于用户来讲，也易于安排接货的资源调配（如人员、设备等）。但是，由于配送物品种类变化，配货、装货难度较大，因此如果要求配送数量变化较大时，也会使安排配送运力出现困难。

（2）定量配送

定量配送是指按照规定的批量，在一个指定的时间范围内进行配送。这种配送方式数量固定，备货工作较为简单，可以根据托盘、集装箱及车辆的装载能力规定配送的定量，能够有效利用托盘、集装箱等集装方式，也可做到整车配送，配送效率较高。由于不严格限定配送时间，因此可以将不同用户所需的物品凑成整车后配送，运力利用也较好。对于用户来讲，每次接货都处理同等数量的货物，有利于人力、物力的准备工作。

（3）定时定量配送

定时定量配送是指按照所规定的配送时间和配送数量进行配送。这种方式兼有定时、定量两种方式的优点，但是其特殊性强，计划难度大，因此适合采用的对象不多，不是一种普遍的配送方式。

（4）即时配送

即时配送是指完全按照用户突然提出的时间、数量方面的配送要求，随即进行配送的方式。这是有很高灵活性的一种应急的方式，采用这种方式的品种可以实现零库存，用即时配送代替保险储备。

3．按配送商品种类及数量不同分类

（1）单（少）品种大批量配送

一般来讲，对于工业企业需要量较大的商品，由于单独一个品种或几个品种就可达到较大输送量，可以实行整车运输，这种情况下就可以由专业性很强的配送中心实行配送，往往不需要再与其他商品进行搭配。由于配送量大，可使车辆满载并使用大吨位车辆。这种情况下，由于配送中心的内部设置、组织、计划等工作也较为简单，因此配送成本较低。

（2）多品种、少批量配送

多品种、少批量配送是根据用户的要求，将所需的各种物品（每种物品的需要量不大）配备齐全，凑整装车后由配送据点送达用户。现代企业生产中，除了需要少数几种主要物资外，大部分属于次要的物资，品种数较多，但是由于每一品种的需要量不大，如果采取直接运送或大批量的配送方式，由于一次进货批量大，必然造成用户库存增大等问题。类似的情况在向零售品店补充一般生活消费品的配送中也存在，以上这些情况，适合采用多品种、少批量的配送方式。这种配送作业水平要求高，配送中心设备要求复杂，配货送货计划难度大，因此需要有高水平的组织工作保证和配合。而且在实际中，多品种、少批量配送往往伴随多用户、多批次的特点，配送频度往往较高。

（3）配套成套配送

这种配送方式是指根据企业的生产需要，尤其是装配型企业的生产需要，把生产每一台完整设备所需要的全部零部件配齐，按照生产节奏定时送达生产企业，生产企业随即可将此成套零部件送入生产线以装配产品。在这种配送方式中，配送企业承担了生产企业大部分的供应工作，使生产企业可以专心于生产，与多品种、少批量的配送效果相同。

4．按经营形式不同分类

（1）销售配送

销售配送是指生产企业、流通企业出售产品或商品的配送过程，也指生产者或持有者将商品运到用户的配送。一般来讲，销售配送是从卖方角度出发所发生的配送行为，配送主体往往是卖方，这种配送的配送对象是不固定的，用户也往往是不固定的，配送对象和用户往往是根据对市场的占有情况而定的。其配送的经营状况也取决于市场状况，因此，这种形式的配送随机性较强，而计划性较差。各种类型的商店配送一般多属于销售配送。

（2）供应配送

供应配送是指用户为了自己的供应需要所采取的配送形式。在这种配送形式下，一般来讲是由用户或用户集团组建配送据点，集中组织大批量进货（以便取得批量折扣），然后向本企业配送或向本企业集团内若干企业配送。在大型企业、企业集团或联合公司中，常常采用这种配送形式组织对本企业的供应。例如商业中广泛采用的连锁商店，就常常采用这种方式。用配送方式进行供应，是保证供应水平、提高供应能力、降低供应成本的重要方式。

对生产企业而言，供应配送是为其提供原材料、零部件等，物品在买卖双方之间的配送。对流通企业而言，供应配送是从买方角度出发的交易行为所发生的配送。因此，配送主体可以是买方也可以是第三方物流配送企业。

（3）销售供应一体化配送

销售供应一体化配送是指对于基本固定的用户和基本确定的配送产品，销售企业可以在自己销售的同时，承担用户有计划供应者的职能，既是销售者同时又成为用户的供应代

理人，起到用户供应代理人的作用。

对于某些用户来讲，这样就可以减除自己的供应机构，而委托销售者代理。对销售者来讲，这种配送方式能够获得稳定的用户和销售渠道，有利于扩大销售数量，有利于本身的稳定持续发展。对于用户来讲，能够获得稳定的供应，而且可以大大节约本身为组织供应所耗用的人力、物力和财力。我们知道，销售者能有效控制进货渠道，这是任何企业供应机构难以做到的，因而委托销售者代理对供应的保证程度将会大大提高。

销售供应一体化的配送是配送经营中的重要形式，这种形式有利于形成稳定的供需关系，解决经营规模和配送规模不匹配的问题，有利于采取先进的计划手段和技术手段，有利于保持流通渠道的畅通稳定，因而受到人们的关注。

（4）代存代供配送

代存代供配送是指用户将属于自己的货物委托给配送企业代存、代供，有时还委托代订，然后组织对本身的配送。这种配送在实施时不发生商品所有权的转移，配送企业只是用户的委托代理人。商品所有权在配送前后都属于用户所有，所发生的仅是商品物理位置的转移。配送企业仅从代存、代送中获取收益，而不能获得商品销售的经营性收益。在这种配送方式下，商物是分流的。

5．按配送企业的专业化程度不同分类

（1）综合配送

综合配送是指配送商品种类较多，在一个配送网点中组织不同专业领域的产品向用户配送。由于其综合性较强，称这一类配送为综合配送。综合配送可减少用户组织所需全部物资的进货负担，他们只需要和少数配送企业联系，便可解决多种需求的配送。因此，这是对用户服务较强的配送形式。由于产品性能、形状差别很大，综合配送在组织时技术难度较大。因此，一般只是在性状相同或相近的不同类产品方面，实行综合配送，而对于差别过大的产品则难以实现综合化。

（2）专业配送

专业配送是指按照产品的性状不同，适当划分专业领域的配送方式。专业配送并非越细分越好，实际上在同一性状而类别不同产品方面，也是有一定综合性的。专业配送重要的优势，是可以根据专业的共同要求来优化配送设施，优选配送机械及配送车辆，制定适用性强的工艺流程等，从而大大提高配送各环节工作的效率。现在已形成的专业配送形式主要有以下几种：①中、小件杂货配送；②金属材料的配送；③燃料煤的配送；④水泥的配送；⑤燃料油的配送；⑥木材的配送；⑦玻璃的配送；⑧化工产品的配送；⑨生鲜食品的配送；⑩家具及家庭用具的配送等。

第二节　配送作业流程

不同产品因其性质、形态、包装不同，采用的配送方法、配送作业流程都不一样。有些产品的配送不存在配货、分放、配装问题，如燃油料；有些产品则需进行分割、捆扎等流通加工，如木材、钢材等。因此，不同的产品就有不同的配送作业流程模式，配送活动作业环节不可能千篇一律，都有各自比较特殊的流程、工作方法等。配送的一般作业流程如图 4-1 所示。本小节主要介绍其中订单处理作业、分拣作业、流通加工作业和送货作业等环节。

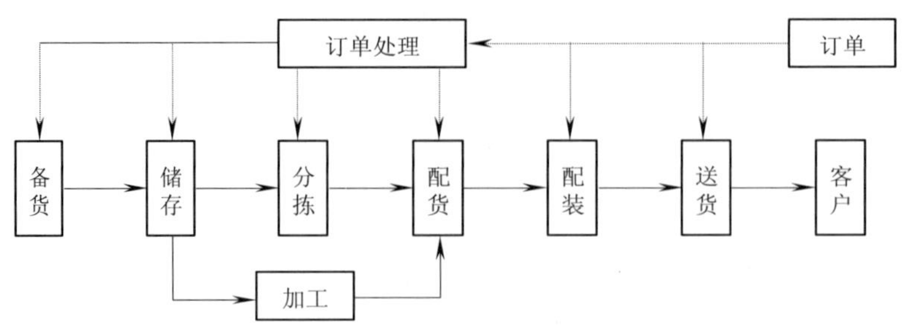

图 4-1　配送的一般作业流程

一、订单处理作业

配送的整个过程中，订单处理既是配送的开端，也是服务质量得以保障的根本，订单的分拣和汇总是比较重要的环节。订单处理作业通常包括两个环节，即接受订单和订单处理。

1．订单的类型

为了达到高效处理多种交易型订单的结果，配送企业首先要根据不同交易方式将订单分类，对于不同的订单类型，订单的处理方式也各不相同。订单的类型及处理方式见表 4-2。

表 4-2　订单的类型及处理方式

类　型	内　容	订单处理方式
一般订单	正常、一般的交易订单，是接单后按正常的作业程序拣货、出货、配送、收款结算的订单	接单后，将资料输入订单处理系统，按正常的订单处理程序处理，数据处理完后进行拣货、出货、配送、收款等作业
现销式订单	与客户当场直接交易，直接给货的交易，如业务员至客户处巡货、铺销所取得的客户的交易订单或客户直接至配送企业取货的交易订单	订单资料输入后，因货物已交予客户，故订单资料无需再参与拣货、出货、配送等作业，只需记录交易资料，以便收取应收款项
间接订单	客户向配送企业订货，但配送企业不负责配送，直接由生产商进行配送的交易订单	接单后，将客户的出货资料传给生产商由其代配。这种方式需注意客户的送货单是自行制作的还是委托生产商制作的，并加强对出货资料的核对，也就是送货单回联的确认
合约式订单	与客户签订配送合同的订单，如签订合同约定某期间内定时配送某数量商品	在约定的送货日期来临时，需将该配送的资料输入系统处理以便出货配送；或一开始便输入合约内容的订货资料并设定各批次送货时间，以便在约定日期到时系统自动产生需送货的订单资料
寄库式订单	客户因促销、降价等市场因素而先行订购某数量商品，往后视需要再要求出货的交易	当客户要求配送寄库商品时，系统应检验客户是否确实有此项寄库，若有，则出此项商品，并且扣除此项商品的寄库量
兑换式订单	客户兑换券所兑换商品的配送出货	将客户兑换券所兑换的商品配送给客户时，系统应检查客户是否确实有此兑换券回收资料，若有，依据兑换券兑换的商品及兑换条件予以出货，并应扣除客户的兑换券回收资料

2．订单处理作业程序

配送订单处理程序涉及接收订单、订单汇总处理到订单处理结果的输出、订单处理状况跟踪等过程。配送企业的订单处理作业程序如图 4-2 所示。

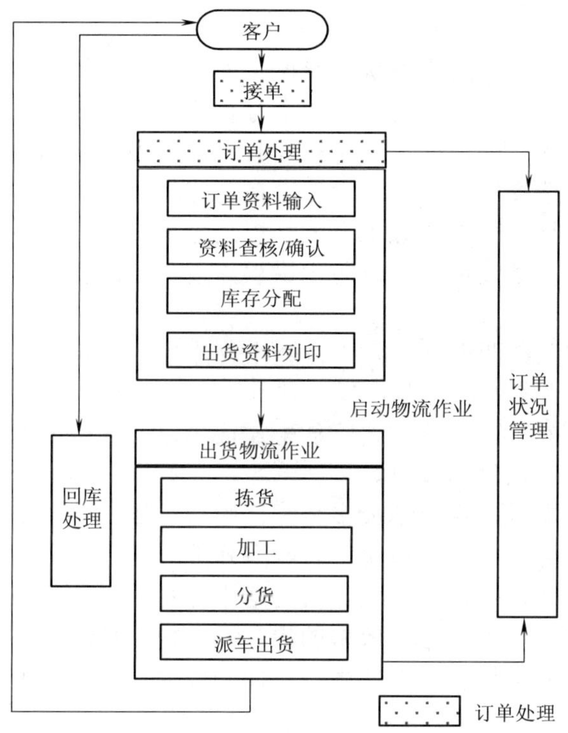

图 4-2　配送企业订单处理作业程序

接收订单是指配送中心各用户在规定的截止时间之前将订单准备好，并传输给配送中心，然后配送中心对订单进行确认，据此建立用户订单档案。由于手工传输技术大都被淘汰，目前各用户一般将订单转换为电子数据，通过与配送中心联机传输给配送中心，大大提高了数据传输的效率以及准确性。

收到用户传输过来的资料以后，配送中心要对用户订单中提出的各项要求进行确认，并将订单按照确认后的交易类型分类，以便区别处理。

最后，根据用户订单的不同交易类型为其设计合适的存储形式是配送中心在接收订单阶段的另一项主要任务，设计的标准是尽量简洁，减少重复数据输入。

订单资料接收确认之后，系统的主要处理作业是对这些订货进行存货查询，并根据查询结果进行库存分配，最后将处理结果打印输出，如拣货单、配装计划、流通加工计划、派车计划、出货单等，然后再根据这些输出单据进行出货物流作业。

产生订单数据处理输出结果并不意味着订单处理工作的结束，订单处理系统还要保证订单资料在以上每个步骤的处理是否按正常程序进行，以及前后步骤间的接替是否确实无误。另外，对于实际作业中不可避免的订单变动情况，订单处理系统还应加以修正，以维持系统的正确性以及避免因异常变动造成损失。

因此订单处理系统在最后阶段还要进行订单状况管理，通过追踪订单的状态变化及详细记录各阶段档案资料，了解订单异常变动时所处的状态，并针对其对应的档案加以修正处理，以此来提升客户服务水平。

二、分拣作业

分拣作业就是将用户所订的货物从储存保管处取出，按客户分类、集中、处理和放置。在配送中心的各项作业中，分拣作业是其中十分重要的一个环节。而其动力的产生来自于客户的订单，分拣作业的目的也就在于正确而且迅速地集合客户所订购的货物。要达到这一目的，必须根据订单选择适当的分拣设备，按分拣作业过程的实际情况运用一定的方法策略组合，采取切实可行且高效的分拣方式，提高分拣效率，将各项作业时间缩短，提升作业速度与能力。同时，必须在分拣时防止错误，避免送错货，尽量减少内部库存料账不符的现象，避免作业成本增加。

统计表明，分拣与配送两大项目几乎占整个物流成本的 80%，而配送费用的发生大多在厂区外部，影响因素大都难以控制；分拣成本约是堆码、装卸、运输等成本总和的 9 倍，占物流搬运成本的绝大部分。因此若要降低配送成本以及其中的搬运成本，由分拣作业上着手改进，可以获得事半功倍的效果。

从人力需求的角度来看，目前绝大多数配送中心仍属于劳力密集型产业，其中与分拣作业直接相关的人力，更是占 50%以上，且分拣作业时间占整个配送中心作业时间的比例为 30%～40%，在成本上，分拣作业成本占配送中心总成本的 15%～20%。由此可见，合理的分拣作业方法，对配送中心运作效率的提高具有决定性的影响。对于电子商务而言，条码等现代化技术将会越来越广泛地使用，从而完成大量的分拣作业。

1．分拣作业过程

分拣作业过程由生成分拣资料、行走或搬运、拣取和分类与集中几个环节组成。

（1）生成分拣资料

分拣作业开始之前，指示分拣作业的单据或信息必须先行处理完成。虽然有些配送中心直接利用顾客的订单或公司的交货单作为人工分拣指示，但因为此类单据容易在分拣作业中受到污损导致错误发生，同时无法标示产品的货位，引导分拣员缩短分拣路径，所以大多数分拣方式仍须将原始的单据转换成分拣单或电子信号，以使分拣员或自动分拣设备进行更有效率的分拣作业。

（2）行走或搬运

进行分拣时，要拣取的货物必须出现在分拣员面前，可以通过以下几种方式实现。

1）人至物方式。这种方式是指分拣员通过步行或搭乘分拣车辆到达货物储存位置的方式。该方式的特点是货物采取一般的静态储存方式，如托盘货架、轻型货架等，主要移动的一方为分拣者。

2）物至人方式。与上述方式相反，物至人方式主要移动的一方为被拣取者，也就是货物，分拣者在固定位置内作业，无需去寻找货物的储存位置。该方式的主要特点是货物采用动态方式储存，如负载自动仓储系统、旋转自动仓储系统等。

3）无人拣取方式。这种方式拣取的动作由自动的机械负责，电子信息输入后自动完成分拣作业，无需人手介入。这是未来的发展趋势和分拣设备方面学者们致力研究的方向。

（3）拣取

当货物出现在拣取者面前时，接下来的动作便是抓取与确认。确认的目的是为了确定抓取的物品、数量是否与指示分拣的信息相同。实际作业中多是利用分拣员读取品名与分拣单作对比，比较先进的方法是利用无线传输终端机读取条码由计算机进行对比，或采用货物重量检测的方式。准确的确认动作可以大幅度降低分拣的错误率。

（4）分类与集中

由于拣取方式的不同，拣取出来的货物可能还需按订单类别进行分类与集中，分拣作业至此告一段落。分类完成的每一批订单类别货物经过检验、包装等作业，然后出货。

2．分拣作业的分类

配送中心分拣作业的方法，随着科学技术的发展也在不断地演变，分拣作业的种类也越来越多。分拣方式可以从以下不同的角度进行分类。

（1）按订单的组合分为按单分拣和批量分拣

按单分拣即按订单进行分拣，分拣完一个订单后，再分拣下一个订单；批量分拣方式是将数张订单加以合并，一次进行分拣，最后根据各个订单的要求再进行分货。

1）按单分拣。它是指分拣人员或分拣工具巡回于各个储存点，按订单所要求的物品，完成货物的配货，如图 4-3 所示。这种方式类似于人们进入果园，在一棵树上摘下已成熟的果子后，再转到另一棵树上去摘果子，所以又形象地称其为摘果式分拣。

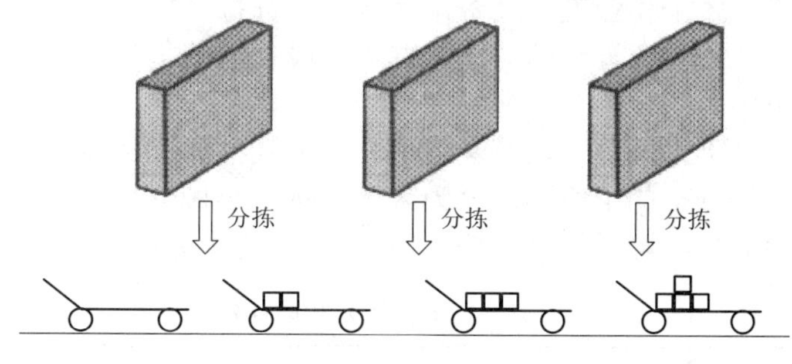

图 4-3　按单分拣示意图

按单分拣作业方法的特点：①按订单分拣，易于实施，而且配货的准确度较高，不易出错。②对各客户的分拣相互没有约束，可以根据客户需求的紧急程度，调整配货先后次序。③分拣完一个货单，货物便配齐，因此，货物可不再落地暂存，而直接装上配送车辆，这样有利于简化工序，提高作业效率。④客户数量不受限制，可在很大范围内配送。分拣作业人员的数量也可以随时调节，在作业高峰时，可以临时增加作业人员，有利于开展即时配送，提高服务水平。⑤对机械化、自动化没有严格要求，不受设备水平限制。

2）批量分拣。批量分拣作业是由分货人员或分货工具从储存点集中取出各个客户共同需要的某种货物，然后巡回于各客户的货位之间，按每个客户的需要量分放后，再集中取出共同需要的第二种货物，如此反复进行，直至客户需要的所有货物都分放完毕，即完成各个客户的配货工作，如图 4-4 所示。这种作业方式，类似于农民在土地上播种，一次取出几亩地所需的种子，在地上巡回播撒，所以又形象地称其为播种式分拣。

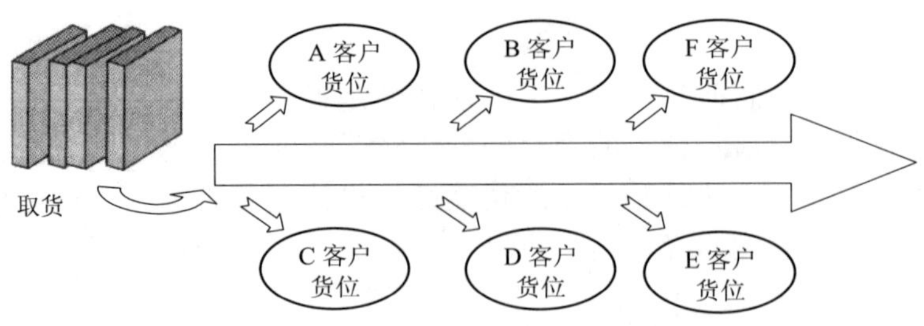

图 4-4 批量分拣示意图

批量分拣作业方式的特点：①计划性强。由于是集中取出共同需要的货物，再按货物货位分放，这就需要在收到一定数量的订单后进行统计分析，安排好各客户的分货货位之后才能反复进行分货作业，因此，这种工艺难度较高，计划性较强，和按单分拣相比错误率较高。②规模效益明显。由于是各客户的配送请求同时完成，可以同时开始对各客户所需货物进行配送，因此有利于车辆的合理调配，规划配送路线，与按单分拣相比，可以更好地利用规模效益。③容易出现等待时间。对到来的订单无法作及时反应，必须等订单达到一定数量时才作一次处理，因此会有停滞时间。只有根据订单到达的状况作等候分析，决定出适当的批量大小，才能将停滞时间减至最短。

（2）按人员组合分为单独分拣方式和分区按单分拣方式

单独分拣方式（一人一件式）即一人持一张取货单进入分拣区分拣货物，直至将取货单中内容完成为止；分区按单分拣方式（分区按单分拣）是将分拣区分为若干个区，由若干名作业者分别操作，每个作业者只负责本区货物的分拣，携带一张订单的分拣小车依次在各区巡回，各区作业者按照订单的要求分拣本区段存放的货物，一个区域分拣完移至下一区段，直至将订单中所列货物全部分拣完。

分拣方式除以上分类方式外，还有其他的分类方式，如：按运动方式分为人至货前分拣和货至人前分拣；按分拣的手段不同分为人工分拣、机械分拣和自动分拣；按分拣信息分为按单分拣、标签分拣、电子标签分拣、RF 分拣。几种分拣方式的比较见表 4-3。

表 4-3 几种分拣方式的比较

分拣方式	优点	缺点	适用场合
按单分拣	作业方法简单 订货前置时间短 作业弹性大 作业人员责任明确，作业容易组织 分拣后不必再进行分类作业	货物品种多时，分拣行走路径加长 分拣必须配合货架货位号码	用户少、品种多、共同需求少 用户不稳定，订单数量变化波动较大，难建立相对稳定的用户分货货位
批量分拣	先集中再分类，缩短拣取货物时的行走时间，提高拣货效率 同一品种商品配货批量大时，利于机械化、自动化分货作业系统 配货之后，可同时开始对各用户的配送送达工作，这有利于综合考虑车辆的合理调配，合理使用和规划配送路线	必须当订单累计达到一定数量时，才作一次性的处理，因此，分拣作业系统易出现停滞时间 所有种类实施困难 必须全部作业完成后，才能发货	少品种批量出货，且订单的重复订购率较高的场合 用户多，共同需求多的情况 外形较规则、固定的箱装、袋装商品出货 需进行流通加工的商品
整合按单分拣	略	略	一天中每一订单只有一种品项的场合
复合分拣	略	略	订单密集且订单量大的场合

三、流通加工作业

在配送作业中，流通加工这一功能要素属于增值性活动，不具有普遍性，但通常是具有重要作用的功能要素。有些加工属于普通加工，如对普通商品进行包装；有些加工属于特殊加工，如对特殊商品进行初级加工活动，按照客户的要求，将一些原材料套裁；有些加工作业属于辅助加工，如对产品进行简单组装，给产品贴上标签或套塑料袋等；也有些加工是对特殊商品进行深加工，食品类配送中心的加工通常是深加工，如将蔬菜、水果洗净、切割、过磅、分份并装袋，加工成净菜，或按照不同的风味进行配菜组合，加工成原料菜等配送给超市或零售店。

四、送货作业

1．送货作业基本内容

送货作业是利用配送车辆把客户订购的物品从制造厂、生产基地、批发商、经销商或配送中心，送到客户手中的过程。配送送货通常是一种短距离、小批量、高频率的运输形式。它以服务为目标，以尽可能满足客户需求为宗旨。送货管理的基本业务流程如下。

（1）划分基本送货区域

首先将客户根据区域进行整体划分，再将每一客户分配在不同的基本送货区域中，作为配送决策的基本参考。例如，按行政区域或按交通条件划分不同的送货区域，在区域划分的基础上再作弹性调整来安排送货顺序。

（2）车辆配载

由于配送货物品种、特性各异，为提高送货效率，确保货物质量，必须首先对特性差异大的货物进行分类。在接到订单后，配送中心应将货物按特性进行分类，以便分别采取不同的送货方式和运输工具，如按冷冻食品、速食品、散装货物、箱装货物等货物类别进行分类配载。其次，配送货物也有轻重缓急之分，配送中心必须初步确定哪些货物可配于同一辆车，哪些货物不能配于同一辆车，以做好车辆的初步配装工作。

（3）暂定送货先后顺序

在考虑其他影响因素，做出最终送货方案前，配送中心应先根据客户订单的送货时间将送货的先后次序进行大致预订，为后面车辆配载做好准备工作。预先确定基本送货顺序可以有效地保证送货时间，提高运作效率。

（4）车辆安排

车辆安排要解决的问题是安排什么类型、多大吨位的配送车辆进行最后的送货。一般企业拥有的车型有限，车辆数量也有限。当本公司车辆无法满足需求时，可使用外雇车辆。在保证送货运输质量的前提下，是组建自营车队，还是以外雇车辆为主，则须视经营成本而定。

无论选用自有车辆还是外雇车辆，都必须事先掌握有哪些车辆可供调派并符合要求，即这些车辆的容量和额定载重是否满足要求；其次，安排车辆之前，还必须分析订单上的货物信息，如体积、重量、数量、对装卸的特别要求等，综合考虑多方面因素的影响后，再做出最合适的车辆安排。

（5）选择送货线路

知道了每辆车负责配送的具体客户后，如何以最快的速度完成对这些货物的配送，即如何选择配送距离短、配送时间短、配送成本低的线路，还需根据客户的具体位置，沿途的交通情况等做出优先选择和判断。除此之外，配送中心还必须考虑有些客户或其所在地点对送货时间、车型等方面的特殊要求，如有些客户不在中午或晚上收货，有些道路在某高峰期实行特别的交通管制等。配送路线的选择可以利用有关的运筹学模型辅助决策。

（6）确定每辆车的送货顺序

做好车辆安排及选择好最佳的配送线路后，配送中心就可以确定每辆车的送货顺序，从而估计出货物送到每位客户的大致时间，并通知客户。

（7）完成车辆配载

明确了客户的送货顺序后，接下来就是如何将货物装车，按什么次序装车的问题，即车辆的具体配载问题。

2．送货管理

（1）影响送货费用的因素

送货费包括人工费、奖金、福利、燃料费、修理费、轮胎费、过路费、车检费、折旧费、保险费、事故费和车辆税费等。这些费用和配送频率、时间、用户的远近及车辆的损耗有紧密关系。为此，配送中心可通过严格管理来降低成本，如提高车辆运转率、装载率、实车率。

（2）送货服务要点

送货服务是配送中心作业的最终和最具体直接的服务，其服务要点有下列几点。

1）时效性。时效性是客户最重视的因素，也就是要确保能在指定的时间内交货。送货是从客户订货至交货各阶段中的最后一个阶段，也是最容易引起时间延误的环节。影响时效性的因素有很多，除配送车辆故障外，所选择的配送线路不当、中途客户卸货不及时等均会造成时间上的延误。因此，配送中心必须在认真分析各种因素的前提下，用系统化的思想和原则，有效协调，综合管理，选择合理的配送线路、配送车辆和送货人员，使每位客户在预订的时间收到所订购的货物。考核配送作业水平的一项重要指标就是准点率。例如日本西友百货的配送中心，在给 Family Man 配送商品时规定，送货到达商店的时间，一般不超过预定时间的 15min。如途中因意外不能准时到达，必须立刻与总部联系，由总部采取紧急措施，确保履行合同。

2）可靠性。可靠性是指将货品完好无缺地送达目的地，这是对配送中心的差错率、货损率的考核。要达到可靠性的目标，关键在于提高配送人员的素质。若送货人员能随时注意以下几个事项，货品必能以最好的质量送到客户手中。主要考查：①装卸货时的细心程度；②运送过程对货物的保护；③对客户地点及作业环境的了解；④配送人员的操作规范。

3）沟通。送货作业是配送的末端服务，它通过送货上门服务直接与客户接触，是与顾客沟通最直接的桥梁，它不仅代表着公司的形象和信誉，还在沟通中起着非常重要的作用。所以，配送中心必须充分利用与客户沟通的机会，巩固与发展公司的信誉，为客户提供更优质的服务。

4）便利。配送以服务为目标，以最大限度地满足客户要求为宗旨。因此，配送中心应尽可能地让顾客享受到便捷的服务，通过采用高弹性的送货系统，如采用应急送货、顺道送货与退货、辅助资源回收等方式，为客户提供真正意义上的便利服务。

（3）提高送货效率的手段

为提高送货效率，可采用的手段包括以下几种。

1）消除交错送货。消除交错送货，可以提高整个配送系统的送货效率。例如，将原来

直接由各工厂送至各客户的零散路线利用配送中心来做整合并调配转送，这样可缓解交通网路的复杂程度，且可大大缩短运输距离。

2）开展直配、直送。由于“商物分离”，订购单可以通过信息网络直接传给厂商，因此各工厂的产品可从厂商的物流中心直接交货到各零售店。这种利用直配、直送的方式可大幅简化物流的层次，使得中间的代理商和批发商不设存货，下游信息也能很快地传达到上游。

3）采用标准的包装器具。配送不是简单的“送货上门”，而是要运用科学且合理的方法选择配送车辆的吨位、配载方式，确定配送路线，以达到“路程最短、吨公里最小”的目标。采用标准的包装工具，如托盘，可以使送货中货物的搬运、装卸效率提高，并便于车辆配装。

4）建立完善的信息系统。完善的信息系统能够根据交货配送时间，车辆最大积载量，客户的订货量、个数、重量来选出一个最经济的配送方法；根据货物的形状、容积、重量及车辆的能力等，由计算机自动安排车辆和装载方式，形成配车计划；在信息系统中输入每一客户点的位置，计算机便会依据最短距离找出最便捷的路径。

5）改善运货车辆的通信。健全的车载通信设施，可以把握车辆及驾驶员的状况、传达道路信息或气象信息、掌握车辆作业状况及装载状况、传递作业指示、传达紧急信息指令、提高运行效率及安全运转。

6）均衡配送系统的日配送量。通过和客户沟通，尽可能使客户的配送量均衡化，这样能有效地提高送货效率。为使客户的配送量均衡，通常可以采用以下方式：①对大量订货的客户给予一定折扣；②制定最低订货量；③调整交货时间，对于受季节性影响的产品，尽可能引导客户提早预约。

第三节 配送系统的规划

一、货物配装优化

货物配装是物流配送的重要环节，是指充分利用运输工具的载重量和容积，采用先进的装载方法，合理安排货物的装载。车辆配装的合理化就是在既定的空间和载重量的约束下使货物装载的综合利用率最高，其原则是提高车辆容积和载货的装载效率，进而提高车辆运载运力的利用率，降低配送运输成本。提高车辆装载率的意义是在不增加任何投入的情况下节约成本，使单位货物运输成本最低，提高车辆利用率，减少对道路的占用。

考虑一个较为简单的配装问题。设车辆的额定载重量为 G，可用于配送 n 种不同的货物，货物的单位重量分别为 $W_1, W_2, \cdots\cdots, W_n$。每种货物分别对应于一个价值系数，用 $P_1, P_2, \cdots\cdots, P_n$ 表示。设 X_k 表示第 k 种货物的装入数量，则配装问题的数学模型可以表示为：

$$F_{\max} = \sum_{k=1}^{n} P_k X_k$$

$$s.t.$$

$$\sum_{k=1}^{n} W_k X_k \leqslant G$$

$$X_k \geqslant 0 \ (k=1, 2, \cdots, n)$$

对于这一种模型，我们可以采用运筹学中动态规划思想求解。此问题为典型的背包问题，即把每装入一种货物的决策作为一个决策阶段，n 种不同货物的配装可划分 n 个阶段。下面通过例子说明优化过程。

【例 4-1】载重量为 10t 的载货汽车，运输 4 种大型设备，其重量和价值系数分别见表 4-4，试问如何配装才能使货车的装载价值系数最大？

表 4-4 配载货物的已知数据

设备编号	重量/t	单件价值/万元
1	3.5	7.5
2	2	4.8
3	4.5	10
4	5	14

解：因为有 4 种变量，所以分成四个阶段；设 X_k 表示装第 k 种设备的件数；S_k 表示可分配给第 k 种到第 4 种设备的装载重量；f_k（S_k）表示装载第 k 种设备到第 4 种设备的最优价值。用逆向递推方法进行，各阶段结果分别见表 4-5～表 4-8。

表 4-5 第 4 阶段计算过程

X_4	0	1	2	f_4（S_4）	X_4*
$0 \leqslant S_4 < 5$	0	-	-	0	0
$5 \leqslant S_4 < 10$	0	14	-	14	1
$S_4=10$	0	14	28	28	2

表 4-6 第 3 阶段计算过程

X_3	0	1	2	f_3（S_3）	X_3*
$0 \leqslant S_3 < 4.5$	0+0	-	-	0	0
$4.5 \leqslant S_3 < 5$	0+0	10+0	-	10	1
$5 \leqslant S_3 < 9$	0+14	10+0	-	14	0
$9 \leq S_3 < 10$	0+14	10+0	20+0	20	2
$S_3=10$	0+28	10+14	20+0	28	0

表 4-7 第 2 阶段计算过程

X_2	0	1	2	3	4	f_2（S_2）	X_2*
$S_2=3$	0+0	4.8+0	-	-	-	4.8	1
$S_2=6.5$	0+14	4.8+10	9.6+0	14.4+0	-	14.8	1
$S_2=10$	0+28	4.8+14	9.6+14	14.4+0	24	28	0

表 4-8 第 1 阶段计算过程

X_1	0	1	2	f_1（S_1）	X_1*
10	0+28	7.5+14.8	15+4.8	28	0

装载的最大价值为 28 万元，寻找最优解，其次序为反向追踪，为第一种到第三种设备装载为 0，第四种设备装载 2 件。

二、配送路线规划

在客户指定的时间内交货是客户非常关心的问题。配送运输是从用户订货到交货的最

后环节，也是最容易出现时间延误的环节，影响时效性的因素很多。因此，必须在考虑各种因素的前提下，运用系统化的思想，有效地协调，管理配送路线、配送人员和车辆，完成货物最终使用价值的实现。物流配送的另一个目标是经济性。达到一定的经济效益是任何物流系统的基本目标，对物流合作双方来说，以较低的配送成本完成配送任务，是双方加强合作和建立双赢机制的基础。在配送过程中，配送路线合理与否对配送成本、效益、速度影响很大，采用科学合理的方法来确定配送路线是配送活动中一项非常重要的工作。

1．单回路配送（TSP 问题）

在配送过程中，当多个客户的需求量总和不大于一辆车的额定载重量时，可以由这一辆车装着多个客户的货物，沿着一条精心选择的最佳线路依次将货物送到这些客户手中，这样既可以保证按时按量将用户需要的货物及时送到，又可以节约车辆，节省费用，缓解交通紧张的压力，并减少运输对环境造成的污染。最佳路线选择其实就是要解决单回路运输问题。单回路运输问题是指在路线优化中，设存在节点集合 D，选择一条合适的路径遍历所有的节点，并且要求闭合。单回路配送在配送路线决策中，主要用于单一车辆的路线安排，目的在于使该车辆遍历所有用户的同时，达到所行使路线距离最短。单回路配送问题的两个显著特点是：①单一性（只有一个回路）；②遍历性（不可遗漏）。

单回路配送问题一般采用启发式算法来求解，启发式算法的不足之处在于只能得到可行解，而不能保证得到最优解，而各种不同的启发式算法得到的结果可能完全不同。最近插入法是由罗森·克兰茨（Rosen Krantz）和斯特恩斯（Stearns）等人在 1977 年提出的一种用于解决 TSP 问题的常用算法。最近插入法包括以下步骤。

1）找到离起点 v_1 距离最小的节点 v_k，形成一个子回路（subtour）$T_1=\{v_1, v_k, v_1\}$。

2）在剩下的节点中，寻找一个离子回路 T_1 中某一节点最近的节点 v_h。

3）将节点 v_h 插入到子回路 T_1 中，形成一个新的子回路 $T_2=\{v_1, v_k, v_h, v_1\}$。

4）在剩下的节点中，寻找一个离子回路 T_2 中某一节点最近的节点 v_l。在子回路中找到一条弧（i，j），使得 $c_{li}+c_{lj}-c_{ij}$ 最小，然后将节点插入到 v_i 和 v_j 之间，用两条新的弧（i，l）和（l，j）代替原来的弧（i，j），并将节点 v_l 加入到子回路中。

5）重复步骤 4），直到所有的节点都加入到子回路中。

【例 4-2】配送中心和客户之间的距离矩阵见表 4-9。v_1 表示配送中心，v_1，v_2，v_3，v_4，v_5，v_6 表示客户。寻找最佳回路使得配送路线最短。

表 4-9　距离矩阵

元素	v_1	v_2	v_3	v_4	v_5	v_6
v_1	—	10	6	8	7	15
v_2		—	5	20	15	16
v_3			—	14	7	8
v_4				—	4	12
v_5					—	6
v_6						—

解：比较表 4-9 中的从 v_1 出发到另外 5 个节点的所有路径的大小，找出其中最短的一条。

$$\min\{c_{1i}\mid i\in N,1\leqslant i\leqslant 6,i\neq 1\}=c_{13}=6$$

这样就由节点 v_1 和 v_3 构成一个子回路，$T_1=\{v_1,\ v_3,\ v_1\}$，如图 4-5 所示。

然后考虑剩下的节点 v_2、v_4、v_5、v_6 到节点 v_1 和 v_3 中某一个节点的最小距离。

$$\min\{c_{1i},\ c_{3i}\mid i\in N,1\leqslant i\leqslant 6,\text{且}i\neq 1,3\}=c_{32}=5$$

将 v_2 插入到 v_1 和 v_3 之间构成一个新的回路，$T_2=\{v_1,\ v_2,\ v_3,\ v_1\}$。其结果如图 4-6 所示。

图 4-5　节点 v_1 和 v_3 组成的子回路

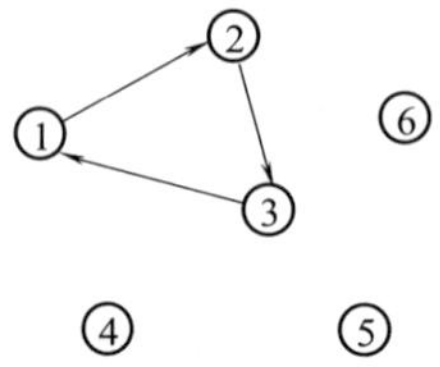

图 4-6　节点 v_1、v_2 和 v_3 组成的子回路

接着考虑剩下的节点 v_4、v_5、v_6 到节点 v_1、v_3 和 v_2 中某一个节点的最小距离。

$$\min\{c_{1i},\ c_{3i},c_{2i}\mid i\in N,1\leqslant i\leqslant 6,\text{且}i\neq 1,3,2\}=c_{35}=7$$

由图 4-6 可知，节点 v_5 有 3 个位置可以插入。现在分析将 v_5 插入到哪里最合适。

1）插入到（1，3）间，增加的距离为 $\Delta=c_{15}+c_{53}-c_{13}=7+7-6=8$。

2）插入到（3，2）间，增加的距离为 $\Delta=c_{35}+c_{52}-c_{32}=7+15-5=17$。

3）插入到（2，1）间，增加的距离为 $\Delta=c_{25}+c_{51}-c_{21}=15+7-10=12$。

比较上面三种情况的增量，发现插入到（1，3）之间的增量最小，所以应将节点 v_5 插入到（1，3）之间，形成新的回路 $T_3=\{v_1,\ v_2,\ v_3,\ v_5,\ v_1\}$，如图 4-7 所示。

重复上面的步骤，分别再将节点 v_5 和 v_6 加入到子回路中，就可以得到最终解 $T_5=\{v_1,\ v_2,\ v_3,\ v_6,\ v_5,\ v_4,\ v_1\}$，如图 4-8 所示。总的行进距离为：

$$8+4+6+8+5+10=41$$

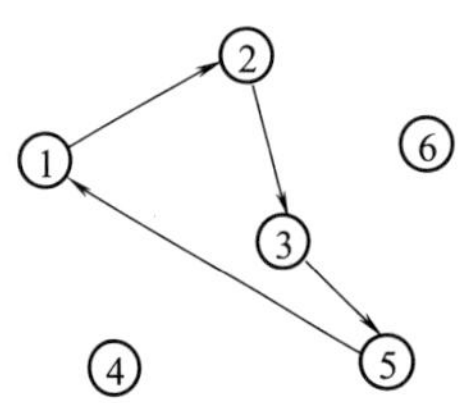

图 4-7　节点 v_1、v_2、v_3 和 v_5 组成的子回路

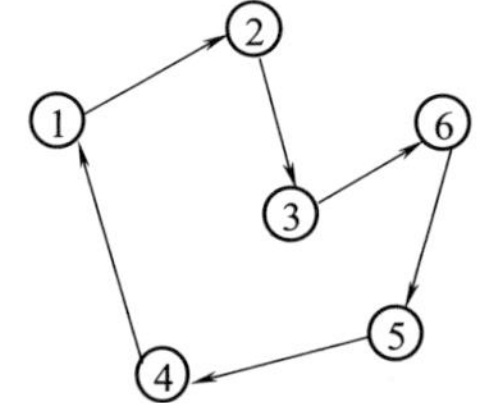

图 4-8　全部节点构成的回路

2．多回路配送

在实际配送问题中，车辆和任务都可能存在各种约束条件，比如对车辆而言，有载重约束、体积约束、行驶最大距离约束、行驶最长时间约束、道路约束（比如城市中，在某些时间段内某些道路不允许车辆通过）等。对任务而言，最主要的约束条件是顾客对任务送达时间的要求，通常希望任务在某个时间段内完成，或者某个时间段内不允许配送。因此采用单一车辆的单回路配送往往变得不现实，这时候就需要多个车辆来完成配送任务，

以实现经济目标和时间目标，如图 4-9 所示。

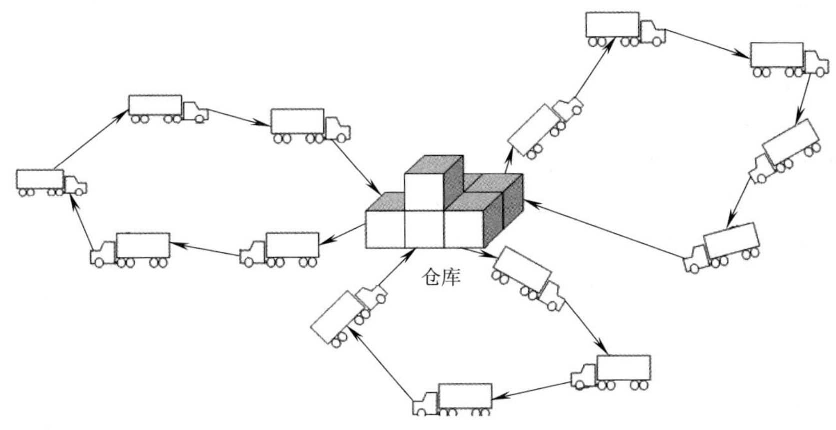

图 4-9　多回路配送示意图

节约算法是最常用的用来解决运输车辆数目不确定的多回路运输问题的启发式算法。

（1）里程节约法的基本规定

利用里程节约法确定配送线路的主要出发点是根据配送方的运输能力、到客户之间的距离及各客户之间的相对距离制订使配送车辆总周转量达到或接近最小的配送方案。为方便介绍，我们做如下假设：①配送的是同一种或相类似的货物；②各用户的位置及需求量已知；③配送方有足够的运输能力；④利用节约法制订的配送方案除了使总的周转量最小外，还应满足两个条件，一是不使车辆超载，二是每辆车每天的总运行时间及里程满足规定的要求。

（2）节约法的基本思想

如图 4-10 所示，设 P_o 为配送中心，分别向用户 P_i 和 P_j 送货。P_o 到 P_i 和 P_j 的距离分别为 d_{oi} 和 d_{oj}，两个用户 P_i，P_j 之间的距离为 d_{ij}。送货方案只有两种，即配送中心 P_o 向用户 P_i，P_j 分别送货和配送中心 P_o 向用户 P_i，P_j 同时送货，见图 4-10a）和图 4-10b）。

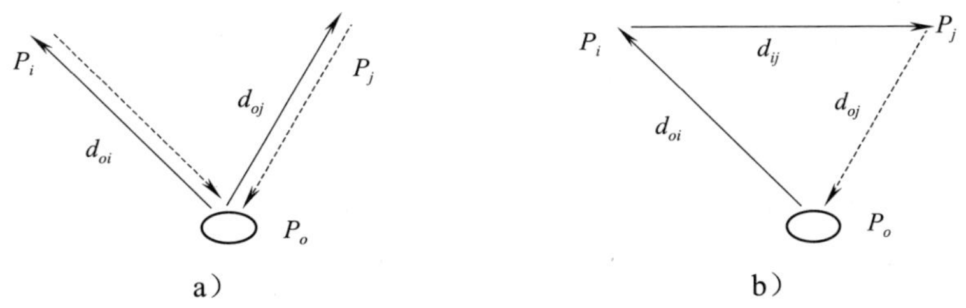

图 4-10　节约算法示意图

方案 a）的配送线路为：P_o—P_i—P_o—P_j—P_o，配送距离为 $d_a=2d_{oi}+2d_{oj}$。

方案 b）的配送线路为：P_o—P_i—P_j—P_o，配送距离为 $d_b=d_{oi}+d_{oj}+d_{ij}$。

显然，d_a 不等于 d_b，我们用 S_{ij} 表示里程节约量，即方案 b）比方案 a）节约的配送里程：$S_{ij}=d_{0i}+d_{0j}-d_{ij}$。

根据节约法的基本思想，如果一个配送中心 P_o 分别向 n 个客户 P_j（j=1，2，……，n）配送货物，在汽车载重能力允许的前提下，每辆汽车的配送线路上经过的客户个数越多，里程节约量越大，配送线路越合理。

（3）求解步骤

根据前述求解思路，设计具体求解步骤如下。

Step1：计算 $S(i, j)$，令 $M=\{S(i, j)|S(i, j)>0\}$。

Step2：在 M 内按 $S(i, j)$ 从大到小的顺序排列。

Step3：若 $M=\Phi$，则终止，否则考察排序后的第一项 $S(i, j)$，它若满足下述 3 个条件中之一，则转 Step4：①点 i 和点 j 均不在已构成的线路上；②点 i 或点 j 在已构成的线路上，但不是线路的内点（即不与车场直接相连）；③点 i 和点 j 位于已构成的不同线路上，均不是内点，即均与配送中心相连。如若不然，则转 Step7。

Step4：考察点 i 和点 j 连接后的线路上总货运量 Q，若 $Q \leqslant q$（q 为车辆最大载重量），则转下一步。

Step5：连接点 i 和点 j，转 Step6。

Step6：令 $M=M-S(i, j)$，转 Step3。

【例 4-3】 P 是配送中心所在地，A—J 是 P 的 7 个配送点。它们之间的距离如图 4-11 所示，括号内的数字是配送量。现在可以利用的配送车辆是装载量为 2t 和 4t 的两种厢式货车，并限制车辆一次运行距离不超过 30km。为了尽量缩短配送距离，必须求出最佳配送路线。

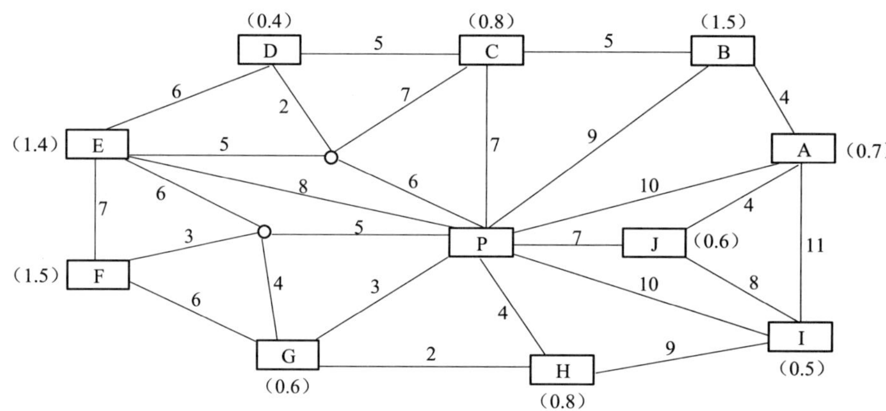

图 4-11　配送网络示意图

解：

1）首先算出相互之间最短距离。根据图 4-11 中配送中心至各用户之间、用户与用户之间的距离，得出配送路线最短的距离矩阵，如图 4-12 所示。

	P									
A	10	A								
B	9	4	B							
C	7	9	5	C						
D	8	14	10	5	D					
E	8	18	16	11	6	E				
F	8	18	17	15	13	7	F			
G	3	13	12	10	11	10	6	G		
H	4	14	13	11	12	12	8	2	H	
I	10	11	15	17	18	18	17	11	9	I
J	7	4	8	13	15	15	15	10	11	8

图 4-12　用户和配送中心之间、用户与用户之间的最短距离矩阵

2）从最短距离矩阵图中计算出各用户之间的节约里程，如图 4-13 所示。

	A								
B	15	B							
C	8	11	C						
D	4	7	10	D					
E	0	1	4	10	E				
F	0	0	0	3	9	F			
G	0	0	0	0	1	5	G		
H	0	0	0	0	0	4	5	H	
I	9	4	0	0	0	1	2	5	I
J	13	8	1	0	0	0	0	0	9

图 4-13　两两客户之间的里程节约值

3）对节约里程按大小顺序进行排列，见表 4-10。

表 4-10　里程节约值排序表

序　　号	连 接 点	节 约 里 程	序　　号	连 接 点	节 约 里 程
1	A-B	15	13	G-H	5
2	A-J	13	13	H-I	5
3	B-C	11	13	A-D	4
4	C-D	10	16	B-I	4
4	D-E	10	16	F-H	4
6	A-I	9	16	C-E	4
6	E-F	9	19	D-F	3
6	I-J	9	19	G-I	2
9	A-C	8	21	B-E	1
9	B-J	8	22	C-J	1
11	B-D	7	22	E-G	1
12	F-G	5	22	F-I	1

4）按照节约行程顺序表，组合成配送线路图。

① 求初始解。从配送中心向各配送点配送。配送线路 10 条，总运行距离 148km，如图 4-14 所示。

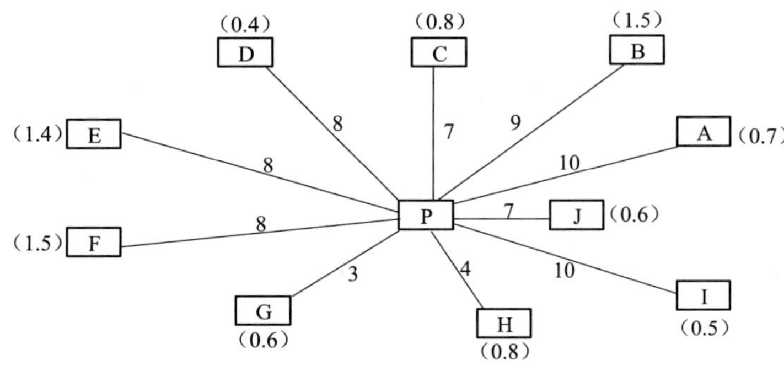

图 4-14　初始解

② 求二次解。按照节约里程的顺序大小，连接 A—B，A—J，B—C，组成配送路线 1，

该路线装载量为 36t，运行里程为 27km。此时总配送路线 7 条，总运行距离 109km，需要 2t 车 6 辆，4t 车 1 辆，如图 4-15 所示。

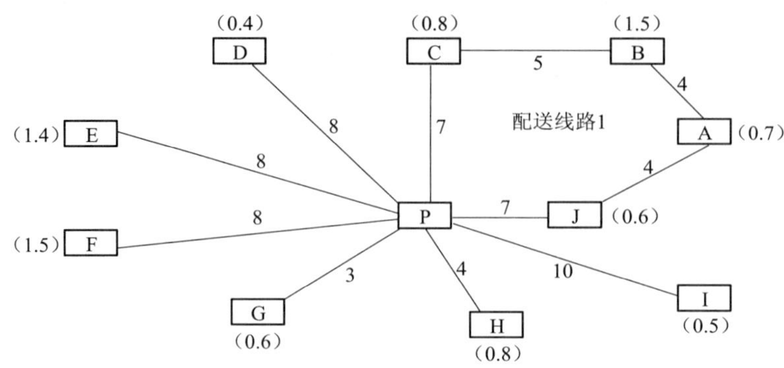

图 4-15 二次解

③ 求三次解。按照节约里程的顺序大小，C—D 和 D—E 都有可能连接到二次解的配路线 1 中，但由于受车辆装载量和每次运行距离这两个条件的限制，配送路线 2 不能再增加配送点，为此不再连接 C—D，只连接 D—E，组成配送路线 2。该路线装载量为 1.8t，运行里程为 22km。此时总的配送路线为 6 条，总运行距离 99km，需要 2t 汽车 5 辆，4t 汽车 1 辆。

④ 求四次解。接下来的顺序是 A—I 和 E—F，由于配送路线 1 不能再增加配送点，为此不再连接 A—I，连接 E—F 并入配送路线 2 中。此时配送路线 2 装载量为 33t，运行里程为 29km。此时总的配送路线为 5 条，总运行距离 90km，需要 2t 汽车 3 辆，4t 汽车 2 辆。

⑤ 求五次解。接下来按节约的顺序是 I—J、A—C、B—J、B—D 和 C—E，但这些连接均已包括在已组合的配送路线中，不能再组成新的增加路线，因此不再连接。接下来可以将 F—G 并入到配送路线 2 中，这样配送路线 2 装载量为 39t，运行里程为 30km。此时总的配送路线为 4 条；总运行距离 85km，需要 2t 汽车 2 辆，4t 汽车 2 辆。

⑥ 最终解。接下来按节约的顺序是 G—H，由于受车辆装载量和每次运行距离这两个条件的限制，G—H 不能组合到配送路线 2 中，所以不再连接。连接 H—I 组成新的配送路线 3。至此完成了全部配送路线的规划。总的配送路线一共有三条，运行距离为 80km，需要 2t 汽车 1 辆，4t 汽车 2 辆。其中配送路线 2 装载量为 3.6t，运行里程为 27km，需用 4t 汽车 1 辆；配送路线 2 装载量为 39t，运行里程为 30km，需用 4t 汽车 2 辆；配送路线 3 装载量为 1.3t，运行里程为 23km，需用 2t 汽车 2 辆，如图 4-16 所示。

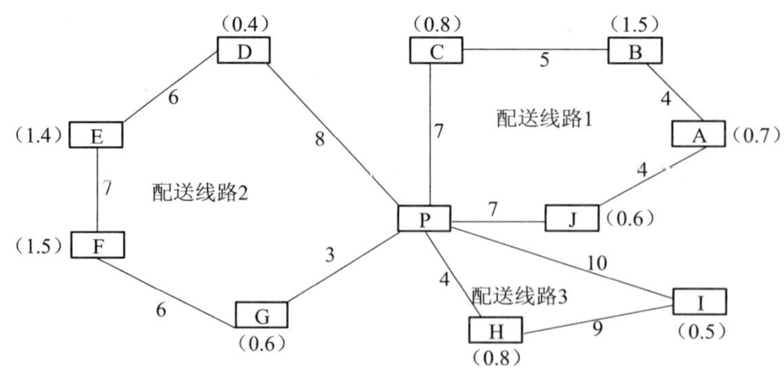

图 4-16 配送路线最终优化结果

三、物流配送网络规划

最近插入法和节约里程法解决了单一的配送中心为多个用户服务时如何选择配送路线的问题。在现实生活中，当客户的数量非常庞大，分布范围较广时，就需要一个更为复杂的配送网络来完成配送服务。配送网络规划设计就是决定使用什么样的配送网络节点、配送节点的数量、节点的位置、如何为每一个节点分派产品和客户、每一个节点如何为客户提供服务等。

当配送中心的能力有限制，而且用户的地址和需求量以及配送中心的数目均已确定的情况下，可采用 CFLP 法（Capacitated Facility Location Problem）来从配送中心的备选地点中选出使总费用最小的多个配送中心。首先假定配送中心的备选地点已定，据此假定在保证总运输费用最小的前提下，求出各暂定配送中心的供应范围；然后再在所求出的供应范围内分别移动配送中心至其他备选地点，以使各供应范围的总费用下降。当移动每个配送中心的地点都不能继续使本区域总费用下降，则计算结束；否则，按可使费用下降的新地点，再求各暂定配送中心的供应范围，重复以上过程，直到费用不再下降为止。这个方法的基本步骤如下。

1）初选配送中心地点。通过定性分析，根据配送中心的配送能力和用户需求分布情况适当地确定配送中心的数量及其设置地点，并以此作为初始方案。这一步骤非常重要，因为它将直接影响整个计算的收敛速度。

2）确定各暂定的配送中心的供应范围。设暂定的配送中心有 k 个，分别为 s_1，s_2，…，s_k；用户有 n 个；从配送中心 s_i 到用户 j 地的单位运输费用为 $h_{s_i j}$；以运输费用 U 最低为目标；则可构成模型如下

$$U_{\min}=\sum_{i=1}^{k}\sum_{j=1}^{n}h_{s_i j}X_{s_i j}$$

$$s.t.\quad \sum_{i=1}^{k}X_{s_i j}\geqslant D_j,\ j=1,2,\cdots,n$$

$$\sum_{j=1}^{n}X_{s_i j}\leqslant M_{s_i},\ i=1,2,\cdots,k$$

$$X_{s_i j}\geqslant 0,\ i=1,2,\cdots,k,\quad j=1,2,\cdots,n$$

式中　$X_{s_i j}$——配送中心 s_i 到用户 j 的运输量；

M_{s_i}——配送中心 s_i 的容量；

D_j——用户 j 的需求量。

求解以上运输问题后，就可求得各暂定配送中心的供应范围，可表述为如下用户集合：

$$N_i=\{i:X_s^*\neq 0\},i=1,2,\cdots,k$$

3）在以上各配送范围内，移动配送中心到其他备选地点，寻求可能的改进方案。设在原定配送中心 s_i 的配送范围 N_i，除 s_i 之外，可做配送中心备选地点的还有 L_i 个，在这些地点设置配送中心的固定费用分别为 F_{t_l}，其中 $t_l\in L_i$；，则以 t_l 为新的配送中心时，N_i 内的总费用为

$$U_{t_l}=\sum_{j=1}^{N_i}h_{t_l j}X_{t_l j}+F_{t_l},\ t_l\in L_i$$

令 $u_{t_l}=\min\limits_{t_l\in L_i}\{u_{t_l}\}$，若 $u_{t_l}\leqslant u_{s_l}$，说明步骤 3 求出的目标函数值是步骤 2 求出的第 i 个配

送中心目标函数值的一部分，则令 $s_i^{'}=t_i^{'}$；否则令 $s_i^{'}=s_i$。对所有 k 个区域重复上述过程，得到新的配送中心的集合 $\left\{s_i^{'}\right\}_{i=1}^{k}$。

4）比较新、旧配送中心集合的总费用。若前者大于或等于后者，说明已经得到了所要求的解，计算可停止。如果前者小于后者，说明新得到的配送中心地点可使总费用下降，通过改善配送中心的供应范围，还有可能进一步降低总费用。为了进一步降低总费用，以新的配送系统代替原有配送系统，重复第 2 步～第 4 步，直到总费用不能再下降为止。

按以上步骤得到的收敛解，虽然没有得到理论上的证明，但是由于费用总是在下降的，因此在实际应用中，可以充分相信所得到的解。

【例 4-4】现有选址问题如图 4-17 所示，要求在该地域范围内 12 个需求点中选出三个作为配送中心的地址。同时假设各配送中心的固定费用均为 10 个单位，容量为 13 个单位，运输费率为一常数，即运输费用与运输距离成正比。

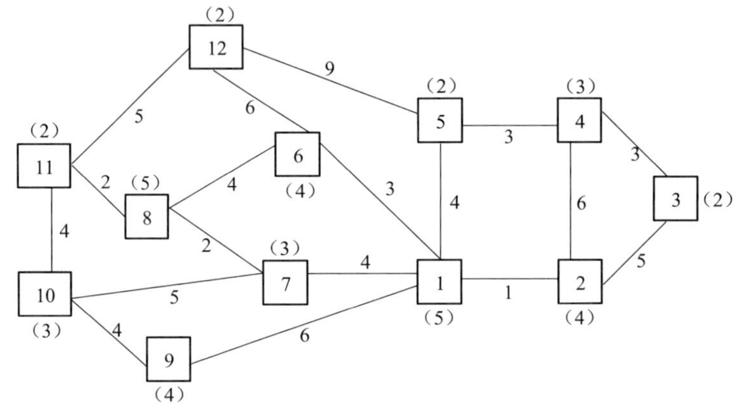

图 4-17　配送网络图

注：□内的数字为节点序号，( ) 内的数字为该节点的用户需求量，其他数字为连接相邻两节点之间的直线距离。

解：根据图 4-17 可得，各需求地之间的最短运输距离见表 4-11。

表 4-11　各需求地之间的最短运输距离

需求点 i / 需求点 j	1	2	3	4	5	6	7	8	9	10	11	12
1	0	1	6	7	4	3	4	6	6	9	8	9
2	1	0	5	6	5	4	5	7	7	10	9	10
3	6	5	0	3	6	9	10	12	12	15	14	15
4	7	6	3	0	3	10	11	13	13	16	15	12
5	4	5	6	3	0	7	8	10	10	13	12	9
6	3	4	9	10	7	0	6	4	9	10	6	6
7	4	5	10	11	8	6	0	2	9	5	4	9
8	6	7	12	13	10	4	2	0	10	6	2	7
9	6	7	12	13	10	9	9	10	0	4	8	13
10	9	10	15	16	13	10	5	6	4	0	4	9
11	8	9	14	15	12	6	4	2	8	4	0	5
12	9	10	15	12	9	6	9	7	13	9	5	0

1）根据需求量的分布情况，可将配送中心的初始位置暂定在 4，6，9 三个节点上。

2）以节点 4，6，9 为配送点，其他各节点为需求点，求运输问题的最优解，见表 4-12，于是得到初始方案，总费用为 179 个单位。具体求解过程略。

3）根据以上求得的初始解，可以看出配送中心 4 的配送范围是用户 1，2，3，4，5 的集合，配送中心 6 的配送范围是用户 1，6，8，12 的集合，配送中心 9 的配送范围是用户 1，7，9，10，11 的集合。

表 4-12　配送中心布局初始方案

需求点 / 配送中心	1	2	3	4	5	6	7	8	9	10	11	12	供应量
4	2	4	2	3	2								13
6	2					4		5				2	13
9	1						3		4	3	2		13
需求量	5	4	2	3	2	4	3	5	4	3	2	2	39

对于集合{1，2，3，4，5}，配送中心的位置设在 4 时配送费用为：

$$U_{s_1}=U_4=\sum_{j=1}^{N_1}h_{4j}X_{4j}+F_4=7\times2+6\times4+3\times2+0\times3+3\times2+10=50+10=60$$

如果配送中心的位置从 4 移到其他需求点，则配送费用分别为：

如果移到 1，则 $U_{s1}=U_1=\sum_{j=1}^{N_1}h_{1j}X_{1j}+F_1=0\times2+1\times4+6\times2+7\times3+4\times2+10=45+10=55$；

如果移到 2，则 $U_{s2}=U_2=\sum_{j=1}^{N_1}h_{2j}X_{2j}+F_2=40+10=50$；

如果移到 3，则 $U_{s3}=U_3=\sum_{j=1}^{N_1}h_{3j}X_{3j}+F_3=53+10=63$；

如果移到 5，则 $U_{s4}=U_5=\sum_{j=1}^{N_1}h_{5j}X_{5j}+F_5=49+10=59$。

所以移到配送中心 2 时，配送费用最少。

同理通过计算，可知对于用户集合{1，6，8，12}，配送中心移到 6，配送费用最小。对于用户集合{1，7，9，10，11}，配送中心移到 10，配送费用最小。于是新的配送系统应由用户集合{2，6，10}组成。

4）对新的配送系统{2，6，10}重复步骤 2～3，重新计算。再次计算所得配送中心方案与前一次结果相同，说明方案已达到最优，所以最终解决方案就是配送中心选择在{2，6，10}，供应方案见表 4-13，总费用为 152 个单位。

表 4-13　配送中心布局最终方案

需求点 / 配送中心	1	2	3	4	5	6	7	8	9	10	11	12	供应量
2	2	4	2	3	2								13
6	3					4		4				2	13
10							3	1	4	3	2		13
需求量	5	4	2	3	2	4	3	5	4	3	2	2	39

【本章小结】

本章介绍了配送的概念、特点、类型和基本作业流程，然后介绍了配送系统规划中最基本的定量问题、配装优化问题、配送路线规划问题以及配送网络规划问题，并通过例题来说明了解决这些问题的常用方法。为使读者更容易理解，本章使用的例题以及方法都较为简单，考虑约束条件较少，仅用来说明配送系统规划中存在的基本问题。如果读者对配送系统规划的定量方法有兴趣可以参考一些对此问题论述更专业、更深入的书籍与资料。

【知识链接】

应用型阅读材料：

[1] 蔡临宁．物流系统规划[M]．北京：机械工业出版社，2004．

[2] 刘云霞．现代物流配送管理[M]．北京：清华大学出版社，2009．

研究型阅读材料：

[1] 李琳，刘士新，唐加福．B2C 环境下带信息流的多阶段订单配送问题[J]．控制理论与应用，2010（10）．

[2] 刘文芳．电子商务配送中心运送路线规划研究[J]．中国物流与采购，2011（15）．

网站资料：

中国物流与采购网：http://www.chinawuliu.com.cn

浙江物流网：http://www.zj56.com.cn

艾瑞网电子商务物流专区：http://www.iresearch.cn/

【习题】

设配送中心向 7 个客户配送货物，其配送路线网络、配送中心与客户的距离以及客户之间的距离如图 4-18 所示，图中括号内的数字表示客户的需求量（单位：t），线路上的数字表示两节点之间的距离（单位：km），现配送中心有 2 台 4t 卡车和 2 台 6t 卡车两种车辆可供使用。

（1）试用节约里程法制订最优的配送方案。

（2）设配送中心在向客户配送货物过程中单位时间平均支出成本为 450 元，假定卡车行驶的平均速度为 25 km/h，试比较优化后的方案比单独向各客户分送可节约多少费用？

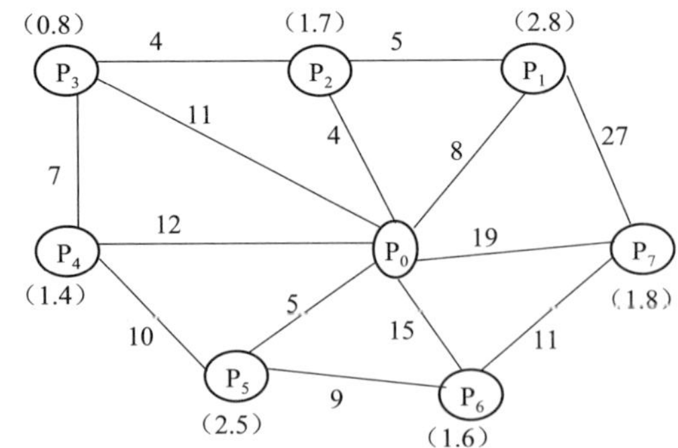

图 4-18　某配送中心的配送路线网络图

【实际操作训练】

1．在电子商务网站上实际购买一件商品，感受其配送服务。

2. 与某电子商务网站合作进入其作业场所，体验一张订单的配送全过程。

【案例分析 4-1】

中国邮政牵手阿里巴巴先要解决话语权问题

2013 年 5 月 28 日，阿里巴巴集团、银泰集团联合复星集团、富春集团、顺丰集团、“三通一达”（申通、圆通、中通、韵达），以及相关金融机构共同宣布，“中国智能物流骨干网”（简称 CSN）项目正式启动，合作各方共同组建的菜鸟网络科技有限公司（以下简称“菜鸟”）正式成立。“菜鸟”小名字大志向，其目标是通过 5～8 年的努力打造一个开放的社会化物流大平台，在全国任意一个地区做到 24 小时送达。当时人们以为菜鸟会“重建一个中国邮政”。一年后，“重建”的意义发生了关键性的转折。中国邮政集团公司与阿里巴巴集团签署了战略合作框架协议，协议中最值得关注的，就是“共建全国智能物流骨干网”。

作为曾经唯一可以遍及全国的物流网络——事实上，考虑到部分极其偏远的乡村，中国邮政目前还几乎是“唯一”可以覆盖全国的物流网络——中国邮政本来具备先天的优势。仅举一例，由于其遍布全国的邮政网点，很多驴友去新疆、西藏等边远地区的小乡镇时，首选就是办一张邮政储蓄银行的储蓄卡，以确保无障碍取款并节省手续费。单这一项优势，就使中国邮政储蓄银行在目前中国商业银行中排名第七。

但是，中国邮政的缓慢投递速度使其输给了顺丰这样的后起之秀。其早期赖以生存的信件寄递、报刊发行、邮票发行“三驾马车”使得其在快递等新业务上重视不足，转眼之间风云突变，EMS 只能重新以追赶者的姿态面对市场。与阿里巴巴合作，说明中国邮政痛定思痛之后，不但“市场化”了，而且“信息化”了，跟上了互联网的潮流。这岂不是一件可喜可贺之事？

而携手中国邮政，似乎也是菜鸟最合适的归宿。毕竟马云提出“全国智能物流骨干网”这一概念时，就是希望整合社会资源，菜鸟网络主要完成云端的物流大数据调度，而实体网络借助现有资源整合完成，拉拢“三通一达”就是这一策略的体现。而谈到物流网络资源，中国邮政显然是最好的主体之一。民营快递大军、中国邮政，若能在菜鸟的指挥棒下共同起舞，岂不是既避免了重复建设的浪费，又提升了系统运行的效率？这一远景多么美好！

然而，现实并非如此简单。

双方合作中最大的问题就是，谁占据主要话语权？阿里巴巴的“全国智能物流骨干网”规划中，菜鸟是大脑，网络是肢体。肢体当然要服从大脑。然而，中国邮政虽从 2007 年实现政企分开，但毕竟也是注册资金 800 亿元的副部级国有企业，怎么可能服从一个菜鸟的指挥和领导？

事实上，即使是业务在很大程度来自阿里巴巴又是菜鸟股东的民营快递，“三通一达”仍然没能与菜鸟保持完全的一致。中国电子商务协会物流联盟专家委员会主任、中国物流与采购联合会物流信息化专家黄刚就曾指出。“现在各个快递公司都有自己完整的仓储、分拨中心和信息网络，要联合快递公司就并非易事。”

目前，占据淘宝网递送主力的“三通一达”等快递公司，都在加大仓储、分拨中心、车辆、信息网络等布局，布点有很大幅度的重合，而且各家都是直接与淘宝网或者天猫商城的卖家接触，各自为战抢生意。“三通一达”都难以与菜鸟达成一致，更何况中国邮政？而“给阿里打工干苦力”云云，更加不可能。

不过，中国邮政肯和阿里巴巴坐下来谈，已经表明了，事情并非没有转机。双方要做的，是理清层层的利益关系、找到双方都可以接受的运营方式，这或许需要经历更长久的磨合，但总归有一定的可能性。但是，若是双方都抱着主导合作方向的念头不放，在话语权上就争个不休，恐怕等到围观者的耐心都用光，也难以实现美好的愿景，反而造成更多资源的浪费。这不可不慎重。

（资料来源：易艺，《第一财经时报》，2014-06-16）

根据案例所提供的资料，回答以下问题：

1．中国邮政集团公司与阿里巴巴进行战略合作对双方的益处有哪些？

2．双方在合作中可能面临的障碍有哪些？请提出你的解决方法。

3．你认为 CSN 将来会如何发展？

第五章

电子商务物流库存管理

【教学目标】

通过本章学习，熟悉库存的类型和企业持有库存的原因，了解库存管理的发展方向，掌握库存管理策略，从而降低库存成本、提高管理效率。

【教学指导】

库存管理是一门实用性很强的技术，涉及存什么货、存多少货、什么时候补货、补多少，如何管理等现实问题，建议教师到企业实地考察，然后结合企业实际情况与教材相结合进行比较并分析，讲解时可参考其他教材的知识，特别是“采购管理与库存控制”，可补充实际案例，如一些大企业的库存管理经验。

【学习指导】

建议将不同的库存管理策略进行比较，同时充分利用网络，查阅相关的电子商务企业库存管理的策略，分析他们的优点和不足，并针对其不足提出相关的改进意见，提高自身的实际分析能力。

【导入案例】

垂直电子商务网站凡客诚品由于大规模库存单品量（SKU）的扩张，导致存货过多。据凡客诚品上市申报材料显示，截至 2011 年 9 月 30 日，凡客的总库存高达 14.45 亿元（2.286 亿美元）；而 2011 年 6 月底和 2010 年 6 月底，这一数字分别为 8.5 亿元（1.347 亿美元）和 1.98 亿元（3 126.1 万美元）。

面对如此巨大的库存数据，如果你是凡客诚品的管理者会作何反应呢？

（资料来源：http://www.all56.com/www/52/2012-02/60953.html）

第一节　库存管理概述

一、库存的原因和类型

库存（Inventory/Stock）是处于储存状态的物品，是指一切目前闲置的、用于未来的、有经济价值的资源，广义的库存还包括处于制造加工状态和运输状态的物品。电子商务中，库存是十分必要的，但库存不足或过高的库存量都会影响企业经营的效益，因此对库存管理知识的学习很有必要。

1．库存的原因

“为什么企业要持有一定的库存呢？”对于这个问题的回答可能会有很多答案，究其根本都是建立在对供给和需求进行平衡的基础上进行缓冲，如图 5-1 所示。

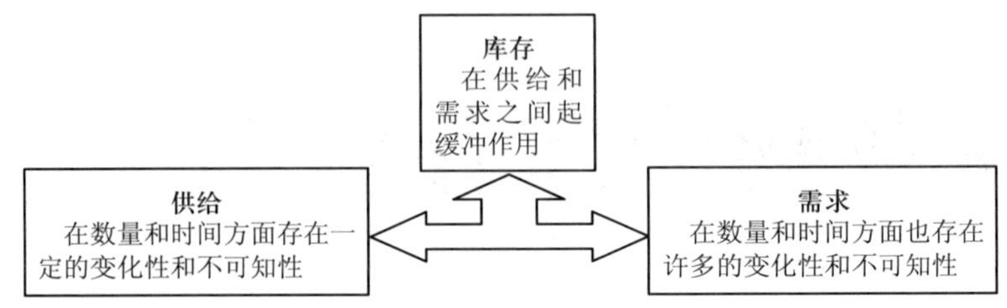

图 5-1　库存在供给和需求之间的缓冲作用

库存有利于解决供给和需求之间的变化和不可知性的问题，还可以在操作出现问题的情况下，保证运作顺利进行，具体看来持有库存的作用可以使企业具有以下能力：①满足大于预期的需求或未能预期的时间点要求；②允许延迟到货或者到货数量低于预期的情况出现；③允许在供给的最佳批量和需求之间存在差异；④在相邻的操作环节之间提供缓冲作用，降低相互的依赖性；⑤避免向客户送货延迟的情况出现；⑥通过大批量订货而获益；⑦在商品价格较低的时候进行采购；⑧采购那些即将停产或者不易购买到的商品；⑨实施整车运输，从而降低运输成本；⑩对突发事件进行处理。

2．库存的类型

库存是一项代价很高的投资，无论是对生产企业还是物流企业，正确认识和建立一个有效的库存管理计划都是很有必要的，根据经营的需要和产生的原因，可以将库存分为以下几种类型。

1）经常库存，又称周期库存（Cycle Stock）。它是指在正常的经营环境下，企业为满足日常需要而建立的库存。为了保证从上一批进货到下一批进货的整个期间生产正常进行，需要有适当的库存。经常库存用来满足确定条件下的需求，其生成的前提是企业能够正确地预测需求和补货时间。

2）安全库存（Safety Stock），又称缓冲库存。它是指企业为了防止由于不确定性因素（如大量突发性订货、交货期突然改变等）而准备的缓冲库存。安全库存越大，出现缺货的可能性越小，但库存越大，会导致剩余库存的出现。安全库存的量化计算可根据顾客需求量固定、需求量变化、提前期固定、提前期发生变化等情况，利用正态分布图、标准差、期望服务水平等来求，详见下一节。

3）投机性库存（Speculative Stock），又称屏障库存。它是指为了避免因物价上涨造成的损失或者为了从商品价格上涨中获利而建立的库存，具有投机性质。企业对需要经常性大量使用且价格易于波动的物料，在价低时大量购进可实现可观的节约，或对预计以后将要涨价的物料进行额外数量的采购，也会给企业带来额外的利润。但如果价格掉头向下，将会给企业带来很大损害。

4）季节性库存（Seasonal Stock）。季节性库存是投机性库存的一种形式，是指为了满足特定季节中出现的特定需求而建立的库存，或指为季节性生产的商品而大量收储所建立的库存。一些商品具有明显的季节性消费特征（如与圣诞节相关的产品），在某些季节的销售高峰期，产品会供不应求。在其他季节，产品则会滞销，因此需要在高峰期来临之前开始生产，保持一定量的库存，保证企业在高需求到来之前准备充足的库存以满足顾客的需求，同时需要注意考虑企业生产能力与季节库存量之间的优化。

5）在途库存（Pipeline Stock/Intransitive Inventory）又称中转库存。它是指尚未到达目的地，正处于运输状态或等待运输状态而储备在运输工具中的库存。在没有到达目的地之前，可以将在途库存看作是周期库存的一部分，在途库存的大小取决于为生产而配送的周期。需要注意的是，在进行库存持有成本的计算时，应将在途库存看作是运输出发地的库存。因为在途的物品还不能使用、销售或随时发货。

6）积压库存（Overstock），又称储存库存。它是指因货物品质变坏或损坏，或者是因没有市场而滞销的货物库存，还包括超额仓储的库存。

二、库存成本

库存是供应链环节的重要组成部分，是组织所储备的物品和资源，库存成本就是那些物品和资源，以及其他成本的总和。库存成本的构成一般可分为以下三个主要部分。

1. 库存持有成本

库存持有成本是为保有和管理库存而需承担的费用开支，包括四个部分：库存资金成本、库存服务成本、库存空间成本和库存风险成本。

1）库存资金成本。它是指库存商品占用了可以用于其他投资的资金，不管这种资金是从企业内部筹集还是从外部筹集（如股票融资或从银行贷款等），对于企业而言，都因为保持库存而丧失了其他投资的机会，因此，应以使用资金的机会成本来计算库存持有成本中的资金成本。事实上，资金成本往往占持有成本的大部分。

2）库存服务成本。库存服务成本由按货物金额计算的税金和为维持库存而产生的火灾和盗窃保险组成。一般情况下，税金随库存水平的不同而不同，库存水平对保险费率没有什么影响。

3）库存空间成本。库存空间成本只包括那些随库存数量变动的成本。空间成本通常和四类常见设施有关：工厂仓库、公共仓库、租用仓库、公司自营或私人仓库。四种仓储条件下，空间成本是不同的。在工厂仓库条件下，仓库是自己的，空间成本可以忽略不计。公共仓库的费用通常是基于移入和移出仓库的产品数量（搬运费用）以及储存的库存数量（储存费用）来计算的。租用仓库是指通过签约占用别人仓库一段使用时间。

4）库存风险成本。库存风险成本一般包括如下几项：废弃成本、损坏成本、损耗成本和移仓成本。废弃成本是指由于再也不能以正常的价格出售而必须处理掉的成本。损坏成本是仓库营运过程中发生的产品损毁而丧失使用价值的那一部分产品成本。损耗成本多是因为盗窃造成的产品缺失而损失的那一部分产品成本。移仓成本是指根据需要将库存从一个仓库所在地运至另一个仓库所在地时产生的成本。需要说明的是：移仓成本不同于运输成本。

2．库存获得成本

库存获得成本是指为取得某种库存而支出的成本，分为订货成本和购置成本。订货成本是指取得订单的成本，如办公费、差旅费、邮资、电报、电话费等支出。订货成本中有一部分与订货次数无关，如常设采购机构的基本开支等，称为订货的固定成本；另一部分与订货次数有关，如差旅费、邮资等，称为订货的变动成本。购置成本是指库存本身的价值，用数量与单价的乘积确定。

3．库存缺货成本

库存缺货成本，是由于库存供应中断而造成的损失。它包括原材料供应中断造成的停工损失，产成品库存缺货造成的延迟发货损失和销售机会丧失带来的损失，企业采用紧急采购来解决由于库存中断而承担的缺货损失等。也有学者认为，缺货成本还应包括由于缺货而引起的顾客不满意或对企业形象的认知改变，但较难度量。

三、库存管理

库存管理（Inventory Management），又称库存控制（Inventory Control），是对制造业或服务业生产、经营全过程的各种物品、产成品以及其他资源进行管理和控制，使其储备保持在经济合理的水平上，是企业根据外界对库存的要求与订购的特点，预测、计划和执行一种管理的行为，并对这种行为进行控制。

1．库存管理的目的

库存管理是企业内涉及库存决策的一切职能，库存管理通过制定政策、流程和开展行动的方式来确保企业在任何时候，对于每一个库存单项都拥有合适的数量。库存量过大或过小对企业都是不利的，会产生一系列问题。

库存量过大所产生的问题：①增加仓库面积和库存保管费用，从而提高了产品成本；②占用大量的流动资金，造成资金呆滞，既加重了货款利息等负担，又会影响资金的时间价值和机会收益；③造成产成品和原材料的有形损耗和无形损耗；④造成企业资源的大量闲置，影响其合理配置和优化；⑤掩盖了企业生产、经营全过程的许多矛盾和问题，不利于企业提高管理水平。

库存量过小所产生的问题：①造成服务水平的下降，影响销售利润和企业信誉；②造成生产系统原材料或其他物料供应不足，影响生产过程的正常进行；③使订货间隔期缩短，订货次数增加，使订货（生产）成本提高；④影响生产过程的均衡性。

库存管理的目的是在满足顾客服务水平的前提下通过对企业的库存水平进行控制，力求尽可能降低库存水平、提高物流系统的效率，以强化企业的竞争力。

2．库存管理的作用

库存管理的作用主要体现在企业经营中和供应链管理中。

（1）在企业经营中的作用

库存管理使企业经营过程各个环节上相对独立的经济活动成为可能，特别是在采购、生产、销售过程，可以调节各个环节之间由于供求品种及数量之间的差别而将其连接起来并起到润滑剂的作用，适当的库存能降低企业经营成本，其作用主要体现在以下几点。

1）满足预期的顾客需求。企业可能因顾客随周围环境、时代潮流、天气、个人偏好习

惯等影响到商品的销售量，持有库存就是为了满足预期的大众平均需求。

2）保证生产正常运作。生产运作过程需要花费一定的时间，即生产的非即时性，这就意味着通常都需要持有一些在制品库存。另外，对商品的中间库存也有同样要求，包括生产现场的原材料、半成品和产成品以及存在仓库里的商品。

3）缓解各种矛盾。许多企业用库存作缓存，目的是为了持续生产、持续运作，否则就会由于各种问题或突发事件（如设备故障等）而陷于混乱，并导致部分业务临时中止。缓存使得在解决问题时，不必中断其他业务。

4）阻止脱销。延迟送货和预料之外的需求增长都会导致缺货风险，持有安全库存能够降低缺货导致的脱销风险。

5）降低订货成本。持有库存能够使企业以经济的批量采购和生产，无需为短期需求与购买或生产的平衡而费尽心机，从而降低了订货成本，特别是在有些情况下，集体订货和固定时间订货会更现实或更经济。

6）避免价格上涨。有时企业预期未来的物价会上涨，为避免增加成本，它们就会以超过平时正常水平的数量进行采购，而且这种大订单通常会为企业获取价格折扣。

（2）在供应链管理中的作用

供应链中各企业之间的关系在过去是买卖交易关系，因而企业并不习惯在它们之间交流信息，也不习惯相互协调进行库存管理，更不用说在整个供应链水平上分享交流信息和共同协调进行库存管理，这样往往会形成大量不必要的库存，同时也可能降低顾客的满意度。比如，过去组成供应链的各个企业对各自供应商（供方）准确、及时交货承诺不能完全信赖，因而，它们的库存往往超过实际需要库存量。

同样地，在过去组成供应链的各个企业与各自顾客（需方）之间由于缺少信息交流，从而对顾客的需要，特别是最终消费者的实时需要难以把握，往往根据预测来安排生产，由于预测与实际需求往往存在差距，结果就容易产生库存不足（缺货）或库存过剩的现象。因此，从供应链管理整体来看，过去这种传统交易习惯导致的不必要库存给企业增加了成本，而这些成本最终将反映在产品价格上，导致顾客满意度的降低。

随着组成供应链的企业间关系的转变，许多对立型关系变成协作伙伴型关系，各个企业间交流、分享信息，协调进行库存管理成为可能，而先进的库存管理方法和技术的出现使这种可能变为现实。目前，已经出现了许多在维持或改进顾客服务水平的基础上优化企业内部和整个供应链库存的主体技术。对供应链进行库存管理不仅可以降低库存水平，从而减少资金占用和库存维持成本，同时还有利于提高顾客的满意程度。

3．库存合理化

根据企业实际情况，库存与销售（供应）总额有一定的比例，按照这种比例确定的平均库存量等决策和管理，就是合理库存。合理库存原则的中心是“合理”，要使商品库存的品种和数量，既能保证销售业务的需要，又能避免积压保持商品周转的连续性。这种“合理”的界限，是对“勤进快销”原则的重要补充。因此，在进货的时候就要充分考虑库存结构的合理性，考虑商品周转的速度，把进货数量掌握得恰如其分，既不盲目加量，也不无限制缩小，以求库存商品结构和数量保持合理，达到库存合理化（Inventory Rationalization）。

库存合理化主要体现在库存量合理、库存结构合理、库存时间合理以及库存空间合理四个方面。库存量合理是指以满足市场需要，保障销售、符合经济核算原则，使商品库存量满足销售量的需要。库存结构合理是指库存商品总额中，各类商品所占的比例，同类商品中高、中、低档商品之间的比例，以及同种商品不同规格、不同花色之间库存量的比例都适应销售的需要。库存时间合理是指所有库存商品的库存期（商品进入库存环节后停留的时间）适应供求变化。库存空间合理是指库存商品的储存空间的获取、位置的安排满足供求变化。

要实现库存合理化，需要从以下几方面努力。

（1）库存结构符合生产力需要

库存结构符合生产力发展的要求，意味着库存的整体布局、仓库的地理位置和库存方式等应有利于生产力的发展。为了发展规模经济和提高生产、流通的经济效益，库存适当集中应当是库存合理化的一个重要标志。因为库存适当集中，除了有利于采用机械化，现代化方式进行各种操作外，更重要的是，它可以降低存储费用和运输费用以及在提供保供能力等方面具有优势。以集中化的库存来调节生产和流通，在一定时期内，库存总量会远远低于同时期分散库存的货物总量，相对来说其资金占有量是比较少的。同时，由于库存比较集中，存储货物的种类和品种更加齐全，在这样的结构下，库存的保供能力将得到加强。

（2）“硬件”配置合理化

库存“硬件”是指各种用于库存作业的基础设施和设备。实践证明，物流基础设施和设备数量不足，技术水平落后，或者设备过剩、闲置，都会影响库存功能作用的有效发挥。如果设施和设备不足或者技术落后，不但库存作业效率低下，而且也不能对库存物资进行有效的维护和保养。如果设施和设备重复配置以致库存能力严重过剩，也会增加储存物资的成本从而影响库存的整体效益。因此，库存“硬件”的配置应以能够有效地实现库存职能，满足生产和消费需要为基准，做到适当合理地配置仓储设施和设备。

（3）管理科学化

1）库存数量保持在合理的限度范围内，既不能过多，也不能缺少。

2）货物存储的时间短，能提高货物的周转效率。

3）货物存储的结构合理，能充分满足生产和消费需要。

【小贴士 5-1】

库存理论的形成

物料的存储现象由来已久，但是把存储问题作为一门学科来研究，还是进入 20 世纪以后的事情。早在 1915 年哈里斯（Harris）就提出了“经济批量”问题，研究如何从经济的角度确定最佳的库存数量。“经济批量”的提出从根本上改变了人们对库存问题的传统认识，是对库存理论研究的一个重大突破，可以说是现代库存理论的奠基石。1934 年，威尔逊（wilson R.H.）重新得出了哈里斯的公式，即现在人们熟知的经济订货批量（Economic Order Quantity，EOQ）公式。这就是早期对库存问题的研究。

库存理论真正作为一门理论发展起来，则是在 20 世纪 50 年代。第二次世界大战之后，由于运筹学、数理统计等理论与方法的广泛应用，特别是 20 世纪 50 年代以来，人们开始应用系统工程理论来研究和解决库存问题，从而逐步形成了系统的库存理论，亦称“存储论”。1953 年，怀延（T.M. Whitin）撰写《库存管理的理论》，接着阿罗（Arrow K.J.）等在 1958 年撰写的《库存和生产的数学理论研究》中提炼了生产库存问题中的数学理论。莫兰（Moran P.A.P.）在 1959 年撰写《仓储理论》。此后，库存理论变成了运筹学中的一个独立分支，并陆续对随机或非平稳需求的库存模型进行了广泛深入的研究，如瓦格纳

（Wagner A.M.）等人的《经济批量模型的动态性》（1958），维莫特（Vemott A.P.）等人的《批量订货的最优库存策略》（1965）等。电子计算机的问世又进一步提高了库存控制的工作效率，促进库存理论成为一门比较成熟的学科，目前已与多学科相结合取得了许多研究成果和实践应用，详见有关论著。

第二节　企业库存控制策略

从第一节我们得知对库存问题的研究早在 20 世纪初就开始了，从本节开始我们主要研究库存控制策略。广义的电子商务也包括了企业内部的信息管理。现代企业的信息化程度已较高，这有助于库存控制策略的应用，本节主要侧重于企业内部的库存控制策略，第三节再从供应链的视角介绍企业之间电子商务（特别是 B2B 模式）的库存控制知识。

一、库存结构选择策略

1．ABC 分类法

【小贴士 5-2】

帕累托定律与“80/20 法则”

ABC 分类法来自于将“微不足道的多数”和“重要的少数”分开的帕累托定律。1879 年一个叫维弗雷多·帕累托（Velfredo Pareto）的意大利男子在研究社会财富分配时，收集了许多国家的收入统计资料，得出收入与人口关系的规律为：占人口比重不大（20%）的少数人的收入占收入的大部分（80%），而大多数人（80%）的收入只占收入的很小部分（20%），所以分布不平等。由此他提出很多情况都由少数几个关键的因素所主宰，这个原理被称之为“80/20 法则”，即占总数相对很少的一部分却在总的影响力或价值上占很大一部分比重。有人发现这个法则在很多情况下都很适用，尽管实际的百分比会依实际情况的不同而略有不同，但 80/20 法则的一些变化通常也是适用的。后来，帕累托定律被不断应用于管理的各个方面。1951 年，管理学家戴克（Dickie H.F.）将其应用于库存管理，命名为 ABC 法。1951—1956 年，约瑟夫·朱兰将 ABC 法引入质量管理，用于质量问题的分析，被称为排列图。1963 年，彼得·德鲁克（Drucker P.F.）将这一方法推广到全部社会现象，使 ABC 法成为企业提高效益的普遍应用的管理方法。

在库存管理中，一个仓库存放的物料品种成千上万，但是在这些物料中，只有少数品种价值高、销售速度快、销售量大、利润高，构成仓库利润的主要部分，而大多数品种价值低、销售速度慢、销售量小、利润低，构成仓库利润的较小部分。1951 年，美国通用电气公司的戴克在对公司的库存产品进行分类时，首次提出将公司的产品，根据销售量、现金流量、前置时间或拣货成本，分成 A、B、C 三类。A 类库存为重要的产品，B 类和 C 类库存依次为次重要的产品和不重要的产品，他将这种方法称为 ABC 分类法。

ABC 分类法，一般是以某类库存物资品种数占物资品种数的百分数和该类物资金额占库存物资总金额的百分数大小为标准，将库存物资分为 A、B、C 三类，进行分级管理。

它把品种少、占用资金多、采购较难的重要商品归为 A 类。把品种较多、占用资金一般的商品归为 B 类。把品种多、占用资金少、采购较容易的次要商品归为 C 类。具体数值见表 5-1。

表 5-1 库存物资 ABC 分级比重

级　别	库存金额（%）	品种数（%）
A	60～80	10～20
B	15～35	20～30
C	5～15	50～70

ABC 分类法根据库存商品在一定时期内的价值、重要性及保管的特殊性，通过对所有库存商品进行统计、综合、按大小顺序排列、分类，找出主要矛盾，然后抓住重点进行管理，这种方法简单易行，效果显著，在现代库存管理中已被广泛运用。

（1）ABC 分类的过程

ABC 分类法的分类过程如下。

1）将商品按其库存金额从大到小进行排序，并算出总库存额。

2）增加累计库存额列，并计算其占总库存额的百分比。

3）按累计库存百分比划分 A、B、C 类。

【例 5-1】将某企业库存商品分类，分类结果见表 5-2。

表 5-2 库存商品 ABC 分类表

序　号	商　品　码	库存金额/元	累计库存金额/元	累计库存百分比（%）	分　类
001	1002	7 000	7 000	70	A
002	5670	1 100	8 100	81	B
003	2004	900	9 000	90	B
004	0352	270	9 270	92.7	C
005	4658	200	9 470	94.7	C
006	2234	190	9 660	96.6	C
007	1067	120	9 780	97.8	C
008	4061	100	9 880	98.8	C
009	2587	90	9 970	99.7	C
010	3367	30	10 000	100	C
合计	10 种	10 000			

从表 5-2 中可以看出，A 类商品 1 种，品种数占 10%，库存额占 70%。B 类商品共 2 种，品种数占 20%，库存额占 20%。C 类商品共 7 种，品种数占 70%，库存额占 10%。

（2）ABC 分类法的库存管理策略

分好类后，可对不同类别的商品进行区别对待，以提高效率，通常企业管理者应着重 A 类商品，及时检查 A 类商品的库存情况，使之保持合理库存。对 B 类商品可以只作一般性管理，通常可以通过定期检查，对库存进行适当控制。C 类商品相对而言，品种多、占库存额少，可交给基层负责人直接管理。具体来说，对于 A、B、C 三类商品在库存管理中可采用不同的策略，见表 5-3。

表 5-3　A、B、C 三类商品的库存策略

类　别	A	B	C
价值	高	中	低
管理重点	1. 准确的需求预测和详细的采购计划 2. 严格的库存控制 3. 严格的物流控制和后勤保障 4. 对突发事件的准备 5. 与供应商的合作	1. 供应商选择 2. 建立采购优势 3. 目标价格管理 4. 订购批量优化 5. 最小库存 6. 供应商的竞争与合作	1. 商品标准化 2. 订购批量优化 3. 库存优化 4. 业务效率 5. 供应商的竞争与合作
订货量	少	较多	多
订货方式	定期订货，按经济批量订货	定量订货	按经验订货，可采用订货双仓法管理库存
检查方式	经常检查和盘存	一般检查和盘存	按年度或季度检查盘存
记录	最准确、最完整	正常记录	简单记录
统计方法	详细统计，按品种规格等细项进行统计	按大类进行统计	按金额统计
安全库存量	低	较大	允许较高

（3）ABC 分类法的不足与改进

ABC 分类标准过于单一，主要按库存物品所占资金数量进行分类，没有考虑到采购难易度、采购提前期、供方垄断、生产依赖性等因素，具有一定的片面性。

对其改进应扩展 ABC 分类法，结合采购难易度、采购提前期、供方垄断、生产依赖性等因素，利用计算机仿真软件，进行自动分析。综上所述，虽然 ABC 分类法存在着一定的局限和不足，但仍不失为库存管理中一项非常简单实用的方法。

2．CVA 管理法

正是在实际应用中 ABC 分类法存在不足之处，促使有些企业在库存管理中引入了许多其他方法，下面介绍关键因素分析法（Critical Value Analysis，CVA）。

CVA 的基本思想是把库存按照关键性分成 3～5 类，该 3～5 类商品确定不同的优先级，如：最高优先级、较高优先级、中等优先级、较低优先级，对不同优先级的商品采用不同的管理策略，见表 5-4。

表 5-4　CVA 管理法库存特点及其管理策略

库 存 类 型	特　　点	管 理 措 施
最高优先级	关键物品或者 A 类重点物品	不允许缺货
较高优先级	基础性物品或者 B 类库存	允许偶尔缺货
中等优先级	比较重要的物品或 C 类库存	允许合理范围内缺货
较低优先级	需要但可替代物品	允许缺货

CVA 管理法比起 ABC 分类法有着更强的目的性。但是在使用中要注意，人们往往倾向于制定高的优先级，结果导致高优先级的物资种类很多，最终哪种物资也得不到应有的

重视。所以，在库存管理实践中可以将 CVA 管理法和 ABC 分类法结合使用，以达到分清主次、抓住关键环节的目的。

二、独立需求下的库存控制策略

库存管理策略可因不同的需求状况而异，通常可分为独立需求和关联需求两种情况，独立需求就是商品之间的需求基本不相关。比如茶杯和玩具两类不同的产成品，相关需求通常以原料或半成品状态出现，又如生产一辆汽车需要采购一个转向盘、两个后视镜、五个车轮（含备用轮），具有数量对应或相关的关系。下面先介绍独立需求的情况。

1．定量订货法

【小贴士 5-3】

定量订货法的首创者

定量订货法（Fixed Order Quantity System）由戴维斯（Davis）所创，美国物料试验协会（American Society for Testing Materials）加以推荐，因此定量订货法又称为戴维斯法或 ASTM 法。

定量订货法的目标是确定特定的一个订货点 Q_R，在销售过程中随时检查库存，当库存水平降到 Q_R 时，就应该进行订购，订单的数量为 Q，一般取经济批量（Economic Order Quantity，EOQ)。库存水平一般指目前库存量加上已订购量减去延期交货量。库存量的变化如图 5-2 所示。

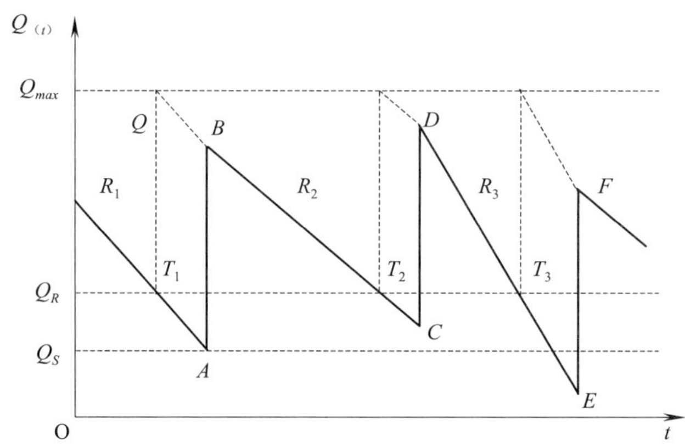

图 5-2 定量订货模型

图 5-2 是库存量变化的一般情况，每一阶段库存下降速率 R 和订货点的时间间隔都是随机变量，即 $R_1 \neq R_2 \neq \cdots \neq R_n$，$T_1 \neq T_2 \neq \cdots T_n$。第一阶段，库存以 R_1 的速率下降，当库存下降到 Q_R 时，就发出一个订货批量 Q，这时“名义库存”达到 $Q_{max}=Q_R+Q$，进入第一个订货提前期 T_1，在 T_1 内库存继续以的 R_1 速率下降至 A 点；新订货物到达，T_1 结束，此时实际库存为 $Q_B=Q_A+Q$。进入第二个出库阶段，库存以 R_2 的速率下降，假设 $R_2 < R_1$，所以库存消耗周期较第一阶段要长，当库存下降到 Q_R 时，又发出一个订货批量 Q，此时“名义库存”又上升到 $Q_{max}=Q_R+Q$。进入第二个订货提前期 T_2，在 T_2 内库存继续以 R_2 的速率

下降到 C 点，第二批订货到达，T_2 结束，实际库存又升高了 Q，达到 D 点，实际库存为 $Q_D=Q_C+Q$。然后进入第三个出货阶段，库存以及 R_3 的速率下降，设 $R_3>R_1>R_2$，当 T_3 结束时库存量下降到 E 点，且动用了安全库存 Q_S，新的订货到达时实际库存上升到 $Q_F=Q_E+Q$，比 B 点和 D 点的实际库存都低，然后进入下一个出库周期，如此反复循环下去。由上述分析可以看出以下几点。

1）订货点 Q_R 包括两个部分：一部分为 Q_S 即安全库存；另一部分为各订货提前期内销售量的平均值，具体的确定方法下文有专门介绍。

订货点=平均消费速度×平均到货时间+安全库存量

2）安全库存有必要。在整个库存变化中所有的需求量均得到满足，没有缺货现象，但是第三阶段的销售（出库）动用了安全库存 Q_S。如果 Q_S 设定太小的话，则 T_3 期间的库存曲线会下降到横坐标线以下，出现负库存，即表示缺货。因此此时安全库存的设置是必要的，它会影响到缺货的发生。

3）总量有控制。由于控制了订货点 Q_R 和订货批量 Q，整个系统的库存水平得到了控制，“名义库存”Q_{max} 不会超过 Q_R+Q。

该方法主要靠控制再订货点和订货批量两个参数来控制订货，管理和操作简单，并达到既能最好地满足库存需求，又能使总费用最低的目的。为了减少管理工作量，也可采用双仓系统，这是简单实用的方法，即将同一种物资分放两仓（或两个容器），其中一仓使用完之后，库存控制系统就发出订货，在发出订货后，就开始使用另一仓的物资直至到货，再将物资按两仓存放。

（1）定量订货法的优缺点

定量订货法主要有以下优点：①管理简便，订购时间和订购量不受人为因素的影响，保证库存管理的准确性；②信息及时，由于平时要详细检查和盘点库存，看是否降低到订购点，因此可以随时了解库存的动态；③操作方便，充分发挥了经济订货批量的作用，提高经济效益，另外由于订购量一定，便于安排库内的作业活动，节约理货费用。

定量订货法主要有以下缺点：①增加了库存保管费用，需要经常对库存进行详细检查和盘点，工作量大且花费较多的时间、人力和物力；②缺乏灵活性，订货模式过于机械，订货时间不能预先确定，不利于严格管理，也不易作出较精确的人员、资金、工作等计划安排。

（2）定量订货法的适用性

一般来说，定量订货法主要适用于以下物料的订购：①单品种物资；②价格低廉、订货量大且不便于少量订购的物料，如螺钉、螺母等；③需求变动较大及需求预测比较困难的物料；④品种数量繁多、库存管理工作量大的物料；⑤通用性较高、需求比较稳定的物料。

定量订货法的适用受到以下限制：①只适用于订货不受限制的情况，即订货时间和订货地点都不受任何限制，这就要求市场上的物资资源供应充足、自由流通；②只能直接运用于单一品种物资的采购，如果要实行多品种联合采购，还要对此法进行灵活处理。

（3）经济订货批量的确定

订货批量（Order Quantity）即采购批量，是指如何确定一次进货量以降低库存成本的问题。经济订货批量（Economic Order Quantity，EOQ），是指能够使一定时期购、存库存商品的相关总成本最低的每批订货数量。经济订货批量模型又称 EOQ 模型，是固定订货批量模型的一种，通过库存成本分析求得库存总成本最小时的每次订购批量，用以解决独立需求物品的库存管理问题。

假设每次订货的数量相同，订货提前期固定，需求率固定不变，不允许缺货，即存货按照一个稳定的速度销售出去，直达到零，在订货点上再进货使库存恢复到最优水平。例如，假设某公司的存货中，X 物料共有 3 600 单位，该物料的销售是每年 46 800 单位，大约是每星期 900 单位，则 4 周后，所有的存货销售完了，该公司就必须再订购另一批货 3 600 单位。这种销售和再进货的过程产生了一种如图 5-3 所示的库存持有状态。

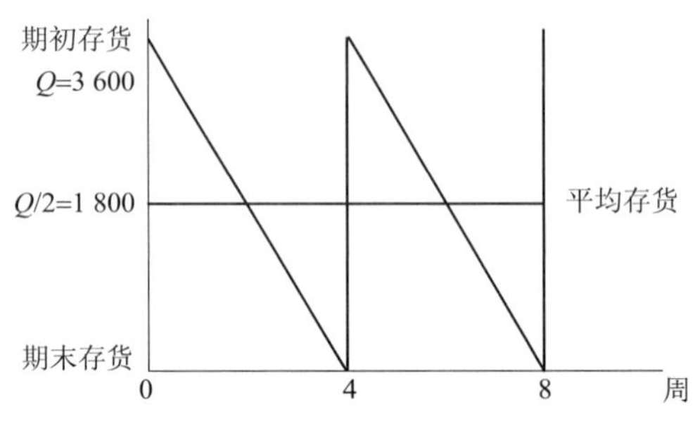

图 5-3　经济订购量模型

这种方法的思想是，通过使某项库存物品的总成本（年费用）达到最小来确定相应的订货批量。其中购置成本是指订购数量和价格之积，一般是一个常量。库存维持成本则指物品存放在仓库中所需要的各种费用，它是平均库存量和平均每件物品的保管费用之积，订货量增加，则平均库存量增加，库存保管费升高，因此，库存维持成本与订货批量同向变化。订货成本是指发生订货业务所需要的费用，如差旅费、洽谈费、信息处理费等，订货量增大，则一定核算期内订货次数减少，订货业务量减少，则订货成本降低，因此，订货成本随订货量反向变化。由于该模型假设不允许缺货，因此可以认为缺货成本为零。由于库存保管费用和订货成本之间有相反的变化规律，因此可以找到库存总费用最小的点，与此点对应的订货批量就是经济订货批量，以这个数量去订货，可以使库存总成本最低。库存总成本可以表示为

$$T_C=C_P+C_R+C_H=DP+S\text{（}D/Q\text{）}+H\text{（}Q/2\text{）} \qquad \text{（5-1）}$$

式中　T_C——库存总成本；

C_P——购置成本（商品的价值）；

C_R——订货成本；

C_H——库存维持成本；

D——年需求量；

P——单位产品价格；

S——每次订货成本；

Q——订货量，$Q/2$ 为平均存货；

F——每件商品的年持有成本占商品价值的百分比（%）；

$H=PF$——每年每单位库存的保管成本。

在推导 EOQ 方程式的过程中，有两点需要注意：①平均库存等于订货批量的一半。因此订货批量越大，平均库存就越大，相应地每年的储存费也越高；但是订货批量越小，每一计划期需要的订货次数就越少，相应地订货费也就越低。②我们还注意到最佳订货周期和最优订货批量与商品的价值是无关的，所以，在以后的费用函数中一般不必考虑 C_P，库存成本的变化如图 5-4 所示。

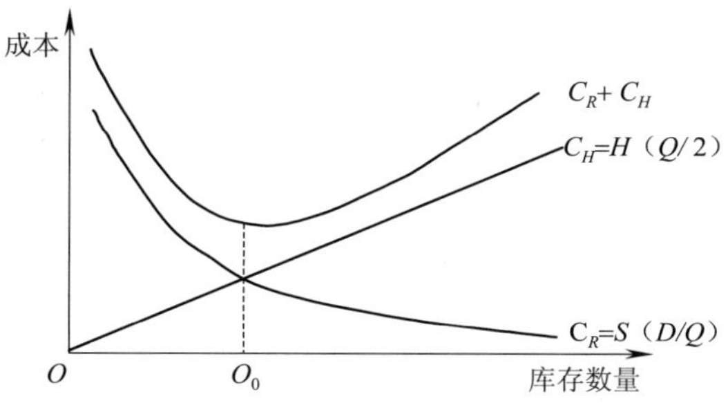

图 5-4　EOQ 模型成本分析图

由图 5-4 可见，库存维持成本 $C_H=H$（$Q/2$）随订购批量增大而增大，是 Q 的线性函数；订货成本 $C_R=S$（D/Q）与 Q 的变化呈反比，随 Q 的增加而下降。采购费用为一常数，可不计。C_H 曲线与 C_R 曲线有一个交点，也是总成本曲线的最低点，其对应的订货批量就是最佳订货批量。为了求出经济订货批量，将式（5-1）对 Q 求导，并令一阶导数为零，可得

$$Q_0 = \mathrm{EOQ} = \sqrt{\frac{2DS}{H}} \tag{5-2}$$

则每年订货的次数为 $N=D/EOQ$，订货周期为 $T=1/N$（年/次）。从式（5-2）中可以看出，经济订货批量随订货成本 S 的增加而增加，随单位库存维持成本 H 的增加而减少。因此，价格昂贵的物品订货批量小，难采购的物品　次订货批量要大一些。这些都与人们的常识一致。

【例 5-2】设某企业年需某物资 1 800 单位，单价为 20 元/单位，年保管费率为 10%，每次订货成本为 200 元。求年库存总成本（T_C）和经济订购批量（EOQ）。

解：本题可直接利用式（5-2）求出 EOQ。显然 $P=20$，$D=1\,800$，$S=200$，$H=20\times10\%=2$。

$$Q_0 = \mathrm{EOQ} = \sqrt{\frac{2DS}{H}} = \sqrt{\frac{2\times1800\times200}{2}} = 600$$

根据式（5-1）求出年库存总成本：

$$T_C=C_P+C_R+C_H=DP+S(D/Q)+H(Q/2)$$
$$=1\,800\times20+200(1\,800/600)+20\times10\%(600/2)=37\,200$$

（4）有数量折扣的经济批量

由于 EOQ 模型的假设太多，因此在实际应用时应加以修正，除了考虑缺货费用以外，一般还必须考虑其他一些因素对总成本的影响，相关的模型很多，但最常见的是由于批量不同而带来的在采购价格和运输价格上的差异。

在现实生活中购买商品，当购买数量大小不同时，常会有零售价、批发价和出厂价之分，也就是所说的价格折扣。一般来说，订货批量越大，商品单价越低。为了简化起见，设物品单价 P（Q）随订货量 Q 的变化按 3 个等级变化，如图 5-5 所示，价格函数为

$$P(Q)=\begin{cases} P_1 & 0\leqslant Q<Q_1 \\ P_2 & Q_1\leqslant Q<Q_2 \\ P_3 & Q\geqslant Q_2 \end{cases}$$

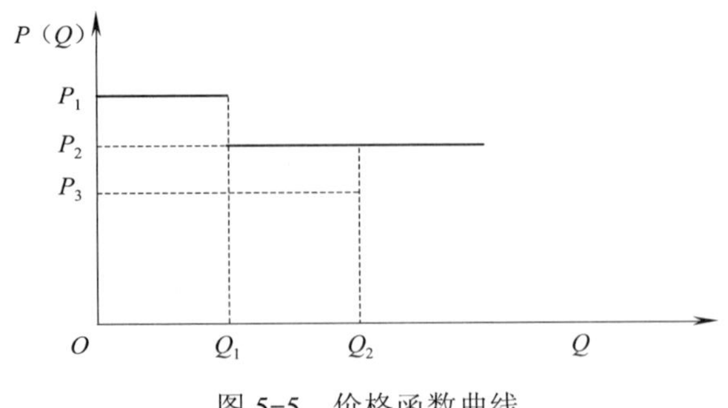

图 5-5 价格函数曲线

在这种情况下，买方就要进行计算，以确定是否需要增加订货量去获得折扣。若接受折扣所产生的总成本小于订购 EOQ 所产生的总成本，则应按折扣数量采购。反之，则按不考虑数量折扣计算的 EOQ 进行订购。

【例 5-3】在例 5-2 中，供应商给出的数量折扣条件是，若物资订货量小于 650 单位时，每单位为 20 元，订货量大于或等于 650 单位时，每单位为 18 元。若其他条件不变，最佳采购批量是多少？

解：由于存在采购数量折扣，所以首先计算按折扣价格采购确定的 EOQ：

$$Q_0 = \text{EOQ} = \sqrt{\frac{2DS}{H}} = \sqrt{\frac{2\times1800\times200}{1.8\times10\%}} = 632$$

由于按折扣单位（18 元/单位）计算的经济批量为 632 单位，小于可以享受批量折扣的 650 单位，说明此经济批量计算无效。也就是说，632 单位的批量不可能享受 18 元的优惠单价，根据例 5-2，这种情况下的经济批量仍为 600 单位，总成本为 37 200。

再计算如果按等于享受折扣价格的批量（650 单位）采购的年库存总成本：

$$T_C=C_P+C_R+C_H=DP+S（D/Q）+H（Q/2）$$
$$=1\,800\times18+200（1\,800/650）+18\times10\%（650/2）=33\,100$$

对这两种情况下的总成本比较，由于 33 100 低于 37 200，因此，应该以 650 单位作为最佳经济批量采购。

以上是按折扣单价计算的经济批量 632 小于可以享受批量折扣的 650 单位的情况，但如果情况相反，则应按折扣价计算的经济批量采购。例如，折扣单价为 16 元时，经济批量为 670 单位，大于可以享受批量折扣的 650 单位，故应按 670 单位的批量采购。

（5）考虑运输数量折扣的经济批量

在许多情况下，运输也存在一个数量折扣问题，为了获得运输规模经济的效益，可以计算在一般情况下的最优订货批量及其总成本，然后和存在运输折扣时的总成本进行比较，选择总成本最少的。具体操作可以参见【例 5-4】。

【例 5 4】设某企业年需求某物品 3 600 单位，单价为 100 元/单位，年保管费率为 25%，每次订货成本为 200 元。若订购批量小于 400 单位时，运输费率为 3 元/单位；当订购批量大于等于 400 单位时，运输费率为 2 元/单位。该物品的最佳订购批量是多少？

解：本题主要分别计算无运输折扣情况下按 EOQ 采购的库存总成本，然后和有运输折扣情况下按折扣批量采购的库存总成本进行对比，选择总成本最低的方案。

根据式（5-2）可得 EOQ：

$$Q_0 = \text{EOQ} = \sqrt{\frac{2DS}{H}} = \sqrt{\frac{2 \times 3600 \times 200}{100 \times 25\%}} = 240$$

对比 EOQ 计算的库存总成本和按折扣批量计算的库存总成本，由于两种方式的购置成本（商品价格和总数量）相同，所以对比时可以去掉。

按 EOQ 计算的库存总成本：

库存总成本=存储成本+订货成本+运输成本

=100×25%（240/2）+（3 600/240）200+3×3 600

=16 800

按运价折扣批量（400 单位）计算的库存总成本：

库存总成本=存储成本+订货成本+运输成本

=100×25%（400/2）+（3 600/400）200+2×3 600

=14 000

由计算结果可知，按照 400 单位批量采购可以节省库存费用 2 800 元，因此，应该将采购批量扩大到 400 单位。

【小贴士 5-4】

订货量确定的建议

本节介绍了定量定货法中确定订货量的基本思想，即总成本最小，此外还有许多教材或论著介绍了其他模型或算法，但其基本思想是一样的。由于有些算法比较复杂，管理实践中不可能一一获取数据并计算，因此提出两点建议：第一，紧密结合管理实践，灵活运用，特别是要考虑商品的储运特性。比如虽然计算的结果是每次订 82 个单位，但是运输车辆是每次能运 100 个单位或 60 个单位时，或者商品运输包装是每件 10 个单位时，就应灵活调整。第二，尽量运用计算机辅助，特别是管理的品种多，每个品种的数据量大时（如超市或规模较大的网店），不妨设计一些算法让计算机实时给出建议。因此本书不再给出其他具体算法，只对其他情况作一简介，详见其他资料。

（6）其他情况下的经济订货量

除了上文介绍的情况以外，现实中还有许多其他的情况，处理的方法是对上述模型或算法加以改进，下面介绍几种典型情况。

1）允许缺货的情况。在实际生产活动中，供应商因库存物料不足难以及时发货，或者因运输方面出现的问题导致订货物料到达时间有可能延期，或者物料需求速率有可能变大等情况都可能导致出现缺货现象，产生缺货成本。这时需要对经济订货批量模型进行修正，主要考虑缺货成本，常用缺货时间和缺货费用体现，但对于缺货而引起的顾客不满通常还是难以度量的。

2）出现非整数的情况。与 EOQ 相关的一个具体问题就是非整数订货批量问题。比如，如果 EOQ 的建议值是订购 6.3 套机床的话，那么肯定无法如实实施，而是把订货批量近似到相近的整数值，要么采购 6 套，要么采购 7 套。当我们需要处理一些小批量的、高价值的，如机器设备、发动机、汽车和化工品等产品时，就很有可能会出现这些问题。虽然可以简单地把这些数值近似到相近的整数值，但是实际上更为合理的方法是通过仔细分析，看看究竟应该向哪一个方向近似。

3）分批连续进货的情况。在连续补充库存的过程中，有时不可能在瞬间就完成大量进货，而是分批连续进货，甚至是边补充库存边供货，直到库存量最高。这时不再继续进货，而只是向需求者供货，直到库存量降至安全库存量，又开始新一轮的库存周期循环。分批连续进货的经济批量，仍然是使库存总成本最低的经济订货批量。

4）生产/订购非瞬时的情况。根据基本 EOQ 模型的假设，所有的订货应同时达到或者生产应同时完成，这其实是假设补充率或生产率无限大。在很多情况下，这条假设很难满足。一般来说，在进行某种产品的生产或补货时，成品是逐渐生产出来的，这种情况下，该模型与基本 EOQ 的不同在于此时的平均库存计算方法发生了变化。

5）连续多层级订货的情况。有时会遇到考虑两级或多级仓库的库存问题，如不同级别的批发商或将商品放在不同级别的库房，这种情况下可分别计算总成本，把方程联立并使多层级的总成本之和最小，从而算得最优解。

6）考虑到随机因素。它主要是指分别或同时考虑到需求不确定和供给不确定的因素，运用统计学的知识将有关方程加入相关项，根据不同情况求得最优解，特别是应考虑对顾客需求的不同满足程度，下面介绍订货点确定的方法有助于理解这一问题。

（7）定量订货法的订货点

定量订货法的关键在于确定订货量和订货时机（订货点），前面讨论了订货量问题，下面讨论订货点的确定，当库存小于订货点时即实施订货，这是一种常用的管理方法。多数情况下，订货提前期和需求速率是随机变量，从而构成随机型库存问题，管理中会设立安全库存对缺货问题做出某种程度的预防，如图 5-6 所示。

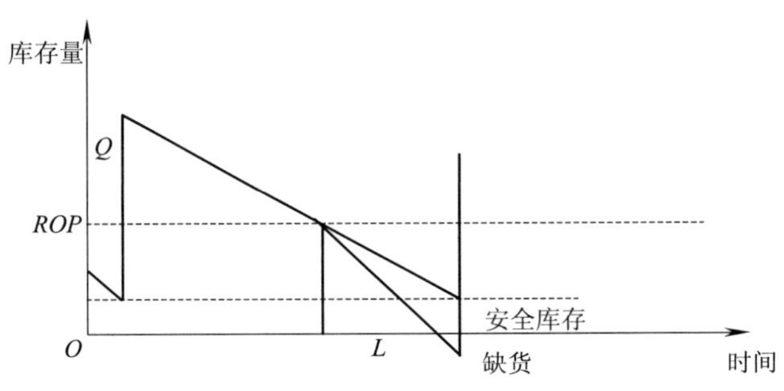

图 5-6　随机库存问题模型

对于随机型库存问题，最优订货量的获得十分复杂，很难求出精确的数据。这里给出一个简便易行的计算订货量和订货点的近似方法，即通过安全库存并考虑服务水平来计算出比较精确的订货点。该订购点的设立应能满足订购提前期中的期望需求量加上由期望服务水平决定的安全库存量，并且安全库存量的大小必须在缺货成本和库存持有成本之间进行权衡。

一般来说，安全库存量的大小主要由客户服务水平和订货满足率来确定，可用一定客户服务水平下的安全系数表示，可查看管理统计学有关表格，本书给出常用的数据，见表 5-5。同时求解安全库存时应考虑需求量不确定的因素，主要考虑需求波动的标准差，这反映需求波动变化的大小。

表 5-5　服务水平与安全系数对照表

服 务 水 平	0.998 8	0.99	0.98	0.95	0.90	0.80	0.70
安全系数	3.5	2.33	2.05	1.65	1.29	0.84	0.53

订货点 ROP 和安全库存 ss 可以按下式来计算，本模型没有考虑供给不确定的影响。

$$\mathrm{ROP}=\overline{d}(L)+ss=\overline{d}(L)+z\sigma_L \tag{5-3}$$

式中　$\overline{d}$——日平均需求量；

L——用天表示的提前期；

ss——安全库存；

z——一定客户服务水平下的安全系数；

σ_L——提前期中使用量的标准差。

如果安全库存为正，则再订购的时间应当提前。ROP 的值扣除安全库存量，就是提前期内的平均需求量。如果预计订购提前期期间的使用量为 20 单位，计算出的安全库存量为 5 单位，那么就应提前在库存剩余 25 单位时发出订单。安全库存量越大，订购的提前量就越大。

【例 5-5】企业某物资年需求量 1 000 单位，经济订购批量为 200 单位，假设客户服务水平为 95%，即不出现缺货的期望概率为 95%。提前期内需求的标准差为 25 单位，提前期为 15 天，求再订货点。假设需求在工作日发生，而该企业年度工作日为 250 天。

解：查表 5-5 得 95%客户服务水平对应的 $z=1.64$，由式（5-3）得

$$\mathrm{ROP}=\overline{d}(L)+ss=\overline{d}(L)+z\sigma_L=\frac{1000}{250}\times 15+1.64\times 25=101$$

即当库存量降至 101 单位时，就应冉订购 200 单位。

2．定期订货法

定期订货法是从数量上控制库存量，操作简单，但需要时常检查库存量，费时费力。特别是在仓库大、品种多的情况下，无论是检查实物还是检查账本，工作量都很大，定期订货法（Fixed Order Interval System）则有助于解决这个问题。

定期订货法是基于时间的订货控制方法，它设定订货周期和最高库存量，从而达到控制库存量的目的。只要订货间隔时间和最高库存量控制合理，就可能实现既保障需求、合理存货，又可以节省库存费用的目标。

定期订货法的原理是，预先确定一个订货周期和最高库存量，周期性地检查库存，根据最高库存量、实际库存、在途订货量和待出库商品数量，计算出每次订货批量，发出订货指令，组织订货。其库存量的变化如图 5-7 所示。

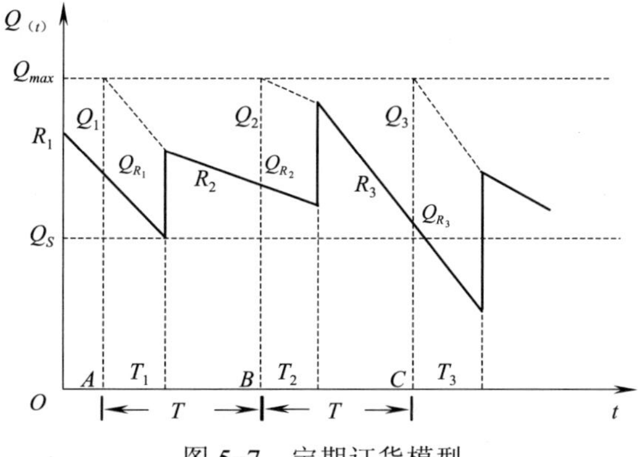

图 5-7　定期订货模型

图 5-7 描述了一般情况下定期订货法的库存量变化：$R_1 \neq R_2 \neq \cdots \neq R_n$，$T_1 \neq T_2 \neq \cdots \neq T_n$。在第一个周期，库存以 R_1 的速率下降，因预先确定了订货周期 T，到了订货时间，不论库存还有多少，都要发出订货，所以当到了第一次订货时间即库存下降到 A 点时，检查库存，求出实际库存量 Q_{R_1}，结合在途货物和待出货物，发出一个订货批量 Q_1，使“名义库存”上升到 Q_{max}。然后进入第二周期，经过 T 时间又检查库存，得到此时的库存量 Q_{R_2}，并发出一个订货批量 Q_2，使名义库存又回到 Q_{max}。

（1）定期订货法的优缺点

定期订货法主要有以下优点：①可以合并订货，减少订货管理费与物料运输费；②周期盘点比较彻底、精确；③定期检查不需要每天检查盘点库存，节省了管理费用，提高了工作效率；④库存管理的计划性强，能预先制订订货计划和工作计划。

定期订货法主要有以下缺点：①由于不能及时监测库存动态，为避免突发性的大量物料需求引起缺货而带来的损失，需要制定较高的安全库存量来保证物料需求；②每次订货的批量不同，无法确定经济订货批量，不能发挥经济订货批量的优越性，因而运营成本较高；③手续麻烦，每次订货都得检查库存量和订货合同，并要计算订货量。

（2）定期订货法的适用性

供应商定期走访顾客并提供其所有产品供顾客订购，或买方为了节约运输费用而将他们的订单合在一起下达的情况下，采用定期进行库存盘点和订购就较为理想。另外一些公司使用定期订货系统是为了方便安排库存的盘点。例如，销售商每两周打来一次电话，员工就明白所有销售商的产品都应进行盘点了。一般来说，在下列情况下常使用定期订货法。

1）品种数量繁多，占库存价值少的 B 类和 C 类物品。

2）单价比较便宜，而且不便于少量订购的物品，如螺栓、螺母等。

3）需求量变动具有周期性，可以正确判断的物品。

4）建筑工程、出口等时限可以确定的物品。

5）受交易习惯的影响，需要定期采购的物品。

6）多种商品一起采购可以节省运输费用的情况。

7）同一品种物品分散保管、同一品种物品向多家供货商订货、批量订货分期入库等。

8）物品取得时间很长的物品、定期生产的物品。

9）由于人员和物料准备的需要，只能定期制造的物品。

（3）订货周期的确定

定期订货法中，订货周期决定了订货时机，它也就是定期订货法的订货点。它与定量订货法的订货间隔期不同，定量订货法的订货间隔期可能互相不等，定期订货法的订货间隔期相等。

订货周期一般根据经验确定，主要考虑制订生产计划的周期时间，常取月或季度作为库存检查周期，但也可以借用经济订货批量的计算公式确定使库存成本最有利的订货周期。订货周期也可以根据具体情况进行调整，如根据企业的生产周期或供应周期等（也就是说不一定很精确也可以）。

订货周期的长短，直接决定了目标库存水平的高低，周期太长就会使库存水平过高，太短订货批次太多，增加了订货费用。订货周期的计算公式如下。

$$订货周期=1/订货次数=Q/D$$

（4）订货量的确定

定期订货法没有固定不变的订货批量，每个周期的订货量的大小都是由当时的实际库

存量的大小确定的，等于当时的实际库存量与目标库存水平的差值。这里目标库存水平应该以满足订货期和提前期期间的需求量为依据，是满足订货期加提前期的时间内的需求量。它包括两个部分：一部分是订货周期加提前期内的需求量；另一部分是安全库存量。而所谓“实际库存量”，严格地说，是指检查库存时仓库所实际具有的，能够用于销售供应的全部物资的数量，也就是说，它不光包括当时的存于仓库中的物资数量，也包括在途货量（已订未到物资数量）和待出库量（已经售出而尚未发货的物资数量）。

3．定量订货法与定期订货法的区别

定期订货法和定量订货法的基本区别是驱动力量不同。定量订货模型是“事件驱动”，而定期订货模型是“时间驱动”，也就是说，在定量订货模型中，当到达规定的再订货水平后，才引发订货行为。这一事件有可能随时发生，主要取决于对该物资的需求情况。定期订货模型只限于在预订时期期末进行订货，模型中唯一的驱动原因是时间的变化。

此外，两种方法的盘点方式不同，定量订货必须连续监控剩余库存量，而定期订货的盘点只在盘点期发生。因此定量订货法和定期订货法的作业流程、控制方法和适用范围都存在差别，区别具体见表 5-6。

表 5-6　定量订货法和定期订货法的比较

比 较 项 目	定量订货法	定期订货法
订货量	每次订货量相同	根据实际情况计算
订货时间	库存量降到订货点时	订货间隔期相同
库存量大小	小	大
安全库存	小	大
库存记录	每次出入库都需记录	盘点时记录
库存控制要求	严格	较松
库存控制品种数	较少	多种
适应范围	价值高、需求相对稳定的 A 类物料	价值低、需求相对稳定、经常领用的 B、C 类物料

三、关联需求下的库存控制策略

1．物料需求计划

【小贴士 5-5】

MRP 系统的由来

物料需求计划（Material Requirement Planning，MRP）系统起初出现在美国，美国生产管理与计算机应用专家奥利弗 W.怀特（Oliver W.Wight）和乔治 W.普洛斯（George W.Plosh）首先提出了物料需求计划，IBM 公司则首先在计算机上实现了 MRP 处理，并由美国生产与库存管理协会倡导而发展起来。

（1）MRP 简介

美国生产与库存控制协会（American Production and Inventory Control Society，APICS）

对物料需求计划的定义：物料需求计划就是依据主生产计划（MPS）、物料清单、库存记录和已订未交订单等资料，经由计算而得到各种相关需求（Dependent Demand）物料的需求状况，同时提出各种新订单补充的建议，以及修正各种已开出订单的一种实用技术。

MRP 是一种以计算机为基础的编制生产与实行控制的系统，它不仅是一种新的计划管理方法，而且也是一种新的组织生产方式。MRP 是一种推式体系，根据预测和客户订单安排生产计划，它基于天生不精确的预测建立计划，“推动”物料经过生产流程，这种方法是为最大化效率和大批量生产来降低单位成本而设计、计划、调度并管理生产以满足实际和预测的需求组合。生产订单出自主生产计划（MPS），然后经由 MRP 计划出的订单被“推”向工厂车间及库存。

MRP 的基本功能是实现物料信息的集成，保证及时供应物料，降低库存，提高生产效率，其所要实现的目标是：①及时取得生产所需的原材料及零部件，保证按时供应用户所需产品；②保证尽可能低的库存水平；③计划企业的生产活动与采购活动，使各部门生产的零部件、采购的外购件与装配的要求在时间和数量上精确衔接。

MRP 能有效降低关联需求下的库存水平，采取物料需求计划时，库存通常情况下处于低水平，只有在再送货以后，生产开始以前，库存水平才会突然升高。此后，随着生产的进行，库存逐渐消耗，直到降至正常的较低的库存水平，如图 5-8a 所示。而在采取独立需求法时，库存水平与生产计划无关，因此需要保持较高水平的库存以应付可能出现的需求。随着生产对库存的消耗，库存水平逐渐降低，但是随时都会进行补充，这样就产生了如图 5-8b 所示的模式。因此，物料需求计划的一个明显好处就是其较低的平均库存水平。

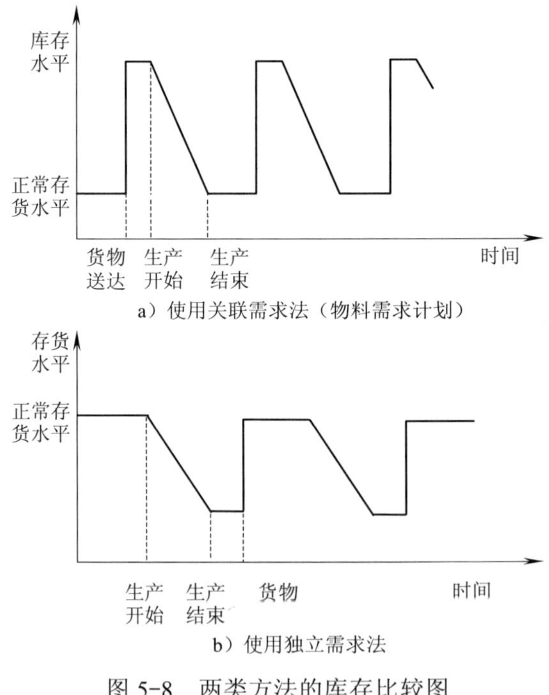

图 5-8　两类方法的库存比较图

（2）MRP 原理

MRP 的基本原理是，由主生产计划（MPS）和主产品的结构逐层逐个地求出主产品所有零部件的生产时间、生产数量。其中，如果零部件靠企业内部生产，则需要根据各自的

生产时间长短来提前安排投产时间，形成零部件投产计划。如果零部件需要从企业外部采购，则要根据各自的订货提前期来确定提前发出各自订货的时间、采购的数量，形成采购计划。按照这些投产计划进行生产和按照采购计划进行采购，就可以实现所有零部件的投产计划，从而不仅能够保证产品的交货期，而且还能够降低原材料的库存，减少流动资金的占用。MRP 的逻辑原理如图 5-9 所示。

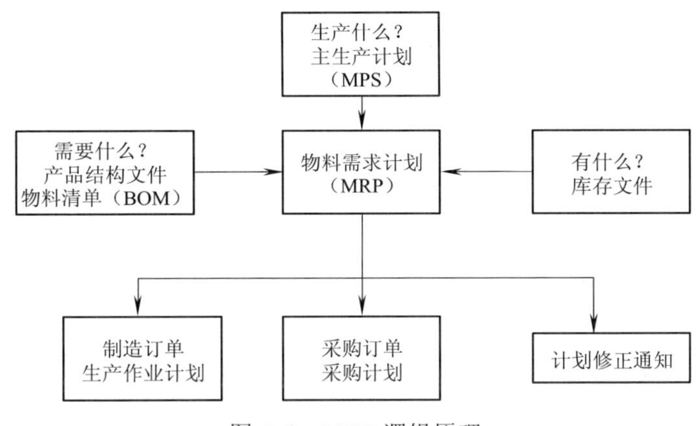

图 5-9　MRP 逻辑原理

（3）数据构成

在上述逻辑结构下，要完成物料需求计划必须具备以下基本数据。

1）主生产计划（MPS）。它指明在某一计划时间段内应生产出的各种产品和备件，它是 MRP 制订的一个最重要的数据来源。

2）物料清单（BOM）。物料清单也叫产品结构文件，它指明了物料之间的结构关系，以及每种物料需求的数量，它是 MRP 系统中最为基础的数据。物料清单中，各物料处于不同层次，采用层次码表示，每种物品都属于程序当中的某一“层次”。成品的层次为 0，层次为 1 的物料构成层次为 0 的成品，层次为 2 的物料构成层次为 1 的物料，以此类推。一套完整的物料单会继续向下延伸，经过各个层次，最终到达企业通常从供应商那里购买的物料。物料清单可能包括几百甚至几千种物料。

3）库存文件。MRP 中的库存状态文件的数据主要有两个部分：一部分是静态的数据，在运行 MRP 之前就确定的数据，如物料的编号、描述、提前期、安全库存等；另一部分是动态的数据，如总需求量、库存量、净需求量、计划发出（订货）量等。它把每个物料品目的现有库存量和计划接收量的实际状态反映出来，包括了主产品和其所有的零部件的库存量、已订未到量和已分配但还没有提走的数量。MRP 在运行时，需要不断地变更动态数据。

4）提前期。它决定着每种物料何时开工、何时完工。

以上 4 项数据都是至关重要、缺一不可的，缺少其中任何一项或任何一项中的数据不完整，MRP 的制订都将是不准确的。

（4）MRP 系统的运行步骤

我们可以把物料需求计划的总体程序总结为如下步骤。

1）通过主进度计划找出第 0 层次的物品的毛需求量。

2）减去目前的库存以及计划交付的数量，从而得到第 0 层次的物品的净需求量。然后安排生产，以确保开始生产时对物料的净需求能够得到满足。

3）如果还有更多层次的物料，就使用物料单把上一次层次的装配单或订货单转换成当前层次的毛需求量。假如没有更多的层次，就可以直接跳到第 5 步。

4）按次序对每种物料分别计算：①减去当前的库存数量以及计划交付的数量以求得净需求量，也就是订货数量；②根据订货至交货周期及其他任何相关的信息来推算出这些订单应该发布的时间；③回到第 3 步。

5）加上任何必要的调整之后，最后确定订单和生产的时间表。

MRP 计算方法简图如图 5-10 所示。

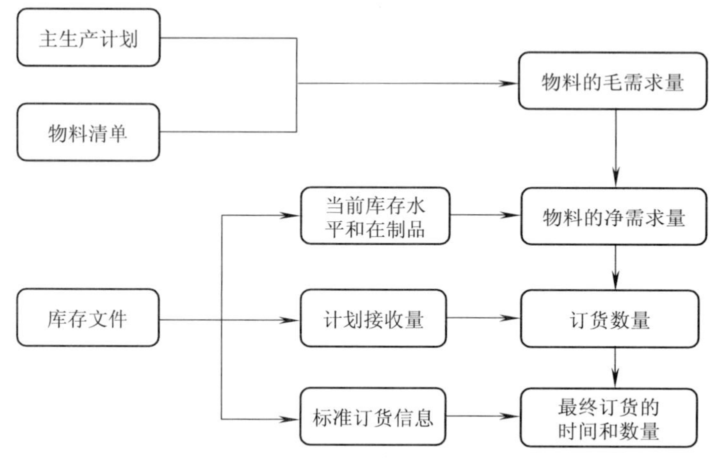

图 5-10 MRP 计算方法简图

MRP 的准确实施，需要以下几个保障条件：①相对稳定的主生产计划（MPS）；②完善的物料清单数据（BOM）；③强有力的供货保障能力；④支持柔性的生产能力；⑤明确的订单管理流程，尤其是订单的变更管理；⑥合理的生产方案。

这些条件的保障，需要企业良好的综合管理能力作支撑，任何一个条件的不满足，都有可能引起生产组织的不畅。

【小贴士 5-6】

MRP 的产生与发展

MRP 的发展大体经历了从订货点法到 ERP 等几次飞跃，并且 ERP 的核心思想是供应链管理，被广泛用于 B2B 模式下电子商务的库存管理，详见第三节。

1）订货点法。传统的库存控制方法是订货点法，要根据物料的需求情况来确定订货点和订货批量。这类方法适合于需求比较稳定的物料。

2）初级的物料需求计划（MRP）。MRP 是依据市场需求预测和顾客订单制订产品生产计划，然后基于产品生产进度计划，组织产品的材料结构表和库存状况，通过计算机计算出所需材料的需求量和需求时间，从而确定材料的加工进度和订货日程的一种实用技术。

3）闭环 MRP 系统。闭环 MRP 系统是在基本 MRP 系统基础上，把能力需求计划、执行及控制计划的功能也包括进来，形成一个环形回路。

4）制造资源计划（MRPⅡ）。20 世纪 80 年代，人们把生产、财务、销售、工程技术、采购等各个子系统集成为一个一体化的系统，并称为制造资源计划（Manufacturing Resource Planning）系统，英文缩写还是 MRP，为了区别物料需求计划（亦缩写为 MRP）

而记为 MRPⅡ。

5）ERP（Enterprise Resource Planning，企业资源计划）。进入 20 世纪 90 年代，MRPⅡ得到了蓬勃发展，其应用也从离散型制造业向流程式制造业扩展，不仅应用于汽车、电子等行业，也能用于化工、食品等行业。随着信息技术的发展，MRPII 系统的功能也在不断地增强、完善与扩大，向企业资源计划（ERP）发展。

2．准时制运作

（1）准时制运作简介

准时制运作，也称准时生产方式（Just In Time，JIT），有些教材还从其对库存的追求将其称为：无库存生产方式（Stockless Production）、零库存（Zero Inventories），也有教材从其运作特点将其称为：一个流（One-piece Flow）或者超级市场生产方式（Supermarket Production）。

对 JIT 广义的理解是“只有在需要的时候，按需要的量，生产所需的产品”，它对全部运作环节进行组织，使得各个运作环节在最恰当的时间实施运作。所以 JIT 同时代表的是一种理念，其核心是追求一种尽可能低库存的生产系统，出发点是减少或消除从原材料投入到产成品的产出全过程中的库存及各种浪费，建立起平滑而更有效的生产过程。

【小贴士 5-7】

JIT 的提出

JIT（Just In Time），准时生产，又译为实时生产系统，简称 JIT 系统或 JIT 生产方式，在 1953 年由日本丰田公司的副总裁大野耐一提出。

在 20 世纪后半期，整个汽车市场进入了一个市场需求多样化的新阶段，而且对质量的要求也越来越高，随之给制造业提出的新课题是，如何有效地组织多品种小批量生产，否则生产过剩引起设备、人员、库存费用等一系列的浪费，从而影响到企业的竞争能力和生存能力。

在这种历史背景下，1953 年，日本丰田公司的副总裁大野耐一综合了单件生产和批量生产的特点和优点，创造了一种在多品种小批量混合生产条件下，高质量、低消耗的生产方式，即准时生产。

（2）JIT 的库存管理思想

在准时运作的前提下，我们在库存控制方面所要面对的主要问题是：“我们怎样才能消除对库存的依赖呢？”根据 JIT 运作理论，要想成功地解决这个问题，必须要解决好库存必要性的认识问题。如果持有库存的目的是为了应对需求的变化，那么回答这个问题的答案就是要设法减少这种变化。如果持有的目的是为了应对不确定的需求，那么回答这个问题的答案就是要设法消除这种不确定性。因此，JIT 运作所提供的解决方法就是要明确在消除库存以后将会出现的问题，然后寻求解决问题的方法。

在第一节，我们了解到对使用物料需求计划把生产环节与对物料的需求和计划紧密联系在一起，以此来降低需求的不确定性。这种做法的结果是使平均库存水平降低。在现实工作中，物料需求计划只在一定情况下适用，并且，为了应对操作和运输中出现的一些问题，企业仍然需要持有一定量的库存。在这种情况下，我们如果能够尽可能地把供给和需求协调一致，就不需要更多的库存来应对需求的不确定性。如果能够完全地消除供给和需求之间的不平衡，则就不再需要库存了，这也是零库存管理（Zero Inventory Management）的基本思想，如图 5-11 所示。

零库存是一种特殊的库存概念，零库存并不等于不要储备和没有储备。所谓的零库存，是指物料（包括原材料、半成品和产成品等）在采购、生产、销售、配送等一个或几个经营环节中，不以仓库存储的形式存在，而均是处于周转的状态。它并不是指以仓库储存形式的某种或某些物品的储存数量真正为零，而是通过实施特定的库存控制策略，实现库存量的最小化。所以零库存管理的内涵是以仓库储存形式的某些物品数量尽量为零，即不保存经常性库存，它是在物资有充分社会储备保证的前提下，所采取的一种特殊供给方式，这更是一种管理理念和追求。

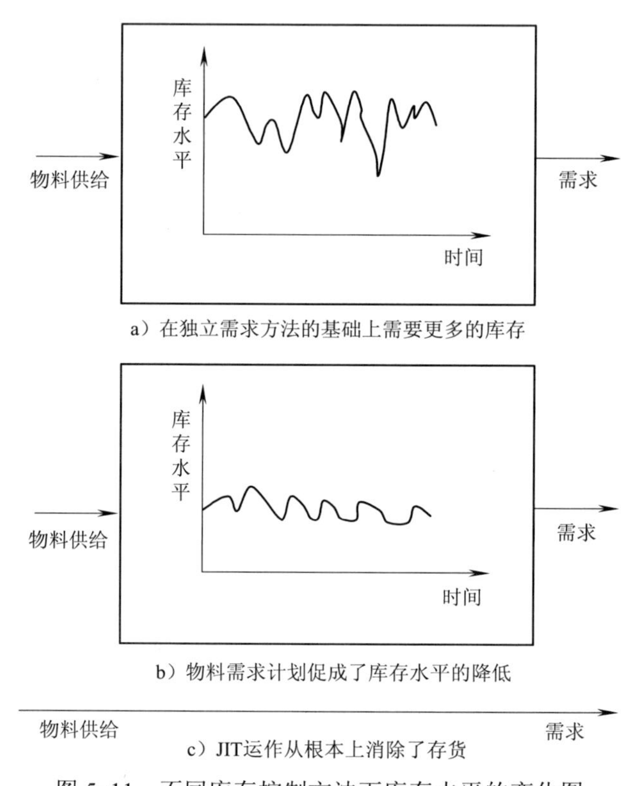

a）在独立需求方法的基础上需要更多的库存

b）物料需求计划促成了库存水平的降低

c）JIT运作从根本上消除了存货

图 5-11　不同库存控制方法下库存水平的变化图

从 JIT 运作的角度来看，持有库存是一种资源上的浪费，我们可以通过把供给和需求协调一致的做法消除这种浪费。而 JIT 运作能够把供给和需求两方面协调一致，可以尽量消除对库存的依赖。

（3）JIT 的运作过程

在传统的运作模式中，每一个运作环节都相应地有一个时间表，规定工作必须在指定的时间内完成。各环节所完成的半成品随即被“推动（Push）”到下一个环节，组成在制品库存，其物料库存如图 5-12a 所示。

JIT 运作所采取的是另外一种运作模式，JIT 也称为拉动式生产系统。它是以“拉动（Pull）”方式，拉动物料在运作中运动。当一个运作环节完成了工作就会向上一个运作

环节发出信息，说明需要新物料进行工作；而上一个运作环节也只有在得到下一个环节发出的信息后，才向其提供新的物料，后一道生产程序的生产需求决定了前一生产程序的生产内容（有时将需求明确写于看板上，故 JIT 有时也称为“看板”管理），这种运作所采用的不是“推动”式运作方式，而是“拉动”式运作方式，如图 5-12b 所示。

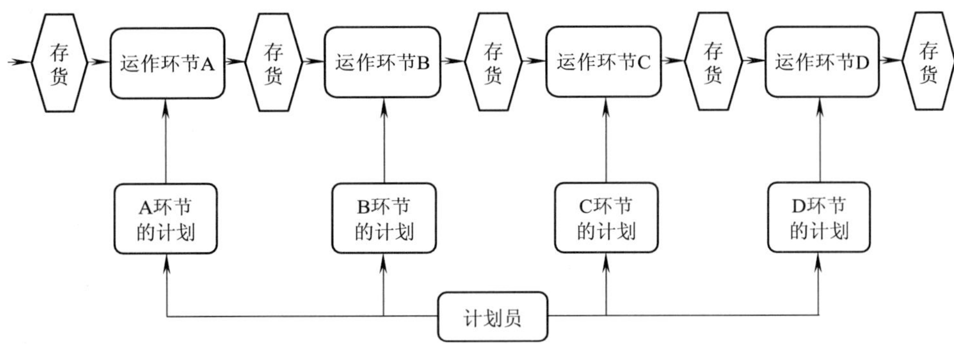

a）传统的“推动”式计划中的物料存货

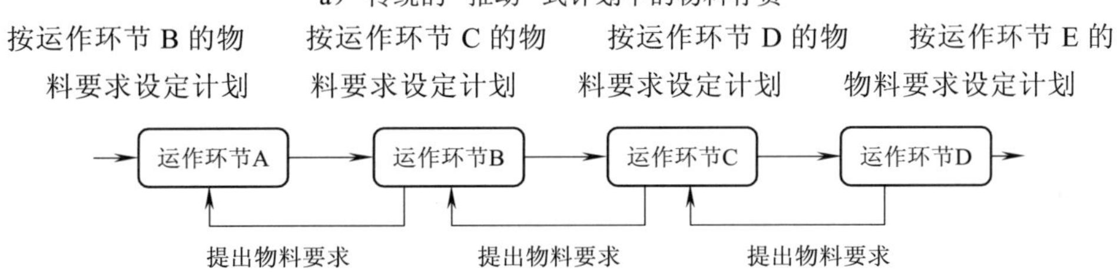

b）准时制运作模式下的物料被“拉动”

图 5-12 “推动”式和“拉动”式计划的比较

现实工作中，在后面一个环节提出物料要求到最终取得物料之前，不可避免地会出现订货至交货周期，因此，在 JIT 模式下，物料要求信息是在真正需要这些物料的一段时间之前（这段时间等于订货至交货周期）就向上一个运作环节发出的；此外，物料也是以小批量的方式，而不是以连续的方式实施供货，这意味着在 JIT 运作模式下仍然有在制品库存存在，但是这些在制品库存的数量要比“推动”式系统下的在制品库存数量小得多。因此，与其说 JIT 运作消除了库存，不如说它实现了库存的最小化。

（4）JIT 运作的观念

JIT 运作模式并不仅仅是一种使库存最小化的方法，它实际上是看待运作的一种观念，可以从以下方面体现。

1）库存。企业持有库存的目的是为了在短时间内调和供给和需求之间的差别。企业应该首先明确供给和需求之间产生差别的原因，然后尽力去解决这些问题。

2）质量。从 JIT 运作的角度来看，所有的残次品都会产生成本，并且将会阻碍运作的顺利进行，因此最好是保证产品以及生产的全过程中没有残次品出现，这也是全面质量管理（TQM）的基本原则。

3）供应商。实施 JIT 运作的组织几乎完全依赖它的供应商，他们和供应商之间往往会结成长期伙伴或者联盟关系，强调为了双方共同的目标和利益通力合作。

4）生产批量。JIT 运作试图用缩小生产批量的方式来使生产贴近需求。

5）订货至交货周期。订货至交货周期过长将直接影响生产的灵活性，因此，准时运作是不断寻求缩短订货至交货周期的方法。

6）可靠性。JIT 运作是一种持续性的、不间断的模式，它对设备、原料、半成品、产成品的可靠性要求都很高。

7）员工。企业中每个人的利益都要依赖于企业的成功与否，因此每个员工应享受到公平和公正的待遇。

（5）JIT 运作的优缺点

JIT 运作会给企业带来了大量的好处，这些好处主要来自于库存的降低，其他的好处间接来自企业内部的业务流程重组，具体包括以下几个，这里简单列之：①原材料和在制品库存的减少；②订货至交货周期的缩短；③产品生产所需时间的缩短；④生产力的提高；⑤设备运作能力和利用率的提高；⑥计划和安排环节的简化；⑦文案工作的减少；⑧物料和产品质量的提高；⑨废品和浪费的减少；⑩员工队伍的士气和参与程度的提高。

此外，这种运作模式下企业与供应商关系得到了加强，并且更注重在作业中解决问题。但是 JIT 运作还有某些优点只有在付出较高代价的基础上才能实现。比如：要求很少出现作业中断，并在此基础上生产出高质量的产品，这就意味着需要购置高品质的、高价格的设备；要想缩短开工时间通常需要较为复杂的机器设备；小批量的生产会导致生产成本的提高；员工队伍技能的提高意味着较高的培训费和随之而来的较高的工资；要求设备必须能够快速应对需求的变化，意味着潜能的增加。对许多企业而言，即使这样做有很大的潜在好处，也无法承担这些费用的增加。

因此，JIT 运作也有其自身的缺点，如灵活性不足、人力投入较大等，具体还包括以下缺点：①在引进全新的系统和方法时，存在着较高的风险；②成本较大，存在着初期投入和实施成本；③见效较慢，必须通过长期的工作，才能够取得明显的改进；④对供应商依赖性强；⑤存在信任问题，在企业之间、员工之间可能缺少相互信任和承诺；⑥员工所承担的压力增大，某些员工无法接受转移过来的职责；⑦其他具体问题，如存在 JIT 运作与信息系统链接的问题，需要对设施的布局加以改变等。

JIT 运作时需要一个对整个企业内部的态度和运作模式都加以改变的方法，要想取得最后的成功，需要企业花费数年的时间，经过周密的计划和严密控制的实施工作才行。

（6）JIT 的适用性

因为 JIT 运作模式存在许多实施的困难，不是所有企业都适用这种模式的，只有在几种特定类型的企业中适用，通常更适用于大规模组装作业。

每当企业对运作流程进行改变时，或者从生产一种产品转化为生产另外一种产品时，都将会出现生产延误、生产中断和成本上升的情况。因此 JIT 运作需要一个稳定的运作环境，在此基础上，在较长的时间里，以固定的速度，生产出大量的标准产品。这种稳定的运作环境可以通过采用专业化的自动系统来降低成本。所以，JIT 运作在大规模生产的环境下，是最为适用的。

生产水平必须要考虑到生产运作中产品顺畅地、连续不断地流转的需要。运作中的每一个环节都要充分发挥作用，因而整个运作过程就像一个十分平衡的装配流水线一样。物料必须要在适当的时刻，直接运送到装配线上。供应商必须要能够适应这种运作模式。如果每一个部件都直接从供应商处供货，这样做是不现实的。因此，最好的方法就是采用小批量供货的方式实施供给，这就要求再订货成本尽可能地降低，否则，频繁的供货作业将会导致高额的成本支出。

订货至交货周期必须要短，否则就会延误对物料的需求，这就意味着企业要与供应商密切合作，甚至要求供应商在企业的生产场地附近修建相应的仓库等设施。由于没有了安全库存的缓冲作用，因此，物料的质量不合格将会导致生产的中断。因此，供应商必须是十分可靠的，所提供的物料必须是没有任何问题的。出现问题时，工作人员必须有能力准确地找出产生问题的原因，并采取必要的措施来解决这个问题，还要能确保今后不会再发生同样的问题。这要求在企业中配备有能力的、灵活的员工队伍，致力于企业整体的成功。

通过上面的论述，我们可以总结出以下关于 JIT 运作的关键要素，具体包括：①一个稳定的运作环境；②生产的是差别不大的标准化产品；③固定生产速度下的连续生产；④自动化的、大批量生产模式；⑤有可靠的生产设备；⑥较短的物料订货至交货周期；⑦较低的开工和供货成本；⑧可靠的供应商；⑨持续高质量小批量的物料；⑩灵活性较高的员工队伍，拥有高效的解决问题的能力和有效的控制方法。

第三节　供应链库存管理策略

前面介绍了一些库存控制策略，并以企业内部控制为主，由于电子商务更多的是企业与企业之间的商务问题，并同样存在库存问题，特别是 B2B 模式下这类问题与供应链管理密不可分，更倾向于使整体供应链的库存成本最小。对供应链库存管理策略的研究和实践有许多，常见的主要有四种策略：供应商管理库存（Vendor Managed Inventory，VMI），联合库存管理（Jointly Managed Inventory，JMI），合作预测、计划与补给（Collaborative Planning Forecasting and Replenishment，CPFR）以及多级库存管理（Multi-echelon Inventory System，MS）与优化策略。

一、供应商管理库存

（1）供应商管理库存简介

在许多情况下，供应商对实际的销售情况并不了解，因此库存会因此而增加，并产生“牛鞭效应”，如果供应商能以实际的消费需求和库存量作为市场需求预测和库存补货的依据，即由销售资料得到消费需求信息，供货商可以更有效地计划、更快速地反应。

中华人民共和国国家标准《物流术语》（GB 18354—2006）中对供应商管理库存（VMI）的定义为：供应商管理库存是供应商等上游企业基于其下游客户的生产经营、库存信息，对下游客户的库存进行管理与控制。实施 VMI 的双方无论是供应商和制造商之间、供应商和零售商之间还是制造商和零售商之间，其实都是供应链上游企业和下游企业之间的关系。

（2）供应商管理库存的运作形式

VMI 有多种运作的形式，根据供应商的决策权可分为以下类别。

1）决策权很小。供应商提供包括所有产品的库存决策软件，客户使用软件执行库存决策，客户拥有库存所有权并管理库存。在这种方式下，供应商对库存的管理和控制力有限，所以供应商受到客户的制约比较多，实质上不是完全意义上的供应商管理库存。

2）决策权有限。供应商在客户的所在地，代表客户执行库存决策并管理库存，但是库存的所有权归客户。由供应商在客户所在地直接管理库存，供应商也可以了解到充分的库存信息，但是库存的所有权不属于供应商，所以供应商在进行库存决策时的投入程度有限。

3）决策权充分。供应商在客户的所在地，代表客户执行库存决策并管理库存，拥有库存所有权。这样的方式下，供应商几乎承担了所有责任，他们的活动也很少受到客户的监督或干涉，是一种完整意义上的供应商管理库存方式。供应商可以十分清楚地了解到自己产品的销售情况，供应商也可以直接参与销售。

4）异地决策。供应商不在客户的所在地，但是定期派人代表客户执行库存决策并管理库存，供应商拥有库存的所有权，在客户所在地或是在分销中心保存库存，以求根据需要及时、快速地补充，库存水平由供应商决定。

（3）供应商管理库存的实施步骤

1）确定目标。确定 VMI 的目标，根据企业的不同情况，目标的确定可以从以下几个方面着手：①降低供应链上产品库存，抑制“牛鞭效应”；②降低买方企业和供应商成本，提高共同利润；③增强企业的核心竞争力；④提高双方合作程度和忠诚度。

2）建立客户情报信息系统。有效地管理客户库存，供应商必须能够获得客户的有关信息。通过建立客户情报信息系统，供应商能够掌握需求变化的有关情况，把由客户进行的需求预测与分析功能集成到供应商的系统中来。供应商和客户一起确定供应商的订单业务处理过程中所需要的信息和库存控制参数，然后建立一种订单的处理标准模式，最后把订货、交货和票据处理各个业务功能集成在供应商处。

3）建立销售网络管理系统。供应商要很好地管理客户库存，就必须建立起完善的销售网络管理系统，保证自己的产品需求信息和物流畅通，为此，必须保证自己产品信息的可读性和唯一性，解决产品分类、编码的标准化问题，解决商品存储运输过程中的识别问题。目前，我国大部分的企业都实施 MRPⅡ或 ERP 系统，这些软件系统都集成了销售管理的功能。通过对这些功能的扩展，可以建立完善的销售网络管理系统。

4）建立供应商与客户的合作框架协议。实施 VMI 的双方要达成一致的目标，就要明确各自的义务和责任，事先对实施的具体细节用一个框架协议确定下来，确定应用模式、订单的业务处理流程、设定库存控制方式、信息的传递方式、费用如何分摊等。这个框架协议由双方共同监督实施，双方根据 VMI 具体运行状况，经过协商对框架协议条款进行修改，消除不合理环节，减少浪费，还要对相关的违约责任进行规定。

5）组织结构的变革。实施 VMI 后，为了适应新的管理模式，需要对组织机构进行相应的调整。供应商要建立一个 VMI 职能部门，负责对 VMI 服务（负责库存控制，库存补给和服务水平）的监控和维持与客户之间的关系。

【实用案例 5-1】

联想集团的供应商管理库存

联想集团在北京、上海、惠阳三地工厂附近设立供应商管理库存，根据生产要求定期向库存管理者即作为第三方物流的伯灵顿全球货运物流有限公司发送发货指令，由第三方物流公司完成对生产线的配送。从其收到通知，进行确认、分拣、海关申报及配送到生产线时间时效要求为 2.5h。该项目将实现供应商、第三方物流、联想集团之间货物信息的共享与及时传递，保证生产所需物料的及时配送。实行 VMI 模式后，将使联想集团的供应链大大缩短，成本降低，灵活性增强。

二、联合库存管理

（1）联合库存管理简介

联合库存管理（JMI）是一种协调的库存管理模式，实际是组建一个协调中心，以解决供应链系统中由于各节点企业相互独立运作模式导致的需求放大现象，提高供应链同步化程度的一种有效的库存控制方法。

联合库存管理思想最先体现于地区分销中心。传统的分销模式是分销商根据市场需求直接向制造商订货，从发出订单到货物到达需要一定的时间，为了避免这段时间内因缺货而带来的损失，分销商不得不进行库存备货，造成巨大的库存成本。而采用地区分销模式后，大量的库存由地区分销中心储备，各个分销商只需要少量的库存，从而减轻了分销商的库存压力。

JMI 是一种基于协调中心的库存管理思想，相邻节点需求的确定都是供需双方协调的结果，库存管理不再是独立运作过程。

（2）JMI 的运作模式

供应链联合库存管理主要有两种模式。

1）集中库存模式。各个供应商的零部件都直接存入核心企业的原材料库中，变各个供应商的分散库存为核心企业的集中库存。集中库存要求供应商的运作方式是按核心企业的订单要求，实行小批量、多频次的配送方式直接送到核心企业的仓库中补充库存。在这种模式下，库存管理的重点在于核心企业根据生产的需要，保持合理的库存量，既能满足需要，又要使库存总成本最小。

2）无库存模式。供应商和核心企业都不设立库存，核心企业实行无库存的生产方式。此时供应商直接向核心企业的生产线上进行连续小批量多频次的补充货物，并与之实行同步生产、同步供货，从而实现在需要时把所需要品种和数量的原材料送到需要的地点的操作模式。这种准时化供货模式体现了 JIT 的思想，由于尽可能取消了库存，所以效率最高、成本最低。但是对供应商和核心企业的运作标准化、配合程度、协作精神要求也高，操作过程要求也比较严格。

（3）JMI 的实施策略

1）建立供需协调管理机制。为了发挥联合库存管理的作用，供需双方应从合作的精神出发，建立供需协调管理的机制，明确各自的目标和责任，建立合作沟通的渠道，形成有效的利益分配与激励机制。

2）充分利用信息系统。为了发挥联合库存管理的作用，在供应链库存管理中应充分利用目前各合作方的信息系统，并加以集成从而实现信息的实时准确交互。但各方的信息系统可能不兼容，因此应采用一些新技术把各个系统有机地结合起来。比如建立一个池（Pool）作为一个共同的信息交互平台，各方的数据可以在这里进行格式转换。

3）建立快速响应系统。快速响应系统在美国等西方国家的供应链管理中被认为是一种有效的管理策略，产生于 20 世纪 80 年代末的美国服装行业，目的在于减少供应链中从原材料到客户过程的时间和库存，最大限度地提高供应链的运作效率；但是快速响应系统需要供需双方的密切合作，因此协调库存管理中心的建立为快速响应系统发挥更大的作用创造了有利的条件。

4）充分发挥第三方物流的作用。第三方物流（Third Party Logistics，TPL/3PL）也叫作物流服务提供者（Logistics Service Provider，LSP），是供应链集成的一种技术手段，它为客户提供各种服务，如产品运输、订单选择、库存管理等。第三方物流的产生是由一些大的公共仓储公司通过提供更多的附加服务演变而来，另外一种产生形式是由一些制造企业的运输和分销部门演变而来。

使用第三方物流来进行联合库存管理，可以为企业获得诸多好处：使企业集中于核心业务；获得一流的物流咨询；降低供应链库存持有水平从而减少成本。

【实用案例 5-2】

襄汉公司的联合库存管理

襄汉公司成立于 1993 年，是一家大型设备制造企业，主要生产举重机械设备和混凝土设备，总资产超过 25.8 亿元，员工人数超过 4 000 人，是武汉市重点扶植企业，实力雄厚。公司产品品种多，结构复杂，所需要的零部件和所用的材料种类多，库存物料品种多，库存管理难度大，库存管理存在诸多问题，如：库存质量控制成本过高、库存持有成本高等，为了解决这一现状，采取了联合库存管理。

商务部作为联系分销商、经销商的桥梁，成立联合库存协调管理中心，负责与供应商、下级供应部门交换物流过程中的各种信息、负责收集汇总物资采购的各种信息。公司总部设立一个总库作为产品和原材料储备中心，并按照地理位置在全国范围内分片设立 5 个地区中心仓库，分别为东北区分库、华北区分库、华东区分库、西南区分库和华南区分库，其库存全部为总库库存，由总部商务部统一调配。

总库和分库要建立基于标准的托付订单处理模式，首先要总库和分库一起确定供应商的订单业务处理过程中所需的信息和库存控制参数，然后建立一种订单处理的标准模式，把订货、交货和票据处理各个业务功能交给总部处理。其次，需要建立网络，使分销商能够定期跟踪和查询到计算机的库存状态，从而快速地响应市场的需求变化，对企业的生产（供应）状态作出相应的调整。为此，需要建立一种能够使总库和分销商的库存信息系统透明连接、可以实现查询目的的方法。再次，为实现与供应商的联合库存，总部应提供 ID 代码、条码、条码应用标识符、EDI 或互联网等支持技术。

在联合库存控制管理下，供应商企业取消自己的产成品库存，而将库存直接设置到核心企业的原材料仓库中，分销商不建立自己的库存，并由核心企业从成品库存直接送到用户手中，通过应用这种库存管理模式：第一，减低原材料采购成本。因为各个供应商的物资直接进入公司的原材料库中，即各个供应商的分散库存为公司的集中库存，减少了供应商的库存保管费用，所以降低了原材料采购成本。第二，降低分销商销售成本。分销商不建立自己的库存，所售出的商品由公司各区域分库直接从产成品发到用户手中，分销商取消了自己建立仓库费用对所售商品的分摊，把所有的精力放到了销售上，从而提高了分销商的主动性、积极性，促进了公司的销售量的增加，提高了公司的产销量。

（资料来源：从 BAlib 智库文档）

三、合作预测、计划与补给

（1）合作预测、计划与补给简介

合作预测、计划和补给（CPFR）是一种协同式的供应链库存管理技术，它的形成始于

沃尔玛所推动的 CFAR（Collaborative Forecast And Replenishment），CFAR 是利用互联网通过零售企业与生产企业的合作，共同做出商品预测，并在此基础上实行连续补货的软件系统。CPFR 是在 CFAR 共同预测和补货的基础上，进一步推动共同计划的制订，即不仅合作企业实行协同预测和补货，同时也将原来属于各企业内部事务的计划工作（如生产计划、库存计划、配送计划、销售规划等）也由供应链各企业共同参与。

CPFR 体现了以下思想：①合作伙伴的构成及其运行机制主要基于消费者的需求和整个价值链的增值；②供应链上企业的生产计划基于同一个销售预测报告；③消除供应过程的约束限制，这个限制主要就是企业的生产缺乏柔性。

一般来说，销售商的订单所规定的交货日期比制造商生产这些产品的时间要短。在这种情况下，制造商不得不保持一定的产品库存，但是如果能延长订单周期，使之与制造商的生产周期相一致，那么生产商就可以真正地做到按订单生产及零库存管理。这样制造商就可减少甚至去掉库存，大大提高企业的经济效益。

CPFR 采取了一种双赢的原则，始终从全局的观点出发，制定统一的管理目标以及方案实施办法，以库存管理为核心，兼顾供应链上的其他方面的管理。因此，CPFR 能实现伙伴间更广泛深入的合作，代表了未来库存管理技术的发展方向。CPFR 也是一种哲理，它应用一系列的处理和技术模型，提供覆盖整个供应链的合作过程，通过共同管理业务过程和共享信息来改善零售商和供应商的伙伴关系、提高预测的准确度，最终达到提高供应链效率、减少库存和提高消费者满意程度的目的。CPFR 能及时、准确地预测由各项促销措施或异常变化带来的销售高峰和波动，使需求方和供应方提前做好准备并从中受益。

（2）CPFR 的流程

CPFR 的流程可用如图 5-13 所示的模型表达，其业务活动可划分为计划、预测和补给 3 个阶段，包括 9 个主要流程活动。第 1 个阶段为规划，包括第 1、2 步；第 2 个阶段为预测，包括第 3～8 步；第 3 个阶段为补给，包括第 9 步。

1）制定框架协议。框架协议的内容主要包括协同合作的范围、各方的期望值以及为保证成功所需的行动和资源、合作的目的、保密协议、资源使用的授权、例外状况判定的法则等，它是所有业务的总纲领。

2）协商方案。根据共同的发展战略，由合作方基于共享业务信息制订共同的商务发展计划。合作方首先要建立战略合作关系，确定好部门责任、目标以及策略。项目管理方面则包括每份订单的最少产品数及倍率、交货提前时间等。此方案是进行以后各种预测的基石，方便了供应链上各部门间的交流和合作。

3）销售预测。销售商或制造商根据实时销售数据、预计的事务等信息来制订销售预测报告，然后将此报告同另一方进行协商，双方也可各自提出一份报告进行协商。

4）鉴别预测报告。根据框架协议中规定的异常标准，对预测报告中的每一项目进行审核，最后得到异常项目表。

5）协商解决异常。它是指通过查询共享信息、电子邮件、电话交谈记录、会议记录等来解决异常项目，并对预测报告作相应变更。这种解决办法不但使预测报告更加准确，降低了风险，而且还加强了合作伙伴间的交流。

6）订单预测报告。它是指综合实时及历史销售数据（POS）、库存信息及其他信息来生成具体的订单预测报告。订单实际数量要随时间而变，并反映库存情况。报告的短期部分用来产生生产指令，长期部分则用来规划。

7）鉴别预测异常。它是指确定哪些项目的预测超出了框架协议中规定的预测极限。

8）协商解决预测异常。解决办法和第 5 步类似。

9）生产计划生成。它是指将预测的订单转化为具体的生产指令，对库存进行补给。指令生成可由制造商完成，也可由分销商完成，取决于他们的能力、资源等情况。

以上 9 个步骤的运作模式的产生，在很大程度上为企业成功实行 CPFR 模式指明了方向。供应链上的企业可以依据自身情况，结合在供应链中的位置，依据流程图的指示，逐步地进行 CPFR 流程改造。由于运作模式分为 9 步，且步骤之间联系紧密，互相影响牵制，企业在实施过程中会遇到很多困难。因而，是否可以改进 CFPR 的业务流程，简化运作模式的复杂性，成为正在尝试 CFPR 实践的企业界最关心的焦点问题。

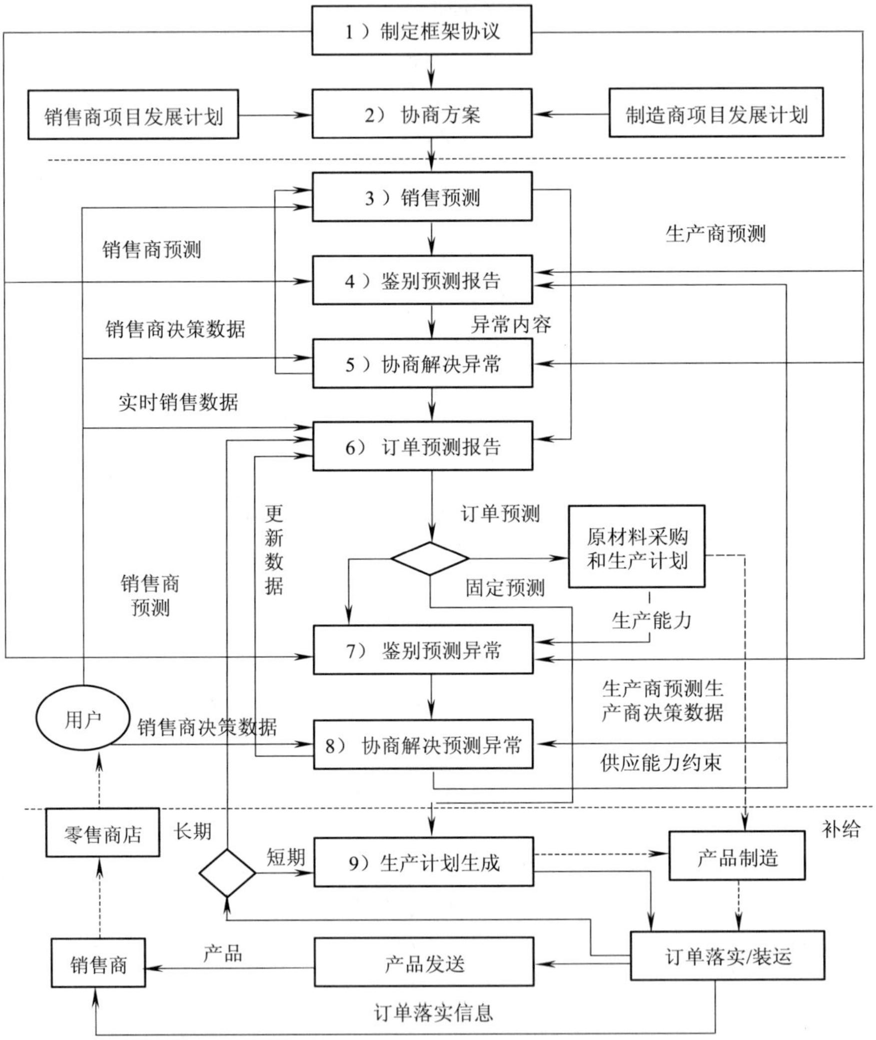

图 5-13　CPFR 的实施步骤

四、多级库存管理与优化策略

供应链中经常出现多级库存问题，如对多层级的分销进行管理，因此有多级库存管理

（MS）与优化策略，这是在单级库存控制的基础上形成的，其特点是：下游有多个分销商，上游有多个供应商，原材料和产成品等物流量较一般企业更大，将这种企业作为核心企业实施多级库存管理与优化，较适合用于大规模组装生产型企业。

【小贴士 5-8】

级库存

最早开始多级库存研究的学者是克拉克（Clark）和斯卡夫（Scarf）（1960），他们提出了“级库存”的概念：供应链的级库存=某一库存节点现有的库存+转移到或正在转移给后续节点的库存。

多级库存管理的策略有两种：一种是中心化（集中式）策略，另一种是非中心化（分散式）策略。

（1）中心化（集中式）库存管理策略

中心化（集中式）库存管理策略是将控制中心放在核心企业上，由核心企业对供应链系统的多级库存进行控制，协调上下游企业的库存活动，在协调供应链上各库存点相互关系的基础上，较全面地把握整条供应链系统的运行。

它将管理中心放在供应链核心企业上，这样核心企业也就成了供应链系统的数据中心，担负着数据的集成和协调功能，如图 5-14 所示。

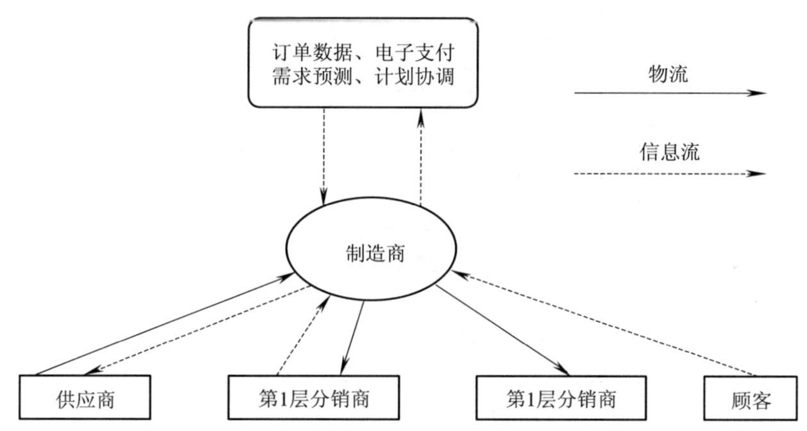

图 5-14　中心化库存管理策略

理论上讲，供应链的层次可以是无限的，从消费者到原材料供应商，整个供应链是一个由 n 个层次的供应链组成的网络模型，分为一级供应商，二级供应商，……，k 级供应商，再到核心企业（制造商）；分销商也可以是多层次的，分为一级分销商，二级分销商，三级分销商等，最后到用户。但是，现实中供应链的层次是越少越好。

采用中心化（集中式）库存管理策略的优势在于能够对整个供应链的运作有一个较全面的掌握，能够协调各个节点企业的库存活动。但是，中心化（集中式）管理策略在管理上的协调难度大，特别是供应链层次比较多时，协调问题更为突出。

（2）非中心化（分散式）管理策略

非中心化（分散式）管理策略是指供应链上各节点企业库存点独立地采取各自的库存策略，其库存订货点的确定，完全按照单点企业库存的订货点策略进行，即每个库存点根据库存的变化，独立地决定库存控制策略。

它把供应链的库存管理分为三个成本归结中心协调统一管理，即制造商成本中心、分销商成本中心和零售商成本中心，各自根据自己的库存成本做出优化的管理策略，如图 5-15 所示（其中 d—需求量；D—总需求；Q—采购量）。

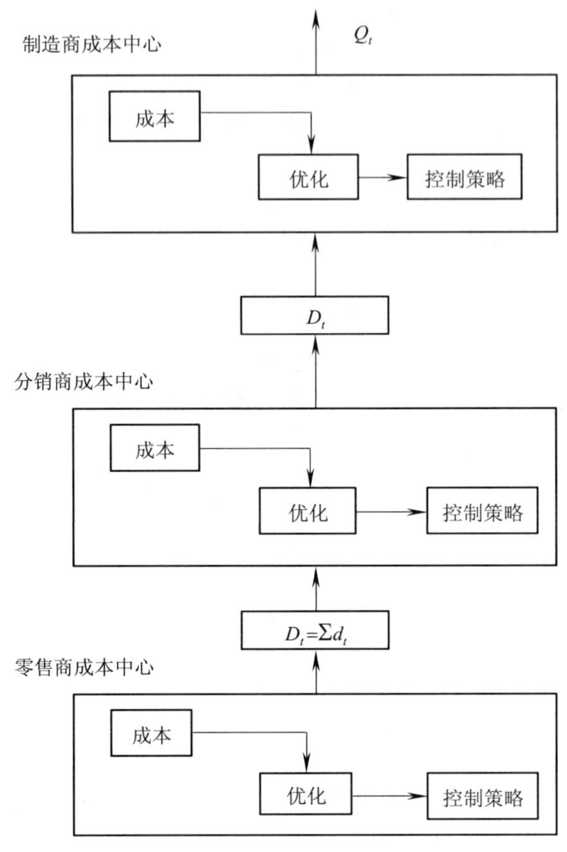

图 5-15　非中心化（分散式）库存管理策略

非中心化（分散式）库存管理要取得整体供应链优化效果，需要企业之间较好的协调性，需要增加供应链的信息共享程度，使得供应链的各个部门能够共享统一的市场信息。非中心化的多级库存策略能够让企业根据自己的实际情况独立快速地作出决策，发挥企业自己的独立自主性和灵活机动性。

【本章小结】

本章首先从库存的含义、库存类型、库存成本等几方面介绍了库存管理的基本知识，然后分别侧重于企业内部管理和供应链管理介绍了库存控制策略，从而解决电子商务库存问题。

本章的重点是介绍库存控制策略，特别是库存结构的控制策略，独立需求和关联需求两种情况下的库存控制策略，以及供应链管理情况下的库存控制策略。

【知识链接】

阅读材料：

[1] 唐连生，李滢棠．库存控制与仓储管理[M]．北京：中国财富出版社，2011．
[2] 张浩，等．采购管理与库存控制[M]．北京：北京大学出版社，2010．
[3] 金汉信，王亮，霍焱．仓储与库存管理[M]．重庆：重庆大学出版社，2008．

网站资料：

中国物流与采购网：http://www.chinawuliu.com.cn
锦程物流网：http://www.jctrans.com
中国大物流网：http://www.all56.com

【习题】

一、思考题

1．库存的类型有哪些？
2．对库存分类的方法有哪些？还有没有其他方法？
3．独立需求与相关需求下的库存策略有何不同？
4．如何进行供应链库存管理？

二、计算题

1．某产品的需求是每年 2 000 件，每个订单的成本是 10 元，每年的库存持有成本是产品价格的 40%，而产品价格根据订货批量变化的规律如下：

（1）订货批量小于 500 件时，产品价格为 1 元/件；
（2）订货批量在 500～999 件时，产品价格为 0.8 元/件；
（3）订货批量大于等于 1 000 件时，产品价格为 0.6 元/件。

请计算企业最佳的订货批量是多少？由此产生的总成本为多少？

2．某网店年均销售 1 500 件衣服，经济订购批量为 200 件，假设客户服务水平为 95%，即不出现缺货的期望概率为 95%。提前期内顾客需求的标准差为 25 件，提前期为 10 天，求再订货点。

3．某产品的需求是稳定的，每年 1 200 个，订货费为每次 16 元，每个产品的库存持有成本为每年 0.24 元，请计算下列情况下的再订货策略：

（1）订货至交货周期为 3 个月；
（2）订货至交货周期为 9 个月；
（3）订货至交货周期为 18 个月。

第六章

B2C 模式下的物流实务

【教学目标】

通过本章学习，分析 B2C 模式常见的物流问题，掌握现有的物流模式以及各种物流模式的优势和劣势，分析 B2C 企业在选择物流模式时要考虑的主要因素，并用 SWOT 分析选择物流模式。了解第三方物流企业的选择步骤，分析 B2C 电子商务模式下第三方物流发展中存在的问题与对策。分析电商企业自营物流的原因和成本，通过案例了解自营物流的实现和经营。

【教学指导】

由于信息技术和物流技术在不断发展，B2C 模式下的物流运营现状也不断变化，建议教师结合当前实际情况与教材上的具体理论进行分析。讲解时结合 B2C 企业当前的具体物流实践，从 B2C 中的 B 方和 C 方两个方面向学生提问，针对具体问题进行讲解。

【学习指导】

建议体验不同 B2C 网站的物流服务，注意观察不同的物流快递公司，从价格、速度、包装、服务态度等方面进行比较，从而有助于实务操作。

【导入案例】

B2C 电子商务物流：两大模式谁适合

2009 年 4 月初，京东商城对外宣布，投资达 2 000 万元的上海圆迈快递公司在上海正式成立。不久，“阿里巴巴将在华东建立电子商务配送网络”的消息也是不胫而走。一时间，仿佛中国的电子商务企业要开启一个“自卖自送”的新时代。然而，随着阿里巴巴有关负责人的出面否认以及其他各家电子商务企业的表态，才让人清楚电子商务企业并非都要自营物流炉灶，只是自营物流系统与寻找第三方合作的两大模式的分化已越来越明显。

1．阵营一：欲自营物流

上海圆迈快递公司的诞生在业内看来并不意外，因为京东商城成立物流公司早在计划当中。建立自己的物流渠道和设施，依靠自己的能力搞配送。这其实是京东商城一直青睐的策略。2008 年年底，在获得 2 100 万美元融资后，京东商城已决定将自营物流的进程提

速，为此刘强东表示，该笔融资中的 70%将用于物流配送环节的改善。根据战略规划，京东商城已陆续在天津、南京、苏州、杭州、深圳、沈阳、宁波等 14 座城市建立自有配送站，配送站网络逐步覆盖至全国 200 座城市。按照京东商城的测算，如果一个城市日均订单量超过 500 单，自营物流就是经济划算的，只是达到日均 500 单之前，需要一个时间的“提前量”，有一支成熟队伍首先在当地运营。

一般情况下，自营物流是为了保证配送的及时性和可靠性，从而保证配送质量，更好地为客户服务。同时，也希望借此能控制相关的费用。比如，如果委托第三方物流收款，回款时间相当慢，甚至可能达到 1 个月，一旦销售大到一定量级，占有的资金规模就非常可观。

然而，自营物流系统，并非想象中的那么简单。有没有必要？值不值得？这都是电子商务企业首先应考虑清楚的问题。并且，更为关键的问题是，电子商务和物流是两个不同的业务领域，电子商务企业去经营物流，是否在行？物流配送网络如何合理建设，以及物流部门如何具体运作？这都是需要认真筹划的问题。

总之，电子商务企业要真正建立起全方位的高效、快捷，能够满足客户需求的快递物流配送体系还需要艰苦漫长的努力。

2．阵营二：与快递合作

在京东商城自营物流公司之后，也传出了“阿里巴巴将在华东建立电子商务配送网络”的消息。不过随后不久，阿里巴巴相关负责人就出面澄清，阿里巴巴“绝不可能进军速递物流业”，只会采取和快递物流企业合作的方式为客户服务。据其介绍，阿里巴巴作为一个“成交平台”，为买家提供商品订购之外，也提供了“订购物流服务”。对于物流业，阿里巴巴只提供平台，而不会直接提供物流服务。

电子商务的快递发展，也带动了快递物流业的发展，而二者的紧密结合将是大势所趋。目前，大多数国内 B2C 电子商务企业也都选择将配送环节外包给专业的物流公司。不过，现在摆在 B2C 电子商务与其物流服务商之间的一个重要的问题就是如何提高物流服务质量。我们可以看到，决定服务质量的因素主要是物流服务商在服务中发生的物品丢失、破损的比例，服务态度状况，网点覆盖率，与电子商务企业的合作配合度及投诉的二次处理的时效、投诉的二次处理的比例等。

目前，多家快递及物流企业与电子商务企业有合作，也都具有一定的实力，但货品出库后配送环节的整个流程都掌握在物流公司，企业自身无法管控，时常面临配送不及时等监管困扰……种种因素让电子商务企业并不满意。

可以说，快递企业能否满足电子商务对快递服务的发展需求，将成为决定“电子商务与快递合作阵营”能否迅速扩大的至关重要的因素。

3. 各走各路，还是相互融合

两大模式的雏形已基本形成，但今后是否会各走各的路，井水不犯河水？还是会彼此借鉴，采取合作的中间路线？目前尚难以定论。

电子商务企业自营物流公司，其实也有自己的苦衷。业内人士分析指出，与美国、韩国等电子商务相对发达的国家相比，国内物流行业的落后是制约 B2C 电子商务发展的重要原因。因此只能通过自建快递公司，电子商务企业对配送周期、配送质量以及配送成本进行有效控制，与库房作业做到无缝连接，实现“自卖自送”，从而更好地为客户服务。

B2C 电子商务企业与快递企业合作，也并非完全满意。许多快递企业在宣传上或对客户承诺时，都是将客户利益放在第一位的，但是，真正将客户当作“上帝”来对待的少之又少。快递服务如果不能及时跟进，往往会拖电子商务企业发展的“后腿”。

在这种情况下，采取自营与外包相结合的配送模式，对于国内的B2C电子商务企业似乎更加实际。尤其适合那些拥有一部分物流资源，还不能满足商务扩展需要的公司——建立自己的配送体系投资太大，资金不足；对市场估计不足而害怕承担太大的风险；配送体系建设周期太长，不能满足自己的盈利期望等。

到底是自营物流，还是外包服务？目前只能说，适合自己的模式，才是最好的模式。

（资料来源：http://ec.yidaba.com/201105/131456401002100100021323717.shtml）

B2C电子商务无疑将带给消费者极大的便利，足不出户，就可以通过各种各样的网上商店买到所需的商品。但从现实的情况来看，把商品从虚拟的购物车里运到顾客家中一直是B2C电子商务的一个关键环节。这是因为，B2C模式下，客户端为独立分散的消费者，他们对商品需求数目较少而又分散，且所购商品一般为低价小件商品，这样相对物流费用来说所占比例较大，物流成本高且配送难度大。因此，解决物流配送问题一直是B2C电子商务发展的关键，B2C电子商务能取得多大的成功在很大程度上依赖于实际物流的操作，即能否按照客户的要求信息以较低的成本在正确的时间将正确数量的正确物品送到正确的地点。

第一节　B2C电子商务常见的物流问题与物流创新

【企业家观点 6-1】

“当当网在中国有10年，当当网的10年历史，也是中国电子商务快速发展的10年。那么由于这个互联网的特性，我们就需要广阔的货物配送覆盖面，我们在选择物流商的过程中，确确实实感觉到有一些困惑，困惑主要来自于两个问题。首先是目前大多数的快递公司，不支持货到付款。其次，就是可供选择的快递企业屈指可数。这给我们带来了居高不下的成本，阻碍了业务的发展，迫于无奈之下，现在大多数的B2C企业，只能用零散的快递公司来完成货到付款（COD）服务，于是这又带来了三个新的问题。

“首先这些企业规模小，抗风险能力很弱，导致在运作过程中甲方企业的风险非常大；其次是散，由于没有一家全国性的网络公司可以给你提供服务，所以不得不把触角延伸到地级城市，现在很多的B2C型的网购企业，选择了几十家甚至上百家的企业，非常分散，难以管理；第三个是乱，因为这些企业规模小，它的管理是不规范的，很多公司甚至连系统都没有，在信息传递过程中还靠原始的Excel表格，更没有一套完善的物流与资金流管理机制和制度。这种小、散、乱的局面，无疑加重了甲方企业在物流管理过程中管理难度的加大，资金的管理线也非常散、非常长。如果有一家专门为电子商务配套的企业，则未来的管理就会非常简单了。希望能够把现在几十家、上百家的物流供应商，变成两家、三家甚至一家，这对甲方的企业来说，无疑是个巨大的福音。”

——当当网总部物流总监　张昀

一、B2C 电子商务常见的物流问题

电子商务促使实物处理信息化，企业经营网络化，销售范围无限化，消费需求个性化、分散化，企业生产柔性化，这就要求相应的电子商务物流时效迫切化，物流服务定制化。信息化、自动化、网络化、智能化、柔性化是电子商务时代物流的新要求。但从物流配送的角度来看，商品定购的随机性和分散性往往会导致配送的批量小、频率高，这给配送路线规划、配送日程调度、配送车辆的合理利用带来更大的难题，容易造成物流成本的上升和物流服务水平的降低。商品的在途损坏、丢失等一般难以避免，对于无店铺经营的 B2C 企业来说售后服务尤其是退货问题，以及由此带来的额外费用往往阻碍了其自身的发展。

目前，许多国家和地区的物流技术落后、物流管理理念不强、社会化物流体系的不健全，物流问题成为电子商务发展的瓶颈。B2C 电子商务常见的物流问题如下。

1. 配送响应慢、时间长

消费者网上购物的目的就是寻求快捷、方便，可目前大多数 B2C 企业的物流现状却不能达到消费者的预期标准，往往消费者在网上完成购物过程后，就进入了漫长的等待期，实际到货时间距离购物时间较长，有时甚至货物杳无音信，消费者还要费尽周折询问商家送货情况，这样一来，消费者便对 B2C 电子商务失去了信心。

造成上述问题的主要原因有：

1）网站经营者的信息处理慢、处理流程长，网站后台支持系统不够完善，致使对客户订单的处理响应延迟，不能有效完成经营运作。

2）由于 B2C 的订单数量小，购物品种分散，B2C 企业很难寻求与上游供应商之间的稳定合作，于是，供货不能随时满足，导致消费者等待时间过长。

3）支付系统落后。由于 B2C 企业与银行系统尚未实现良好的对接，在线支付完成所需时间较长。

2. 配送成本高

由于送货量小、目标分散，B2C 企业的配送很难形成规模经济。加之物流配送体系不发达，很多 B2C 企业并没有得到专业的物流企业的支持，因此配送成本必然较高。高昂的配送成本可能会转嫁到消费者身上，从而弱化了 B2C 低价策略的优势。

3. 配送区域有限

由于配送网络不完善，B2C 企业试图建立一个覆盖全国的配送网络是很困难的。就我国而言，国内经济发展水平不均衡，不同地区的网民数量有很大差异，现有的配送体系基本局限在大中城市，对小城市及广大的农村地区显得力不从心。有的电子商务企业和配送企业在合作中出现后者对配送订单挑三拣四，使得 B2C 企业焦头烂额，造成无法送货最终会使消费者将罪过都归于 B2C 企业，这也严重影响了 B2C 企业的声誉。

4. 退货物流不完善、成本难控制

B2C 电子商务退货物流服务，是消费者在接收到商品，由于某些原因提出退货要求后，由电子商务平台满足其退货要求时提供的物流活动的结果。同正向物流相比，退货物流存在着时间的约束，包括退货政策规定、退货期限和承诺给消费者的退货完成时间，有对商品检验的要求，以及应对消费者已存在的不满意心理等要求。大部分 B2C 企业为了能够扩

大其市场份额和增加效益，不遗余力地采取各种方式增加其客户的购买，然而，对于退货问题却没有引起很大的重视。我国目前还没有关于退货或者是逆向物流的相关政策，并且在整个退货的过程中缺乏系统性，退货服务反应过慢。

对于由退货产生的物流成本方面，B2C 电子商务平台或在线商家几乎是束手无策，这一方面，目前没有相关的专业研究，只能从退货政策上采取约束的方式，并一一应对每一个产生的退货请求。由于缺少相关信息系统的支持，不仅对于物流成本无法控制，而且对于退货信息缺少统计分析，不能正确了解在庞大的退货问题背后主要的控制因素，只能被动地应对每一个退货问题。这使得退货问题对于电子商务平台而言，就像一盘散沙，而且数量不断地增加。更为重要的是，不仅仅是成本方面不可控制，这种条件下提供的物流服务也只能是应付而已，不能为消费者提供满意的服务。

5．相关的制度和政策法规尚未完善

与企业发展息息相关的融资制度、产权转让制度、税收制度等方面的改革还远不能适应企业发展的需求。现代 B2C 企业开展跨区域业务时也常常受到地方保护主义的困扰。

6．专业人才缺乏

国外电子商务和物流的发展实践表明，从业人员是否具有较高的电子商务和现代物流知识和操作经验，直接影响到企业的生存与发展。国外的物流经过多年发展，已形成了一定规模的物流教育系统，许多高校设置了相关课程，一些研究机构也斥资对此进行课题研究。相比之下，我国在这方面的教育还相当落后，人才严重匮乏，无法为电子商务和物流的协同发展提供足够的智力支持。

二、B2C 电子商务物流创新

对于 B2C 企业来说，只有将物流各个子系统有机地联系起来，统筹考虑，全面规划，不断创新，才能建立适应网络经济时代快速竞争要求的物流系统。从长期发展的战略角度来看，B2C 企业应着重从物流创新的角度对物流管理进行变革。

（1）业务流程创新

业务流程创新是指对 B2C 企业进行业务流程再造，加强与供应链管理的整合。低效、繁冗、僵化的业务流程将无法满足 B2C 电子商务这一快速、及时的交易模式。只有对 B2C 企业的业务流程进行再造实现信息技术、自动化与企业商业活动集成，才能充分发挥 B2C 电子商务的优势。

（2）组织结构创新

B2C 企业在进行业务流程再造时，应注意把传统的纵向一体化结构变革为现代的横向网络化结构，加快企业内部的信息传递；同时利用网络超越时空的特性，通过发展采购、库存、销售与消费者的直接关系，在较传统企业范围更大的领域内进行跨企业的业务流程再造，整合企业内外部资源。企业内部流程通过网络与外部环境之间形成良好的互动关系，最终使销售更贴近市场。

（3）物流技术创新

物流技术创新是指 B2C 企业应不断采用现代化物流技术，改变物流管理的理念。B2C

企业应根据自身目标和长远的发展选择合适的物流技术来支撑物流的发展，使企业自身能根据客户的具体定制要求进行配送，做到快速反应、敏捷配送，从而实现物流管理的柔性化。

（4）物流信息创新

物流信息创新是指 B2C 企业应推进企业信息化建设，搭建物流信息化平台。电子商务物流信息量大、交换频繁、传递量大、时间长，且物流从属于信息流，而信息流分布于各个环节，贯穿整个流程的始终。通常物流信息包括运输方式、支付方式信息、客户资料信息、市场行情信息、供求信息、库存信息等；物流信息传递是否标准化、规范化、流畅化、安全化是电子商务时代信息化的基本要求。B2C 企业应在业务流程再造和现代化物流技术应用的基础上加快自身信息化建设，将企业物流作业流程信息化、模块化、系统化；同时也要加快企业与供应商、物流企业之间的信息系统对接，搭建企业信息高速公路，从而促进物流管理链上各环节之间的信息沟通，推进企业物流管理的现代化进程。

（5）战略联盟创新

战略联盟创新是指 B2C 企业应发展第三方物流管理形成企业间战略联盟。物流设施力量雄厚、广泛的物流渠道和物流网络、丰富的物流管理经验、专业的物流人才等优势使得第三方物流能通过网络规模效应大大降低物流成本，加快物流配送的响应速度，能灵活地根据客观的经济及需要来完成各项物流任务。B2C 企业应注重与物流代理企业结成战略联盟关系，通过信息系统平台对接实现信息共享，通过对物流增值服务的开发如订单信息挖掘、未来产品推荐等来赢取电子商务时代商业先机。

【实用案例 6-1】

体验美国网上退货　感受当代电子商务的精髓

在美国网上购物已经是非常普遍的事情。如同商店购物总会出现不满意而去退货，网上购物自然也会遇上同样情况。从亲身经历中体验到，美国网上退货也简便易行。

曾在美国最大网上销售商亚马逊公司订购了一个数码相机，新相机试拍后将图片传到计算机上一看，发现有的照片非常清晰，有的照片却画面粗糙，后来才知道原因是这种相机只有数码变焦功能，没有光学变焦，因此利用数码变焦将远处景物拉近拍时画面质量就不好。这可是一个比较大的缺陷，购买时没有注意到这一点。笔者考虑再三，决定退货。

以前就听说网上购物最麻烦的是退货不方便，不像一般商店把东西拿回去，说退就退了。虽然同样是购物，但连亚马逊公司具体在什么地方都不知道，能顺利退货吗？但是，亚马逊公司的货单上明明白白地写着：“退货很容易。”真的很容易吗？

关于网上退货，美国不同的网站有不同的规定，听说有的要收手续费。笔者到亚马逊网站上找到退货处，根据提示，得知所购货物可以经过邮局或者 UPS 退回该公司。从该公司网站上打印一份带有条码的退货单，到附近邮局或 UPS 服务点投递即可。笔者的相机是 UPS 送来的，所以决定还是通过它来退货。

首先到 UPS 网站上查阅附近的服务网点，笔者发现空运服务点距离住处数百米外就有，地面运输服务点要稍微远一些。根据网上提示的地址，笔者找到最近的设有 UPS 空运服务点的一座办公楼，但进去后却找不到 UPS 的服务柜台，一打听才知道，原来这里是无人服务点，像退货这种情况，只要把要托运的物品包装好，把退货单贴在包装盒上，然后将包裹放到 UPS 设在楼内的货物箱里就行了，到时 UPS 就有人来把包裹取走。真是没想到，美国寄运包裹有时也可以像寄普通信件那样简单方便。

笔者又来到 UPS 地面运输服务点，服务人员热情接待。服务人员看看笔者的相机包装盒，说要再加个包装盒以保证运输安全。工作人员将相机包装好后，贴上笔者从网上打印下来的退货单，收了 1.5 美元的包装盒费，就告诉说："行了。"经打听，原来从亚马逊网站打出的单子是自动退货单，把退货单贴在包裹上，UPS 就会将物品自动送回亚马逊公司，然后由亚马逊和 UPS 结算运输费用，根本不需要顾客当场付费。

根据亚马逊公司的规定，如果退货是由于产品质量问题，或所交货物不符合顾客的最初要求，运费由亚马逊公司支付。如果是由于顾客本身的原因，运费则由顾客承担。没过几天，就收到亚马逊公司发来的邮件，内容大致为：退货已经收到，扣除运费后退还的货款将打入客户的银行账户。又过了几天，从银行网络查询退款已如数进入银行账户。至此，这次退货圆满结束。

（资料来源：http://zg.china-b.com/dzswzgks/alfx/20090817/261573_1.html）

思考与分析：这次网上购物和退货让你感受最深的是什么？

第二节 常见的 B2C 电子商务物流模式

从国内外发展历程来看，B2C 企业在寻找适应电子商务的物流模式方面进行了不断地探索和尝试，目前主要以自营物流模式和第三方物流模式这两种物流模式为主，以及在这两种物流模式基础上发展起来的另外一种模式——物流联盟模式，而经常提到的另外一种物流模式——物流一体化是物流市场完全成熟、完善时所能达到的一种状态，从专业化的角度来看其本质上属于第三方物流模式。

一、自营物流模式

自营物流模式是指电子商务企业为了更好地实现企业目标，而选择进行建设物流的运输工具、储存仓库等基础硬件的投资，并对整个企业内的物流运作进行计划、组织、协调、控制管理的一种模式，如图 6-1 所示。

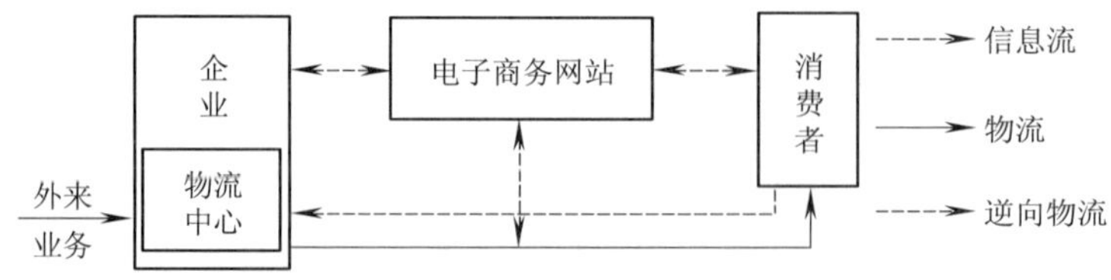

图 6-1 自营物流模式

目前采用自营物流的 B2C 企业主要有两类。

第一类是资金实力雄厚且业务规模较大的电子商务企业。由于国内第三方物流的服务水平远不能满足当时电子商务企业的发展要求，而这些企业又持有大量的国外风

险投资资金，为了抢占市场的制高点，不惜动用大量资金，在一定区域甚至全国范围内建立自己的物流配送系统。例如全球著名的电子商务企业亚马逊，自身拥有一套功能齐全完善、一点也不逊色于实体企业的物流系统。作为网上图书销售企业，它的库存图书很少，维持库存的只有 200 种最受欢迎的畅销书。亚马逊的配送中心按商品类别设立，不同的商品由不同的配送中心进行配送。这样做有利于提高配送中心的专业化作业程度，使作业组织简单化、规范化，既可以提高配送中心作业的效率，又可以降低配送中心的管理和运转费用。电子商务企业通过与供应商建立良好的合作关系，实现了对库存的有效控制。

第二类是传统的大型制造企业或大型批发企业经营的电子商务网站。这类企业由于已经在长期的传统商务中建立起初具规模的营销网络和物流配送体系，在开展电子商务时只需将其加以改进、完善，就可以满足电子商务条件下物流配送的要求。例如中粮集团，依托其传统交易环境下的配送网络，通过“我买网”开展其 B2C 电子商务，实现了北京市主城区及周边城区的全天配送。

1．自营物流的优势

在自营物流模式下，B2C 企业可以很好地控制物流运作过程、提高服务水平、加快响应速度，得到及时有效的物流信息，加快销售资金的周转水平，其具体优势如下。

（1）控制力强

在自营物流的情况下，B2C 企业拥有对物流系统运作过程的有效控制权，可以通过内部行政力控制自营物流运作的各个环节，同时可以加强供应链的控制水平。在这样的环境下，物流业务可以容易地与其他业务环节进行密切合作，可以保持企业系统内部的协调性、稳定性，提高物流运作效率。

（2）规范物流操作

物流作为电子商务的最后一个环节，物流的服务水平直接影响着消费者的购物体验，良好的物流服务可以帮助消费者解除对购物过程中商品完好、准时抵达的后顾之忧，同时还可能因此增加消费者对购物网站的回头率、带动销售业绩的增长等。

由于我国第三方物流企业发展水平参差不齐，相关的物流法律、法规得不到有效地贯彻执行，商品遗失、掉包、破损等现象经常发生，相关配送的保险金额有限，并不能很好地保护电子商务企业以及消费者的利益。因此，B2C 企业通过自营物流企业可以规范企业内部的物流操作，有效监控物流运作活动，不断改善、提升物流运作水平，最大程度地降低物流业务操作环节造成的不必要的损失，以提升消费者的购物满意度。

（3）反应快速、灵活

自营物流属于企业内部整个物流体系的一个组成部分，与企业经营部门关系密切，以服务于本企业的生产经营为主要目标，能够更好地满足企业在物流业务上的时间、空间要求，特别是要求物流配送频繁的企业，企业可以通过自身的行政力更好地传达上级要求，自身的物流也可以在短时间内作出及时的反应，可以更快速、灵活地满足企业要求。

（4）信息反馈及时、有效

由于物流系统属于企业的内部运作系统的一部分，可以与企业的其他系统的信息设备进行有效对接，在同样的信息系统下，物流系统可以与其他功能系统实现无缝连接，企业内部各部门都可以及时、有效地掌握商品的全部物流过程中信息状态、运作状态，从而实现企业内部的良性运转。

（5）加速销售资金的周转率和流动性

如果B2C企业将其配送业务委托给第三方物流企业，在这种情况下，很多第三方物流企业会提供代收货款的服务，这样会致使B2C企业的销售资金回笼周期长，由于第三方物流市场的不成熟性、企业信用低等原因，时常发生第三方物流企业卷款消失等不良状况，这样会给货到付款业务比例较高的B2C企业带来很大的资金周转压力。然而，B2C企业在自营物流体系下，就可以迅速地实现销售资金的快速回笼，加快资金的周转及流动性，促进企业快速地成长发展。

2．自营物流的劣势

虽然自营物流模式具有以上优势，然而B2C企业也需要认识到这种物流模式的不足。具体劣势如下。

（1）一次性投资大、成本高

虽然自营物流具有一定的自身优势，但由于物流体系涉及运输、仓储、包装等多个环节，建立物流系统的一次性投资较大，占用资金较多，对于资金有限、规模较小的企业来说，物流系统建设投资是一个很大的负担。

（2）服务对象受限

如果自营物流仅是出于满足企业自身的服务战略需求，物流系统的建设容易提高企业的经营成本。这是因为B2C企业的客户资料是企业的核心资源之一，为了更好地保有客户资料，其他的B2C企业不愿意共享或共用一套物流系统，因此，B2C企业的自营物流系统很难实现第三方物流企业的社会物流功能。

（3）区域覆盖范围有限

我国幅员辽阔、人口众多，各地区的经济发展水平、人文风情、人口分布不同，B2C企业自身通过自营物流的方式很难建立健全、完善的物流网络体系，因此，物流作为B2C企业内部的一个子系统，很难实现大范围的覆盖。

（4）需要较强的物流管理能力

自营物流的运营，需要企业工作人员具有专业化的物流管理能力，否则仅有好的硬件也无法实现高效经营。特别是我国的物流人才培养严重滞后，导致了我国物流人才的严重短缺，企业内部从事物流管理人员的综合素质不高，面对复杂多样的物流问题，经常是凭借经验来解决问题。

（5）风险大

由于物流并不是B2C企业所擅长的领域，而自营物流需要拥有一套专业的物流系统，这对于电子商务企业而言，前期巨额的物流投入可能得不偿失，达不到最初的战略目标或降低成本等目的，反而拖累企业的发展。

二、第三方物流模式

第三方物流模式（3PL）是指B2C企业将一部分或全部物流活动外包给专业的第三方物流企业去完成的物流运作方式，如图6-2所示。第三方物流随着物流业的发展而发展，是物流专业化的重要形式，物流业发展到一定阶段必然会出现第三方物流。

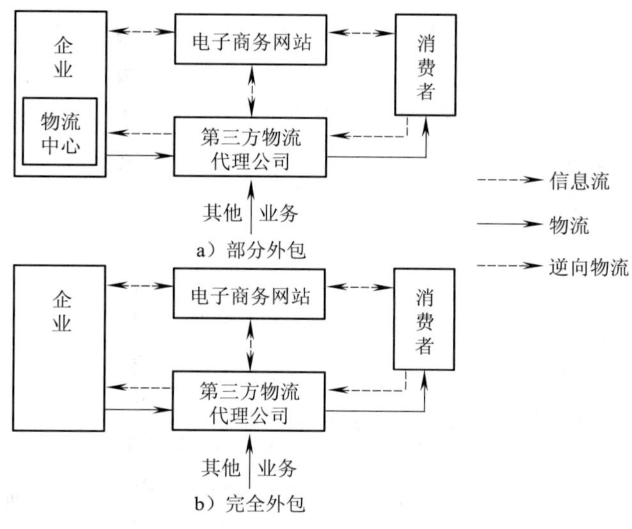

图 6-2　第三方物流模式

这种模式服务速度快、水平高，而且服务是专业化的、多功能的和全方位的，要求专业的物流公司在物流基础设施、人员素质、信息系统等方面有较强的实力。但是这种模式如果送货量太小，送货费用一般比较昂贵，因此多见于一些经营品种单一，专业化较强，而且物流配送成本占总成本比重较小的企业。一般做法是在自己的经营区域内，选择一家和多家的专业物流配送企业来承担其物流配送业务。例如，戴尔公司将其物流业务外包给 FedEx，亚马逊将其美国市场以外的业务外包给 UPS 等专业的物流企业，当当网的配送业务大部分都委托给了第三方物流企业。

1．第三方物流的优势

在竞争日趋激烈、社会分工日益细化专业化的经济背景下，第三方物流模式对于 B2C 企业而言，具有以下四个方面的优势。

（1）集中精力于核心业务

由于物流不是 B2C 企业擅长的领域，也不是企业发展的重点，也构不成企业的核心竞争力，因此，将物流业务进行外包可以说是一种比较理想的选择。同时，B2C 企业也把自身的主要资源集中在核心业务上，把物流等辅助功能留给物流企业，这样企业就可以集中资源，培育其核心能力，大力发展核心业务。

（2）降低物流成本

B2C 企业采用第三方物流模式可以有效地降低物流成本，主要表现在两个方面：一是减少固定资产投资，加速资金周转；二是规模化、专业化、信息化等优势的发挥会降低物流运作成本。

（3）提供灵活多样的专业化服务

专业化的第三方物流企业可以利用其健全的物流网络、先进的物流设施和专业的运作能力，为 B2C 企业提供灵活多样的专业化服务的同时，带给消费者灵活多样的高品质服务，为客户创造更高的价值。

（4）区域覆盖度较广

由于第三方物流企业可以整合社会资源实现规模效益，可以在其优势区域加大物流网络的构建，因此 B2C 企业可以通过第三方物流企业纵深扩大消费者对象范围。

从经济社会发展、专业化分工的角度来看，第三方物流必将成为社会发展的主流，第三方物流可以有效地整合社会资源，最大限度地实现资源共享。从长远来看，采用第三方物流是 B2C 企业选择的物流模式的趋势。

2．第三方物流的劣势

在当前我国网络购物环境以及第三方物流企业先进性水平有限的情况下，B2C 企业选择第三方物流模式还是具有一定的风险性，主要有以下几个方面的劣势。

（1）不能直接控制物流过程

B2C 企业将物流业务外包给第三方物流企业时，就意味着不能像自营物流那样可以对物流各环节的活动进行自如地控制了，物流的服务质量与效率不一定得到完全的控制与保证；在供应链中，由于过分依赖供应链伙伴，容易受制于人，在供应链关系中处于被动地位，供应链的控制能力差，对第三方物流企业的依赖相对增强。

（2）服务水平亟待进一步提高

由于在网络购物环境下，B2C 企业选择的第三方物流企业以配送、快递业务为主，然而，我国相关法律、法规并不完善，该方面行业从业人员整体素质水平偏低、设施设备落后。因此，在直接为消费者提供物流服务的过程中，往往由于操作不规范、服务意识差等原因，导致配送、快递业务方面第三方物流企业整体服务水平较差。

（3）响应速度慢

B2C 企业在采用第三方物流模式后，相关的物流业务交由第三方物流企业处理，使得 B2C 企业不能单独根据自身的促销、节日活动等制订完全符合企业自身发展需要的计划，而第三方企业也不会单独针对某一家 B2C 企业作出较大的调整。双方站在不同的立场上，使得沟通协调的有效性大大降低，最终的结果是，第三方物流企业不能及时、有效地对 B2C 企业作出反应。

（4）物流信息得不到及时、有效的反馈

第三方物流企业的信息服务平台并不能与 B2C 企业的服务平台实现无缝对接，往往网站上显示出来的物流信息滞后于商品物流过程中的真实情况，B2C 企业与消费者不能及时掌握商品的物流状态。

（5）覆盖区域有待增加

在我国，仅中国邮政速递一家企业可以延伸到中国的任何一个角落，其他的第三方物流企业很难实现全国范围内的有效覆盖，即使在其业务覆盖区域往往也只是延伸到县域级别，这与我国网络购物消费者的广泛分布形成了极大的反差，因此，B2C 企业需要根据第三方物流企业的实际情况，选择多家企业在全国布局，增加了物流的不确定性。

（6）资金回笼慢、有风险

很多第三方物流企业为 B2C 企业提供代收款业务，但是由于操作上的问题，代收款项往往不能及时回笼，从而降低了 B2C 企业的资金流动性并增加了经营风险，甚至有些信用不好的第三方物流企业出现卷款物消失的情况。

我国第三方物流总体尚未成熟，没有达到一定的规模化与专业化，缺乏合格的专业人员设计、评估物流系统，提供的服务质量尚不能满足外包方的需求，成本节约、服务改进的优势在我国并不明显。

【实用案例 6-2】

邮政物流系统

利用邮政系统送货是属于第三方物流模式的一种。邮政系统从事配送业务具有先天的优势，它有遍布城乡的运输、投递网络，有深入人心的“龙头老大”品牌优势，有多种类型的业务形式。美国联合包裹服务公司（UPS）就是最著名的例子。UPS 最初在电子商务上投资了 110 亿美元。当众多网上商店兴起时，物流配送很自然地选择了 UPS。

中国邮政目前处理的主要还是传统的邮递业务，还没能和电子商务完全接轨，要发展为现代化的物流配送服务还有很多不足之处，如邮政的实物运输、投递网还没有充分发挥其现有能量，邮政的仓储能力还远远不能适应物流配货的需求，服务观念水平与物流配送市场的需求还有很大差距。比如采用普通邮寄，一般居民区内用于投递报纸信件的标准邮箱很小，要塞进一本 2cm 厚的书籍都十分困难，大多数情况下都需要亲自到邮局去领，而且邮寄货品到达时间较长，消费者很难有这样的耐心。中国邮政业推出了 EMS 业务，这种业务可以货到付款，并且该业务在各国邮政、海关、航空部门均享有优先处理权，能够以高速度、高质量传递国际、国内的紧急信函、文件数据、金融票据、商品货样等各类文件数据和货物。中国邮政已与世界上 200 多个国家和地区建立了业务关系，国内已有近 2 000 个大、中、小城市办理 EMS 业务。采用 EMS 方式具有方便、快捷的特点，但这种方式却存在收费偏高的问题。如果这部分费用由商家承担，则会增加配送成本，影响经营利润；如果由消费者承担，则对于小件低价商品，消费者肯定难以承受。另外，采用 EMS 特快专递服务也很难保证在消费者期望的时间内将商品送到，仍然不能满足消费者对送货的“特快”要求。

思考：利用邮政系统送货的优缺点有哪些？

【实用案例 6-3】

淘宝网光棍节促销背后：物流爆仓行业间匹配度低

2010 年 11 月 11 日，淘宝商城（现已更名为“天猫”）率领平台上 150 家知名品牌展开“光棍节全场五折”大促销。当日淘宝商城总交易额达到 9.36 亿元人民币。

但商家的体会颇有些五味杂陈。“电子商务真的太疯狂了！”电话那端的博洋家纺电子商务总经理吴荣华，声音中透着焦虑和疲惫。“零点开始之前我很兴奋，零点零一分我就开始发愁了。”吴荣华所在的博洋家纺在光棍节促销日创下 2 156 万元的单日交易量，但狂欢很快变成了吴荣华的噩梦：从断货到爆仓，从缺货、缺人再到最后对第三方物流“听天由命”，以吴荣华为代表的品牌商在光棍节促销中亲历了电子商务的深刻洗礼。

1．疯狂的一天

“我那天晚上一夜没有睡觉，一直坐在公司电脑面前。”促销日开始不到 40min，吴荣华看到交易额跃过 500 万元关口时意识到：“这才是凌晨，天亮以后肯定要卖断货！”但事实比预期更疯狂：一个光棍节最终吃掉了吴荣华两个 1 000 万元，那是他为整个冬天备下的货品。汹涌的订单很快导致了断货。吴荣华说，这与淘宝网后台系统也有关——在快速销售过程中，淘宝对用户同时付款的情况无法分辨，导致最后付款成功的订单数会大于网店信息系统显示的“库存”数，即所谓“超卖”现象。“差不多每个单品都出现了超卖。我后来都在为‘如何调拨更多的货来卖’，‘如何在七天之内把这2 000万元的货发出去’想办法。”吴荣华表示。

光棍节促销两周过后，整个商城2 100万参与抢购的用户中仍有很多人在苦苦等待已完成付款却未能按时抵达的货物。随便打开一件热销产品的用户评价页面，几乎都能看到针对“龟速”物流的恶评。而诸多品牌网购旗舰店的首页飘扬着大幅的“感谢信”或“致歉信”。

“如果你零点零几分下单，可能当天出货；如果下午下单，就要过三四天才能出货；晚上才下单的，得七八天以后了。”申通快递市场总监夏祖彬告诉本刊记者，很多商家都遭遇“爆仓”。

“‘双十一’第二天，我就开始发货，原来我手里有四五十个人，但根本不可能支撑2 000万元的货在七天之内发完。”对吴荣华来说，更大的梦魇在于用户一完成订单付款就进入对物流配送的倒计时。他最后东拼西凑了近300人（其中甚至有物流公司帮忙找来的人手），“24小时不间断两班倒，足足干了七天”，才勉强完成配货打包任务。

非常时期，“七天发货”成了各商家努力实现的目标，一些商家无奈地打出这样的大标语——“由于发货量大，请亲们配合五天内不要查询快递”。此后，第三方物流从仓库接单后究竟还要几天才能将货物送达到用户手中，吴荣华只能“听天由命”了。

2．尴尬的第三方物流

“所有浙江地区往外发的货，比如你选择申通快递，都要先发到它在杭州的中转仓再发往其他省市。但申通每天最多只能处理15万件。”吴荣华说道，好不容易冲出商家备货仓库的货品又在物流公司的中转仓再次爆仓。被拉进去的货至少要再等上五到六天才能离开，被配送到下一级中转仓。

“用户收货时间大大拉长，简单地说你可以理解为物流问题，但深层次其实是两个行业之间的匹配度问题。”申通快递市场总监夏祖彬认为，淘宝网在做这种大范围促销活动时，在供应链方面也必须考虑到下游的配套物流服务商的能力，不应该单方面往前冲。“光棍节单天销量接近于平时交易量的10倍。”夏祖彬指出，平时淘宝商城的交易量大概1亿元左右，这种翻量是整个物流行业无法承受的。夏祖彬承认，申通在光棍节大促销时，自身配送运力也已饱和。平日申通在全国接单量在180万件左右，但光棍节令申通的日接单量达到220万件。申通最终不得不限制客户数，扩大运力也需时间。“以北京中转仓为例，从立场到选址再到买地建设，耗时两年，总投资1亿元。”夏祖彬如此解释为何物流建设周期无法与电子商务交易规模的发展速度“齐头并进”。

（资料来源：http://www.100ec.cn/detail--5520741.html）

思考：B2C企业和第三方物流如何协调发展？

三、物流联盟模式

物流联盟模式是指两个或两个以上的经济组织为实现特定的物流目标而采取的长期联合与合作，是一种介于前两者之间的物流组建模式，可以降低前两种模式的风险，且企业更易操作。电子商务物流联盟模式主要是指多家电子商务企业与一家或多家物流企业进行

合作，或多家电子商务企业共同组建一个联盟企业为其提供物流服务，为了实现长期的合作而组合到一起的组织方式，如图 6-3 所示。

物流联盟是为了取得比单独从事物流活动更好的效果，在物流方面通过契约形成优势互补、要素双向或多向流动的中间组织。其目的是实现联盟参与方的“共赢”，具有相互依赖核心专业化、强调合作的特点。企业间相互信任、共担风险、共享收益，不完全采取导致自身利益最大化的行为，也不完全采取导致共同利益最大化的行为，只是在物流方面动态合作，只要合同结束，双方又变成追求自身利益最大化的单独个体。

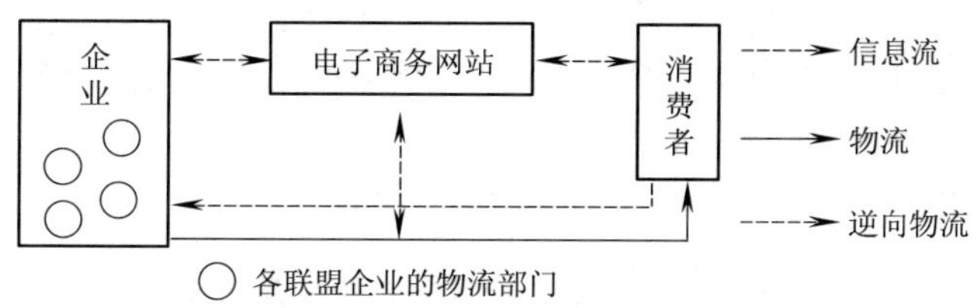

图 6-3　物流联盟模式

然而，由于客户数据属于电子商务企业的核心资源，因此，在 B2C 电子商务企业中几乎很难找到物流联盟模式的案例，这点也是值得众多专家、企业家深思的地方，或许电子商务企业可以在这方面开拓出一片天地。虽然在电子商务企业与物流企业的合作中，我们可以发现一家物流企业在配送几家电子商务企业的商品，然而从实质上看，这并不是联盟的真正形式，这种合作的背后仍然采用的是一对一的合作方式。

1．物流联盟模式的优势

B2C 企业与物流企业进行联盟的优势主要体现以下几方面。

（1）降低物流成本

B2C 企业可以通过物流联盟模式的形式有效地降低自营物流所需的巨大成本，同时借助于物流联盟的规模、专业化优势有效降低物流运作成本。

（2）提高服务水平

在物流联盟模式下，组建的联盟企业可以借助于电子商务的资金优势，配置专业、先进的物流基础设施设备，规范物流操作，培养企业员工良好的服务意识，从而提高电子商务的整体服务水平。

（3）扩大区域覆盖范围

借助 B2C 企业巨大的销售规模以及雄厚的资金、技术实力，联盟物流企业可以逐步扩大其覆盖范围，进一步完善其物流网络布局，深化物流覆盖度。

（4）专业化的物流服务

联盟物流企业属于第三方物流企业，可以通过组建专业化的物流队伍，针对 B2C 企业的发展要求提供具有针对性的专业化服务。

2．物流联盟模式的劣势

物流联盟模式并不是完美的模式，同样具有自身的不足，主要表现在以下几个方面。

（1）初期选择成本高

物流联盟模式的建立并不是件轻松的事，B2C 企业需要建立有一套完善的选择物流企业的标准体系来衡量物流企业提供的服务是否能够满足 B2C 企业的需求。

（2）控制权问题

对于在物流联盟中的领导控制地位一直是合作双方纠缠的问题，谁也不想轻易放弃自己在联盟中的主导地位。

（3）合作方式问题

目前联盟合作的方式主要有两种，股权式联盟和契约式联盟，这两种联盟方式各有自身的利弊，这对于 B2C 企业、物流企业而言都是一个头疼的问题。

（4）合作稳定性问题

联盟的稳定性一直是相关专家、学者研究的重点，解决的方式也存在多种情况，然而，面对风云瞬息万变的电子商务市场，B2C 企业、物流企业组成的联盟很难在较短的时间内实现战略调整，从而影响联盟的稳定性。

表 6-1 对这三种模式进行了详细的综合对比分析。

表 6-1　三种 B2C 物流模式的综合比较

比较项目＼物流模式	自营物流模式	第三方物流模式	物流联盟模式
控制能力	较强，可跟踪物流变化	失去对物流的控制权	一般
物流成本	前期投入成本大	成本低	成本较低
服务水平	可以不断改进提高，提供个性化的服务	因第三方物流而定，整体服务水平偏低	共同协商谈论
响应速度	比较快	反应稍慢	一般水平
信息水平	及时、有效	延后、不健全	及时、有效
服务对象	电子商务企业自身	没有限制	联盟组建企业
覆盖范围	有区位优势但是范围较小	覆盖范围较广	范围较广
专业化水平	缺乏物流专业管理人才，专业化水平低	专业化	专业化
选择风险性	高	相对较低	较高
资金周转	前期基本投入高，加大了固定资金的占有率；但销售资金回笼快，资金流动性好	销售资金回笼慢，影响资金的流动性	销售资金回笼较快，有利于加速资金流动性

【小贴士 6-1】

日本经验——利用便利店/连锁店就近配送

利用连锁商店配送是以零售环节为依托，在连锁商店的覆盖范围内进行物流活动，围绕连锁商店进行就近配送的一种 B2C 电子商务适用的配送模式。最典型的成功案例要数日本的便利店配送体系了。日本 B2C 电子商务起初并不发达，1998 年的 B2C 贸易量为 86 850 亿日元，仅占全体家庭消费的 0.02%，当时的水平落后于美国 4～5 年。但是其发展速度很快，到今天，日本的 B2C 取得了很大的成功，逐步形成了独特的 B2C 电子商务模式，并不断趋于完善。日本没有模仿美国建立庞大的配送系统，而是以遍布全国的几万家"康比尼斯"便民店为支点，实行就近配送。Lawson 和 7-11 是日本两个最大的"康比尼斯"连锁店，它们分别在自己的近万家分店安装了在线多媒体终端，提供销售图书、VCD、售票等服务。B2C 商家可以通过它们的连锁店来进行就近配货，并且日本包裹投递服务商可以把包裹放在最近的"康比尼斯"里，对于白天不在家的日本上班族来说非常方便。这不仅提高了包裹投递中心的效率，降低了商品投递成本，更重要的是大大方便了消费者。

第三节　B2C 电子商务物流模式选择

一、B2C 企业物流模式选择时要考虑的主要因素

B2C 企业到底是自营物流还是外包，不能一概而论。B2C 企业在进行物流决策时，应立足于自己的实际需要和资源条件，以提高自身的核心能力和市场竞争力为导向，综合考虑以下主要因素，慎重选择物流模式。

1．物流子系统的战略地位

在物流模式决策时，首先要考虑物流子系统的战略重要性，它是电子商务企业决定其采用何种物流模式的首要影响因素。物流地位越重要，企业自营物流的可能性就越大，反之亦然。而考虑物流子系统的战略地位，主要是看其是不是构成企业的核心能力，一般可以从以下几个方面进行判断：

1）它们是否影响企业的业务流程。

2）它们是否需要相对先进的技术，采用此种技术能否使企业在行业中领先。

3）它们是否是企业长期积淀的、在短期内不能为其他企业所模仿的。

如果得到肯定的回答，那么就可以断定物流子系统在战略上处于重要的地位。由于物流系统是多功能的集合，各功能的重要性和相对能力水平在系统中是不平衡的，因此，还需对各功能进行分析。某项功能是否具有战略意义，关键就是看它的替代性。如其替代性很弱，几乎只有本企业才具备这项能力，企业就应保护好、发展好该项功能，使其保持旺盛的竞争力。在外购时是采用第三方物流服务还是组建物流联盟，主要由物流子系统对企业成功的重要性来决定。在物流子系统构成企业战略子系统的情况下，为保证物流的连续性，最好是与物流公司长期合作，建立物流联盟；而在物流子系统不构成企业战略子系统的情况下，采用何种物流模式就要在顾客服务水平与成本之间寻找平衡点了。

2．企业对物流的管理能力

企业对物流的管理能力是影响其选择物流模式的又一重要因素。一般而言，在其他条件相同的情况下，如果企业在物流管理方面具有很强的能力，自营物流模式就比较可取。企业物流管理能力越强，自营物流的可行性就越大，而在企业对物流的管理能力较差的情况下，如物流子系统在战略上处于重要地位，则应该寻找合适的物流伙伴建立物流联盟，反之采用第三方物流较合适。应当注意的是：具备了物流能力，并不意味着企业一定要自营物流，还要与物流公司比较“在满足一定的顾客服务水平下，谁的成本更低”，只有在企业的相对成本较低的情况下，选择自营的方式才有利；不然，企业应该把该项功能分出去，实行物流外包。如果物流子系统是企业的非战略系统，企业还应寻找合作伙伴，向其出售物流服务，以免资源浪费。

3．对企业柔性的要求

随着科技的进步与经济的发展，企业要根据市场不断调整自己的经营方向、经营重点、市场、产品等问题，这就对企业的柔性提出了越来越高的要求。相对而言，外包物流能够使企业具有较大的柔性，能够比较容易地对企业业务的内容、重点、数量等进行必要的调整。所以，相对而言，处于变化发展速度较快行业中的企业，其商品种类、数量比较不稳定、非规则化，变动较多、较大，需要根据情况相对较快地调整其经营管理模式及相应的业务，为保证企业具有足够的柔性，应采用外购物流服务。而业务相对稳定，物流商品种类比较稳定、数量大的企业，对于企业的柔性要求比较低，采用自营物流的可能性就比较大。

4．物流系统总成本

在选择自营还是物流外包时，必须弄清楚两种模式物流系统总成本的情况。计算公式为：物流系统总成本=总运输成本+库存维持费用+批量成本+总固定仓储费用+总变动仓储费用+订单处理和信息费用+顾客服务费用。这些成本之间存在着二律背反现象：减少仓库数量时，可降低保管费用，但会带来运输距离和次数的增加而导致运输费用增加。如果运输费用的增加部分超过了保管费用的减少部分，总的物流成本反而增大。所以，在选择和设计物流系统时，要对物流系统的总成本加以论证，最后选择成本最小的物流系统。

5．企业产品自身的物流特点

对于大宗工业品原料的装运或鲜活产品的分销，则应利用相对固定的专业物流服务供应商和短渠道物流；对于全球市场的分销，宜采用地区性的专业物流公司提供支援；对于产品线单一的或为主机厂做配套的企业，则应在龙头企业的统一下自营物流；对于技术性较强的物流服务如口岸物流服务，企业应采用委托代理的方式；对非标准设备的制造商来说，企业自营虽有利可图，但还是应该交给专业物流服务公司去做。

6．企业规模和实力

对于发展成熟、达到一定规模的 B2C 企业，可以考虑建立自己的物流中心，通过制订合适的物流需求计划，保证物流服务的质量。另外，还可以利用过剩的物流网络资源拓展外部业务，为别的企业提供物流服务。当然 B2C 物流中心的涉及面未必广泛，在一些偏远的地方，依旧需要借助专业公司、快递服务或第三方物流的力量。例如，卓越对于外地订单，尤其是偏远城市，主要还是委托邮局邮寄，这部分大概占卓越总货量的 30%，还有一部分海外订单是由 UPS 来做的。

对于起步较晚或规模尚不完善的 B2C 企业，应合理利用第三方物流，原因如下。

1）将企业本就有限的资源集中于巩固和扩展自身核心业务之上。

2）供应商难以满足其小批量、多批次的货物提供，第三方物流可根据情况在货物配送中进行统筹安排，有效地降低成本。

3）减少企业资金投资和资金短缺风险。

4）第三方物流使企业能够拓展国际业务。

5）供应链管理思想使第三方与物流供需双方形成一种战略联盟关系，在共赢的基础上，保证企业对变化的客户需求作出敏捷反应。

6）第三方物流有利于提升社会效益。

7．第三方物流的客户服务能力

在选择物流模式时，考虑成本尽管很重要，但第三方物流为本企业及企业顾客提供服务的能力是选择物流服务至关重要的考虑因素。换言之，第三方物流在满足对原材料及时需求的能力和可靠性的同时，它对零售商和最终顾客不断变化的需求的反应能力应该作为

首要的因素来考虑。

二、应用 SWOT 分析法选择物流模式

SWOT 分析法是一种综合考虑企业内部条件和外部环境的各种因素，进行系统评价，从而选择最佳经营战略的方法。对于 B2C 企业来说，应用 SWOT 分析法选择配送模式的时候，主要考虑如下因素：一是潜在的内部优势（Strength）。比如企业在物流人才、物流配送成本、物流配送技术、装备、设施以及物流配送策略等方面的优势所在。二是潜在的内部劣势（Weakness）。比如物流设施落后，缺乏专业的物流管理人才和先进的物流管理经验，配送成本高等。三是潜在的外部机会（Opportunity）。比如宏观经济政策对物流业的鼓励和扶持、物流配送业务量的增长趋势等。四是潜在的外部威胁（Threats），比如经济环境不理想，竞争对手的物流成本大幅下降，高级物流管理人才的供求矛盾等。

B2C 企业应用 SWOT 分析法选择配送模式的具体方法是：依据企业发展的战略目标，找出对本企业配送活动及发展有着重大影响的内部及外部因素，并根据所确定的标准，对这些因素进行评价，从中判断出企业的优势与劣势，机会和威胁。在此基础上，选择适合自己的配送模式，如图 6-4 所示。

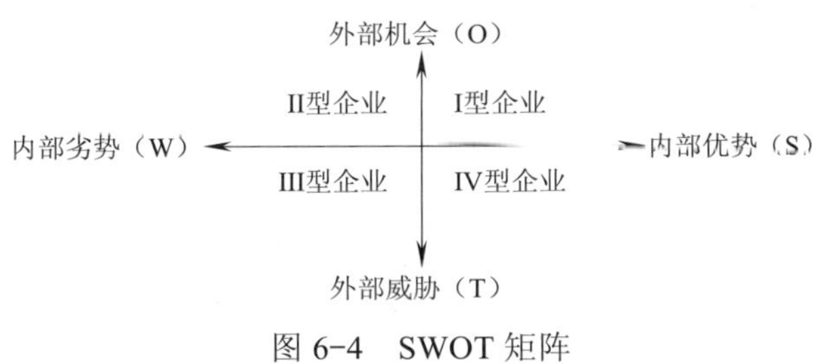

图 6-4　SWOT 矩阵

（1）实力雄厚的大型企业选择自营配送模式

对于 I 型企业（S+O）来说，这类企业具有很好的内部优势以及众多的外部机会，物流服务是其核心竞争力所在，自建的物流体系能充分发挥其核心功能，为企业的生产经营以及销售提供强有力的支持作用。从我国企业的具体情况来看，不少药业企业、家电企业、大型制造企业以及连锁商家等随着在全国范围内多年的经营，不少企业都有庞大的商品营销渠道，自身拥有良好的物流网络与相当现代化的物流技术和管理经验。随着网络经济发展，这些企业在经营电子商务时可通过不断整合自身资源，吸收外界资源，搞好自身物流网络建设，形成适合自我的物流配送体系。目前，海尔集团，以“一名二网”着力培育物流运营成为其新的增长点。

（2）物流业务外包是增强企业核心竞争力的最佳选择

对于大多数中小企业来说，都属于Ⅲ型企业（W+T），即内部存在劣势，外部面临强大威胁。这样的企业就应该减少内部劣势，回避外部威胁，选择物流配送业务外包的模式，集中各种资源，增强企业自身的核心竞争能力。如果盲目地建立配送中心，很可能造成人、财、物等方面的浪费。

（3）自营和外包相结合的模式使企业经营更具柔性

对于Ⅳ型企业（S+T）来说，具有一定的内部优势，如拥有自己的采购、仓储和区域配送中心。但随着业务的发展，企业面临一定的外部不确定因素，如果盲目扩建自己的物流配送体系，会给企业带来较大的投资风险，加上“最后一公里配送”覆盖面极广，运作烦琐，B2C 企业往往将其转由第三方物流代理公司来完成。而出于对库存成本、信息的掌控，防止突发情况带来的缺货损失，企业战略发展需要等考虑，B2C 企业往往会考虑建立和管理自己的仓库和配送中心。通过自营和外包相结合的模式，B2C 企业可以使经营更具柔性。进一步提高对客户的服务水平。

（4）物流联盟是 B2C 企业城市配送的主要趋势

目前，我国大多数 B2C 企业在进行城市物流配送时，如果已经建有自己的配送中心，面临巨大的外部机会，却受到内部劣势的限制没有明显的规模效益，属于Ⅱ型企业（W+O），就应该走战略联盟之路，选择共同配送的模式。共同配送模式可以削减企业间的竞争，从整体上提高从供方取得价格优惠的能力，降低采购成本。采用共同配送还可以优化物流资源，提高配送效率，降低物流成本。

第四节　第三方物流的选择与管理

一、第三方物流企业的类型

由于物流服务种类的多样性和企业物流外包形式的多样性，物流服务提供者的类型也是多种多样的。对于第三方物流企业的类型有多种划分方法。

按照物流企业完成的物流业务范围的大小和所承担的物流功能不同，可将物流企业分为功能性物流企业和综合性物流企业。功能性物流企业，又称单一物流企业，即它仅仅承担和完成某一项或几项物流功能。按照其主要从事的物流功能可将其进一步分为运输企业、仓储企业、流通加工企业等。而综合性物流企业能够完成和承担多项甚至全部的物流功能，包括从配送中心的规划设计到物流的战略策划、具体业务功能等。综合性物流企业一般规模较大、资金雄厚，并具备良好的物流服务信誉。

按照物流企业是自行完成和承担物流业务还是委托他人进行操作，可将物流企业分为物流运营企业和物流代理企业。物流运营企业就是通常人们所说的物流企业，实际上承担着大部分的物流业务。它们可能有大量的物流环境和设备支持物流运作，如配送中心、自动化仓库、交通工具等，可进一步按照业务范围进行划分。物流代理企业是指接受物流需求方的委托，运用自己的物流专业知识、管理经验，为客户制定最优化的物流路线、选择最合适的运输工具等，最终由物流运营企业承担具体的物流业务。它们同样可以按照物流业务代理的范围，分为综合性物流代理企业和功能性物流代理企业。功能性物流代理企业，包括运输代理企业、仓储代理企业和流通加工代理企业等。

【实用案例 6-4】

电商时代的中国快递业

快递是中国物流行业一个极为细分的领域（快递的对象通常是指适合以小包裹形态独立运输的物品，一般是以运输物品的重量作为划分标准，来区分快递与一般货运的区别）。1990 年以来，珠三角、长三角、京津塘由于特殊的地理位置与商业氛围成为众多民营物流

快递企业的发源地。其中，宝供物流是供应链物流的代表，德邦物流是零担货运的代表，顺丰则是快递行业的代表。这些企业多起于“草莽”，它们冲破了由物资、商业、运输三大传统部门掌握的运输资源，引入现代物流的理念与模式，推动了工商业成长，为中国物流业带来了第一次变革。

2006 年成为中国物流业的分水岭，按 WTO 规则，中国全面放开国际货代业务和国际快递业务。此前，中国物流行业的增长点还集中于海运、空运、零担货运和供应链物流方面，快递并未获得足够重视。彼时大家熟悉的“四通一达”（申通、圆通、中通、汇通、韵达）仍在生死线上徘徊，物流业的大佬聚会上，快递不过是个不起眼的小角色。

现在，形势则大为不同。目前民营企业在供应链物流、综合物流方面缺乏进一步向上的动能，以宝供为代表的物流企业竞争力没有获得持续提高，反而将资源投向地产等领域。与之相反，快递行业则在持续高速发展。

在华南，顺丰用高标准和良好的服务体验打造出了中国快递行业迄今为止的最高水平。在 2010 年中国物流行业排行榜中，顺丰以资产计排名第 14 位，排在其前后的都是中国传统物流的大佬们，它们脱胎自国有企业，从事的多为能源、矿产等垄断性行业的运输。

在华东，集体出身于浙江桐庐的“四通一达”的创始人们，借助电子商务带来的巨量快递规模飞黄腾达，那些几年前还在村里谋生的亲戚、朋友转眼间成为这些企业割据一方的“诸侯”。

在京津，盘踞着中国快递行业数家庞然大物，它们体制僵化、条块分割、缺乏活力，正面临着向现代物流业的进一步转型。鲜有的几家上规模的民营企业则在发展道路上经历了曲折，它们在综合物流、供应链物流还是快递作为主业方面一度徘徊，并因此错失良机。

快递业近几年的飞速发展主要受益于网购市场的不断升温。2010 年，中国电子商务交易额达到 4.5 万亿元，同比增长 22%；2011 年淘宝网日交易额最高达到 19.5 亿元，而这些都要靠快递完成最后的交易。未来两年，中国网上零售交易规模有望突破 10 000 亿元（占全年社会商品零售总额 5%以上），这为快递行业带来无限的想象空间。

“电商时代”将成为中国物流业再次变革的爆破点。由此，快递业成为竞争激烈而又炙手可热的行业，其在信息技术、流程管理、客户服务、战略规划方面进步迅速，正在领先物流业其他分支。中国物流行业投资与利润的重心开始从生产经营的前端即 B2B 下的工业物流、项目物流，向后端即 B2C、C2C 下的快递配送倾斜。

（资料来源：http://www.iceo.com.cn/shangye/37/2011/1020/232647.shtml）

思考：电商崛起将如何重塑物流快递行业的生态圈与市场格局？

二、第三方物流企业的选择步骤

如果企业经过分析，决定将物流功能外包给 3PL 企业，那么，就应该对待选的 3PL 企业进行慎重的评价和选择。3PL 的选择步骤一般包括以下几个方面。

（1）组成跨职能的团队

物流作为企业的一个重要职能，涉及企业运作的多个层次、多个方面，它的选择是一个复杂的工作，在大公司尤其如此。因此，有必要会聚与物流有关的专业人才，组成跨职能的团队。

（2）设定目标

跨职能的团队经过收集各方面的建议和看法，为企业的物流运作设立一个可行的与企业战略相匹配的目标。

（3）确定客户服务需求

B2C 企业通过调研，了解目标客户的服务需求，在此基础上确定企业的客户服务水平。

（4）制定选择标准

B2C 企业根据企业的战略、物流目标、客户服务需求制定待选的 3PL 企业的规模、服务范围及具体的运作绩效指标等选择标准。

（5）列出候选名单

B2C 企业在调研的基础上，确定满足标准的候选企业名单。

（6）候选人征询

B2C 企业与候选企业进行有效的沟通，了解其有无合作的意向，如果有，向其发出招标书。

（7）现场考察

在招标过程中，B2C 企业招标负责人应到待选的 3PL 企业进行现场考察，深入了解他们的经营历史、运作绩效、内部管理等方面的情况。

（8）候选者资格评审

B2C 企业应邀请有关的专业人员利用分析工具对候选企业进行最后的资格评审，并在此基础上选择 3PL 企业。

三、B2C 电子商务下第三方物流发展的对策

为了适应 B2C 电子商务发展的需要，第三方物流企业应不失时机地抓住机遇，认真制订本企业的发展对策。针对 B2C 电子商务下我国第三方物流企业面临的主要问题，具体对策如下。

1．制定严格的准入评估制度

首先，根据制定的制度对物流企业进行评估，只有具备相应的资质、实力，能够满足送货要求的物流企业才可与之进行合作；同时要定期对其资格进行审查，当出现问题时，要求对方及时改进，否则就撤销与对方的合作，及时更换物流企业。这样可能会给 B2C 企业带来一时的损失，但却可以保证物流配送的服务质量，使顾客满意，获得顾客的信任。

2．加强对合作物流企业的管理

B2C企业在与物流企业签订合同时，在合同中要明确配送要求。比如，要求对方在收到货物后，必须在规定的时间内完成配送，在货物损坏时，要有相应的赔偿措施等；同时在实际运营中，要求有相应的监管措施，当由于送货造成的投诉达到一定程度时，建立责任追究制度并制订相应的惩罚措施。为了督促物流企业按约送货，B2C 企业可以与结盟物流企业签订严格的合同，物流企业须先交部分押金，货送到并将货款交给 B2C 企业之后，B2C 企业才交还押金，并付给物流企业运送费，定期结算。这样也可以降低货款回收的风险。

3．加强配送中心建设、规范配送中心管理

为了加快货物配送速度，B2C 企业有必要选择一些配送量较大的城市建立地区配送中心，承担该地区的配送业务。配送中心是 B2C 电子商务配送活动的承担者，配送中心的运

作效率直接决定着 B2C 企业的物流配送的水平。配送中心的建设主要包含了两个方面：一是确定配送中心的选址、规模，配送中心的建设应体现其供应链末端的反应能力，为建立适应 B2C 电子商务的城市末端配送体系奠定基础。配送中心的选址要考虑到配送的范围，集货渠道的距离，实际交通状况，又要考虑时间、费用和经济效益等因素。B2C 企业应该根据其实际经营的需要，合理、高效地建设配送中心，配送中心并不是越多越好，而应该以满足 B2C 企业的经营需要为最终目的。二是配送中心的内部管理问题。对现有的配送中心，B2C 企业应该以实现配送和配送管理的现代化为目标，对配送中心的流程、技术、管理等各方面进行改造，要使其做到流程合理、作业自动化程度高、管理科学。

4. 组建配送联盟

组建配送联盟就是 B2C 企业与电子商务企业或物流企业加强合作，通过共同配送来扩大规模，降低成本。组建配送联盟，可以使物流量得到保证，容易产生规模效应；同时，可以实现资源共享，降低经营管理成本。良好的联盟关系还可以降低电子商务企业的库存量，提高物流配送速度，提高物流服务水平。具体运作方式方面，多家 B2C 网站可以合作，将自己的货物配送业务交给某个第三方物流配送公司，这样由于业务量的加大，可以获得第三方物流公司的优惠，进而降低成本。第三方物流公司也可以同时承接多家 B2C 企业的送货业务，增强自己的竞争力。

第五节　自营物流策略的选择与经营

一、B2C 企业选择自营物流的原因

【企业家观点 6-2】

既然物流成为这个行业最大的瓶颈，也是阻碍电子商务企业盈利的最大障碍，我们为什么不以此为基础来发展自己的核心竞争力呢？

——京东 CEO　刘强东

退货不退款、订单凭空消失、订单付款后通知无货、购买商品迟迟不发货、货物损坏丢失，快递公司频频“爆仓”、快递变“慢递”……随着 B2C 企业的快速发展和网上消费量的持续增长，货品配送压力与日俱增。尤其是节日期间，这一问题更显突出。B2C 企业选择自营物流的原因可以总结如下。

（1）第三方物流能力不足

国内第三方物流能力落后，无法满足电子商务公司的需求（如递送成本、效率速度、服务质量等）；第三方物流地方割据严重，全局配送能力有限，不能提供覆盖全国的专业服务；第三方物流运力不足，频繁出现节假日、促销日的爆仓；第三方物流业务不规范，丢包、偷吃等现象严重，导致用户投诉猛增。

（2）B2C 企业提升用户体验

自建物流体系能够更好地掌握从“仓库–消费者”各个环节情况（包括电商界经常头

痛的“最后一公里”），提升服务质量及效率，如可以更快送达货物，并且能更个性化的交付（POS机刷卡、夜间交货等）；自建物流体系能更好地提升现金回流速度，缓解资金周转压力，中国大部分网购用户仍习惯货到付款；自建物流体现能传播品牌，推出进行针对消费者的营销等举措。

（3）塑造核心竞争优势

正如上述第二点所示，自建物流可以非常大地提升用户体验，在网上价格越来越透明的情况下，拥有更棒的体验就会更好地留住用户。自建物流还可以帮助B2C企业更快地拓展业务品类，并且在一、二线城市外，快速抢占三、四线城市市场。从长远来看，B2C企业通过对物流管控，可以节省相关成本。

（4）出租物流服务赚钱

在出租物流赚钱上，亚马逊是电商界的表率（需要指出一点，亚马逊的物流与通常所说的物流有所不同。亚马逊主要建设的是覆盖全美的仓储库房，以及物流运作背后的高效信息系统，至于配送工作则是交给FedEx、UPS等完成的）。国内主要B2C企业目前均推出第三方开放平台，这意味着其有机会在此平台上推出物流开放服务，并借助开放的物流摊薄自建物流成本，获得新收入来源。

【实用案例6-5】

凡客诚品的物流策略选择

凡客诚品（VANCL），由卓越网创始人陈年创办于2007年，产品涵盖男装、女装、童装、鞋、家居、配饰、化妆品七大类，支持全国1 100个城市货到付款、当面试穿、30天无条件退换货。创立四年以来，凭借极具性价比的服装服饰和完善的客户体验，凡客诚品已经成为网民购买服装服饰的主要选择对象，但是公司在发展的过程中同样面临着物流策略选择问题。

最初其自营物流的最主要原因，是为了资金回笼快。如果按照以往的经验，很多消费者选择货到付款，如果将物流外包给第三方快递，资金回笼将会有账期。但是，2007年春节，凡客诚品的生意规模迅速扩大，凡客诚品的服务承诺是同城配送时限为24h到门。陈年清楚地意识到，消费者在互联网购物后，心理上的需求是能尽快看到货品。因此，他决定在北京、上海和广州建立自己的物流仓库——而这三个城市是中国网络购物环境最成熟，也是凡客诚品订单最多的城市。

据凡客诚品的物流负责人王先生介绍，北京的仓库面积接近 5 000m^2，上海和广州的仓库各2 000m^2，凡客诚品在全国的物流队伍多达100多人，不过他们只配送1/3的订单，目前外包了 2/3 的物流配送给宅急送、腾讯达等物流公司。他透露，凡客诚品目前每天往全国配送6 000张左右的订单。北京市是订单最多的城市，每天要配送 3 000多张订单。

在凡客诚品的配送中心里面，仓库的工作人员在忙碌地拆开从加工企业送来的衬衫、T 恤和休闲裤，检查并贴上标签，重新包装，放入银色的凡客诚品盒子里。不仅实现了自有品牌效应，更通过物流增值服务，让C端消费者快速、满意地接收到高质量、高服务的产品，令客户满意度提高的同时，也增强了品牌知名度。

（资料来源：丁怡，胡昊．电子商务企业的自营物流模式[J]．物流工程与管理，2011，33（1）：90－92）

思考：凡客诚品为什么要选择这种物流模式？

二、B2C 企业自营物流的成本分析

作为自营物流的 B2C 企业，其物流成本主要包括：库存控制成本、运输成本、配送成本、包装成本、人员成本等。

1．库存控制成本

（1）库存资金成本

库存资金成本主要为货物所占资金，资金量越大，凝结在库存中的成本越大。合理的库存是解决资金链和资金流的最有效办法，为了实现库存成本的最优，可以研究一下企业的市场销售，在预计销售情况后，以不影响正常营业为前提进行库存的最低保有量管理。

（2）库存周转率成本

库存的周转率也是库存控制成本中一个重要的因素。库存周转率也是决定库存成本的重要一环，库存的周转率直接决定着库存的大小，是库存存量控制的有效保证。

（3）库存的折损率成本

库存的折损率成本，即库存控制中的商品保管损益，库存折损成本也是库存控制中的一个重要环节，这在直接关系库存成本的同时也关系到商品的质量与客户服务及售后。

2．运输成本

1）运输工具的选择。这里所说的运输成本主要是采购的大批量运输成本，即当库存在一定的水平下需要进行采购，而采购的数量和频度又决定着整体的库存成本，如用载重 10t 的运输工具装载采购量为 5t 的货物就是一种浪费，因此运输成本要结合库存控制、正常营业等情况进行合理的采购和运输工具的选择。

2）运输中的损耗。合理的运输工具和合理的外在包装是减少运输中损耗的关键。

3）运输周转率。最优运输路线的选择和最优运输工具的选择（运输工具的性能），直接关系到库存周转率是否可以有效进行。

3．配送成本

这里主要指按订单进行终极配送，即根据客户的订单将客户订购的商品及时快速地送达，凝结于这部分的成本主要和上面的运输成本相类似。但是因为上面的运输是以干线运输为主，而此配送成本在包含上面的情况时更加细致，因为要直接面对客户，缺少了干线运输的很多粗略性，如在运输损耗方面缺少了整体化的包装而容易出现问题，再有合理的配送路线的选择，相同配送路线上不同节点的配送选择等。

4．包装成本

这部分主要分为干线的运输包装和终极配送包装。干线运输包装相对容易，因为可以进行同类大批量统一化的包装，这个包装成本主要是包装材料。终极的配送包装较复杂，因为不同的客户订购的商品不同，包装也不同，多种包装混杂在一起，造成了很大的包装成本，再有就是包装在运输中对商品的保护直接关系到商品在运输与配送途中的损耗。

5．人员成本

除了人员的工资成本外，人员的选择和管理也将在以下方面影响总成本。

1）库存控制需要人对长期的库存数量进行分析，对市场进行分析，对未来可预见的情况进行分析，对库存存量进行有效地把控以最小的库存实现最优的库存运营。

2）商品损耗，整个物流活动中人的因素是最关键的，因为一个有效的装卸、库管、配送人员能将商品损耗降到最低，因此有效的鼓励和激励能减少损耗。

3）包装的选择在制定可行的统一标准的同时更要进行人的培训，因为人是直接接触者，能够有效地把控包装成本与包装的质量。

4）运输与配送，人员在很大程度上决定了运输与配送以及整体供应链管理的效率，同时也决定了 B2C 企业的服务。

结合以上几点，进一步分析 B2C 企业自营物流中的成本节约，对每个点的成本进行优化可以实现成本的相对降低，但是如何使得自营物流成本降到最低或者盈利呢？

1）物流量的增加。物流量的增加可以降低干线运输成本，但是库存控制方面的成本相对会增加，因此如何实现物流量增加但使库存成本相对不高是 B2C 企业需要着重考虑的问题。

2）额外收益的增加，即在降低物流成本的同时还有额外的收益。

此两点可以使自营物流成本降到最低，甚至物流可以作为一个盈利点出现。物流量的增加可以减少干线物流的成本，而增加的量是外单带来的商品数量。库存的开放，在降低本公司库存量的同时将空余的货架存放合作伙伴的商品是可以收获相当数量的库存保管费的。共同的支线物流量增加能降低支线物流的相对成本。因此 B2C 企业同一些产品线相对不重叠的企业合作，相对开放自己的所有物流设施具有以下优势。

1）遍布全国的物流体系与库房等设施，可以吸引希望开发全国市场的客户。

2）长期以来的包装经验，能有效降低合作伙伴的损耗。

3）自有商品与合作伙伴的商品的整体运输能有效降低干线与支线运输的成本。

4）遍布全国的物流同时也能解决自己同客户的售后问题。

5）多家电子商务企业提供统一的物流配送能有效提升客户体验度。

6）统一的标准会获得合作伙伴的广泛欢迎。

如此操作给自营物流的 B2C 企业带来的好处如下。

1）物流成本的降低，货流量的增加能降低企业货流的成本。

2）额外收益的增加，如出租库房、外单的配送费用等。

3）网购客户的有效开发，品牌的植入。

【实用案例 6-6】

电商企业融资与物流建设

以京东商城、当当网、凡客诚品三大典型电商为例，不难发现电商企业融资与物流建设相应生辉。具体情况见表 6-2。

表 6-2　三大典型电商企业融资与物流建设情况

企业名称	融资事件	融资金额（US$ M）	物流建设情况简介
京东商城	2007 年 8 月，获得今日资本 A 轮投资	10	京东商城于 2009 年开始自建物流体系。目前，在北京、上海、广州、成都、武汉建有物流中心，自建物流体系已经覆盖 60 余个城市
	2008 年 12 月，获得今日资本、雄牛资本等 B 轮投资	21	
	2010 年 1 月，获得老虎基金 C 轮投资	150	2010 年，京东商城投资 2 000 万元成立上海圆迈快递公司，支持本公司的物流配送
	2011 年 3 月，获得数字天空技术 D 轮投资	500	2011 年，京东商城筹建“亚洲一号”项目，其在上海嘉定购置了 260 亩土地，打造亚洲最大的现代化 B2C 物流中心

（续）

企业名称	融资事件	融资金额（US$ M）	物流建设情况简介
凡客诚品	2007 年 7 月，获得联创策源、IDG 资本 A 轮投资	N/A	2010 年，凡客诚品自建了“如风达”快递公司，目前约有 200 名配送人员，实行一天两送的配送策略。未来，将把“如风达”配送业务扩充到杭州、无锡、山东、广州、深圳、江苏、浙江等 10 个地区
	2007 年 12 月，获得联创策源、IDG、赛富 B 轮投资	10	
	2008 年 7 月，获得启明创投、联创策源、IDG 和赛富 C 轮投资	30	从仓储方面，凡客成品已经在北京、上海、广州、西安、成都、武汉等 10 地建立分仓，仓库面积已经超过 20 万 m^2
	2010 年 4 月，获得老虎基金 D 轮投资	48.8	
	2010 年 12 月，获得永宣、联创策源、IDG 资本、赛富亚洲、老虎基金等 E 轮投资	100	2011 年，凡客诚品加快自建物流速度，旗下自建物流如风达将实现对 28 个城市的全境覆盖，开通 400 多个站点，自建物流员工人数将达到 5 000 人
当当网	2000 年 2 月，获得 IDGVC 及软银中国 A 轮投资	6	2011 年年初，当当网宣布着手牵头组建一个由当当网控股的配送服务公司将打造独立的物流开放平台，为电子商务企业提供商品储存、分拣、包装及全国 1 200 多个城市的货到付款（COD）服务
	2004 年 2 月，获得老虎基金 B 轮投资	11	
	2006 年 7 月，获得 DCM、华登国际及 IDG 资本 C 轮投资	27	从当当网自身物流建设来看，目前，当当网已建设北京、上海、广州、成都、武汉、郑州 6 个物流中心
	2010 年 12 月，当当纽交所上市	272	

资料来源：清科数据库 2011.08 www.zdbchina.com

三、自营物流的路径与管理

不同的 B2C 企业要根据自身情况选择合适的自营物流模式，打造良好的用户体验。最初自营物流的投入都会很高，而且不赚钱。B2C 企业选择自营物流的城市时，不仅要看有没有订单量支撑，还要看其区位优势和未来的潜力，自营物流提供的快速配送和良好的服务显然会提升该地区订单量的增长。因此，自营物流最重要的是要选择有潜力的物流。

1．垂直一体化模式

所谓垂直一体化模式，是指从配送中心到运输队伍一手包办的全链条模式，这种模式最大的优势在于可以掌控物流的各个环节。不过，这种模式将改变 B2C 企业的轻资产模式，使以现金高周转为命脉的 B2C 企业变重，更多的资金会投入在物流建设中。这种模式显然较为适合资金实力强大的 B2C 企业，如京东商城和苏宁易购通过打造垂直一体化模式得以进一步提升用户的物流体验。

2．半一体化模式

所谓半一体化模式，是指自营物流中心和掌控核心区物流队伍，而将非核心去物流外包。这种模式相对于一体化模式节约了大量资金，但因自建配送体系只在核心地区，使其服务半径缩短，非重点市场的客户则享受不到快捷的物流配送。这种模式依然适合于具有一定规模的 B2C 企业来运作，因为从本质上说，这种模式同样是一种“重资产模式”，需要大量资金沉淀到物流业务上。例如，1 号店是国内首家网上超市，主要采用半一体化物流模式，为了降低货损率、提升物流效率，还推出了“托盘共用体系”。2013 年，其食品饮料、百货、消费电子三大类目均实现了翻番增长，手机在线销售的市场份额已经跻身中国 B2C 电商行业前三名。

3．“租赁+外包”模式

“租赁+外包”模式是指租赁物流中心，同时将配送环节全部外包。这种模式最大的优势是减轻了 B2C 企业的资金压力，加速了资金的周转，其劣势同样明显——难以掌控。它要求有一个专业化的第三方服务平台，包括高效的第三方物流公司，以及能提供高品质物流中心的第三方物流地产企业。如果“第三方”的发展跟不上，这种模式下的物流服务品质则很难得到保证。当当网和国美在线等 B2C 企业都选择了这种模式。

从目前的情况来看，自营物流本身已经形成了模式突破，但在客户端形成良好的服务更是自营物流的关键。要想让底层的物流人员提供好的服务，将物流变成 B2C 企业的生产力，从搭建物流队伍到考核方式都必须与传统第三方物流公司不同。

首先是选人和培训。由于传统物流公司迅速增长的业绩和快递员日益增加的配送单量，基层快递员已经习惯了快速标准化的配送，没有品牌服务的意识。好乐买的快递公司为了打造服务型快递，招收的都是完全没有快递行业经验的人，这种类型的快递员反而更容易按照服务的标准要求培训出来。从培训角度来看，培训没有经验的人远远好过培训那些有经验的人。

其次是考核方式。传统物流公司考核的一个重要指标“妥投率”，其标准就是用户签收。在这样的指标下，“妥投率”和配送数量决定了基层配送员的收入。这时，基层配送员基本没有耐心和时间等待用户试穿，谁签收的、用户是否满意都不是基层快递员考虑的问题，他们只希望在单位时间内配送更多的货。好乐买的考核指标不仅是妥投率，还包括服务态度、投诉率等指标，其中的一个重要方式就是让快递员每天送货量不饱和，降低送货数量，留出一定的时间做服务。

【本章小结】

本章首先分析了 B2C 电子商务平台面临的物流问题，考虑的出发点主要是平台自身的实际情况、物流的业务特点以及整个物流活动各参与方的现状和需求，介绍了 B2C 电子商务物流创新的方向。在此基础上，分析了现有做法的优缺点，给出了物流模式选择的具体措施，并详细讲解了第三方物流模式和自营物流模式在运作时的具体事项。

【知识链接】

阅读材料：

[1] 严建援，等. 电子商务物流管理与实施[M]. 北京：高等教育出版社，2006.

[2] 高功布，等. 电子商务物流管理与应用[M]. 北京：电子工业出版社，2010.

[3] 黄海滨，等. 电子商务物流管理[M]. 北京：对外经济贸易大学出版社，2007.

[4] 孙瑞者. B2C 电子商务物流模式选择[D]. 重庆工商大学硕士学位论文，2011.

[5] 戴志申. 浅析 B2C 电子商务环境下的第三方物流配送模式[J]. 企业家天地，2008（7）.

[6] 陶海蓉. B2C 电子商务企业物流配送模式的选择研究[J]. 中小企业管理与科技，2009（4）.

[7] 孟馨. 我国 B2C 网上商城的物流运作研究[D]. 对外经济贸易大学硕士学位论文，2006.

网站资料：

中国物流联盟网：http://www.chinawuliu.com.cn

京东商城：http://www.jd.com/

敦煌网：http://seller.dhgate.com/

【习题】

思考题

1. B2C 电子商务物流模式有哪些？各有哪些优缺点？

2. B2C 电子商务的物流目前存在哪些困难？

第七章

C2C 模式下的物流实务

【教学目标】

通过本章学习，了解 C2C 模式下第三方电子商务交易平台常见的物流问题，掌握分析此类物流问题的基本思路和处理问题的方法。了解现有物流运作模式的改进方向，掌握在平台上交易的普通商户处理物流问题的策略和操作实务中的技巧。

【教学指导】

由于网站在不断发展，网页也不断变化，建议教师结合当前实际情况与教材进行比较并分析，可通过网页截图说明。讲解时可补充其他案例，可补充“淘宝大学”的 PPT 讲解，可分别提问网上购物和网上开店的学生，针对具体问题，结合网站背景讲解。

【学习指导】

建议上网观察本章涉及的网站，实际开展网上销售或网上购物活动并体验和比较不同的网站，特别要注意不同网站的物流服务。注意观察不同的物流快递公司，从价格、速度、包装、服务态度等方面进行比较，同时上网进入讨论版看看对其物流服务的评价，从而有助于实务操作。

【导入案例】

淘宝网“大物流”平台上线

最近，家住天津的 Sandy 觉得很累。

Sandy 是浅水湾商城的掌柜。2006 年，Sandy 在淘宝上开了家化妆品店，每天靠着开直通车在淘宝上疲命作战，终于成了三钻商家。但最近每天下班后，烦琐的发货越来越让她觉得力不从心。为了缓解压力，Sandy 花 2 000 多元请了一个发货员，再加上仓库的租金，Sandy 越来越觉得这淘宝店没什么赚头了。

其实，不仅是 Sandy，淘宝上这样的卖家还有很多。每天，淘宝网上卖家发出的实物包裹达到 500 万件，不少生意红火的卖家经常埋头于繁琐的包装、贴运单、寄邮包中，而发货员工资、运费等成本也成为卖家越来越沉重的负担。

继 2008 年阿里巴巴入股物流公司后，6 月 11 日，淘宝网宣布“大物流”平台上线。通过物流宝平台，卖家在接到订单之后，订单信息（商品、买家地址等）可以直接到达仓库，由仓库相关人员完成拣货、配货、包装、配送等后续一系列工作。

对于 Sandy 这样的卖家而言，大物流计划的推出确实带来了一些实实在在的好处。但是这样的好处大家是否都领情？淘宝网和物流公司这几年情感纠葛又将何去何从呢？

对于淘宝网来说，物流向来是很纠结的一个元素，从曾经放言“绝对不做物流”到最近入股物流企业，淘宝网与物流公司的命运已经渐渐绑定在了一起。淘宝网方面表示，此次“大物流”是淘宝网规划已久的，但业内人士认为，淘宝网“大物流”慌忙上线，是因为面临较大的压力。

独立 B2C 的发展也给淘宝网带来了影响。京东商城 2009 年年底获得的风险投资大半投入到自建物流，凡客诚品、当当网、卓越网、红孩子（现已被苏宁易购收购）、新蛋网等均为自建物流，并悉数进军百货商品，这些均给淘宝网 C2C 平台及 B2C 平台造成极大压力。

中国电子商务高级专家、中国移动研究院专家及智囊团成员庄帅表示：淘宝网原来商品丰富、价格低的优势慢慢在被独立的 B2C 取代，而假货、诚信问题、政策监管导致的卖家成本上升等问题却逐步暴露出来，其电子商务老大的地位受到严重的威胁。

去年淘宝网与四大快递公司因“涨价、决裂”事件闹翻，之后淘宝网与星辰急便快递公司达成战略合作，雄心勃勃准备启动大淘宝战略下的“大物流”计划。事隔半年，这个计划终于浮出水面，用马云的习惯性说法，这是他第四个小儿子“物流宝”。

（资料来源：http://tech.qq.com/a/20100621/000526.htm）

第六章介绍了 B2C 模式的物流实务，以独立开展电子商务的规模公司为主，除此之外，还有许多小公司和个人（商户）是通过一个独立于买卖双方之外的第三方交易平台来进行交易的，即通常所说的 C2C 模式。这样的平台有许多，比如淘宝网、敦煌网、宇商网、慧陪网等，这些平台本身和商户都存在物流问题。本章先以淘宝网和敦煌网为例，介绍第三方交易平台的物流实务，在此基础上介绍在平台上交易的普通商户应如何更好地解决自身的物流问题。

第一节　交易平台常见的物流运作模式

以淘宝网为典型代表的电子商务平台在发展初期通常不涉足物流问题，主要关注如何吸引并实现买卖双方在这个平台上交易的问题，实现了信息流的通畅，即在网上实现买卖双方的信息互动，以支付宝的形式实现了资金流的通畅，而物流问题则由买卖双方自行解决。但是随着买卖双方需求的不断提高以及竞争压力的不断增加，电子商务平台对于物流问题已经非常纠结，在经历了许多波折后正式启动了“大物流”计划，下面在对这些物流问题分析的基础上介绍一些常见的处理方式及其优缺点。

一、物流问题的分析

要解决交易平台的物流问题应首先对问题本身进行分析，分析时应结合平台自身的实际情况，不但要对物流的业务特点进行分析，而且要充分考虑到整个物流活动各参与方的现状和需求。

1. 平台自身情况分析

对于交易平台的自身情况，应主要考虑公司的实力、业务特点和发展战略，即从宏观

层面回答：要不要发展物流、发展到什么程度、以什么方式发展等问题。比如在导入案例中淘宝网本无自建物流计划，但最终还是决定以“大物流”的方式解决这一问题。“大物流”计划是一种以信息管理为主的联合发展的物流模式，之所以出现这种形式，是与淘宝网的实际情况分不开的。

淘宝网自身没有完善的物流体系，只能借助于其他公司的力量，完全自建物流是不现实的，至少在短期内做不到。但是淘宝网有其自身的优势，具备资金结算的能力（支付宝），信息处理和系统开发能力强，能够开发出实用有效的物流信息和运作管理平台。此外，淘宝网经过多年的发展积累后，对于合作方的管理和控制能力也大大提高，公司综合实力强，物流提供商对淘宝网有信任感，网上巨大的交易量必然带来相应的物流需求，这就保证了基本的物流业务量，因此许多物流公司愿意加入到这一平台中进行合作并接受统一管理。

敦煌网则不一样，其综合实力、业务量和业务特点与淘宝网都不同，是一个为中小商户开展国际贸易服务的交易平台。其业务特点决定了公司的物流解决方式必然要与国际快递公司合作，这是因为在敦煌网上交易的主要是外贸业务，货物的接收地点在国外，普通公司很难独立完成全程的物流任务。虽然近年来敦煌网得到了长足的发展，但也产生了新的物流问题，如本书第六章提及的成本太高等问题。尽管其业务量不如淘宝网，不能效仿“大物流”的做法，但是在这一平台上开展业务的外贸公司是相对固定的，也就是说物流的出发点相对固定，物流量相对有规律，因此可以对国内物流环节进行优化和整合以提高效率并降低成本，详细方案见本章第二节。

在分析平台自身情况时，也要考虑周围的经营环境，分析的方法可以采用 SWOT 分析法（见第六章），也可以采用其他方法，如迈克尔·波特（Michael Porter）的五力分析模型。五力模型是 20 世纪 80 年代初提出的，对于企业战略制定产生了全球性的深远影响，主要用于竞争战略的分析，可以有效地分析客户的竞争环境。五力分别是：供应商（对于电子商务平台来说是物流合作伙伴）的讨价还价能力；购买者（平台上的商户）的讨价还价能力；潜在竞争者进入的能力；替代品（其他物流方式）的替代能力；行业内竞争者现在的竞争能力。

无论采用什么方法，对于电子商务平台而言应首先思考以什么思路发展物流、发展到什么程度等战略问题。比如在导入案例中，淘宝网面临着电子商务迅猛发展的大好机会而迅速扩张，但是受到其他竞争的压力和消费者需求的压力，买卖双方产生了不满和投诉，当初淘宝网没有自建物流计划，但是却充分地考虑了信息管理、流程管理、综合协调和规范管理能力强的优势，也考虑了自身没有物流网络的劣势，最终进行了发展“大物流”的综合服务平台的战略选择。

2．物流特点分析

以上分析是从战略层面进行的，此外还应从战术层面进行分析，即相对具体的业务分析，特别是对物流特点的分析。对于第三方交易平台而言，由于其服务的对象是来自全国或全球各地的买卖双方，交易的商品种类繁多，数量和规格差别很大，因此存在以下特点。

（1）整体业务量大

交易量是电子商务交易平台得以生存的首要因素，截止 2012 年 11 月 30 日晚间，阿里巴巴集团旗下淘宝网和天猫 2012 年总交易额已经突破 1 万亿元，也正是因为有了这个交易量，才产生了更多的物流需求，2012 年上半年日包裹量已超过 1 200 万件，由于业务量越大其规模效应越大，总成本越低，因此这为“大物流”的发展提供了可能和机遇。

（2）品种多、批量小

在电子商务平台上交易的商品，另一显著的物流特点是品种多、批量小，以淘宝网为例，在线交易的商品中与物流有关的至少涉及服装、鞋包配饰、户外运动、珠宝手表、数码、家电、美容护发、母婴用品、家居建材、美食特产、日用百货、文化玩乐、汽车及汽车用品等十多大类，涉及商品上万种，每种商品的包装、运输有不同的要求，但是每笔交易量却不大，许多买家只是单件购买，这为物流的实现增加了难度。

【小贴士 7-1】

关于“第三方交易平台”的定义

本书之所以定义淘宝网为“第三方交易平台”，是由于从商品交易的角度来看，淘宝网是独立于买卖双方之外的第三方。但从物流的角度来看，参与整个物流活动的还有物流公司（第三方物流），因此淘宝网是除了买方、卖方和第三方物流以外的第四方，所以也有人称之为“第四方物流”，但是严格来说，第四方物流更是一个供应链整合方案的提供者和实现者。从发展趋势来看，这种交易平台正在发展“大物流”并有可能介入供应链的整合。

（3）物流路径复杂

相对于独立开展电子商务的公司，电子商务交易平台的物流路径比较复杂。对于 B2B 模式的电子商务，由于交易双方都是公司，其发货点和收货点相对固定，因此可以采用自营物流或外包的方式解决。对于 B2C 模式的电子商务，虽然客户相对分散，可能分布在全国各地，但是发货点是相对固定的，因此可以采用自营、设点或联合经营的方式，对于小件商品且到货地点分散的可以直接外包给快递来解决。而电子商务交易平台上的买卖双方数量大、分布广，因此从总体来看必然出现多个发货点和更多的收货点的情况，从而形成了多节点的复杂物流路径的物流状况（见图 7-1），这与邮政以及各快递公司面临的问题类似，需要数量足够和分布合理的物流网点才能解决。

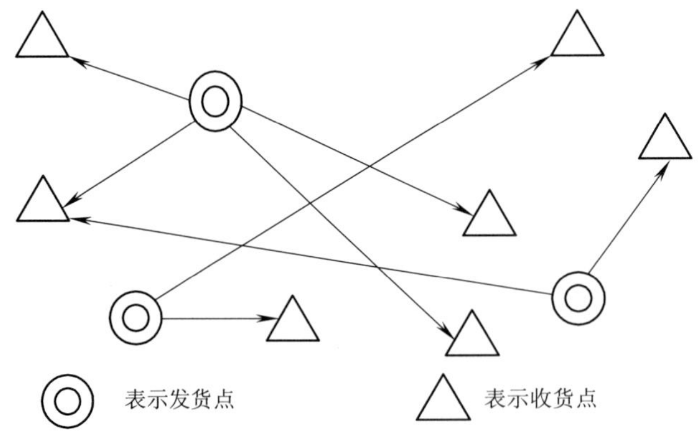

图 7-1　物流路径示意图

正是由于电子商务交易平台的物流问题具有以上三个显著的特点，才形成了淘宝网不得不与其他物流公司合作的现状，既然是合作就要顾及物流公司的需求和服务能力，而且

必须要对物流公司规范管理，因为淘宝网最终还是要为线上交易的买卖双方服务的，因此应对电子商务的各个参与方进行需求分析，也就是说应尽量满足各个参与方的需求。

3．各参与方的需求分析

前面的分析是具有战术意义的，在此基础上应进行更具有可操作性的分析，这就要求对在电子商务交易平台上交易的各参与方进行需求分析，在保证满足各方需求的基础上做出决策。

（1）买方的需求分析

对于买方而言，选择网购的原因有方便、省钱、信息量大等，但是买到的物品还是要花运费的，尽管许多商家有购买量达到一定程度可免运费的优惠，但羊毛还是要出在羊身上的，因此多数网络买家对物流的要求是少花钱，能在尽可能短的时间送达，要求送达的物品是正确的且不能损坏，这就对物流提出了：价格、时间、品质三个方面的基本要求。

（2）卖方的需求分析

卖方的目的是盈利，由于买方有到货时间的要求，因此卖方也有同样的考虑，并有物流的包装等要求，这就需要有某个专业的物流公司参与。此外，卖家通常会有一定的库存，这就涉及一个仓储问题，如果自己不能解决，也需要物流公司解决，为了降低物流成本，卖方通常会与物流公司协定长期协议。但是单个卖家的每一笔单子通常比较小，而物流应尽量具有规模效应，即几家的物流量共同形成物流规模，这就需要卖家之间形成某种联盟，通常状态下这种联盟很难实现，但在淘宝网这样的平台上是有可能的。

（3）物流提供方的需求分析

专业的物流公司是物流服务的提供方，常见的物流公司以快递服务公司为主，如宅急送、圆通快递、申通快递、中铁快递等。对于这些公司而言，一方面想取得足够的业务量；另一方面有降低成本的需要。零散的业务无疑增加了工作量，因此同样需要形成规模效应，并同样存在一个联合经营的问题，此外还应方便结算，在开展正常业务时通常是现金交易，要么先付运费，要么到了以后付运费，但是在淘宝网这样的平台上，可以实现更加灵活、便捷的运费支付方式。

二、常见的运作模式

对于上述物流问题，不同平台在不同的时期处理方式不同，但几乎所有的电子商务平台在发展初期都是通过第三方物流来解决的，网上的卖方也基本如此，并多数是自己联系物流公司的。但是，随着业务的发展这些平台开始出现了不同的物流运作模式，下面以淘宝网和敦煌网为例加以说明。

1．战略合作伙伴的运作模式

淘宝网在运营初期只是引入几家规模较大的物流公司并形成战略伙伴关系，如引入申通快递等公司以满足网购不断增加的物流需求。但是，这种简单的合作模式还是出现了问题，特别是 2009 年的集体涨价事件，使得淘宝网不得不重新审视现实的物流问题。其实从 2008 年年底开始，物流公司已经满负荷运转了，受金融危机影响，2009 年上半年传统商务客户的业务量减少，但淘宝网所产生的物流实际业务需求量却增长了100%。各物流企业开始恶性竞争淘宝业务，竞相压价。随着 2009 年下半年经济复苏，物流业务量增加了许多，大多数快递公司已经觉得力不从心了。虽然公司投入了大量的人力和车辆预防，但是北方大雪导致

很多快递公司的业务几近瘫痪，出现了仓库“爆棚”的现象。

【实用案例 7-1】

传申通快递封杀淘宝：物流公司酝酿集体涨价

早报讯：申通快递“封杀”淘宝网？市场总监昨从上海赶来澄清“不是封杀，但会暂时调价”。

“申通，卖家喊你来收快件。”“我前天下的单子，到今天还是没有人来取，果然是强的。”“13 日发的货，到现在还没有看到影子啊”……

近一周来，在淘宝网帮派推荐物流的论坛中，到处“飘”着这样的帖子。随后又有人在网上发了帖子：申通快递有人表示，淘宝压价太厉害，没办法做了，申通要封杀淘宝网，其他物流公司也要跟进，要集体涨价。真相到底是什么？

昨天中午，记者根据网上公布的电话，拨通了申通快递在杭州的联系电话。811 客服表示，受之前北方大雪影响，货物积压现象很严重，为了尽快把它们送出去，目前暂时不接新单子。记者随后又拨打了申通快递市区内几个营业厅的电话，得到的答案都差不多。

淘宝网公关部的颜乔对申通“封杀”淘宝的消息，表达了三点态度。第一，申通快递目前和淘宝网的合作正常。第二，运费是市场行为，是物流公司和卖家之间的协议，淘宝网不可能限定价格或从中获利。目前在淘宝平台上为卖家服务的物流公司有十几家，即使申通快递退出，也不会对淘宝用户产生影响。第三，北方大雪对快递影响非常大，这是天气不可抗因素，目前各个物流公司都在积极处理，希望卖家和买家耐心等待。

为了澄清“传言”，申通快递市场总监夏祖彬昨天一早从上海赶到杭州，并接受了本报记者的专访。夏祖彬表示，2007 年 8 月，申通快递正式进入淘宝推荐物流平台，当时和其竞争的也只有圆通一家。目前淘宝网的业务量大概占申通快递总业务量的五六成，这么大的市场，怎么可能轻易“封杀”。出现“封杀”一说的导火线是前段时间的北方大雪。天气原因导致区间运输堵塞，城市末端配送一下子爆了，现在申通快递各地所有的人 24h 在想办法运输货物，员工全部超负荷工作。在这样的情况下，可能有几个大的淘宝卖家联合压价，导致部分工作人员情绪失控。

虽然“封杀”之说不实，但涨价的消息还是得到了确证。夏祖彬表示，根据目前的运转情况，从上周五开始，部分城区申通快递的价格已经进行了调整，浙江也在调价的范围内。希望通过这种手段分流货物，减轻运输压力。不过夏祖彬强调，调价是特殊时期的特殊手段，如果邮路通顺了，会恢复之前运价。

（资料来源：2009 年 11 月 23 日《今日早报》，http://tech.sina.com.cn/i/2009-11-23/09093615033.shtml）

思考：

1．如果你是一个买家，遇到这种情况会抱怨物流公司还是直接抱怨卖家？会对淘宝网有意见吗？

2．如果你是一个卖家，遇到这种情况会抱怨物流公司还是对淘宝网有意见？

3．如果你是物流公司，能否不涨价？对淘宝网有意见吗？

2．大物流的运作模式

由于采用传统的战略合作伙伴模式难以解决淘宝网这样复杂的物流问题，2010 年 6 月

11 日，淘宝网宣布正式推出淘宝“大物流”计划，这个计划是一个线上平台与线下物流配送体系对接，前端平台展示与后端物流管理能力对接的网购物流服务网络。在这个网络里，可以替淘宝网的商家们完成销售货物以外的所有物流工作，包括仓储、加工、分拣、包装、递送等全方位物流服务。这一“大物流”计划的实施，可帮助商家节约物流成本约 20%～30%。对于买家，可跨店铺多次购买，一次收货，只付一次运费，甚至无需承担运费。

淘宝的“大物流”计划是通过“物流宝”这一在线平台实现的，计划里共包括了三大块内容，分别是基于物流信息、交易消息和商家系统全面打通的淘宝“物流宝”平台，以及淘宝物流合作伙伴体系和物流服务标准体系。

该平台是由淘宝物流联合国内外仓储、快递、软件等企业组成服务联盟，提供一站式电子商务物流配送外包服务，解决商家货物配备（集货、加工、分货、拣选、配货、包装）和递送难题的物流信息平台。平台通过 API 接口的全面开放，使得物流服务商、淘宝卖家和外部商家以及各类电子商务网站均能借助“物流宝”平台实现订单交易信息、物流信息和商家自身 ERP 系统的全面打通。也就是说，不再需要人工把数据信息导入导出，这一切都将实现电子化操作，后端物流管理系统的强大功能和线下物流配送体系的无缝对接将得以完全体现，这一平台的主页及其提供的服务如图 7-2 所示。

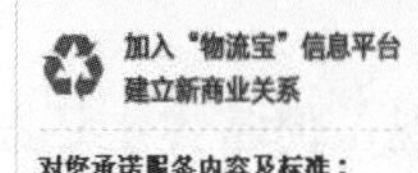

图 7-2　物流宝主页及提供的服务

在这个平台上，“物流宝”主要提供以下服务内容。

1）多渠道统一管理，自动获取订单。商家可同时在天猫、淘宝网、其他网站、线下渠道等同时展开销售，买家购买商品生成订单后，系统能自动获取订单。

2）智能调度订单，实现就近发货。系统生成物流订单后，进行智能调度，选择离买家最近的仓库发货，确保到货时效。

3）自动更新订单状态，全程跟踪物流状态。系统能全程跟踪物流状态，提供可视化物流服务。

4）免费短信通知，特色免打扰设置。系统会在商品出库及发货的时间节点，免费短信通知买家，且设置 21:00 至第二天 9:00 为免打扰时段。

5）监控服务质量，淘宝全程担保。物流公司向“物流宝”承诺服务内容及标准，“物流宝”向商家及消费者承诺服务内容及标准服务承诺未兑现或未达标，商家只需要投诉“物流宝”，后续的跟踪处理及赔付都由“物流宝”来完成。

6）系统分别对账，背靠背的结算。系统为商家提供量身定做的物流服务，并提供对应的收费标准，自动计算出商家需要支付给“物流宝”的每一笔物流费用，实现实时扣款、不同对账周期设定、账单查询等功能。

3．其他物流运作模式

淘宝的“大物流”计划不是每个电子商务平台都可以做到并复制的，企业发展过程中存在许多不同的问题和障碍，对于更多的中小型电子商务平台而言，各个网站有各自的办法处理物流问题，主要有以下几类。

1）直接回避这一问题。比如慧陪网是一个以 B2B 为主的平台，基本不涉及物流服务。

2）多元化发展。比如京东商城等电子商务平台虽然也以与物流供应商合作为主，现在也在自建物流中心。

3）特色化发展。比如宇商网就很有特点，该网站作为怡亚通集团旗下全资子公司，是专业的企业全球供应链整合服务平台，该平台以供应链整合为核心，供应链联盟为基础，为企业提供线上商机拓展，发展上游供应商及下游销售商，在联盟内实现商品交易、信息交换、物流服务、资金配套以及企业协作等的全程电子商务服务。这个平台是提供物流服务的，主要为客户提供货物出口的销售，境外、境内的运输、仓储、境内货物分拨及配送等物流服务以及贴标、扫描、加固货物包装等增值的特色服务。

总体来看，多数电子商务平台网站是与物流公司形成合作伙伴关系来解决物流问题的，但是也存在进一步优化、整合物流业务并多元化发展的空间。

第二节　物流运作模式的改进

根据前文分析，电子商务交易平台的物流运作模式有很多具体表现，但基本上还是以合作的方式为主，满足客户的物流需要，实力强的可以自己介入物流业务，并可以进行资源的整合，因此形成了以合作伙伴为主和“大物流”（整合）为主这两大类物流运作模式，这两大类各有优缺点并有改进的空间。

一、合作伙伴运作模式的改进

这是电子商务平台最常见的物流运作模式，但是也会出现服务不好、送货不及时、价格太高等受制于物流公司的问题。下面以敦煌网为例介绍一些改进的做法和思路，敦煌网是一个以外贸交易为主的服务平台，由于国外的物流业务必须依靠国际物流公司来完成，因此敦煌网必须与物流公司合作，这是合作运作模式的一个典型案例。

1．提升网络信息服务

敦煌网是一个聚集中国众多中小供应商产品的网上交易平台，为国外众多的中小采购商有效提供采购服务的全天候国际网上批发交易平台。敦煌网充分考虑了国际贸易的特殊性，全新融合了新兴的电子商务和传统的国际贸易，为国际贸易的操作提供专业有效的信

息流、安全可靠的资金流、快捷简便的物流等服务，是国际贸易领域一个重大的革新，掀开了中国国际贸易领域新的篇章。该交易平台已经成功地完成了上百万笔外贸交易，年交易额达数亿美元，并积累了来自全球 230 多个国家的庞大买家群体。

在敦煌网上，买家可以根据卖家提供的信息来生成订单，可以选择直接批量采购，也可以选择先小量购买样品，再大量采购。这种线上小额批发一般使用快递，快递公司一般在一定金额范围内会代理报关。举例来说，敦煌网与 DHL、联邦快递等国际物流巨头保持密切合作，以网络庞大的业务量为基础，可使中小企业的同等物流成本至少下降 50%。一般情况下，这类订单的数量不会太大，有些可以省去报关手续。以普通的数码产品为例，买家一次的订单量在十几个到几十个不等。这种小额交易比较频繁，不像传统的外贸订单，可能是半年下一次订单，一个订单几乎就是卖家一年的“口粮”。“用淘宝网的方式卖阿里巴巴B2B上的货物”，是对敦煌网交易模式的一个有趣概括。

敦煌网在中国的服务对象主要是卖家，由于许多卖家不熟悉如何操作，并且多数卖家是自己联系物流公司的，因此敦煌网提供了许多指导性的建议和信息服务以提升其服务质量。比如，敦煌网提供了“物流宝典”的网络信息服务，“物流宝典”中有从新手入门、国际物流知识、运费的基本设置、运费的高级设置与优化等方法介绍，其中“七大妙招，帮您节省运费全攻略”栏目则分别从：巧妙设计包装、熟悉运输路线、精心规划头程运输、善与运输公司配合、正确选择船公司及货代、学会同船公司砍价（含砍价的技巧）、处理拼箱货的技巧等方面给出了建议，大大地方便了用户。

2．实施在线物流

此外敦煌网还启用了“在线推荐物流”的功能，进一步扩大了与物流合作伙伴——北京燕文物流有限公司的合作空间。在这一功能下，可以支持 EMS 国际、英邮等运量较大的物流服务，可以实现“一键轻松搞定”。具体流程是：对于待发货状态的货物，只需点击“在线推荐物流”，在线填写完成一个发货单表格，就等于完成了所有的发货工作。在 30min 之内，燕文物流公司的客服会和用户取得联系，并在用户方便的情况下上门（北京、上海、济南、沈阳四地）免费取货。货物的相应信息（Tracking No 等）无需用户的录入，由物流公司的系统自动录入生成。货物运输途中，用户在平台上可以随时了解各节点信息。货物妥投后，无需用户请款，系统可实现自动请款，并加快了放款周期，从而实现了“一键轻松完成在线发货”，让用户足不出户，无需联系即可享受最先进、最便捷的服务并享受折扣，用户反应效果很好，整个流程周期节约了 30%的时间。

这种改进模式下，基本可以实现北京、上海、深圳三个地区的上门揽收，其中上海、北京两地可以做到异地发货，即上海的货可以从北京发，同样北京的货物也可以选择在上海出货，形成了以北京、上海、济南、沈阳、深圳为中心的集中发货点，对于不想或无法在这些区域发货的，仍然按照流程点击“在线推荐物流”进行在线发货。30min 之内，燕文物流与用户取得联系，并指导用户如何将货物发送至上海或是北京。只要货物在 16:00 之前得到燕文物流公司的处理，当天即可得到 EMS 的及时处理。在第二日的零点之后，即可在 EMS 的官网上看到货物信息。所有的操作都是自动完成，并可代用户处理扣关等问题。

3．物流优化管理

由于敦煌网的交易量在不断扩大，物流量也随之增加，涉及的区域也更加广泛，目前这种物流运作模式仍有必要加以改进，并有进一步优化的空间。一方面对于北京、上海、济南、沈阳、深圳等重点业务区域要提高服务水平，可以将物流业务进行整合以降低流物总成本。另一方面，在现有的模式下其他区域的货物还是要发到上海或北京再进行处理的，这样不但中间环节多、成本高、时间长而且可能会有货损，因此有必要对敦煌网的业务及发展趋势进行分析并分区域进行物流优化管理。

具体分析时应结合敦煌网的交易量以及不同区域的物流现状。南京林业大学的学生曾对此进行了分析，提出了一种区域划分和物流运作的优化方案，并在第四届全国大学生网络商务创新应用大赛中获得了一等奖，有兴趣的读者可到网上查阅（大赛官网：www.newwinner.cn），以下是方案的分析结果。

（1）一级区域的划分与物流运作

敦煌网的客户主要覆盖在华北、华东和华南这三大区域，并且相对集中在这三大区域的沿海城市，可以细化到长三角、珠三角、浙江、京津等地区。该区域的物流运作模式是除了与北京燕文物流有限公司合作以外，加强物流的投入并与当地的其他物流公司合作，在北京、上海和深圳逐步建立物流基地，周边城市建设物流节点并形成网络。

（2）二级区域的划分与物流运作

二级区域以中部地区为主，业务量不太大且比较分散，但是业务量有上升的趋势，因此可以直接与物流中心或具有物流基地的公司合作，以武汉为核心城市，向周边地区辐射，同时在甘肃、内蒙古等的重点城市建立中小型配送中心，与一级区域形成呼应关系，逐步完成中部地区的物流网络节点构筑。

（3）三级区域的划分与物流运作

三级区域的业务量更小并更分散，物流的基础设施也较差，以西南、西北地区（特别是新疆、青海、云南、西藏等较为偏远地区）为主，因此可由客户自行选择或联系物流公司，敦煌网负责联系一些主要的物流公司并在网上推荐，即采用传统的合作伙伴的运作模式，但无论是线上还是线下的行为都是重在拓宽市场，品牌宣传，培养潜在客户。

二、大物流运作模式的改进

第一节介绍了以淘宝网为代表的“大物流”运作模式，从坚称“绝不会做物流”到百世物流进入淘宝网的推荐物流公司行列，再到高调宣布淘宝“大物流”计划的推出，马云和他的淘宝网，已经在逐渐将其物流梦变为现实，但还是有许多问题，这是一个不断发展和完善的过程。

1．现有运作模式的分析

由于物流业务本身比较复杂，淘宝网对于介入物流的模式选择方面经过了长期的思考。经过多年的探索最终被证明，以外行人的身份进入市场去与其他快递公司竞争并不是一个明智的举措，而后台支撑系统的典型成功例子或许能提供一定的启发。先进的系统不仅大大降低了其出库成本（远远低于业内水平，比如说当当网和京东商城），而且其强大的后台管理能力的出租也能带来更多的收益，比如承接全美第二大零售商的互联网销售全套流程建设。淘宝网物流配送模式逐渐成为了一种购物和发货的流行，淘宝网等平台式购物网站力推诚信保障体系，降低了消费者转向网购的心理门槛，推动网络购物应用在网民中的渗透。但是，淘宝网目前已经发展成为亚太地区最大的 C2C 购物网站，日交易规模达一千万笔以上，产生了典型的 C2C 物流配送问题和发展障碍。

（1）物流问题复杂

由于消费者的折扣及方便心理，业务量大的都是体积小的商品，决定了淘宝物流配送是小规模、多频次的格局，这类物流问题本身就比较复杂。

（2）对物流企业要求高

物流配送企业要针对客户的需求，进行一系列分类、编码、整理、配货等理货工作，要按照约定的时间和地点将确定的数量和规格要求的商品传递到用户，对物流企业的要求高。

（3）涉及产业链整合问题

淘宝网购物是一条产业链，主要由淘宝网交易网站平台、物流公司、卖家、买家共同构成。这条产业链中，物流、信息流、商流、资金流实现了完整的电子信息化，只有将货物的实体流动实现好，才能使整个产业链得以实现价值。

（4）成员情况参差不齐

淘宝网的物流合作基础是：圆通速递、中通速递、韵达快递、中邮 EMS 等公司，虽然淘宝网通过参考“网货物流推荐指数”来进行管理，但是这些物流公司在服务质量、服务价格等方面水平参差不齐。

由于观念的差异或配送设施的差距，消费者往往会因为第三方物流公司的过错而迁怒于购物网站，比如会因为商品或包装在运输过程中有破损而去责怪那些本身信誉很好的购物网站，尽管淘宝网也致力于让客户享受更好的物流服务，但它却很难改变这个现状。

2. 运作模式的改进方向

针对上述问题，虽然淘宝网也采取了许多措施，“大物流”计划推出的同时有说明细则，如数据的开放、插件标准的开放、商家货物配备和递送流程图等一些相关内容，但必须清晰地认识到，淘宝网“大物流”计划还存在许多的难点要解决，这也是将来要改进的方向。

（1）加强仓储管理

电子商务仓储中心和传统仓储不同，重点不在储存而重在流转，这与电子商务的特点是分不开的。因此，从管理的角度来看至少有两个难点或是关键点：其一是货物的短期储存；其二是订单商品的分拣。重点在于提高进出库和分拣的效率并尽可能减少出错率，而这对于人员素质、系统对需求的细致化实现程度、仓库的硬件、管理流程的精细化与易用性等要求都相当的高。仅仅看一下这一系统中的货位号管理模块的细化需求就知道其复杂程度了，更何况商品种类很多，物流特点不同。比如，说食品类和数码类商品有着完全不同的需求，一个是强烈的保质期要求，一个是迫切的机身码识别需求。因此，仓储管理的好坏程度，也将直接决定其服务成本和服务质量，这也是淘宝“大物流”计划能否走得更长远的关键要素。

（2）加强规范管理

作为整合平台，需要提供不同段位的服务合作伙伴，这就难免面临供应商良莠不齐的问题，应能做到有效管理各类供应商以及协调双方的矛盾，并尽量统一服务标准。这需要统一合作伙伴的工作流程，这是一件比较麻烦的事，仅就服务标准一项就很难统一，并且标准的建立需要足够资本，也往往要历经艰难的考验。

（3）解决数据安全性的问题

这是即使垂直类网站采用第三方物流外包也会遇到的问题，这个问题包含两部分内容：其一，那些拥有品牌（比如说淘宝商城的品牌商）或者已经拥有大订单量的卖家（比如说淘宝网那些金冠卖家），通常不会乐意将商品、订单、会员等这些他们珍若生命的核心数据，置于一个他们认为极不安全的境地。只要是开放的环境，即使承诺数据安全，他们也很难会相信，何况目前的技术并无法足够保证。其二，就算淘宝网能保证了数据的安全性，淘宝网还需要真正考虑，从卖家到用户手中还要经过其他的第三方环节，如何使他们保证数据的安全也是一个很现实的问题。

淘宝网“大物流”计划是诱人的，毕竟物流环节确实是电子商务运营中成本最大也是难度最大的一块。但淘宝网“大物流”能否真正走向成功，更大程度上还在于以上三大问题的解决和实际中每个细节的把控与落实。

第三节　普通商户的物流策略与技巧

对于电子商务交易平台而言，已越来越重视物流问题并付诸努力，物流运作的模式也在不断发展。那么对于在这一平台上经营的普通商户而言，也存在不断提高自己的服务水平并降低成本的物流问题，这些商户又该如何应对这些变化呢？下面介绍几种常见的物流策略和技巧。

【小贴士 7-2】

普通商户网上交易基本情况

普通商户的网上交易通常可分为三类。第一类是虚拟商品交易，比如在线代充、账号交易、发送卡密等，基本无物流问题；第二类是当面交易，即网上完成信息交互，实物自己想办法送达或让客户来取，比较常见的是同城交易和贵重物品交易；第三类是物流发货，这是本节讨论的重点，如果不通过货运代理（货代）的话，常见的做法有三种：①可以自己找货运公司并通常能处理公路运输和铁路运输的物流问题；②通过快递公司发货，通常能处理公路运输和航空运输的物流问题；③通过邮政来完成，可以处理公路运输、铁路运输、航空运输等各种物流问题。

一、直接选择物流公司

最常见的做法是自己直接与物流公司联系，对于普通商户而言，最常用的物流公司是邮政和快递公司，如有外贸业务的会选择国际快递公司，通常业务量大的商户会和这些公司签订长期的合同以降低物流成本。如何选择物流公司，其基本方法和选择步骤在第六章已经介绍过，这里介绍一些快递公司的基本情况和选择技巧。

1．常见国内快递公司的比较

国内常见的快递公司有许多，下面以申通快递、顺丰快递、圆通快递、天天快递、私人小公司和邮局平邮为例，分别从服务、速度快慢、网点多少、价格高低、适合范围等方面进行比较，其中速度快慢是以北京发货为例的，这五个方面是选择快递公司必然要考虑的因素。需要特别说明的是，本书的比较只是提供一种方法，比较的结果是基于 2012 年对许多网络商户切身体会的一种综合，并且这些公司是在不断发展的，并不代表以后的状态。

（1）申通快递

服务：一般。

速度快慢：总体来说速度一般，同城快递当天或隔天可达，江沪浙地区 2～3 天可达（一

般 2 天），其他地区 3 天，偏远地区 5～7 天。

网点多少：网点广泛，是全国最大的民营快递公司。

价格高低：价格适中，各地承包商的收费不一样，一般首重 10～15 元（甚至到 20 元），可以还价到 10 元，同城快递甚至可还到 5 元。

适合范围：中小型物品、非急件。

（2）顺丰快递

服务：服务质量和服务态度均较好，比较规范。

速度快慢：速度很快，承诺 24 小时到达。

网点多少：网点相对少，只涵盖市级城市，其他小地方没办法到达。

价格高低：收费较高，比多数快递公司高出一倍。

适合范围：急件、贵重物品、易碎品。

（3）圆通快递

服务：一般。

速度快慢：江沪浙地区很快，通常 2 天可达，上海有“当天件”服务，但是东北和西北就较慢。

网点多少：网点较少，只涵盖市级城市，很多县地级城市没办法到达。

价格高低：收费较低廉。

适合范围：目的地是江沪浙的商品。

（4）天天快递

服务：一般。

速度快慢：普通，省内城市 2～3 天可达，市级城市 4～5 天可达，西北、东北有可能 5～7 天才能到达。

网点多少：网点较多，基本涵盖了主要的市级城市，但也有很多县地级城市没办法到达。

价格高低：收费合理，不同地区平均每公斤 10～18 元不等。

适合范围：中小型物品、非急件。

（5）私人小公司

很多地方也有一些私人的小快递公司。

服务：各地每家公司不一样。

速度快慢：普通，但同城发货很快。

网点多少：网点非常少，通常只涉及周边地区。

价格高低：收费低廉，比多数快递公司便宜很多。

适合范围：同城发货的物品。

作为网商，可以找一两家这种同城的小快递公司备用。

（6）邮局平邮

服务：规范。

速度快慢：较慢，许多地方即使是同城发货也要次日送达。

网点多少：网点非常多，基本可以送达乡村这一级的。

价格高低：价格不高，运费=单价×重量 +3 元挂号费，虽然平邮便宜，但是如果包装不合格，邮局会要求购买他们的纸箱，此时价格就会高过快递。

适合范围：非急件、发往偏远地区的、想节约运输成本的货。

2．国际快递与国际快递公司

快递一般都是门对门服务的，国际快递也是如此，但国际快递由于所到达的范围与国内快递有着很大的差别，所以国际快递比国内快递要复杂得多，因此有必要先介绍一下国际快递的基本知识。

首先介绍货物的包装，由于国际快递要运送的时间和空间比较长，所以无论内外包装一定要牢固，要经受得住长时间的长途跋涉和多人次的搬运。特别是对于一些易碎的物品更应该加强包装，必要的话可以打木箱包装，但一定不能用原木，只能用经过加工过的，最好是免熏蒸的材料，否则会带来许多不必要的麻烦。

其次是有关货物的本身，对于特殊货物（如仿名牌、带电池等）是不能正常出口的，当然不一样的渠道，不一样的价格也是可以出口的。货主在交货前应做好商业发票（Commercial Invoice）和装箱清单（Packing List），也可以两份资料做在一张纸上，但内容一定要详细。申报价值一定要准确，尽可能接近货物的实际价值（也有人会按收件人的意思填写，主要为了避税）。

最后是货物派送问题，货物通常是一次送达，但货量大的时候有时会分几次派送（如德国邮政、UPS 就经常这样操作），除非客户要求高，这通常关系不大。如果货物所要派送的区域属于“偏远”的话，实际到货时间会稍延长 1～2 个工作日不等，另外还需要加收偏远附加费，最低 150 元/票或 3.1 元/kg，此费用一般由发件人支付。当然是否属于“偏远”是可以在发货前确认清楚的，但 TNT 跟 EMS 没有“偏远”的情况。

国际快递的重量与收费

国际快递的重量计算方法：重量以 kg 为基本计量单位，一般 21kg 以下以每 0.5kg 为一个计费单位，且有首重和续重之分，比如规定 1kg 以下是多少钱，那么这就是 1kg 首重，如果发出的货是 1kg 以上的那么除了首重之外的重量就是续重，通常按每 0.5kg 计费。例如规定首重是 1kg，首重价格是 365 元，续重每 0.5kg 是 110 元，那么货物重 3kg（3kg=1kg+0.5kg×4）的话，则总价为：365+4×110=805（元）。此外，不足 0.5kg 需按 0.5kg 计算（如：1.3kg 需按 1.5kg 计算）。

21kg 以上以每 1kg 为计费单位，不足 1kg 需按 1kg 计算（如：21.2kg 需按 22kg 计算）。但货物的体积重量大于实际毛重时，需按体积重量计算收费。体积重量计算方法为：用长、宽、高的尺寸乘积（按 cm^3 计）除以 6 000 即得对应的 kg 数，实际操作中在量尺寸时是要量每个边的最长部位，并且是用进位的方法计算的，比如箱子的标准尺寸是 22.5×50.8×33.1，此件货应该按 23×51×34 计算。

国际快递的费用计算：费用有含燃油附加费与不含燃油附加费之分，两者相差很大，比如 UPS 公司规定 71kg 以上到西欧国家的公布价是 77 元/kg，但燃油附加费是 17.5%（不同时间是不同的），实际运价是要计算附加费的，即 77×1.175=90.48 元/kg，所以在询价时要问清楚是不是含燃油附加费。

国际空运：国际空运一般是直接或通过货代与航空公司联系的，只负责到当地国家机场，由买方自己清关，自己提货的。也有发空运加派送的，但这通常要通过货代才能完成（货量

少的一般不采用这种方式）。以深圳的货代为例，实际承运人通常是香港和深圳两种，深圳的费用计算比较麻烦，费用结构为：运费+报关费（250 元）+提单费（50 元）+入闸费（40 元）+商检费（有的产品是需要商检的）。香港就简单多了，只需要一个运费总价就行，但总价未必便宜，主要是询价时涉及这些问题。空运的重量计算方法跟快递一样，但是通常空运有最低重量要求，常见的是最低 45kg 起运（还需要加小货操作费 150～200 元/批），有的公司是 100kg 起才收货的。

下面介绍几个常见的国际快递公司及其对货物的要求。

（1）FedEx

FedEx 公司的整体价格偏贵，但其服务也是很好的，不过到东南亚 21kg 以上的大货很有比较优势。比如 21kg 以上到泰国的价格是 27.7 元/kg，这是其他公司做不到的，并且速度相当快，通常 1～2 天即可送达。对货物的要求：如果（宽+高）×2+长>330cm 时，此件货物不足 68kg 的话，需按 68kg 计算收费，还需加收 2 元/kg 的处理费，且单边最长不得超过 270cm。此外，如果一票多件的货物中有一件重量为 68kg，那么此票货其他不足 68kg 的也需按 68kg 计算收费，即：68×件数=计费重量。

（2）UPS

UPS 该公司的价格、服务、速度三个方面均比较适中，但 UPS 到西欧的大货价比其他的更优惠些，对货物的要求：货物单件不得超过 68kg，货物最长不超过 270cm，并且（宽+高）×2+长<330cm。

（3）德国邮政（DHL）

总体来看，该公司的服务和价格与 UPS 相比不相上下，但 DHL 经常会有一些特价，特别是发往美国和中东部分国家的货。对货物的要求：DHL 对货物没什么要求（符合安全就行）。

（4）荷兰天地快运（TNT）

该公司的价格和速度一般，但许多用户反映送货人员的服务不好，这从侧面反映了公司的管理能力。对货物的要求：单件不得超过 30kg，最大尺寸为 100cm×60cm×70cm。

（5）国家邮政（EMS）

EMS 的速度慢，服务相对滞后，但是一些特殊的货物（如仿名牌、带电池等）通过 EMS 发货是个不错的选择，主要是因为清关能力强。对货物的要求：一票货只能走一件货，且不得超过 30kg，以每 0.5kg 为计算单位，EMS 是不需要量体积重量的。

3．选择快递公司的技巧与建议

下面对于网上开店的普通商户，从不同的方面给出一些观察和选择快递公司的技巧和建议（主要针对国内业务）。

（1）网络拓展方式

普通商户应尽量使用通过总公司开设分公司方式拓展网络的快递公司。快递公司拓展网络的方式主要有三种：第一种是通过总公司开设分公司的方式来拓展网络，这种形式虽然公司发展得比较慢，但是一步一个脚印，而且这种管理方式比较规范，下面的站点不易出现有损总公司形象和信誉的情况。第二种是通过加盟的方式来拓展网络，也就是说总公司下面的很多站点都是符合一定的条件后被允许加盟的。这种方式虽然能够让公司快速发展，但可能存在管理不够规范的问题，很难避免一些图谋不轨或信誉较差的站点混入其中，进而可能出现下面站点的人卷款逃跑或其他有损信誉的情况。第三种方式是前两种方式的混合，那么在寄件的时候最好问一问，尽量选择他们自设的分公司而不要选择加盟的站点。

（2）公司规模

普通商户应尽量使用本地经过正规注册且规模较大的快递公司。规模较大的公司在各方面通常保障程度高一些，那么如何判断一个公司的实力是否雄厚呢？不妨通过以下几个方面来判断：①看看总公司的办公室和仓库有多大、有多好；②看看该公司每月的快递单使用量有多大，用量大的业务量就大，规模也就大；③看看其公司的注册资金是多少，这不一定能直接查到，但如果商户是工商会员单位则可以通过网络来查询这些信息。

（3）业内口碑

普通商户应尽量了解业内哪些快递公司的口碑较好，主要通过与快递公司有业务来往的四类公司和个人了解：第一类是供应商，主要包括印刷品供应商、交通工具供应商等，如果某个快递公司口碑不好，经常拖欠供应商货款的话，证明它的财务能力和运营能力是不太可靠的；第二类是同行，快递公司都是经常和其他快递公司有合作关系的，如果从其他快递公司口中得知这个公司经常拖欠同行的货款，那还是小心为妙；第三类是快递公司的客户，可以通过各种渠道从使用过某些快递公司的客户那里了解信息，如果很多人都说这个公司差的话，还是不选择该公司为好，尽管有些人反映会说是收件员的问题，但收件员的问题归根到底也是公司的问题；第四类是自己的客户，可以与自己的客户交流，看看对现有的快递公司是否满意，哪家更好，这一条很重要，将直接关系到自己的销售。

（4）网点多少

普通商户应尽量使用网点比较多的快递公司。在网上做生意的，买家遍布五湖四海，如果选择的快递公司网点不够多，很多偏一点的地方就送不到，且会出现转到 EMS 和其他快递公司的情况，那么就可能出现价格偏贵、送件延误或丢失等问题。网点的多少在公司介绍资料中都能找到，网上也能找到。

（5）取货方式

普通商户应尽量使用开着货车去取件的快递公司。快递公司的业务员上门取件主要是通过三种交通工具：第一种是货车。建议选择这类公司，因为一方面开着货车意味着该公司实力比较雄厚、管理比较规范；另一方面货车能够装更多的货，不容易使货物丢失或变形，不容易使货物淋湿。第二种是摩托车。这种工具的好处是成本低、机动性强，能给我们带来的唯一好处就是取件的速度会比货车较快一点（长途跋涉除外）。第三种是自行车或电动车，这种交通工具是最不值得推荐的。

（6）条码质量

普通商户应尽量使用快递单上条码印刷质量比较好的快递公司。如果条码的印刷质量不好或印刷条码的公司不够专业的话，可能会出现以下问题：①条码难以扫描，这个问题不是很大，最多是降低效率而已；②错码，也就是说扫描出来的数字和印刷出来的数字不符合，这样有可能会造成这一单的货物因为对不上号而丢失；③重码，就是说有两套单，甚至几套单的条码是同一个号码的，这样也是很危险的，极有可能会造成货物发错地方或者弄丢的情况。

（7）快递单用纸

普通商户应尽量使用快递单用纸质量比较好的快递公司。快递单所用的纸是无碳复写纸，因为纸上加了很多用以显色的微胶囊从而带有复写功能。纸张的质量较差，意味着纸张的白度、光滑度和最重要的复写功能都是较差的，而有很多快递公司所用的快递单是有

五联或六联的，如果复写功能较差，则很有可能寄件人在第一联上写的字到了第五、第六联就显示不清楚或显示不出来，这样的话，就会给快递公司的管理造成很大的不便，从而有可能会造成货物寄错或者丢失。

（8）快递单形式

普通商户应尽量使用有胶袋包着快递单或快递单最后一联是不干胶的快递公司。如果快递单有胶袋包着，那么在经常下雨的季节里，就不会担心快递单被雨淋湿了。如果快递单最后一联是不干胶，那么当写好快递单之后，就可以把最后一联的背书撕下来，直接把快递单贴到包裹上面，从而避免了快递单和包裹配错对的情况出现。国际四大快递都是用胶袋包着快递单，而中国的 EMS 则是最后一联用不干胶，这类快递单目前正在普及使用，每家公司情况不一样。

（9）赔偿条款

普通商户应尽量选择赔偿金额或倍数高而且保价率低的快递公司。快递业务有时候要涉及赔偿问题，尽管这个问题可能不是经常发生，但如果 10 件货中有 1 件丢失而赔偿很少的话，那通常其他 9 件的销售利润还不够弥补 1 件货物的损失，因此赔偿条款在这时就会起很大的作用。

以上是一些选择快递公司的技巧和建议，商户在具体选择时还要根据自己的实际情况，通常服务好、速度快的公司价格也高，很难找到一个完全满意的公司，有些二级城市甚至没有比较好的快递公司，因此商户应按照自己的需要和当地实际情况选择不同的快递公司。

二、利用淘宝大物流的平台

除了自己与物流公司联系以外，淘宝网的“物流宝”无疑为网上普通商户解决物流问题提供了新的出路，尽管前文阐述了“物流宝”还有改进和完善的空间，但对于中小商户来说入驻并使用“物流宝”还是有许多好处的。

1. 使用“物流宝”的好处

“物流宝”通过整合、优化社会物流资源，与合作伙伴强强联合，共同构建电子商务供应链，在北京、上海、广州、成都等核心区域建立主要配送中心（合作配送中心），与周边城市的配送中心通过统一物流平台协调管理，形成全国物流配送服务网络。与淘宝网合作的物流公司帮助卖家管货、发货。卖家把货放到与淘宝网的合作仓库，有客人下单时订单会自动转到仓库，由专业物流公司拣货、包装和发货，这种做法的好处在于仓储和配送方面能得到直接的体现。

在仓储方面，卖家将货物运到配送中心仓库进行集中管理，大大减少了原本卖家自己运作所需要的投入成本（如场地、设备、系统、耗材等各种仓储作业及营运成本）。卖家只需要支付很少一部分的理货费和包装材料费，就可以完成原本需要更多成本完成的工作。尤其是对那部分经营季节性需求差异较大的商品卖家，他们原本需要预估销量情况，根据销售额的峰值和谷值调配人员，往往需要支付大量外包人员的费用。但现在他们只需要把货物集中运送到配送中心，所有的烦恼就轻松解决了。这不仅大大降低了这些中小型卖家的日常运营成本，也极大地降低了卖家的经营风险，可谓一举多得。

在配送方面，配送中心还与 EMS、E 邮宝、申通等物流快递公司合作，向入驻商家提供最优惠的快递价格。中小商家往往因为订单量少且不集中造成对物流公司没有议价能力，物流公司则因为取件区域过于分散、取件成本过高而不愿意去接受这类订单的配送业务，与淘宝网合作的配送中心将卖家的商品集中管理、集中发货，很好地解决了这两个方面的难题。对于普通的商户而言，将在以下方面直接受益。

（1）省时省力，专注核心业务

商户加入“物流宝”如同拥有全国仓储配送一体化网络，物流整体外包，只需要鼠标一点，仓储、拣货、包装、发货、配送全部解决，有效地将前期的成本中心直接转化为利润中心，从此专注于产品和销售，轻松开展电子商务。

（2）按需付费，降低成本

商户在“物流宝”平台上可自由选择各种物流服务，省去自建仓储的场地、硬件、软件、人力和管理等固定成本，按需付费，自己的成本自己做主。

（3）安全赔付，降低风险

商品入仓即获保险，安全充分保证。因物流出现的丢货、漏货、货损等问题均可获得快速赔付，享受诚信安全的电子商务专业物流服务。

（4）增值服务，提升销量

此外“物流宝”还提供限时达、促销组合、第三方质量认证等特殊服务，让商户的商品脱颖而出，并有仓储频道推广专区，入驻容易提升销量。

2．使用“物流宝”的方法

对于普通商户而言，入驻并使用“物流宝”并非难事，按以下步骤操作完成即可。

（1）开通使用权限

进入 e56.taobao.com 网站，在右侧点击“免费开通”，然后输入要使用“物流宝”服务的淘宝 ID，顺序完成：选择仓库、设定仓库参数、签署相关协议、等待审核等操作后，当旺旺弹出一个“成功开通”的系统消息时，表示商户申请的“物流宝”系统已被小二审核通过，就可以登录“物流宝”系统进行使用了。

（2）登录“物流宝”系统

开通旺铺的商户可以直接以淘宝用户名登录进入“仓储管理”模块，没有开通旺铺的用户，在宝贝管理处没有“仓储管理”选项，但可以直接进入 e56.taobao.com 网站操作。

（3）进行商品管理

商户登录系统后就可以对商品进行管理，可以添加和修改商品信息，对已经上架的物品添加商品编码、修改或删除，也可对未上架的物品进行操作，如果需要添加的商品超过 15 个，可以通过导入 Excel 表格的方式添加商品。

（4）入仓管理

商户可以在线提交入库单，点击“提交同步”后入仓单信息就已提交到仓库，仓库在接受到货后，即会对该入库单进行后续操作，当入库单状态为“已完成”时，整个入库动作就完成了，并可随时查看入库单的状态。

（5）库存管理

这里要先设定一下库存确定的规则，也就是说在什么情况下能够确认商家的货物已入库并处于可发货状态，每开通一个仓库，此处就会自动新增一条库存确认规则。默认的库存确认规则为“系统自动确认”，这是正常情况下效率较高的一种方式。但是有时会出现一些其他情况，比如库存确认规则选择“系统自动确认”时，但仓库实际收货数

量与入库单中计划入库数量不一致，此时商户可根据提示有步骤地进行手工确认，并可随时查看库存。

（6）下单发货

当商户需要发货时，可在线通知仓库发货，在线操作完成后货物就不用过问了，整个物流过程结束。但在这以前要确认完成两件事情，订单才可流转到仓库并发货：第一是在宝贝编辑页面，已填写正确的商家编码；第二是以前在宝贝页面处填写的商家编码，在系统中已经有库存。

具体来说，通知仓库发货时可以实现所有订单都通过“物流宝”在线上流转（下发）给仓库，订单流转方法有自动、手动、外部订单三种类型。订单下发前，商户可以设置订单调度规则，如设定哪些省市的订单由哪个仓库发出，这个仓库库存不足时，就由另一个仓库发，如果两个仓库都没库存，那就自己发。再如，商户可以设置当交易订单上有买家备注留言时，该订单则自动下单发货，无需人工操作。

这套系统对于外部订单也是可以处理的，即不是通过淘宝网交易的商品，也可以在这里发货，当需要发货的订单数量比较多时，也可以选择通过导入 Excel 表格的方式添加订单，需要注意的是，外部订单没有淘宝单号，物流发货信息也不会自动更新。

以上是货物管理的信息处理方式，对于货物的实体流动过程也需要普通商户参与完成，对于普通商户而言，主要是将货物送到仓库，通常可以将商品打包交给物流公司或让厂家送到指定配送中心，即实现将货物送到并完成入库手续就行。但无论采取何种方式，货物的包装应特别注意，应统一由生产厂家按照同一 SKU（款式、颜色、尺码最小单位）装箱，外包装箱附有统一装箱清单，清单上注明箱内货品 SKU 型号和数量，并且尽量使用厂家（或商家）专用封箱胶带封箱。

如箱内存放多种 SKU 货物，则用大塑料袋分开存放，便于清点，并且每个大包装外均贴有唛头（Shipping Mark），主要包括：商品名称、货号、颜色、数量、重量、尺码、条码等信息。每个箱子内必须都要有装箱单，上面的信息应包括淘宝系统中的入库单号、商品编码（和系统保持一致）、商品名称（和系统保持一致）、商品数量、店铺名称、联系人、联系电话等。

三、其他方式

对于普通商户，除了以上两种方式处理物流问题以外，也可以采用其他方式，特别是可以利用其他物流信息平台来解决物流问题。通常在以下情况中会发生：当地没有“物流宝”的基地或配送中心，或离配送中心太远；交易信息有较高保密要求，不愿通过“物流宝”发货；发货难度比较大，比如要对商品进行特殊处理或有特殊包装要求，普通配送中心难以做到；一次发货量较大，物流作业以运输为主，比如收货人是某个小企业。

1．利用其他物流信息平台

对于上述情况，有的商户在同城发货的情况下会自己解决物流问题，异地发货会找汽车或火车托运，也有通过客车运输的，但多数情况下利用物流信息平台是一个很好的方法，这样的信息平台有许多，有全国层面上的，如中国物流货运信息平台－56110、路路通——全国物流信息平台、物流多多网、中国物流公共信息平台、全国物流信息网等。也有和地方结合比较紧密的，如深圳物流公共信息平台、广东物流货源信息平台、上海物流信息网、郑州现代物流公共信息平台等。

这些信息平台上通常有货源信息和公路的运力信息，商户可以通过这些平台查找自己需要的运力，也可以在这一平台上发布自己的货源信息，等待社会车辆的联系，由于这里主要提供的是一些信息，实现货物的运输通常还要进一步洽谈，对于普通的社会车辆也存在一定的风险性。但是许多资质很好的运输公司也在上面挂盘，如果能找到这样的运输公司则会比较可靠，并可以实现共同配送以降低成本。

但是这些平台上的信息量较大，并处于随时更新的状态，很难直接找到与自己的需要相匹配的货源信息和运力信息，为了更好地解决货源与运力的信息匹配问题，目前许多平台的网站上有客户端的软件下载，以方便用户使用，比如“物通配货软件”就是一款免费下载的软件。此外，有些平台还推出了一些有匹配功能的硬件，比如明伦物流信息终端（Logistics Information Terminal，LIT）。

【实用案例 7-2】

物通配货软件，为您提供海量货源车源信息

为了方便广大客户，中国物通网经过不懈的努力，推出了物通配货软件。其功能强大，使用方便、快捷。您可以轻松地发布、查找所需要的车源信息、货源信息及物流公司信息，并能快捷地查看关联方的联系方式，或者用操作简便的网上聊天工具与关联方进行即时沟通。软件基本功能如下：

1）即时查找全国最新货源信息。

2）即时查找全国最新车源信息。

3）即时查找全国物流公司信息。

4）轻松发布货源信息与车源信息。

5）软件与物通网数据对接，享受海量信息。

6）支持根据出发地进行车辆信息和货源信息的快速筛选。

7）支持根据出发地和到达地等其他条件进行的高级搜索，信息更精确。

8）支持快捷键，轻轻一点，信息即可显示。

9）快捷方便地搜索全国物流公司。

10）支持保存账号密码，可自动登录，省去每次输入账号的麻烦。

11）支持软件在线升级，轻松获得最新版本。

12）具有收藏夹功能，方便客户进行信息管理。

13）支持在线聊天，功能强大的聊天工具可帮助客户节省话费。

（资料来源：http://soft.chinawutong.com/gongneng.html）

2．通过货运代理发货

除了信息平台以外，许多情况下商户也可以直接找当地的货运代理来解决这一问题，可通过电话、电邮或上门等方式完成车辆联系工作，从而实现货物的运输，有时也能实现送货上门。因此，对于普通商户来说，不妨记录一些周边地区的货运代理公司号码，以便随时取得联系。通过货运代理发货通常在两种情况下发生：一是城市到城市的专线运输，以公路运输为主，这样的货运代理通常是一些专线运输的小公司；另一种情况是货物发往国外的，通过货代完成物流是一种常见的做法，这样的货代公司通常开展

国际物流业务。

对于开展国际贸易的普通商户，如在敦煌网上交易的商户，有时会接到一些比较大的订单，也就是说发一大批货，在这种情况下通过国际快递走空运可能成本太高，如果对方对交货期要求不高也可以走海运，这时通常要找货运代理。需要说明的是，国际海运通常是用集装箱运输的，而许多情况下一次的发货量不足够大，无法装满一个集装箱，此时不妨考虑找可以开展拼箱业务的国际货运代理，也就是说一个集装箱内装的是几家不同货主的货。

通常不会那么巧地发生几家小货主全运到一个地方的情况，因此拼箱业务通常有两个办法解决：一是等凑齐了走。拼箱的货主没有选择航次的权利，即使非常着急也没用。二是先运到中转港再组合，比如先运到香港或者韩国釜山，把箱子里的拼箱货全部掏出来，由中转港的拼箱代理重新进行组合，把去美加线的拼一起，把去欧洲的拼一起，再运到美国或者欧洲的基本港，货主同样没有选择的权利。最不幸的例子是：到了香港以后，香港的拼箱代理一个月也没有凑齐去美加线的箱子，货主是一点办法也没有。

为了尽量避免上述情况的发生，最重要的是找一家信誉好的拼箱代理。货运代理实际上分为几种，通常大港口都会有几家大的整箱代理，也会几家大的拼箱代理，还有无数家小的货运代理。如果找的拼箱代理规模大的话，一般在几个基本港都有自己的拼箱代理，服务和价格都不错。运输的时间也有保证，即使个别箱子装不满，他们也会赔一点钱运走。

判断是否是一个专业拼箱公司的办法就是直接询问并观察，了解他们的业务量，比如有没有目的港拼箱代理，每个月拼多少个箱子等，如果每个月只拼一个箱子，绝不是什么大的代理。还有一个方法，就是问一个陷阱问题："你们要是拼箱拼不满了，会不会和其他的公司一块拼？"，通常情况下，各个大的拼箱货运代理是竞争对手，绝不会干这种事，只有小的货运代理会把拼箱货交给大的拼箱代理。此外，就是看价格，大的货运代理绝不会先喊出一个高价，等你来还价，也不会给一个低价，引诱你上钩。

无论是通过物流信息平台还是通过货运代理都难以解决全程的门到门的物流问题，通常只能解决运输问题，也就是说只能做发货到某城市的货场，很难完成送货上门，除非一次运量较大，发货时与运输公司或驾驶员意见达成一致，因此这种情况下通常会要求收货人到指定地点提货。

【本章小结】

本章首先从战略、战术和作业三个层面分析了电子商务平台面临的物流问题，考虑的出发点主要是平台自身的实际情况、物流的业务特点以及整个物流活动各参与方的现状和需求。在此基础上，介绍了电子商务平台对于物流问题的解决方法，分析了现有做法的优缺点，指出了未来的改进方向和注意事项。

本章对于在电子商务平台上交易的普通商户也介绍了物流问题的解决策略和操作技巧，特别是介绍了快递公司的选择技巧、国际快递的基本知识、"物流宝"的使用方法、拼箱业务以及货运代理的选择技巧等，对于网上交易的中小型商户具有较强的实际指导作用。

【知识链接】

阅读材料：

[1] 中国电子商务研究中心．C2C 电子商务卖家物流联盟模式探讨[EB/OL]. [2011-08-08] [2012-09-15]. http://ec.yidaba.com/201108/082214451002100100021359208.shtml.
[2] 倪明扬．探析 C2C 电子商务物流配送问题[J]．物流科技，2011（4）.
[3] 卢嫣．浅析 C2C 电子商务企业竞争力提升策略[J]．商场现代化，2010（13）.
[4] 龚芳．探析 C2C 电子商务物流新模式[J] [EB/OL]．[2011-8-8]物流科技，2010（8）.

网站资料：

中国物流联盟网：http://www.chinawuliu.com.cn
淘宝网：http://www.taobao.com/
淘宝物流服务平台：http://e56.taobao.com/
敦煌网：http://seller.dhgate.com/

【习题】

一、思考题

1．现有的电子商务交易平台是如何解决物流问题的？
2．对于电子商务交易平台而言，现有的解决方法有何改进之处？
3．作为一个普通商户，有什么更好的办法解决自己的物流问题？
4．目前中小企业通过网络开展国际贸易的越来越多，涉及发货问题如何解决？

【实际操作训练】

1．在淘宝网上实际购买一件小商品，体会购物流程，并与京东商城比较。
2．观察最后送货上门的快递物流公司，与学校周围的其他快递物流公司比较。
3．在网上开店并实际发生业务（作为尝试性体验可允许亏本），完成物流发货全过程。
4．进入淘宝物流服务平台，描述此时的状态与教材有何差异，说明为什么。

第八章

电子商务物流信息管理实务

【教学目标】

通过本章学习，了解电子商务物流信息的概念与特征、物流信息技术的主要内容、物流自动化及相关设施和设备，理解物流自动化与物流信息系统的关系，以及信息技术在电子商务物流中的应用。

【教学指导】

由于现代物流信息技术的理论和应用在不断发展和完善，在现实中不断有新的问题和更加先进、实用的技术方案出现，因此在讲授时，需要密切关注最新的技术和管理发展动向，重点讲解物流信息技术的应用。

【学习指导】

其实物流信息技术在我们身边无处不在，在学习过程中，注意发现身边的物流信息技术应用，并结合理论进行理解，思考其发展方向和动态，以便更好地加以利用。

【导入案例】

信息化支撑中远集运全面提升管理水平

中远集装箱运输有限公司，简称中远集运，是中国远洋运输集团（中远集团）所属专门从事海上集装箱运输的核心企业。截至 2011 年 12 月 31 日止，中远集运经营船队包括 157 艘集装箱船舶，运力达 667 970 标准箱。在全球超过 48 个国家和地区的 159 个港口挂靠，经营 76 条国际航线、10 条国际支线，21 条中国沿海航线及 67 条珠江三角洲和长江支线，年箱运量达 6 910 041 标准箱，较上年增长约 11.2%，承运能力排名世界前列。其集装箱运输业务遍及全球，在全球拥有 400 多个代理及分支机构；在中国本土，拥有货运机构近 300 个；在境外，网点遍及欧洲、美洲、亚洲、非洲、大洋洲五大洲，做到了全方位、全天候“无障碍”服务。

随着业务的发展，客户迫切需要中远集运提供更高效的集装箱管理信息化服务，以便随时获得有关货物运输信息。2001 年，中远集运在集装箱运输业务流程的基础上，开始在全球的各分支机构推广 IRIS-2 应用系统，将原来全球分散的、仅属于本单位所用的数据在中远集运系统内实现全球数据共享。IRIS-2 应用系统是一个实用的信息系统，该系统将集装箱运输业务的日常经营操作实践和有关业务规则进行标准化、模块化，从而方便操作，实现对中远集团系统内部和覆盖全球各个分支机构的实时管理。该系统采用全球统一的数据结构，全球统一的集中式管理模式，覆盖了国际集装箱运输“端到端”经营业务活动的标准服务路径，实现了全球范围内各分支机构之间的信息共享，为中远集运提高客户服务水平、进一步开拓市场提供了坚实的基础，同时为中远集运开拓电子商务信息服务打下了坚实的基础。

IRIS-2 系统投入运营后，大大提高了公司直接和间接的经济效益，主要表现在：

（1）提高运费结算准确性和效率，使运费到账速度大大加快，减少流动资金占用。

（2）实现了货源组织、船舶调度的优化管理，提高生产效率。

（3）在全球范围内对集装箱进行动态跟踪，提高集装箱利用率。

（4）提高集装箱运输单证的准确性和处理效率，减少各类索赔案件的发生。

（5）节约人工成本和降低手工操作的出错率，减少单证处理中的重复性工作。

（资料来源：中远集运网站）

现代物流离不开信息技术和信息系统的支持，物流的发展与信息技术的发展以及信息系统的开发和利用密切相关。电子商务物流一个重要的特点就是通过信息技术和信息系统，实现了电子商务和物流的有机整合，一方面形成电子商务的商流、物流、信息流和资金流的集成；另一方面，也促进了物流产业的发展。

第一节　物流信息的作用与特征

物流信息是信息的一种，是现代物流系统的重要组成部分，对管理决策具有重要作用。有效利用物流信息能够促进物流系统的整合和供应链的一体化，实现整个供应链活动的高效运转，利用物流信息能对供应链企业的计划、协调、顾客服务和控制活动进行更有效的管理。电子商务时代，物流信息化是电子商务物流的必然要求。在电子商务物流中，信息含量更多，并且来自于互联网、终端用户的信息将越来越多。

一、电子商务物流信息的作用

所谓物流信息，是指与物流活动有关的必要信息。我国国家标准《物流术语》（GB/T 18354—2006）中对物流信息的定义：反映物流各种活动内容的知识、资料、图像、数据、文件的总称。电子商务物流信息是指与电子商务物流活动有关的必要信息。

物流信息的产生与物流活动的开展密不可分。由于物流系统是涉及社会经济生活各个方面的错综复杂的大系统，关系到原材料供应商、生产制造商、批发商、零售商及最终消费者及市场流通的全过程，因此，物流信息数量巨大，类型繁多。例如：在接受订货和订货处理过程中，都存在着物流信息，至少涉及货物品种、数量、到货时间、地点等，并在运输方式和路线选定、运输单位确定、库存期间的决定等具体问题中用到这些信息。

在电子商务中除了物流信息以外，还有商品交易信息和市场信息。市场信息包含与市场决策有关的各种信息，如有关促销的信息、竞争对手的竞争信息等。商品交易信息是卖方和买方在交易时发生的买卖信息、接受订货和发出订货信息、收入支出等。在这些信息中，部分信息与物流活动相关，因此难以严格地区分物流信息和商品交易信息。

物流信息的基本功能是支持运输、库存管理、订货处理等物流活动。信息化的发展使物流信息不只是停留在支持功能上，它将发挥更重要的作用，可以提升单个企业和整体供

应链的管理水平。从这种观点出发，许多企业非常重视发展物流信息系统。比如日本的便利店 7-11 公司和家用卫生类生产企业花王公司先进的物流信息系统就非常具有代表性。

二、电子商务物流信息的特征

电子商务物流信息与商品交易信息及市场信息相比较，具有如下特征。

1. 信息量大

电子商务物流信息随着商品交易的发生而大量产生。比如在零售业的 POS 系统中，系统读取销售时点的每一笔商品数量，并处理其价格和数量等信息，根据销售情况向供货商发出订货信息。商品运输、存储、装卸搬运过程中也会产生大量信息，如体积、重量、数量等。为了合理地进行商品的补充订货，采用联网进行接受订货和订货业务的电子订货系统（Electronic Ordering System，EOS）的企业不断增多，使物流信息也呈增加的趋势。

2. 更新速度快

电子商务物流信息，尤其运输量、订货量、配送时间等信息是随着运输活动的开展而实时更新的。例如，在配送货物追踪系统中，货物通过每一个货物集配中心和集散中心时，部分信息将发生变化。现代物流信息系统必须具有能够实时更新数据、分析数据的能力，以适应现代物流信息的特点。

3. 涉及多种运输基础设施

物流活动利用道路、海港、机场等多种基础设施，因此要想有效率地进行物流活动，有必要了解基础设施的相关信息。例如，在运输中必须掌握道路的堵塞、施工、通行限制等信息，在国际运输中必须掌握通关和海港的有关信息。

4. 物流信息分类编码标准化

在物流信息系统建设中，通过标准化来实现系统间的数据交换与共享已经成为电子商务的必然要求。所谓信息分类编码就是对大量的信息进行合理分类，然后用代码加以表示。将信息分类编码以标准的形式发布，就构成了标准信息分类编码，或称标准信息分类代码。物流信息分类编码标准化是信息分类标准化工作的一个专业领域和分支，其核心是将信息分类编码标准化技术应用到现代物流系统中，实现物流信息系统的自动化数据采集和系统间的数据交换与资源共享，促进物流活动的社会化、现代化和合理化。物流信息分类编码标准体系旨在汇集与物流信息系统相关的现有国家标准，提出并制定更有用的相关国家标准。

【小贴士 8-1】

物流信息分类编码体系构成

物流信息分类编码标准体系分三个层次：第一层次为门类；第二层次为类别；第三层次为项目。整个标准体系分为三个门类。第一门类为基础标准。这些标准是制定标准时所必须遵循的、全国统一的标准，是全国所有标准的技术基础和方法指南，具有较长时期的稳定性和指导性。第二门类为业务标准。它是针对物流活动的技术标准，对物流信息系统建设具有指导意义。第三门类是相关标准，它是伴随人类社会技术进步（特别是信息和通信技术进步）而产生的专门领域标准，如 EDI、GPS 等。

第二节　物流信息技术

物流信息技术是对物流信息进行采集、传输、处理、展现的技术，是实现高效利用物流信息，支撑物流活动的基础。

一、条码标识与应用技术

条码是指由一组宽度不同、反射率不同的条和空按规定的编码规则组合起来，用以表示一组数据的符号。条码技术是随着计算机与信息技术的发展和应用而诞生的，它是集编码、印刷、识别、数据采集和处理于一身的新型技术。条码作为一种可印刷的计算机语言，被称为“计算机文化”。

1．一维条码

一维条码是由一组垂直的黑白或彩色条纹来编码记录数字、字母及符号的信息技术，数据容量约 30 个字符，不加校验情况下的误差率小于百万分之二。目前，广泛使用的条码标准（码制）有 EAN 码、UPC 码、Code39 码、ITF25 码、Codebar 码、Code93 码、Code128 码等。

图 8-1 是在快递包裹传递过程中使用的一维条码。为了阅读出条码所代表的信息，需要一套条码识别系统，它由条码扫描器、放大整形电路、译码接口电路和计算机系统等部分组成条码识别系统。条码扫描设备参见图 8-2。

图 8-1　一维条码

图 8-2　手持式和台式条码卡扫描器

条码是迄今为止最经济、实用的一种自动识别技术，具有以下几个方面的优点。

1）输入速度快。与键盘输入相比，条码输入的速度是键盘输入的 5 倍，并且能实现“即时数据输入”。

2）可靠性高。键盘输入数据出错率为三百分之一，利用光学字符识别技术出错率为万分之一，而采用条码技术误码率低于百万分之一。

3）采集信息量大。利用传统的一维条码一次可采集几十位字符的信息，二维条码更可以携带数千个字符的信息，并有一定的自动纠错能力。

4）灵活实用。条码标识既可以作为一种识别手段单独使用，也可以和有关识别设备组成一个系统实现自动化识别，还可以和其他控制设备连接起来实现自动化管理。

5）成本非常低。在零售业领域，因为条码是印刷在商品包装上的，所以其成本几乎为“零”。

6）标签易于制作。通常情况下，条码对设备和材料没有特殊要求，识别设备操作容易，不需要特殊培训，且设备也相对便宜。

【小贴士 8–2】

条码的历史

早在 20 世纪 20 年代，威斯汀豪斯（Westinghouse）实验室的约翰·科芒德（John Kermode）就设想在信封上做条码标记，条码中的信息是收信人的地址，就像今天的邮政编码，以便对邮件实现自动分拣。于是，科芒德发明了最早的条码标识——科芒德码（Kermode 码）。科芒德码设计方案非常简单，用一个“条”表示数字“1”，两个“条”表示数字“2”，依次类推。科芒德码所包含的信息量很低，只能对十个不同的地区进行编码。

1971 年，布莱西公司研制出“布莱西码”及相应的自动识别用于库存验算。这是条码技术第一次在仓库管理系统中的应用。成立于 1973 年的美国统一编码委员会选定 IBM 公司提出的以 Dalte-Dietance 为基础的通用产品代码（Universal Product Code，UPC）为美国产品统一的标识符号，建立了 UPC 条码系统。同年，食品杂货行业把 UPC 码作为该行业的通用标准码码制，促进了条码技术在商业流通销售领域里的广泛应用。

1977 年，欧洲的制造商和零售商成立的理事会在美国 UPC-12 码基础上，制订出欧洲物品编码 EAN 码，正式成立了非盈利组织欧洲物品编码协会（European Aricle Numbering Association，EAN）。到 1981 年，EAN 发展成为一个国际性组织——国际物品编码协会，简称 IAN。EAN 码为世界各国提供了一个唯一的编码体系和标识方法，为世界各国贸易交换的统一形式，为电子订货和电子数据交换提供了标准化的、国际通用的统一标志。

20 世纪 90 年代，国际流通领域将条码誉为商品进入国际市场的“身份证”，印刷在商品外包装上的商品条码，像一条经济信息纽带将世界各地的生产制造商、出口商、批发商、零售商和顾客有机地联系在一起。这一条条纽带与 EDI 系统相联，便形成多项、多元的信息网，各种商品的相关信息犹如投入了一个无形的永不停息的自动导向传送机构，流向世界各地，活跃在世界商品流通领域。与此同时，条码卡片广泛地应用于交通管理、金融支付、商业文件管理、病历管理、血库血液管理以及各种分类技术方面。条码技术作为数据标识和数据自动输入的一种手段已被人们广泛利用，渗透到计算机管理的各个领域。

中国的条码技术研究始于20世纪70年代末，条码应用系统建立于20世纪80年代初期。中国物品编码中心于1988年12月28日正式成立，并于1991年4月19日正式加入国际物品编码协会。目前，国际物品编码协会分配给中国的前缀码为690、691、692、693、694、695，我们在超市里见到的中国制造的商品条码上，其前三位就是这些数字。

2．二维条码

由于受信息容量的限制，一维条码仅仅是对“物品”的标识，而不是对“物品”的描述，只能表达该商品是什么，就像一个人的名字一样，但该商品的其他信息则无法表达，如价格、生产日期、保质期等，因此不得不与计算机的数据库匹配使用。在没有数据库和不便联网的地方，一维条码的使用受到了较大的限制，有时甚至变得毫无意义。二维条码正是为了解决这一问题而产生的，1970年Interface Mechanisms公司开发出二维矩阵条码和二维矩阵条码的打印和识读设备。二维矩阵条码符号看上去像是一个方格子的棋盘，由于在两个方向记录信息，是一种高信息密度的数字编码技术，简称二维条码（见图8-3），主要分为两大类别。

图8-3 各种二维条码

（1）堆叠式/行排式二维条码

堆叠式/行排式二维条码又称堆积式二维条码或层排式二维条码，编码原理是建立在一维条码基础之上，按需要堆积成两行或多行。它在编码设计、校验原理、识读方式等方面继承了一维条码的一些特点，识读设备与条码印刷与一维条码技术兼容。但由于行数的增加，需要对其进行判定，其译码算法与软件也不完全相同于一维条码。有代表性的行排式二维条码有Code 16K、Code 49、PDF 417等，下面介绍常用的PDF417码，如图8-3所示的中部。

美国Symbol公司经过几年的努力，于1991年推出PDF417（Portable Data File 417）码，即便携式数据文件，具有如下特点。

1）读入速度快。与键盘输入相比，条码的读入速度是键盘输入的5倍，并且能实现即时数据输入。

2）可靠性高。键盘输入数据出错率为三百分之一，利用光学字符识别技术出错率为万分

之一，而采用条码技术误码率低于百万分之一，如果加上校验位，出错率低至千万分之一。

3）存储容量大。根据不同的条空比例每平方英寸可以容纳 250～1100 个字符。在国际标准的证卡有效面积上（相当于信用卡面积的 2/3，约为 76mm×25mm），PDF417 条码可以容纳 1 848 个字母字符或 2 729 个数字字符，约 500 个汉字信息。这种二维条码比普通条码信息容量高几十倍。

4）编码范围广。由于存储容量大，PDF417 条码可以将照片、指纹、掌纹、签字、声音、文字等凡是可以数字化的信息进行编码记录下来。

5）保密、防伪性能好。PDF417 条码具有多重防伪特性，可以采用密码防伪、软件加密以及利用所包含的信息（如指纹、照片等）进行防伪，因此具有极强的安全防伪性能。

6）具有自动纠错能力。PDF417 条码采用了目前最先进的数学纠错技术，条码即使玷污、破损，只要损坏面积不超过 50%，照样可以破译出记录的信息。

7）成本低、工作寿命长。利用现有的点阵、激光、喷墨、热敏/热转印、制卡机等打印技术，即可在纸张、卡片、PVC，甚至金属表面上印出条码，费用成本极低。PVC 条码卡的使用寿命甚至可达八九年。

8）条码符号的形状可变。同样的信息量，PDF417 条码的形状可以根据载体面积及美工设计等进行自我调整。

9）灵活实用。条码既可以作为一种识别手段单独使用，也可以和有关识别设备组成一个系统实现自动化识别，还可以和其他控制设备连接起来实现自动化管理。

10）不可改写。这看上去是缺点，但也是一个优点，增加了对编码非法篡改的难度，提高了保密防伪的安全性。

（2）矩阵式二维条码

矩阵式二维条码又称棋盘式二维条码，它是在一个矩形空间通过黑、白像素在矩阵中的不同分布进行编码。在矩阵相应元素位置上，用点（方点、圆点或其他形状）的出现表示二进制“1”，点的不出现表示二进制的“0”，点的排列组合确定了矩阵式二维条码所代表的意义。矩阵式二维条码是建立在计算机图像处理技术、组合编码原理等基础上的一种新型图形符号自动识读处理码制。具有代表性的矩阵式二维码有：Code One、Maxicode、QR Code、Data Matrix 等。

矩阵式二维条码与堆叠式/行排式二维条码相比具有以下特征：①信息容量更大；②具有唯一的寻像图形；③使用扫描器识读更简便，支持不同方向的阅读，具有高速识读性和高可靠性；④可选择纠错级别，能提供多种纠错级别，如根据使用环境提供 7%、15%、25%、30%的纠错级别；⑤校正图形提高可识读性，特别是能解决光学变形或基底弯曲等情况的识读问题；⑥有效的汉字编码，汉字字符集编码可减少 20%的空间。

3．条码标准

为了便于物品跨国家和地区的流通，适应物品现代化管理的需要以及增强条码自动识别系统的相容性，各个国家、地区和行业，都必须制定统一的条码标准。所谓条码标准，主要包括条码符号标准、使用标准和印刷质量标准。这类标准由各国的专门编码机构负责制定，也有地区性的标准和行业标准。

1974 年 8 月美国在世界上率先制定了“美国通用商品条码（AUP）”标准，1977 年欧洲以美国条码标准为蓝本，制定出自己的条码标准“欧洲商品条码（EAN）”标准。美国通用商品条码为 12 位，欧洲商品条码有 13 位。当前世界上大多数国家采用 13 位条码标准，只有北美的美国和加拿大采用 12 位的条码标准，13 位条码是大势所趋，已成为全球通用的条码标准。

我国商用条码主要采用 EAN 标准，中国物品编码中心于 1990 年制定的我国条码标准，共 5 个版本。

1）条码系统通用术语，包括条码通用术语、符号类型术语以及适用范围。

2）通用商品条码——EAN 条形码标准。它可以用于商品的自动销售系统，也可以用于统计、会计、订货等业务，作为商业系统与生产系统信息交换的基础。

3）中国标准书号条码标准。它适用于在中国注册出版的标准书号（ISBN 部分）的条码表示。

4）39 条码标准。它主要运用于运输、仓储、工业生产线、图书情报以及医疗卫生等领域的自动识别。

5）库德巴条码标准。它主要适用于医疗卫生、图书情报以及物资流通等领域的自动识别。

【小思考 8-1】

条码的局限性与未来发展趋势

条码虽然在提高商品流通效率方面立下过汗马功劳，但自身有着一些不可克服的缺陷。比如，扫描仪必须“看到”条码才能读取，因此工作人员必须扫描每件商品，不仅效率低，而且容易出现差错。另外，如果条码撕裂、污损或丢失，扫描仪将无法扫描进而识别商品。又如，条码的信息容量有限，通常只能记录生产厂商和商品类别。如何解决克服这些缺陷呢？RFID 是一种理想的替代方案吗？什么时候会普及呢？

二、无线电射频识别技术

无线电射频识别（Radio Frequency Identification，RFID）是自动识别技术的一种。条码技术是将已编码的条码附着于目标物上，然后使用专用的扫描读写器利用光信号将信息读取，不能改写已印刷好的信息。而 RFID 主要靠无线射频识别技术来实现数据的读取，使用专用的 RFID 读写器及专门的可附着于目标物的 RFID 标签，利用频率信号将信息由 RFID 标签传送至 RFID 读写器，此外 RFID 标签类似于一组电路，其信息可被改写。

1. 原理和系统构成

一套完整的 RFID 系统，是由阅读器（Reader）与电子标签（Tag）也就是所谓的应答器（Transponder）及应用软件系统三个部分所组成的，其工作原理是阅读器发射一特定频率的无线电波能量给应答器，用以驱动应答器电路将内部的数据送出，此时阅读器便依序接收解读数据，送给应用程序作相应的处理。每个标签包括一个“产品电子编码”（EPC）。RFID 的 EPC 数据容量较大，可以将商品标识成 A 公司于 B 时间、C 地点生产的 D 类商品的第 E 件。

RFID 技术的工作过程是：当标签进入磁场后，天线接收射频信号，凭借感应电流所获得的能量发送出存储在芯片中的产品信息（无源标签或被动标签，Passive Tag），或者由标签主动发送某一频率的信号（有源标签或主动标签，Active Tag），解读器读取信息并解码后，通过计算机控制端送至中央信息系统进行有关数据处理，如图 8-4 所示。

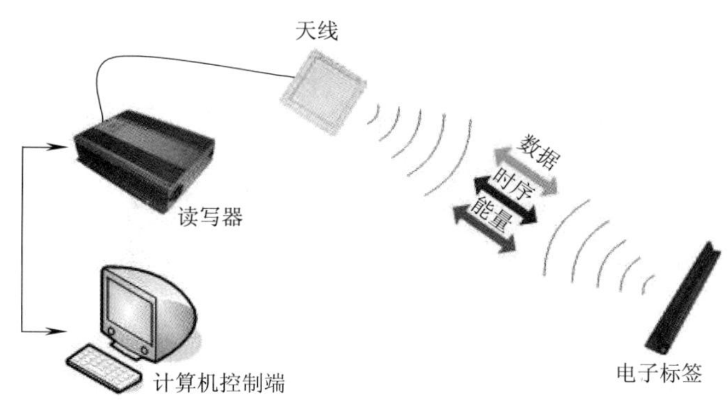

图 8-4　RFID 工作原理图

2．RFID 标签

根据 RFID 标签的工作方式，可将其分为：被动式、半被动式（也称作半主动）、主动式三类。

（1）被动式标签

它没有内部供电电源，其内部集成电路通过接收到的电磁波进行驱动，即将电磁波的能量转化为电能，这些电磁波是由 RFID 读取器发出的。当标签接收到足够强度的信号时，可以向读取器发出数据。这些数据不仅包括 ID 号（全球唯一标示 ID），还可以包括预先存在于标签内的电可擦可编程只读存储器（Electrically Erasable Programmable Read-Only Memory，EEPROM）中的数据。由于被动式标签具有价格低廉、体积小巧、无需电源的优点，目前市场上的 RFID 标签主要是被动式的。

（2）半主动式类似于被动式

与第一种相比它多了一个小型电池，电力恰好可以驱动标签 IC，使得 IC 处于工作的状态。这样的好处在于，天线可以不用管接收电磁波的任务，充分作为回传信号之用。比起被动式，半主动式有更快的反应速度，更好的效率。

（3）主动式标签

它本身具有内部电源供应器，用以供应内部 IC 所需电源以产生对外的信号。一般来说，主动式标签拥有较长的读取距离和较大的记忆体容量，可以用来储存读取器所传送来的一些附加信息。

3．RFID 应用

RFID 适合用于物流和供应管理的许多物流场合，如航空行李处理、邮件/快运包裹处理、仓储中塑料托盘和周转筐等。RFID 技术应用也在物品的流通环节，可以实现物品跟踪与信息共享，彻底改变了传统的供应链管理模式，提高了企业运行效率。其具体应用方向包括仓储管理、物流配送、零售管理、集装箱运输、邮政业务等。

采用电子标签使商品管理既方便又快捷。RFID 技术的最大特点就是可以同时识别多个电子标签，阅读速度快，在超市进行大量商品采购并通过收银台时，不用一件件去阅读商品，只需停留数秒钟即可完成付费，大大地缩短了顾客结账排队的等候时间。而若有与超市系统对接的购物卡，那就更方便了。此时，只要将购物卡在阅读器上轻轻一放，就能自动扣款，对超市来说，更便于管理。超市可在系统中预设定一个商品数（第五章提到的再订货点），当商品已售出时会实时扣除已售商品，当货物少于设定数时，会自动提醒超市管理者，以便及时补货。

在运输管理方面采用 RFID 技术，只需要在货物的外包装上安装电子标签，在运输检查站或中转站设置阅读器，就可以实现资产的可视化管理。在运输过程中，阅读器将电子标签的信息通过卫星或电话线传输到运输部门的数据库，电子标签每通过一个检查站，数据库的数据就得到更新，当电子标签到达终点时，数据库关闭。与此同时，货主可以根据权限，访问在途可视化网页，了解货物的具体位置，这对提高物流企业的服务水平有着非常重要的意义。

【实用实例 8-1】

沃尔玛采用 RFID 解决商品断货和耗损问题

2003 年 6 月 19 日，在美国芝加哥召开的“零售业系统展览会”上，沃尔玛宣布将采用一项名为 RFID 的技术，以最终取代目前广泛使用的条码，成为第一个公布正式采用该技术时间表的企业。RFID 有助于解决零售业两个最大的难题：商品断货和损耗，主要是因盗窃和供应链管理问题而损失的产品，而现在单是盗窃一项，沃尔玛一年的损失就约有 20 亿美元，应用 RFID 技术能够帮助把失窃和存货水平降低 25%。据 Sanford C. Bernstein 公司的零售业分析师估计，通过采用 RFID 技术，沃尔玛每年可以节省 83.5 亿美元，其中大部分是因为不需要人工处理进货条码而节省的劳动力成本。

沃尔玛通过采用 RFID 技术，得到了以下具体的收益：

（1）减少统计差错，即时获得准确的信息流，进一步降低在供应链各个环节上的安全存货量和运营资本，巩固和扩大在该领域的竞争优势。

（2）提高物流配送的自动化程度与处理效率，减少雇佣员工，降低劳动力成本，巩固和扩大在物流成本上的优势。

（3）加大财产与商品监控与管理力度，有效防止盗窃现象和因遗忘等原因造成的商品损耗；强化设备管理，优化配置设备与提高设备的使用率。

（4）更加透明和快速地了解各种商品在门店的销售情况。

三、电子数据交换

第一章已对电子数据交换（Electronic Data Interchange，EDI）进行了介绍。本章从实务的角度出发，主要介绍一下 EDI 的标准、特点和工作流程。

1. EDI 的标准

早期的 EDI 使用的大都是各处的行业标准，不能进行跨行业 EDI 互联，严重影响了 EDI 的效益，阻碍了全球 EDI 的发展。目前欧洲使用 EDIFACT 标准。EDIFACT 已被国际标准化组织 ISO 接收为国际标准，编号为 ISO9735。同时还有广泛应用于北美地区的，由美国国家标准化协会（ANSI）X.12 鉴定委员会（AXCS.12）于 1985 年制定的 ANSI X.12 标准。

2. EDI 的特点

1）使用对象的稳定性。EDI 是企业间传输商业文件数据的一种形式，EDI 的使用对象是有经常性业务联系的单位。

2）传送资料的特定性。EDI 所传送的资料是一般业务资料，如发票、订单等，而不是一般性的通知。

3）传送资料的标准性。传输的文件数据是采用共同的标准和具有固定的格式，如联合国 EDI FACT 标准。这也是与一般电子邮件的区别。

4）传送渠道的特定性。EDI 通过的数据通信网络一般是增值网或专用网来传输，由收发双方的计算机系统直接传送和交换资料。

5）资料处理的准确性。EDI 与传真或电子邮件等其他电子处理方式的另一个区别是，不需要人工的阅读判断和处理，避免了人力资源的浪费和手工处理错误的发生。

3．EDI 工作流程

下面以 EDI 的典型应用，即在国际贸易中的应用说明其工作流程。对于发送方，其工作流程如下。

1）数据录入。用户在单证录入模块，建立单证，包括选择贸易伙伴和商品等。

2）产生文件。通过映射生产 EDI 平面文件（Flat File），这是通过应用系统将用户的应用文件（如单证、票据）或数据库中的数据，映射成的一种标准的中间文件。平面文件是用户通过应用系统直接编辑、修改和操作的单证和票据文件，它可直接阅读、显示和打印输出。

3）翻译文件。根据平面文件，进行翻译生成 EID 标准格式文件，也就是所谓的 EDI 电子单证，或称电子票据。它是 EDI 用户之间进行贸易和业务往来的依据。EDI 标准格式文件是一种只有计算机才能阅读的 ASCII 文件。它是按照 EDI 数据交换标准（即 EDI 标准）的要求，将单证文件（平面文件）中的目录项，加上特定的分割符、控制符和其他信息，生成的一种包括控制符、代码和单证信息在内的 ASCII 码文件。

4）文件传输。它是指通过通信模块将报文传输到接收方。这一步由计算机通信软件完成。用户通过通信网络，接入 EDI 信箱系统，将 EDI 电子单证投递到对方的信箱中。EDI 信箱系统则自动完成投递和转接，并按照 X.400（或 X.435）通信协议的要求，为电子单证加上信封、信头、信尾、投送地址、安全要求及其他辅助信息。

对于接收方，接收和处理过程是发送过程的逆过程。首先需要接收用户通过通信网络接入 EDI 信箱系统，打开自己的信箱，将来函接收到自己的计算机中，经格式校验、翻译、映射还原成应用文件，最后对应用文件进行编辑、处理和回复。

在实际操作过程中，EDI 系统为用户提供的 EDI 应用软件包，包括了应用系统、映射、翻译、格式校验和通信连接等全部功能。用户可将其看作是一个“黑匣子”，完全不必关心里面具体的过程。

【实用实例 8-2】

EDI 的典型应用

尤尼西斯公司在 1988 年采用了 EDI 的 MRP 系统后，将其欧洲区的 5 个配送中心和 14 个辅助仓库缩减为 1 个配送中心。在企业保留若干地区性仓库以后，更多的仓库被改造为配送中心。由于存货的控制能力的增强，物流系统中仓库的总数减少。

宝洁通过数字化创新提升零售门店的运营效率。其中，商品信息同步（GDSN）和电子数据交换（EDI）是公司在运营领域重点之一。通过这两个项目，宝洁与几十家零售客户实现产品信息管理和交易过程无纸化、自动化、标准化。在此基础上，与零售商共享信息后，宝洁能实时掌握各品类的销售情况和顾客的需求，从而对促销活动作出预测，有效地改善了库存积压与脱销的状况。

（资料来源：http://www.unisys.com；http://www.pg.com.cn）

【小贴士 8–3】

EDI 的未来发展

采用专用网或者增值网的成本较高，这是中小企业实施 EDI 的主要障碍，对于广大的电子商务参与主体更是如此。互联网的发展也为 EDI 的发展提供了支持。相对于专用网和增值网，互联网可实现在世界范围的低成本连接，并且互联网对数据交换提供了许多简单易行的方法，用户可以使用页面完成交易。因此，在电子商务生态环境中，基于互联网的 EDI 将是 EDI 发展的一个重要趋势。

四、地理信息系统和全球定位系统

物流的核心是完成货物的空间位置移动，因此位置信息的获取和处理对于物流管理具有重要的作用。地理信息系统（Geographical Information System，GIS）、全球定位系统（Global Positioning System，GPS）和无线通信技术的有效结合，是建立功能强大的现代电子商务物流信息系统的基础，能使物流变得实时并且将成本降到最低。下面简要介绍地理信息系统和全球定位系统。

1．地理信息系统

地理信息系统（GIS）是集计算机科学、地理地质学、测绘科学、环境科学、空间科学、信息科学、管理科学为一体的多学科结合的新兴边缘学科。它在计算机硬件、软件系统的支持下，采集、存储、管理、分析和描述整个或部分地球表面与空间和地理分布有关的数据的空间信息系统。

从应用的角度，地理信息系统由硬件、软件、数据、人员和方法五部分组成。硬件和软件为地理信息系统建设提供环境；数据是 GIS 的重要内容；方法为 GIS 建设提供解决方案；人员是系统建设中的关键和能动性因素，直接影响和协调其他几个组成部分。

GIS 近年来在应用上取得了惊人的发展，广泛应用于资源调查、环境评估、灾害预测、国土管理、城市规划、邮电通信、交通运输、军事公安、水利电力、公共设施管理、农林牧业、统计、商业金融等几乎所有领域。

在物流领域，通过基于 GIS 的查询、地图表现的辅助决策，可实现对物流配送、投递线路的合理调度和安排客户投递顺序等。例如沃尔玛集团在开设新分店的时候，会先利用 MapInfo 技术，对该地区的人口分布及收入进行分析，然后确定新店的地址。

2．全球定位系统

全球定位系统（GPS）主要包括空间部分、地面控制系统和用户设备三个部分。GPS 的空间部分是由 24 颗卫星组成（21 颗工作卫星、3 颗备用卫星），它位于距地表 20 200km 的上空，均匀分布在 6 个轨道面上。地面控制系统由监测站、主控制站、地面天线组成，

主控制站位于美国科罗拉多州春田市。地面控制站负责收集由卫星传回的信息，并计算卫星星历、相对距离、大气校正等数据。用户设备部分即 GPS 信号接收机。其主要功能是能够捕获到按一定卫星截止角所选择的待测卫星，并跟踪这些卫星的运行。当接收机捕获到跟踪的卫星信号后，就可以测量出接收天线至卫星的伪距离和距离的变化率，解调出卫星轨道参数等数据。根据这些数据，接收机中的微处理计算机就可按定位解算方法进行定位计算，计算出用户所在地理位置的经纬度、高度、速度、时间等信息。接收机硬件和机内软件以及 GPS 数据的后处理软件包构成完整的 GPS 用户设备。

GPS 主要用于定位、定速和定时。由于 GPS 技术所具有的全天候、高精度和自动测量的特点，因此可广泛应用于国民经济建设、国防建设和社会发展的各个领域。

在物流领域，安装在车辆上的 GPS 定位仪可以实时获取车辆的位置信息，包括经纬度、速度、方向等，再通过车辆无线数据通信系统，将车辆的定位信息以短消息方式传送到指挥监控中心，并显示在电子地图上。另外，通过将车辆的载货情况以及到达目的地的时间预先通知下游单位配送中心或仓库等，有利于下游单位合理地配置资源、安排作业，从而提高运营效率、节约物流成本。

【小贴士 8-4】

GIS 和 GPS 在电子商务及其物流中的应用

随着互联网、移动互联网的应用，地理位置信息的商务价值日益体现出来。除了上述物流业务中的应用，GIS 和 GPS 也促进了新商务模式的产生，如基于位置的电子商务活动。对于电子商务物流，如何充分利用 GIS 和 GPS，在电子商务物流中发挥更重要的作用，是其商业价值的核心体现，如用户通过互联网或移动互联网，可以实时了解快递包裹的位置等状态信息。

五、物联网和智慧地球

1．物联网

物联网是指在互联网的基础上，通过射频识别（RFID）设备、无线数据通信、红外感应装置、全球定位系统、激光扫描器等技术手段，按约定的协议，把所有需要管理的物品与互联网连接起来，进行信息交换和通信，以实现智能化识别、定位、跟踪和监控的一种网络。

根据物联网的概念，可以看出，物联网的核心和基础仍然是互联网，物联网是在互联网的基础上延伸和扩展的网络，另外，网络的用户端延伸和扩展到了任何物品与物品之间。物联网中非常重要的技术是电子标签技术（即射频识别技术，RFID），它通过结合已有的网络技术、数据库技术、中间件技术等，构筑一个由大量联网的阅读器和无数移动的标签组成，比互联网更为庞大的网络。

物联网用途广泛，遍及智能交通、环境保护、政府工作、公共安全、平安家居、智能消防、工业监测、老人护理、个人健康等多个领域。物联网将是一个万亿元级产业，是继计算机、通信网络之后的信息产业第三次浪潮。目前，欧洲、美国、日本、韩国等主要发达国家和地区均将物联网纳入国家战略性计划。美国著名咨询机构 Forrester 预测，到 2020

年，世界上“物物互联”的业务与“人与人通信”的业务相比将达到30:1。

物联网把新一代IT技术充分运用在各行各业之中，具体地说，就是把感应器嵌入和装备到电网、铁路、桥梁、隧道、公路、建筑物、供水系统、大坝、油气管道等各种物体中，然后把物的网络和现有的互联网整合起来，实现人类社会与物理系统的整合。在这个整合的网络中，通过处理能力强大的计算机系统，实现对整个网络内的人员、机器、设备和基础设施的实时管理和控制，在此基础上，人类可以以更加精细和动态的方式管理生产和生活，达到“智慧”状态，提高资源利用率和生产力水平，改善人与自然界之间的关系。毫无疑问，如果物联网时代来临，人民的日常生活将发生翻天覆地的变化。

随着物联网的深入应用，电子商务将更加智能化，电子商务物流也将更加智慧化。例如在集装箱运输中，通过应用物联网，实现集装箱和车辆的监控管理和智能调度、物流信息处理等，促进集装箱联运信息化、制造商供应链信息化、电子商务与物流服务集成建设等。

2．智慧地球

2008年11月，IBM首席执行官彭明盛提出“智慧地球”的概念，2009年1月得到了美国奥巴马总统的公开肯定，引起了全世界的广泛关注。2009年8月，IBM又发布了《智慧地球赢在中国》计划书，正式揭开IBM“智慧地球”中国战略的序幕。近两年世界各国的科技发展布局，IBM“智慧地球”战略已经得到了各国的普遍认可。数字化、网络化和智能化，被公认为是未来社会发展的大趋势，而与“智慧地球”密切相关的物联网、云计算等，更成为科技发达国家制订本国发展战略的重点。

智慧地球也称为智能地球，就是把感应器嵌入和装备到电网、铁路、桥梁、隧道、公路、建筑、供水系统、大坝、油气管道等各种物体中，并且被普遍连接，形成所谓的“物联网”，然后将物联网与现有的互联网整合起来，实现人类社会与物理系统的整合。

IBM的“智慧地球”涵盖的行业和领域极为广泛，包括能源、食品、基础设施、零售、医疗保健、城市、水资源、公共安全、建筑、金融、电信等多个方面。智慧地球具有以下三个方面的特征。

（1）更透彻的感知

基于广泛存在的智慧地球网络，人们可以随时随地感知、测量、捕获和传递信息，实时感知社会活动、生活各个方面的相关信息。

（2）更广泛的互联互通

智慧地球具有更全面的互联互通性。各种形式的高带宽的通信网络工具，将个人的电子设备、组织和政府信息系统中收集和储存的分散的信息及数据连接起来，进行交互和共享，从而更好地对环境和业务状况进行实时监控，从全局的角度分析形势并及时解决问题，使得社会生产通过多方协作来更好地完成。

（3）更深入的智能

智慧地球通过使用先进技术进行复杂的数据分析、汇总和计算，整合和分析海量的跨地域、跨行业和职能部门的信息，并将特定的知识应用到特定行业、特定场景、特定的解决方案中以更好地支持决策和行动。

【小贴士 8-5】

我国物联网发展的高地——无锡国家传感网创新示范区

2009 年 8 月 7 日，温家宝总理在无锡提出“感知中国”的理念，国务院将物联网列入战略性新兴产业之一。2009 年 11 月，国务院正式批复无锡建设“国家传感网创新示范区（国家传感信息中心）”。

无锡建设国家传感网创新示范区（国家传感信息中心）的目标是，通过以创新为驱动、应用为牵引、政府为引导、示范为带动，打造具有全球影响力的传感网技术创新中心、产业创新中心和应用示范中心，构建集技术创新、产业化和市场应用为一体的传感网产业体系，使无锡成为掌握核心和关键技术、产业规模化发展和广泛应用的示范区。

第三节　物流自动化

电子商务物流的发展离不开物流自动化技术和设备，物流自动化将是未来发展的方向和趋势，下面简单介绍一下物流自动化。

一、物流自动化的内容

物流自动化是充分利用各种机械和运输设备、计算机系统和综合作业协调等技术手段，通过对物流系统的整体规划及技术应用，使物流的相关作业和内容省力化、效率化、合理化，快速、准确、可靠地完成物流的过程。物流自动化包括以下三个方面的内容。

1．机械的自动化

由于物流的主要内容涉及货物的装卸、运输、存储、加工、包装等作业环节，采用机械化的手段实现物流作业的自动化是物流自动化的主要内容。特别是在货物的流转过程中，能够使用各式各样的自动搬运设备、自动存取系统和自动分拣传送设备，这是物流机械自动化的主要发展方向。

进行机械自动化在实践中应重点考虑的问题是，带着“自动”的概念考虑自动搬运、自动立体仓库和自动分拣传送等设备时，要充分估计和分析这些机械投入使用后，是否能够达到有效、灵活的应用目的，有无足够的业务支撑，能否有效完成各种作业需要，是否有利于公司的发展，公司的实力如何，投入产出比如何等。

2．信息的自动化

物流信息的自动化是指在物流的过程中，对所发生的各种信息，利用信息技术快速、准确和及时地进行收集、存储、加工、分析和检索等处理，为作业的效率化和管理的科学化提供服务。

物流的信息化首先是要在现代物流理念和现代物流管理方式的基础上，利用信息处理的计算机技术、自动识别技术、网络通信技术以及机械自动化的结合，实现物流信息的自动化。需要说明的是，信息自动化与机械自动化是紧密联系的，因为机械设备工作的逻辑是在获得相关信息的基础上的。

3．知的自动化

所谓知的自动化，体现了某种智慧，就是根据作业的内容，使用相关的物流设备，采用科学、合理的流程并采用适当的作业指示方法，发挥出更高作业效率的方式，是在不改变成本的情况下，提高作业效率的有效方法。而作业效率的改善主要体现在缩短作业的时间，更好满足客户要求等方面。

知的自动化重点考虑的内容是日常作业，不断思考，不断改进，只要有所改进就是向知的自动化迈进了一步。这就需要对日常作业进行研究，需要不断打破原有的习惯和框框，管理学中的业务流程管理（Business Process Manager，BPM）就体现了这个思想，IBM 等公司对此还推出了相关软件和新一代业务流程管理平台。

二、物流自动化相关设备

物流自动化相关设备是指涉及物流相关作业的运输、保管、包装、装卸、分拣、加工、信息管理等物流作业及物流信息管理的设备，主要有以下类别。

（1）保管设备

它主要包括各种货架，如层架、层格式货架、抽屉式货架、橱柜式货架、托盘货架、重力式货架、移动货架、回转货架（水平回转、垂直回转）等，现在立体自动仓库（层架一体型、托盘单位式、包装箱式）的发展呈增加趋势。图 8-5 为托盘单位式立体自动仓库。

图 8-5　托盘单位式立体自动仓库

（2）分拣设备

它主要有传输设备（辊式、皮带式、保管分拣一体式）、拣货设备（摘取式系统、台车式系统、播种式系统、自动拣货系统）、验货设备等。

（3）装卸搬运设备

它包括叉车（发动机式、电动机式、手动式、平衡重式、前移式、侧叉式）、无人搬送车（全方向移动型、高速分拣型、天井走行式）、搬运车、托盘（平托盘、柱式、箱式、轮式、特种专用式）、输送机（皮带式、辊式、悬挂式、机械手）、垂直搬送机械、吊车（卡车吊、履带吊、门式、桥式、门座式）、自动卸货设备、自动供料设备、物流车辆用蓄电池等。图 8-6 为高速分拣型自动搬送设备。图 8-7 为前移式电动叉车。

图 8-6　高速分拣型自动搬送设备

图 8-7　前移式电动叉车

（4）运输设备

它主要包括各种运输工具和运输系统，如各种货车（普通、箱式）、特装车、集装箱（通用、专用）、复合运输系统、第三方物流系统等。

（5）信息设备

它主要是硬件及软件系统，包括条码设备、识别设备、显示设备、打印机、扫描仪、控制设备、订货系统、运行管理系统、POS 系统、EDI 系统、GPS 系统、物流中心管理系统等。

（6）包装机械设备

它主要包括包装机、捆包机、折箱机、封口机、计量机、缓冲材料、捆包材料、标签材料等。

第四节　电子商务物流信息系统

21 世纪是高度信息化的时代，现代信息技术和通信技术的迅猛发展及互联网的广泛应用成为传统物流向现代物流转变的重要推动力量。运用信息系统来整合物流资源，已成为企业在激烈的市场竞争中取胜的战略手段。电子商务物流所要求的信息系统，更是需要将传统的物流信息系统同企业内部的 ERP 系统、外部的 CRM 系统和 SCM 系统等进行有效集成，方可实现电子商务物流的协同和有效运转。

一、物流信息系统概述

随着物流系统的发展，物流信息流越来越多，物流信息更新的速度也越来越快，建立基于计算机、网络和通信技术的物流信息系统是提高物流系统的整体效率的有力保证。

1．物流信息系统的概念

物流信息系统是一个由人和计算机共同组成的，能进行物流信息的收集、传递、存储、加工和维护使用的系统，它具有预测、控制和辅助决策等功能。从本质上讲，物流信息系统是利用信息技术，通过信息流，将各种物流活动与某个一体化过程连接起来的通道。物流系统中的相互衔接是通过信息进行沟通的，基本资源的调度也是通过信息共享来实现的。因此，组织物流活动必须以信息为基础。要使物流活动正常而有规律地进行，必须保证物流信息畅通。

现在，越来越多的企业正在推广和应用物流信息系统，这是因为从物流管理的角度出发，对物流信息系统存在的现实需求。

1）流程管理的要求。它是指物流企业内部业务流程和信息交流方式得以改善，满足业务部门对信息和信息共享的需求，使物流企业信息更有效地发挥效力。

2）货物管理的要求。它是指通过对货物的跟踪与监控，物流企业的各层管理者可以及时掌握业务进展情况及业务数据，增强对业务的控制，为决策提供数据支持。

3）客户的要求。它是指为客户提供实时的货物跟踪，提供个性化服务，提高服务管理水平。

4）管理现代化的要求。它是指按照现代化管理思想和理念的要求，为企业提供可靠的信息支撑环境。

2．物流信息系统的内容

物流业务从大的方面划分，可以分为物流作业和物流事务，这两个方面都是物流信息系统的主要内容。物流事务包括：接受订货、订货、入出库、库存账登记、到货票据、接收票据等物流事务。物流作业必须依靠物流事务的信息才能实现。例如配货时，所取出商品的品种、数量、保管位置、保管货架等都是通过信息系统向自动货架设备发出指令。但是如果没有配货信息，自动机械就不能进行相关操作，而配货信息就是要什么、要多少、发哪里等物流事务信息，自动运送机、数据配货车等物流自动化设备也是同样的道理。

当然，物流自动化设备也对信息化提供支持，能够提高效率。例如，在出库验货的时候，顾客的地址、商品的品种和数量等，能够利用条码自动识别装置等根据出库指示自动表示。这些信息与订货信息核对无误后，就结束了出库验货。同时，带着自动验货信息，可以自动地在库存账上进行核减库存数量，并在销售账上记入销售额，在应收账款中按照客户分别进行累计。这样可以省去手工输入数据工序，能够快速、准确地进行数据自动输入，进一步可达到信息系统化的目的。

【实用实例 8-3】

海尔物流信息管理系统

海尔集团认为，现代企业运作的驱动力只有一个：订单。没有订单，现代企业就不可能运作。围绕订单而进行的采购、设计、制造、销售等一系列工作，最重要的一个流程就是物流。离开物流的支持，企业的采购、制造、销售等行为就带有一定的盲目性和不可预知性。现代企业只有建立高效、迅速的现代物流系统，才能形成企业的核心竞争力。海尔运用现代物流管理系统正搭建集团内部的信息高速公路，将电子商务平台上获得的信息迅速转化为企业内部信息，以信息代替库存，达到降低营运资本的目的。

（资料来源：http://www.haier.com。）

3．物流信息系统的层次

物流信息系统结构与物流管理相对应，包括以下四个层次，如图 8-8 所示。

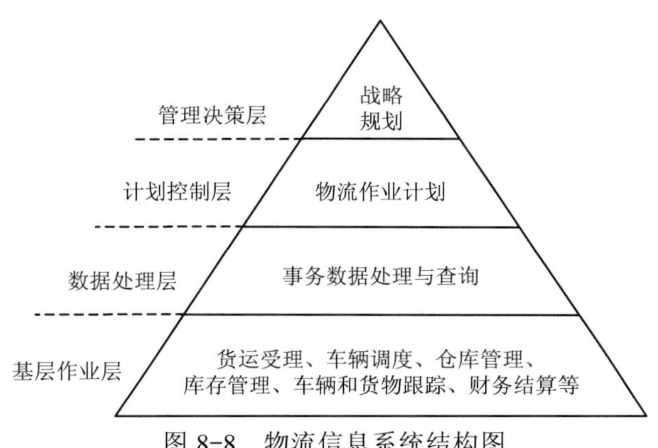

图 8-8　物流信息系统结构图

1）基层作业层。它将搜集、加工的物流信息以数据库的形式加以存储。

2）数据处理层。它对合同、票据、报表等业务表现形式进行日常处理。

3）计划控制层。它包括仓库作业计划、最优路线选择、控制与评价模型建立，根据运行信息检测物流系统的状况。

4）管理决策层。它是指建立各种物流系统分析模型，辅助管理人员制订物流战略规划。

二、物流信息系统的应用

对于生产企业、物流企业、销售企业等，在物流活动有关场合会用到物流信息系统；对于交通运输业也会有许多应用。下面简单介绍一些具体的物流信息系统。

1．智能交通系统

智能交通系统（Intelligent Transport System，ITS）是利用先进的信息通信技术，通过与人、道路和车辆整体的有机结合所建立的智能系统，可以解决交通堵塞、交通事故、环境恶化等道路交通问题，是以运输效率最优化为目标的交通系统的总称。

ITS 的作用可以归纳为提高交通的安全性、提高运输效率、提高交通的舒适性和改善环境等几方面。

1）提高交通的安全性。据专家估计，采用 ITS，在今后 20 年内可降低 8%的交通事故发生概率，每年交通事故的死亡人数可减少 30%～70%，减少交通拥挤和阻塞，从而提高道路交通的机动性。

2）提高运输效率。ITS 的应用可以提高运输生产率和经济效益，并对社会经济发展的各个方面产生积极影响。

3）提高交通的舒适性。通过应用 ITS，使交通的通行能力和通行速度大大提高。据统计，ITS 可使现有高速道路的通行能力至少增长一倍，甚至将来可实现自动车辆驾驶。

4）改善环境。ITS 的应用可以降低能源消耗，减少车辆对环境的影响。

1995 年 3 月，美国运输部正式出版了“国家智能化道路系统项目规划”，明确规定了智能化道路交通系统的七大领域和 29 个用户服务功能。七大领域包括：出行与运输管理系统、出行需求管理系统、公共交通运营系统、商用车辆运营系统、电子收费系统、应急管理系统、先进的车辆控制系统和安全系统。

2．货物配载系统

所谓货物配载系统，是利用互联网帮助将运输车辆情况和货物情况进行需求撮合的信息系统，以提高装载率，减少空驶率。系统将收集到的货源信息提供给运输公司，运输公司参考这些信息进行磋商，并提供运输服务，而运输公司也将车源信息通过互联网向货主企业寻求货物。这种向货主企业和运输企业提供信息服务的中介业务也能产生利润，并形成了物流信息平台。

货物配载系统需要具备以下基本功能，包括货物信息管理功能、配车确认管理功能、会员信息管理功能、业绩信息输出功能、车辆申请信息功能、各种联络功能（电子邮件、自动传真等）、契约信息文件输出功能等，现在已与无线通信相结合，采用短消息或 3G 手机上网的方式实施信息互动，其智能化程度也在不断提高。

我国配载系统方面有许多网站进行了尝试，如中国物流交易中心、货运之家、中国配货网等，它们提供货源、车源、专线、价格、咨询等综合的货物配载的信息服务。以中国配货网为例，通过建立车源数据库，会员身份透明化，银行卡电子交易，责任承诺等服务手段，使其成为国内发展势头较好的一家货运网站。另外，该网站还推出了“天下通”货运信息软件。该软件基于中国配货网所使用的货运信息软件，集成空车配货、车辆管理、专线查询三大主要功能为一体，提供包括货源信息、车源信息、发布、查询、专线报价、车辆管理、网络电话、网络车库、车辆定位等诸多服务。

3．港口物流信息系统

远洋运输在国际贸易中的物流方面占有重要的地位，港口是远洋运输的节点，港口的重要性随着集装箱周转数量的持续增加而日益显现。要使海运及港口物流效率最大化，需要构建综合性信息系统，将复杂而重复性的进出港手续整合，使之变成简单的文件标准化、资料信息化和集装箱码头的自动化等工作。

港口运营信息系统作为海港综合信息系统的子系统，由船舶航运管理、货物管理、海港设施管理、决策支持等部分构成。物流网络服务系统则通过与海洋业务相关的电子文档，提供物流团体、研究机关、企业的物流数据库，达到进出口货物流通主体之间的业务沟通。各个码头自行或通过外包方式开发运营信息系统，并通过 EDI 系统交换国内外的装运信息。

此外，港口还需要构建一个综合性的物流网络信息系统，从而将其企业内部网、港口运营信息系统、公共增值网络性质的物流网络及装货网络连接起来，并提供统一和开放的服务。为了有效地利用综合物流网络，达到统一的信息服务的目的，还要将与进出口货物相关的通关网络等连接起来，从而节省物流费用，提供进出口货物的国际竞争力。

【小贴士 8-6】

铁路物流的电子商务化

原铁道部部长盛光祖在对铁路重点工作进行部署时表示，要以电子商务平台为依托，实现货运业务网上办理，并会像车票“实名制”一样推行“实货制”，最大限度地为货主提供最方便的货运服务。业内人士分析表示，借助电子商务平台推广“实货制”能减少企业办理运输的时间成本，提高商品流通效率，维护货物运输安全。

（资料来源：http://finance.sina.com.cn/china/20120827/085212961329.shtml。）

三、企业资源计划与供应链管理

前面章节讲过，广义的电子商务包括企业内部的管理活动，用到了许多管理软件，如第五章介绍的MRP等，这里介绍企业之间电子商务活动中的管理软件，也就是供应链管理软件。严格来说，这不仅仅是物流信息系统，但物流始终是连接各项业务活动的主线。企业资源计划（Enterprise Resource Planning，ERP）和供应链系统分别作为重要的企业管理信息系统，在企业内外部的管理中发挥着重要的作用。在电子商务物流活动中，为了保证电子商务及其对应物流活动的顺利开展，需要将ERP、供应链等系统进行整合，实现有关信息的高效利用。因此，本部分简要介绍ERP和供应链管理（Supply Chain Management，SCM）的有关内容。

1．企业资源计划

ERP是建立在信息技术基础上，利用现代企业的先进管理思想，全面地集成了企业的所有资源信息，并为企业提供决策、计划、控制和经营业绩评估的全方位和系统化的管理平台。企业的作业资源包括物流、资金流和信息流三个部分。ERP就是对这三种资源进行全面集成管理的信息系统。因此可以说，物流信息系统是ERP的重要组成部分。

第五章已经介绍了ERP是从库存管理出发，经历了MRP、MRPII、ERP这几个阶段，在20世纪90年代形成并发展起来的，它包括对企业内部的人、财、物等资源的综合管理。ERP的管理范围有继续扩大的趋势：一方面向企业外部的延伸，如扩充供应链管理；另一方面，在企业内部的扩展，如融合企业本身的所有经营业务、企业的办公业务、电子商务等。此外，ERP还日益与计算机辅助设计、计算机辅助制造、计算机辅助工艺设计、产品数据管理等系统融合，互相传递数据。

2．供应链管理系统

21世纪的竞争，不再是单个企业与企业之间的竞争，而是供应链与供应链之间的竞争，供应链管理的研究是今后物流的发展方向。第五章已经从供应链的角度介绍了库存控制的有关方法，不同企业的策略和方法不同，不同行业的特点不尽一致，并涉及各种类型的企业以及企业管理的每个环节，由于软件的种类和名称很多，这里统称为供应链管理系统。

所谓供应链是指产品生产和流通过程所涉及的原材料供应商、生产商、批发商、零售商以及最终消费者组成的供需网络。中华人民共和国国家标准《物流术语》（GB/T 18354—2006）对供应链的定义是："生产和流通过程中，涉及将产品和服务提供给最终用户活动的上游和下游企业所形成的网链结构。"

SCM是在现代科技促使产品极其丰富条件下发展起来的管理理念，是通过对供应链中的物流、信息流和资金流进行设计、规划、控制与优化，以寻求建立供、产、销企业以及客户间的战略合作伙伴关系，最大限度地减少内耗与浪费，实现供应链整体效率的最优化并保证供应链中的成员取得相应的绩效，来满足顾客需求的整个管理过程。

供应链管理系统不仅是一类管理信息系统，更重要的是与之匹配的人员、设施以及整个管理体系。它能够在协调运行建立在各节点企业高质量的信息传递与共享的基础之上，帮助企业优化工作流程，与各个供应商和销售商建立良好的沟通、减少物流环节、提高工作效率、优化企业资源配置，并且能够使企业对市场反馈的信息作出快速的反应，帮助企业根据以前的数据对市场进行预测分析。其共同特征可归纳如下。

1）实时可视化跟踪查询。SCM系统综合运用GIS、GPS等技术实现物流过程的在线跟踪查询，增强供应链中合作伙伴之间的相互服务。

2）虚拟库存的管理。供应商可以将各地的仓库和运输途中的舱位视为虚拟的统一仓库进行集中管理和调拨。

3）全过程管理。对产成品供应链全过程的监控系统将分散在零售商、经销商、第三方物流等处的信息有机集成在一起，完整地跟踪产成品从生产车间到零售货架之间的各个环节，使供应商得以迅速了解销售动态，以便确定进一步的生产计划、销售计划和市场策略。

4）支持电子商务。SCM 系统实现了供应商与第三方物流、仓储与运输之间的电子订单处理和结算处理，提高客户响应速度，降低错误率。

5）支持增值业务。SCM 系统有效地支持配送、包装、加工等物流增值业务，管理对货物的包装、拆箱、拼箱等计费服务，并同时记录每次服务的账目情况。

6）支持门到门的物流业务。无论经过多少种运输方式，多少中转环节，是否进行分货、集货操作，SCM 系统都能确保对同一批次、同一目的地产品的识别，因而可以保证运输、仓储等各职能部门之间的协调一致，准确及时地完成每一笔包括多个操作环节的门到门物流指令。

【本章小结】

本章首先介绍了物流信息的概念与特征，其次对目前主要的物流信息技术进行了阐述，并结合一些应用案例指出了这些信息技术在电子商务物流中能够发挥的作用，然后对物流自动化的概念和相关设备进行了介绍，最后，对电子商务物流信息系统的概念、层次进行了介绍，并对同电子商务物流信息系统密切相关的 ERP 和供应链管理系统进行了介绍。

【知识链接】

应用型阅读材料：

[1] 蔡淑琴，夏火松．物流信息与信息系统[M]．北京：电子工业出版社，2005．

[2] 张树山．物流信息系统[M]．北京：人民交通出版社，2005．

[3] 牛东来．现代物流信息系统[M]．北京：清华大学出版社，2011．

[4] 傅铅生．物流运输管理实务[M]．北京：高等教育出版社，2011．

研究型阅读材料：

[1] John Sviokla.How Barcodes and Smartphones Will Rearchitect Information[J]. Harvard Business Review, 2010.

[2] Derek Crews, Disha Bhatia.Supervisory Practices in the Transportation/Logistics Industry[J]. S.A.M. Advanced Management Journal, 2012, 77 (1): 38-45.

网站资料：

沃尔玛集团网站：http://www.walmart.com/

中远集运网站：http://www.coscon.com/

宝洁集团网站：http://www.pg.com.cn/

海尔集团网站：http://www.haier.com/

【习题】

一、简答题

1．简述条码的概念及其在物流信息系统中的应用。

2．比较条码和 RFID 的不同之处。

3．分析物联网对电子商务物流的影响。

二、思考题

1．思考 RFID 在电子商务物流信息系统中的应用前景。

2．思考电子商务物流信息系统在电子商务物流中的作用。

3．思考为什么需要将电子商务物流信息系统同 ERP、SCM 等系统进行整合？

【实际操作训练】

1．观察日常生活中的条码使用的例子，并对其编码规则进行分析。

2．体验快递物流中的信息技术应用和信息系统应用情况。

第九章

电子商务物流保险实务

【教学目标】

通过本章学习，了解电子商务企业物流环节面临的各种风险，目前物流保险的现状，以及物流保险的相关知识，掌握电子商务企业投保物流保险的种类，投保物流保险的方法以及操作实务中应注意的问题。

【教学指导】

目前关于物流保险方面的产品主要是物流货物险和物流责任险，物流责任险主要针对第三方物流企业，因此，电子商务企业主要的保险产品为物流货物险，建议教师结合企业实际案例，让学生掌握不同的物流货物险产品的投保要求和条件，并能够根据电子商务企业实际物流风险选择物流保险产品。

【学习指导】

建议学生在学习时，能够主动了解不同物流保险产品的区别，掌握其适用情况；能够通过保险企业网站，了解主要保险公司物流保险产品及投保操作实务。

【导入案例】

顺丰快递弄丢 89 万元饰品　仅按保价赔偿 4 000 元

2012 年 7 月，长春市古灵晶天然宝石珍藏馆接到北京客户的订单，就通过顺丰快递公司把价值 89 万元翡翠等饰品邮到北京。正常的情况下，这批货物会在 3 天后邮到北京，约定交货的时间到了，对方却没接到货。随后，珍藏馆负责人陈先生找快递公司询问，结果被告知这批货丢了。随后就商量赔偿的事宜，结果快递给出 4 000 元赔偿金的答复。

当初为这批货宝石珍藏馆保价 4 000 元。据陈先生说，一般大数额的货品会派人坐飞机直接送到客户手里，小数额的都是通过顺丰快速公司邮寄的，双方一直合作很愉快。这次货物数量较多，并且装在一个 1 米多高的大箱子内，虽然数额较大，但是依旧选择了顺丰快递，4 000 元钱的保价是出于安全考虑。

（资料来源：http://tech.qq.com/a/20100621/000526.htm）

问题：如何规避货物在物流过程中面临的风险呢？

第一节　初识物流保险

随着现代物流业的兴起，企业在为客户提供越来越便利的一体化物流服务的同时，也承担着越来越大的风险。随时可能发生货物破损、野蛮装卸、误时配送、偷盗灭失、变质串味等风险，这些风险都可能招致托运方提出索赔。面对风险的不断升高和索赔的烦恼，企业该如何防范？是自留还是转嫁？世界各国的实践告诉我们，保险不失为一种有效的风险防范机制。保险一方面体现了分散社会资源集中运作的优势；另一方面又体现出现代社会互助精神的价值。

一、物流业面临的风险

物流是物品从供应地向接收地的实体流动过程，根据实际需要将运输、储存、装卸、包装、流通加工、配送、信息处理等基本功能实施有机的结合。物流业在经营的过程中会面临着大量的、各种各样的风险，主要来源于以下两个方面：一方面是物流企业在采取海、陆、空等方式进行运输时的运动状态下，其风险主要来自自然灾害等不可抗力、交通事故、偷窃抢劫以及装卸搬运不当等意外事故；另一方面是物流企业在进行存储、加工时的静止状态下，其风险主要来自自然灾害等不可抗力，火灾、爆炸的意外事故。一般而言，现代物流风险主要包括以下三个方面。

1．与托运人之间可能产生的风险

（1）货物灭损的风险

货物灾损的风险包括货物的灭失和损害，可能发生的环节主要有运输、仓储、装卸搬运和配送环节。其发生的原因可能有客观因素，也可能有主观因素。客观因素主要有不可抗力、火灾、运输工具出险等，主观因素主要有野蛮装卸、偷盗等。

（2）延时配送带来的责任风险

在 JIT 原则的要求下，物流企业延时配送往往导致客户索赔。从实践中看，客户索赔的依据大多是物流服务协议。也就是说，此时第三方物流企业承担的是违约赔偿责任。

（3）错发错运带来的责任风险

有些时候，物流企业因种种原因导致分拨路径发生错误，致使货物错发错运，由此给客户带来损失。一般而言，错发错运往往是由于手工制单字迹模糊、信息系统程序出错、操作人员马虎等原因造成的。由此给客户带来的损失属于法律上的侵权责任。但同时，物流服务协议中往往还约定有“准确配送条款”，因此客户也可以依据该条款的约定提出索赔。此时便存在侵权责任和违约责任的竞合，我国《合同法》规定当事人得享有提起侵权责任之诉或违约责任之诉的选择权。

2．与分包商之间可能产生的风险

（1）传递性风险

传递性风险是指第三方物流企业能否通过分包协议把全部风险有效传递给分包商的风险。例如，第三方物流企业与客户签订的协议规定赔偿责任限额为每件 500 元，但第三方物流企业与分包商签订的协议却规定赔偿责任限额为每件 100 元，差额部分则由第三方物流企业埋单。在这里，第三方物流企业对分包环节造成的货损并没有过错，但依据合同不得不承担差额部分的赔偿责任。由于目前铁路、民航、邮政等公用企业对赔偿责任限额普遍规定较低，因此第三方物流企业选择由公用企业部门分包时将面临着不能有效传递的风险。

（2）诈骗风险

资质差的分包商，尤其是一些缺乏诚实信用的个体户运输从业者配载货物后，有时会发生因诈骗而致货物失踪的风险。

3．与社会公众之间可能产生的责任风险

（1）环境污染风险

第三方物流活动中的环境污染主要表现为交通拥堵、机动车排放尾气、噪声等。根据《环境保护法》，污染者需要对不特定的社会公众承担相应的法律责任。

（2）交通肇事风险

运输驾驶员在运输货物的过程中发生交通肇事，属于履行职务的行为，其民事责任应该由其所属的物流企业承担。

（3）危险品泄漏风险

危险品物流有泄漏的风险，随时会给社会公众的生命财产安全带来威胁，这一点值得从事危险品物流的企业警惕。

二、物流保险的概念

对于物流保险，目前还没有一个确切的定义。物流保险是一个综合性极强的概念。从宏观上来讲，物流保险就是一切与物流活动相关联的保险，把这一概念与物流概念相结合，解剖可得出物流保险的真实概念：物流保险是物品从供应地向接收地的实体流动过程中对财产、货物运输、机器损坏、车辆及其他运输工具安全、人身安全保证及雇员忠诚保证等一系列与物流活动发生关联的保险内容，其中，还包括可预见的和不可预见的自然灾害。物流保险被认为是对物流活动过程当中各个主要环节运作风险的保障和理赔。

目前的物流保险有广义和狭义之分。广义的物流保险囊括了物流过程中涉及的全部保险，既包括货运险又包括责任险。狭义的物流保险是责任保险，是相对于货运险体系而言处于另一个体系的保险。货物保险投保人和受益人都是发货方。而物流责任保险投保人和受益人都是物流企业。货物保险保的是货物本身，物流责任保险保的是物流经营人的责任。

三、物流保险的种类

目前，广泛应用于我国物流业的保险险种主要是物流货物险和物流责任险两大类。物流货物险是指货物在中国境内的运输、仓储、配送等物流环节可能遇到的风险而进行的保险。其中根据功能不同，物流货物险还可以分为财产保险和物流货物运输险。财产保险是指承保机器设备、厂房、仓储物品等处于静态财产的保险，也可称为仓储险。物流货物运

输险是指货物运输保险以运输过程中的货物作为保险标的，保险人承担因自然灾害或意外事故造成损失的一种保险。这两种险种主要是针对物流过程中运输和仓储两个主要功能进行保险的，但物流保险并不等于货物运输险与仓储险的总和。

目前第三方物流在我国的发展十分迅速，经营第三方物流的企业承担着安全仓储、流通加工及运输的责任。物流责任险为专业经营第三方物流业务的物流公司提供全面有效的保障。物流货物险综合了传统货物运输保险和财产保险的责任，承保物流货物在运输、储存、加工包装、配送过程中由于自然灾害或意外事故造成的损失和相关费用。

1．物流货物运输险

物流货物运输险是指以运输过程中的货物作为保险标的，保险人对保险货物在运输过程中发生保险责任范围内的保险事故而造成的损失承担赔偿责任的财产保险。物流货物运输险是物流保险最主要的内容，包括静态的财产保险（即仓储险）在内，物流货物运输险主要包括以下几类。

（1）财产险

物流当中涉及财产保险的主要是仓储环节。我国财产保险分为基本险和综合险。其保险费率分为工业险、仓储险和普通险三类，每一类别又按照财产的种类、占用性质和危险程度，分为不同的档次。每一投保单位原则上适用一个费率，并且针对仓储财产经常变化的特点，专门制定了一定限额的附加投保仓储财产申报条款。

（2）水路货物运输保险

水路货物运输保险的保险标的为以海上运输工具运载的货物，保险人承担运输中因遭受自然灾害和意外事故对保险标的的损失。在目前的国际贸易中，买卖双方投保海洋货物运输保险来获得经济保障已成为国际惯例。海洋运输一般时间比较长，运距比较远，途中遭遇自然灾害如狂风、暴雨、海啸等恶劣天气，海盗出没能造成船舶、货物损坏或灭失，风险系数比较高，因此，国际贸易双方都比较注重投保海上运输保险。海上货物运输涉及国际海上货物运输的主要保险条款有平安险、水渍险、一切险，海运货物一般附加险、特别附加险以及特殊附加险。

（3）公路货物运输保险

公路货物运输保险承保标的为国内经公路运输的货物，承保货物在运输过程中因遭受自然灾害或意外事故造成的损失，还负责承保包装破裂、破碎、渗漏和雨淋等造成的损失。其中公路货物运输的主要保险条款有陆运险、陆运一切险、陆上运输冷藏货物险（涉及特殊的冷藏货物运输时使用），陆上运输货物战争险和罢工险。

（4）铁路货物运输保险

铁路货物运输保险承保标的为国内经铁路运输的货物，分基本险和综合险两种。基本险承保货物在运输过程中因遭受自然灾害或意外事故造成的损失；综合险除承保基本险责任外还负责包装破裂、破碎、渗漏、盗窃、提货不着和雨淋等造成的损失。铁路运输的保险目前主要是保价运输制度，这是一种类似保险但是又有区别的特殊制度。

（5）航空货物运输保险

国内航空货物运输保险范围包括自然灾害和意外事故，还综合承保雨淋、破碎、渗漏、盗窃和提货不着等危险。此外还有鲜、活易腐货物特约保险、国内沿海货物运输舱面特约保险等特别保险。

航空货物运输的主要保险条款有航空运输险、航空运输一切险，航空运输货物战争险和罢工险。邮包运输也是物流运输中的一个重要组成部分，这方面的保险条款有邮包险、邮包一切险，邮包战争险和罢工险。

2．物流责任险

物流责任险是伴随第三方物流的兴起而发展起来的。第三方物流企业承担物流货物在运输、仓储及流通加工等过程中产生的风险，相比担负传统的单项物流功能企业所面临的风险要高。因此，第三方物流企业迫切需要能为其业务运营提供全面风险保障的制度。

物流责任保险是将第三方物流经营人承担的运输中承运人的责任以及仓储、流通加工过程中保管人的责任等融合在一起，由保险人承保此物流业务经营过程中的综合责任的保险。物流责任险与物流货物险的最大区别是承保对象不同，物流货物险的承保对象是货物，而物流责任险的承保对象则是物流经营人的责任。一旦物流经营活动中造成第三人承保范围内的人身或财产的损失，则保险人依照法律规定或合同约定，直接支付第三人赔偿款项，或在物流经营人赔偿给第三人后补偿给物流经营人。

2004年，中国人民保险公司正式推出了物流责任保险条款。物流责任保险是指被保险人在经营物流业务过程中，对由于列明原因造成的物流货物损失，依法应由被保险人承担赔偿责任的，由保险人根据保险合同的约定负责赔偿。物流责任保险的出现改变了过去缺乏针对物流企业的统一的保险险种，物流企业和客户只能在各个物流环节里面分别投保责任险，如分别投保承运人责任险、仓储保管人（受托人）责任险、货运代理责任险、公众责任险等。物流责任保险简化了物流企业投保责任保险的手续，节约了保险费用，减少了索赔理赔的环节和成本。

物流责任保险包括物流责任基本险，涉及常见的物流风险。此外还有附加盗窃责任保险、附加提货不着责任保险、附加冷藏货物责任保险、附加错发错运费用损失保险、附加流通加工、包装责任保险以及附加危险货物第三者责任保险等附加险供物流企业选择投保。

物流货物运输险和物流责任险的区别

1. 投保主体不同

物流货物运输险一般由货主投保，而物流责任险的投保人必须为实际承运人。

2. 确定保险金额基础不同

物流货物运输险的保险金额可按货价或货价加运杂费投保，而物流责任险的赔偿限额不得超过承运货物的价值。

3. 保险责任不同

物流货物运输险的保险责任范围包括自然灾害和意外事故，而物流责任险的责任范围仅限于列明的意外事故。

4. 赔偿依据不同

物流货物运输险为损失险，赔偿以被保险人的实际损失为基础；物流责任险承保的是责任，那么赔偿时必须以承运人实际应当承担的法律责任为理赔基础。

四、保险的基本原则

1. 最大诚信原则

最大诚信原则的基本含义是：保险双方在签订和履行保险合同时，必须以最大的诚意履行自己应尽的义务；物流保险合同双方应向对方提供影响对方做出签约决定的全部真实情况，互不欺骗和隐瞒，信守合同的认定和承诺，否则物流保险合同无效。最大诚信原则是物流保险合同成立的基础。诚信原则是民事法律关系的基本原则之一。在保险法律关系中对当事人的诚信要求比一般民事活动更严格，因此必须遵循最大诚信原则，这是由保险的经营特点所决定的。

首先，保险业是风险管理行业，对保险人而言，风险的性质及高低直接决定着保险人是否承保及保险费率的高低，而投保人对保险标的的风险更为了解。保险人只能依据投保人告知的风险状况来决定是否承保和确定保险费率，尤其在物流保险中，保险的标的是运输工具上的货物，这与保险合同的订立地之间可能不一致，保险人无法对这些货物进行实际考察。即使可以进行实际考察，也不可能像投保人那样了解。因此，保险人只能根据投保人提供的资料判断风险的大小，从而决定是否承保和确定保险费率。这就要求投保人在投保时如实告之并信守承诺。

其次，保险经营的技术程度较高，而物流保险的条款及其费率是由保险人单方拟定的，其技术性较高，复杂程度远非一般人所能了解，投保人是否投保以及投保的条件完全取决于保险人的告知，这就要求保险人如实向投保人说明主要条款和免除条款。

再次，投保人在投保时只需支付少量的保费，而一旦保险标的发生事故就能获得数十倍或数百倍于保险费支出的赔偿或给付。若保险人采取不诚实、不守信用的手段来投保和骗取保险金，则保险人无法经营。因此，遵循最大诚信原则有利于保证保险业稳健地发展。

2. 保险利益原则

保险利益是投保人或被保险人对保险标的具有法律上承认的利益。这里的利益一般是指保险标的安全与损害直接关系到被保险人的切身经济利益。这表现为：保险标的存在，这种利益关系就存在；如果保险标的受损，投保人或被保险人的经济利益毫无损失，则投保人或被保险人对保险标的没有保险利益。例如，在货物运输保险合同中，保险标的的毁损或灭失直接影响到投保人的经济利益，视为投保人对该保险标的具有保险利益。一般而言，保险利益是物流保险合同生效的条件，也是维持保险合同效力的条件。

遵循保险利益原则的主要目的在于：限制损害补偿的程度，避免将保险变为赌博行为，防止诱发道德风险。

3. 近因原则

损失有可能是由几个原因或一连串原因造成的，那么，什么原因是出险的真正原因呢？近因原则就是判断风险事故与保险标的损失之间的因果关系，从而确定保险赔偿责任的一项基本原则。保险损害的近因是指引起保险损害最有效的起主导作用或支配作用的原因，而不一定是在时间上或空间上与保险损害最接近的原因。近因原则是指保险赔付以保险风险为损害发生的近因为要件的原则，即在风险事故与保险标的损害关系中，如果近因属于风险保险，保险人应负赔付责任；如果近因属于不保风险，则保险人不负赔付责任。

在物流保险合同中，保险人承担赔付责任是以保险标的的损害为条件的，并且损害是物流保险合同所约定的风险发生所导致的，保险人承担的风险责任范围都是有限的。但在物流保险实务中，有时导致保险标的损害的原因错综复杂，为了维护保险合同的公正，近因原则应运而生。长期以来，它是保险实务中处理赔案时所遵循的重要原则之一。

4．补偿性原则

补偿性原则是物流保险合同中最重要的原则。大多数货物保险合同是补偿性合同。补偿性合同具体规定了被保险人不应该取得超过实际损失的赔偿。损失补偿性原则是指物流保险合同生效后，当保险标的发生保险责任范围内的损失时，保险赔偿只能使被保险人恢复到受灾前的经济原状，被保险人不能因损失而获得额外收益。

物流保险合同的补偿是以物流保险责任范围内损失的发生为前提的。没有物流保险责任内的损失则没有补偿。并且，补偿是以保险人的实际损失为限。所以保险人的赔偿额不仅包括被保险标的的损失，还包括被保险人花费的施救费用、诉讼费用。

补偿性原则是物流理赔的重要原则，在物流保险合同中使用补偿性原则可以防止被保险人从保险中获利。如果发生一次损失，只应该使被保险人大致恢复到与损失发生之前相同的经济状况。这样既保障了被保险人在受损后获得赔偿的权益，又维护了保险人的赔偿以不超过实际损失为限的权益，使物流保险合同能在公平互利的原则下履行。除此之外，补偿性原则还可以减少道德危险因素。如果不诚实的被保险人能从损失中获利，他们就会以骗取保险赔偿为目的故意制造损失。因此，如果损失赔偿不超过损失的实际现金价值，道德危险因素就会减少。

5．代位求偿原则

代位求偿原则是指在财产保险中，保险标的发生保险事故造成推定全损或者保险标的所有权的损失，保险人按照合同的约定履行赔偿责任后，依法取得对保险标的的所有权，或享有对保险标的的损失负有责任的第三者的追偿权。保险人所获得的这种权利就是代位求偿权。

通常，物流保险事故发生后，如果损失是由保险人和被保险人以外的第三者造成的，那么被保险人既可以依据法律规定的民事损害赔偿责任向第三者要求赔偿，也可以依据物流保险合同中规定的索赔权向保险人要求赔偿。如果保险人和第三者同时赔偿了被保险人，那么被保险人就有可能获得双重赔偿，从而使赔偿金额大于损失金额，这与物流保险的补偿性原则相违反。但是，如果仅由第三者赔偿，又往往会使被保险人得不到及时补偿，或者有可能得不到全部补偿。因此，法律规定了代位求偿原则，保证当保险标的因第三者责任而遭受损失时，保险人支付的赔偿金额与第三者赔偿的总额不超过物流保险标的的实际损失。

代位求偿原则的目的在于防止被保险人在同一次损失中取得重复赔偿。此外，代位求偿权使得肇事者对损失负有赔偿责任。保险人通过行使代位求偿权可以从过失方取得补偿。

第二节　自营物流电子商务企业物流保险实务

近年来，随着我国互联网经济的快速增长，电子商务迅猛发展，对于自营物流的电子商

务企业而言，企业要承担电子商务物流过程中的全部风险，电子商务企业可以通过目前广泛采用的物流货物险，降低电子商务物流中的风险。本节重点研究如何投保物流货物险的有关问题。

一、物流货物险

物流货物险主要针对企业物流，严格定义叫作第一方或第二方物流，也就是从买方和卖方的物流角度出发来设计的。从法律关系来看，物流货物的所有权属于被保险人，所以物流货物保险应归类于财产保险。其所承担的风险，既有不可抗力因素，也有各种过错疏忽因素，目的是替代原来单票式的零散货物运输保险，或者是零散的仓储财产保险。

物流货物险是一种年度保险产品，采取类似预约保险的业务运作方式，保险标的为全部的物流货物，它可以把企业原来很麻烦、物流环节无法保证的分散的、单项的保险，规范在一张保险单下，避免一票货物一单的承保方式，这样，企业就获得了很大的优惠，保险责任扩大了，操作手续简化了。

从保障范围上看，物流货物险综合了传统货运保险和财产保险的责任，承保物流货物在运输、储存、加工包装、配送过程中由于自然灾害或意外事故造成的损失和相关费用。物流货物保险可以为客户提供全面、无缝式的保险保障，同时还能最大限度地简化客户的投保手续，方便客户。

【实用案例 9-1】

物流货物运输险

最近一段时间以来，物流运输事故频频发生。除了自然灾害，一些意外事故导致的损失也比较频繁，致使货主和运输公司都受到很大的损失。此时，物流运输保险的作用就显得越发重要了。日前，一辆深圳到沈阳的货车在高速公路上发生火灾事故，导致该货车上价值 16 万元的五金配件几乎全部损毁。幸好货主在运输之前投保了物流保险。事故发生后，货主第一时间联系了承保的保险公司。通过与承保公司的沟通，现场查勘与残值核定都作了尽快地处理，由于事故发生原因清晰、资料齐全，该保险公司很快就完成了所有理赔手续，客户五天内就收到了该保险公司转账过来的 15.6 万元的赔款。

据报道，某财险四川分公司向汶川地震中受灾严重的某汽轮机公司预付货物运输保险的地震赔款 1 000 万元。该出险货物于 5 月 10 日从德阳起运，运往甘肃白银。5 月 12 日途经映秀镇时恰逢地震发生，致承运的 5 台风电机舱出险，造成重大损失。该保险公司四川分公司接到报案后，在初步确定保险货物的最大损失可能超过 1 000 万元后，保险公司及时作出预付 1 000 万元赔款的决定。

我国是世界上公认的地震、洪水、台风等各种自然灾害比较频繁的国家。据民政部统计，自然灾害每年给我国造成的经济损失都在 1 000 亿元以上。但曾有数据显示，在遭受自然灾害时，我国的保险赔偿一般都不会超过 5%，远低于全球 36%的平均水平，因为绝大多数受灾企业和个人基本上都没有保险保障。因此，一旦有意外事故发生都将导致众多企业财产受到不同程度的损失。

保险专家表示，货物运输险不仅能减轻企业的经济损失，而且能提高投保企业的经营水准。因为保险公司与保险经纪公司要规避风险，就会督促这些企业规范经营模式。例如提醒客户注意不要超载货物、注意包装完善、符合国家标准等，也会提醒企业规范发货量与发货流程，便于发生意外后能够得到顺利理赔，同时也规范了这些企业的经营模式。

（资料来源：http://www.baoyuntong.com/Activities/4-1-2.html）

二、货物运输险业务办理

从保险的属性来看，货物运输险要比普通的保险复杂得多，因此，如何缴费投保和索赔的程序同其他保险相比，也是有差别的。正是因为货物运输险的特殊性，所以购买货物运输险，必须到保险公司或合法的保险代理处办理，而不能凭电话或者在街上购买保单，只有取得保险公司统一编制的专用货物运输保险单才是有效的保险凭证。否则，发生货损，将无法获得保险公司的国内运输保险赔偿。同时，凡由保险代理处签发的货物运输保险单均按编码输入保险公司计算机中心，客户拿到这样的保单之后，可以通过电话投保报单系统查询保险单是否为有效的凭证。得到确认后，就可以视作自己购买的货物运输保险的保单生效了。货物必须在装车起运前投保货物运输险，并按规定一次性缴交保险费。如果货物已起运，再去办理增、减保额或退保，将不会得到批准。购买货物运输险时保险金额可按货价或货价加运杂费计算，要求足额购买货运险，如果不是足额购买，货物遭受保险责任范围内的损失时，保险公司将按规定比例摊赔。

从货物运输险的投保过程来看，货物运输险和别的保险有显著的不同，一个处于动态情况下的保险，无论对于买卖双方来说，都必须是慎重和科学对待才是可行的办法。

1. 选择保险公司

目前，保险市场上有多家企业提供物流货物运输保险业务，如中国人民财产保险公司、平安保险、太平洋保险，以及国外的美亚保险等。每家保险公司的保险费率和保险条件都有一些差别，电子商务企业可以根据情况与相关机构联系并做好投保前的咨询，选择合适的保险公司。

【小贴士 9-1】

保运通——中国知名的保险电子商务网站

货运险网上投保系统——保运通，是中国知名的保险电子商务网站慧择网投入巨资开发的货运险网上投保系统。它集合了四家保险公司的货运险。投保之前还提供试算功能，在保运通试算功能上输入要投保的货物及投保金额就立刻能获得四家保险公司的货运保险费率报价和承保条件，一键完成多家保险公司的优劣对比，更可贵的是，在保运通上投保货运险还能即时网上支付、即时下载保单电子扫描件、获得积分等。

由于技术集成，保运通货运险网上投保平台运作成本低廉，没有中间差价和提成，

加上集中了大量的企业会员，所以能给会员提供非常优惠的价格，即便是 25 元的保费都可以提供优质的服务。想知道货物出口需要多少保费，到保运通上试算即可；想学习更多的货运知识，到保运通上一看便知；一键获得多家保险公司的货运险保费报价，满意的话还可以马上在线投保，比以前到处找人方便多了。货运保险保费试算地址：http://www.baoyuntong.com 购买货运险可到上面试算一下，避免产生过高的货运险保费，成本能省则省。输入投保信息页面如图 9-1 所示，保费计算及对比结果如图 9-2 所示。

国内货运投保单　关闭

提示：系统将默认保存上次投保信息　点击清空信息

基本信息

被保险人[*]：

货物名称及型号[*]：　包装及数量：

运输信息

启运日期[*]：

运输方式[*]：请选择　运输工具[*]：请选择　车牌号[*]：

起运地[*]：　经过：　目的地[*]：

保险信息

保险金额[*]：　RMB

货物类型[*]：请选择货物类型

其他信息

运单号：　合同号：　发票号：

备注说明：（说明内容不显示在保单上）

计算保费

图 9-1　输入投保信息页面

国内运输：

选择	Logo	保险公司	费率	保费	险种	免赔说明	积分
○	中国平安 PINGAN	平安保险	0.63‰	￥245.70	综合险	免赔说明：绝对免赔为零。	491
○	CHARTIS	美亚保险	0.52‰	￥202.80	陆运一切险	免赔说明：免赔额为USD100。	405
○	太平洋保险 CPIC	太平洋保险	0.60‰	￥234.00	综合险	免赔说明：普通货物每次事故绝对免赔额为RMB 1,000.00或损失金额的5%，二者以高者为准	234
○	ZURICH 苏黎世保险	苏黎世保险	0.55‰	￥214.50	陆运一切险	免赔说明：绝对免赔为RMB500。	429
○	PICC 中国人保财险	人保财险	0.65‰	￥253.50	综合险	免赔说明：当保额小于RMB17万元或者USD25000时：绝对免赔为RMB500或损失金额的5%，以高者为准；当保额大于等于	253

图 9-2　保费计算及对比结果

2．确定保险种类及使用的保险条款

投保时选择适当的保险种类将可以保证货物获得充分的经济保障，并节省险费开支。保险种类选择不当，就会使货物在受损时得不到应有的赔偿，投保了不必要的险种而多支付了保险费用。确定恰当的保险险种，主要应该坚持两个原则：一是保障的充分性，即选择的保险险种要考虑货物在运输途中能遇到的各种风险，使货物能获得充分的经济保障；二是保险费用的节约，即选择保险时应充分考虑货物的性质、包装、用途、运输工具、运输路线、运输的季节气候以及货物的残损规律等因素。在进行货物运输投保时，一般应首先在基本险别中选择一种，再加保某些附加险。

保险条款主要分为国内货运险和进出口货运险两类。

（1）国内货运险

1）国内水路、陆路货物运输保险条款。

2）国内铁路货物运输保险条款。

3）国内公路货物运输保险条款。

4）国内水路货物运输保险条款。

5）国内航空货物运输保险条款。

（2）进出口货运险

1）海洋运输货物保险条款、战争险条款、罢工险条款。

2）陆上运输货物保险条款、战争险条款、罢工险条款。

3）航空运输货物保险条款、战争险条款、罢工险条款。

4）邮包险条款、战争险条款。

5）海洋运输冷藏货物保险条款。

6）活牲畜，家禽的海上、陆上、航空运输保险条款。

7）ICC（A）、（B）、（C）及战争险、罢工险条款（英国伦敦协会条款）。

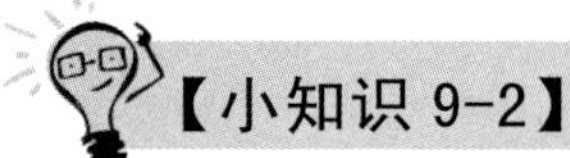

国内水路、陆路货物运输保险条款

第一章　总　　则

第一条　为使保险货物在水路、铁路、公路和联运运输中，因遭受保险责任范围内的自然灾害或意外事故所造成的损失能够得到经济补偿，并加强货物的安全防损工作，以利商品生产和商品流通，特举办保险。

第二章　保 险 责 任

第二条　本保险分为基本险和综合险两种。保险货物遭受损失时，保险人按承保险别的责任范围负赔偿责任。

（一）基本险

1. 因火灾、爆炸、雷电、冰雹、暴风、暴雨、洪水、地震、海啸、地陷、崖崩、滑坡、泥石流所造成的损失。

2. 由于运输工具发生碰撞、搁浅、触礁、倾覆、沉没、出轨或隧道、码头坍塌所造成

的损失。

3. 在装货、卸货或转载时因遭受不属于包装质量不善或装卸人员违反操作规程所造成的损失。

4. 按国家规定或一般惯例应分摊的共同海损的费用。

5. 在发生上述灾害、事故时，因纷乱而造成货物的散失及因施救或保护货物所支付的直接合理的费用。

（二）综合险

本保险除包括基本险责任外，保险人还负责以下赔偿：

1. 因受震动、碰撞、挤压而造成货物破碎、弯曲、凹瘪、折断、开裂或包装破裂致使货物散失的损失。

2. 液体货物因受震动、碰撞或挤压致使所用容器（包括封口)损坏而渗漏的损失，或用液体保藏的货物因液体渗漏而造成保藏货物腐烂变质的损失。

3. 遭受盗窃或整件提货不着的损失。

4. 符合安全运输规定而遭受雨淋所致的损失。

第三条　保险责任的起讫期，是自签发保险凭证和保险货物离起运地发货人的最后一个仓库或储运处所时起，至该保险凭证上注明的目的地的收货人在当地的第一个仓库或储存处所时终止。但保险货物运抵目的地后，如果收货人未及时提货，则保险责任的终止期最多延长至以收货人接到“到货通知单”后的十五天为限（以邮戳日期为准）。

第三章　除外责任

第四条　由于下列原因造成保险货物的损失，保险人不负赔偿责任：

1. 战争或军事行动。
2. 核事件或核爆炸。
3. 保险货物本身的缺陷或自然损耗，以及由于包装不善。
4. 被保险人的故意行为或过失。
5. 全程是公路货物运输的，盗窃和整件提货不着的损失。
6. 其他不属于保险责任范围内的损失。

第四章　保险金额

第五条　保险价值按货价或货价加运杂费计算。

第五章　被保险人的义务

第六条　被保险人在保险人签发保险凭证的同时，应按照保险费率，一次缴清应付的保险费。

第七条　被保险人应严格遵守国家及交通运输部门关于安全运输的各项规定，还应当接受并协助保险人对保险货物进行的查验防损工作，货物包装必须符合国家和主管部门规定的标准。

第八条　货物如果发生保险责任范围内的损失时，被保险人获悉后，应立即通知当地保险机构并应迅速采取施救和保护措施防止或减少货物损失。

第九条　被保险人如果不履行上述各条规定的义务，保险人有权终止保险责任或拒绝赔偿一部或全部经济损失。

第六章　货物检验及赔偿处理

第十条　货物运抵保险凭证及载明的目的地的收货人在当地的第一个仓库或储存处所时起，收货人应在十天内向当地保险机构申请并会同检验受损的货物，否则保险人不予受理。

第十一条　被保险人向保险人申请索赔时，必须提供下列有关单证：

1. 保险凭证、运单（货票）、提货单、发货票。

2. 承运部门签发的货运记录、普通记录、交接验收记录、鉴定书。

3. 收货单位的入库记录、检验报告、损失清单及救护货物所支付的直接费用的单据。

保险人在接到上述索赔单证后，应当根据保险责任范围，迅速核定是否赔偿，赔偿金额一经保险人与被保险人达成协议后，应在十天内赔付。

第十二条　货物发生保险责任范围内的损失时，按货价确定保险金额的，保险人根据实际损失按起运地货价计算赔偿；按货价加运杂费确定保险金额的，保险人根据实际损失按起运地货价加运杂费计算。但最高赔偿金额以保险金额为限。

第十三条　如果被保险人投保不足，保险金额低于货价时，保险人对其损失金额及支付的施救保护费用按保险金额与货价的比例计算赔偿。保险人对货物损失的赔偿金额，以及因施救或保护货物所支付的直接、合理的费用，应分别计算，并各以不超过保险金额为限。

第十四条　货物发生保险责任范围内的损失，如果根据法律规定或者有关约定，应当由承运人或其他第三者负责赔偿一部或全部的，被保险人应首先向承运人或其他第三者索赔。如被保险人提出要求，保险人也可以先予赔偿，但被保险人应签发权益转让书给保险人，并协助保险人向责任方追偿。

第十五条　保险货物遭受损失后的残值，应充分利用，经双方协商，可作价折归被保险人，并在赔款中扣除。

第十六条　被保险人从获悉保险货物遭受损失的次日起，如果经过一定时间不向保险人申请赔偿，不提供必要的单证，或者不领取应得的赔款，则视为自愿放弃权益。

第十七条　被保险人与保险人发生争议时，应当实事求是，协商解决，双方不能达成协议时，可以提交仲裁机关或法院处理。

（资料来源：中国人民财产保险有限公司）

3．认真仔细填写投保单

保险单据是保险人与被保险人之间订立保险合同的证明文件，它反映了保险人与被保险人之间的权利和义务关系，也是保险人的承保证明。当发生保险责任范围内的损失时，它又是保险索赔和理赔的主要依据。保险单据具体分为以下几种。

（1）保险单

保险单俗称大保单，是使用最广的一种保险单据。货运保险单承保一个指定航程内某一批货物的运输保险单据。它具有法律上的效力，对双方当事人均有约束力。投保单填写内容包括：被保险人名称、保险标的货物名称、包装情况、重量、数量、承保险别，使用条款、运输工具，如船舶、火车、汽车、飞机等，其中，如果船舶运输，散装货物须提供船舶的名称、船龄、船级等资料，运输方式如是否集装箱运输、集装箱拼箱运输、散货、件杂货等情况。保险单样本如图 9-3 所示。

中国人民财产保险股份有限公司深圳市分公司

国内水路、陆路货物运输保险单（正本）

保单号：PYDL201244032499E03560

鉴于投保人已向本保险人投保水路、陆路货物运输保险，并按本保险条款约定缴纳保险费，保险人同意按照《水路、陆路货物运输保险条款》的约定承担保险责任，特立本保险单为凭，与本保险单有关的附加条款、特约条款及批单是本保险单不可分割的组成部分。

投保人：　深圳恒凯丰投资管理有限公司

被保险人：上汽通用五菱汽车股份有限公司

起运地：柳州　（中转）　目的地：东营

货物名称		五菱宏光汽车		联运方式		公路
运输工具		非密封货车:桂B72887.桂B7237挂		费率		保险费
运单/货票号码		0001206		基本险	******	******
件数	裸装 1	重量		综合险	0.889‰	CNY40.01
起运日期		2012-07-10 10时		附加险	******	******

保险金额（大写）：肆万伍仟元整　(CNY45,000.00)

总保险费（大写）：肆拾元壹分　(CNY40.01)

特别约定：　本保单绝对免赔率按整批货物价值计算

绝对免赔率：免赔为每台车每次事故免赔为RMB2000或损失的5%，取高者，剔除刮擦险。

争议处理办法　________法院　________仲裁委员会

投保人声明上述所填内容属实，保险人已将《水路、陆路货物运输保险条款》的内容和责任免除内容向投保人做了明确的说明；投保人对上述内容及保险人的说明已经充分了解。

投保人签名：________

出险后，请与出险地中国人民财产保险股份有限公司分支机构联系，服务电话95518。

核保：王素芬　经办：韩晓　制单：慧择保运通

代理人签章：________　投保人签章：________

2012年07月10

地址：中国广东省深圳市罗湖区罗芳路122号　电话：86-755-25175888

邮编：518028　传真：86-755-25175188

网址：www.e-picc.com.cn

当前第1页，共3页

图 9-3　保险单样本

（2）联合凭证

联合凭证也称联合发票，是一种发票和保险相结合的、比保险单更为简化的保险单证。保险公司将承保的险别、保险金额以及保险编号加强在投保人的发票上并加盖印戳，其他项目均以发票上列明的为准。这种单证只在我国采用，并且只限于香港、澳门地区的少数客户。

（3）预约保单

预约保单又称预约保险合同，它是被保险人与保险人之间订立的合同。订立这种合同的目的是为了简化保险手续，又可使货物一经起运即获得保障。合同中规定了承保货物的范围、险别、费率、责任、款额，凡符合合同约定的运输货物，在合同有效期内自动承保。

4．确定保险金额

保险金额是保险人承担赔偿或者给付保险责任的最高限额，也是保险人计算保险费的基础。保险价值按货价或货价加运杂费确定。如果保险金额高于保险价值，超出的部分无效；如果保险金额低于保险价值，发生部分损失时则按比例赔偿：保险金额=损失金额×（保险金额/保险价值）。投保时，投保人需携带发票、货票作为货价依据。进出口货运险一般按照发票价格加成 10%。国内货物运输险的保险金额按照保险价值确定或由保险双方协商确定。保险价值按货价或货价加运杂费确定。若一张投保单投保不同单价、不同品名的货物时，保险金额应分别列明，必要时，填写投保清单，同时填写保险金额总计。

5．免赔条件

根据承保的货物的性质、包装、船舶、港口的管理好坏，设定免赔率。保险公司将根据以上条件缮制保单，在投保人支付保费后，出具保单给投保人。特别要说明的是如果货物运输根据信用证进行安排，保险公司将按照信用证要求出具保单。

6．保险索赔

（1）损失通知

当被保险人获悉或发现保险的货物已遭损失，应立即通知保险公司或保险单上所载明的保险公司在当地的检验、理赔代理人，并申请检验。

（2）向承运人等有关方面提出索赔

被保险人或其代理人在提货时发现被保险的货物整件短少或有明显残损痕迹，除向保险公司报损外，还应立即由承运人向有关当局索取货损货差证明。

（3）采取合理的施救、整理措施

保险货物受损后，被保险人应迅速对受损货物采取必要合理的施救、整改措施，防止损失扩大。被保险人收到保险公司发出的有关采取防止或者减少损失的合理措施的特别通知，应按照保险公司的通知要求处理。

（4）备妥索赔单证

被保险货物的损失经过检验，并办妥向承运人等第三者责任方求偿手续后，应立即向保险公司或其代理人提出赔偿要求。提出索赔时，除应提供检验报告外，通常还须提供其他单证，包括保险单或保险凭证正本；运输单据，包括海运单、海运提单等；发票；装箱单或重量单；向承运人等第三者责任方请求赔偿的函电及其他必要的单证或文件；货损货差证明；海事报告摘录；列明索赔金额和计算依据以及有关费用的项目和用途的索赔清单。

【小贴士 9-2】

中国人民保险公司国内水路、陆路货物运输保险索赔指南

一、保险货物在运输过程中发生损失后如何索赔

中国人民财产保险股份有限公司的分支机构遍布全国每个市、县，这给被保险人在规定时间内（不超过十天）报案带来了极大的方便——一旦出险，可以在出险地当地的中国人民保险公司机构报案，也可以在承保地公司报案。损失在 3 000 元以下（含 3 000 元，下同）的赔案可以在出险地公司迅速赔付。如果损失金额高于 3 000 元，则由出险地公司和承保地公司联系，以确定是由当地机构全权代理赔偿还是由承保地公司亲临出险地理赔。

二、索赔时投保人、被保险人应提供哪些证明材料

投保人、被保险人在向中国人民保险公司提请赔偿时，应携带下列有关证明：保险单（凭证）、运单（货票）、提货单、发票（货价证明）；承运部门签发的货运记录、普通记录、交接验收记录、鉴定书；收货单位的入库记录、检验报告、损失清单及救护货物所支付的直接费用单据。

另外，如果根据法律或有关规定，应当由承运人或其他第三者负责赔偿一部分或全部的，还需要携带向第三者提出索赔的书面材料及诉讼书。

三、赔偿金额如何确定

保险货物发生保险责任范围内的损失时，按保险价值确定保险金额的，中国人民财产保险股份有限公司应根据实际损失计算赔偿，但最高赔偿金额以保险金额为限；保险金额低于保险价值的，中国人民财产保险股份有限公司对其损失金额及支付的施救保护费用按保险金额与保险价值的比例计算赔偿。中国人民财产保险股份有限公司对保险货物损失的赔偿金额，以及因施救或保护货物所支付的直接合理的费用，分别计算，并各以不超过保险金额为限。

四、被保险人的索赔时效有多长

被保险人从获悉遭受损失的次日起，经过180天不向中国人民财产保险股份有限公司申请赔偿，不提供必要单证，或不领取应得的赔偿，则视为自愿放弃权益。

五、赔付期是多长时间

中国人民财产保险股份有限公司得知保险标的出险后，有责任查勘现场，索取有关证明材料，认定损失原因，核定是否赔偿。但赔偿金额一经中国人民财产保险股份有限公司与被保险人达成协议后，应在十天内赔偿。

7．投保时的其他注意事项

明确投保货物的投保金额，并根据货运价格、货物性质、包装特点、航线等确定投保险别后，向保险公司提供投保货物的有关单证以及检验证明，办理货物运输险的投保手续，此外还需注意以下几点。

1）一致性检查。投保人在填写货运险投保单时还应注意，投保的险别、币值与其他条件必须与销售合同、信用证上所列保险条件一致；投保后发现投保项目有错漏，要及时向保险人申请批改，否则在发生损失后发现与货运险投保单所填情况不符，将影响保险人及时、准确的理赔。对于特殊的货物，投保人要根据保险人的要求，提供货物的有关单证（如发票、提单复印件）及必需的检验证书。

2）完整性检查。被保险人栏目要按保险利益的实际相关人称谓的全称填写。因为保险是否有效，同被保险人保险利益直接有关。买方为被保险人则保险责任从货物装上船才开始；反之，卖方为被保险人则保险自保单载明起运地运出时开始。

3）清晰性检查。货物名称应填写具体名称，一般不要笼统填写。标记，应与提单上所载的标记一致，特别要同刷在货物外包装上的实际标记符号相同。包装数量，要将包装的性质如箱、包、件、捆及数量都写清楚。

4）明确性检查。运输工具，如是轮船运输，应写明船名，需转运的也要写明确；如是火车、汽车或航空运输的，仅写明火车、汽车牌号或空运（或航班号）即可。联运的最好写明联运方式。承保险别，要将需要投保的险别明确填写清楚，如有附加险别或与保险人有其他特别约定的也要在此栏注明。货运险投保日期，应在船舶开航或运输工具开行之前。

5）变更及索赔事宜。在改变运输工具、运输线路、保险货物、增减保额等情况下，投保人可书面向保险公司提出申请批改。被保险人申请索赔时，须提供保险凭证、运单（货票）、提货单、发货票，货运记录、普通记录、交接验收记录，鉴定书及收货单位的入库记录，检验报告，损失清单，救护货物直接费用单位。保险公司根据保险责任范围赔付。

三、财产保险

企业财产保险是指投保人存放在固定地点的财产和物资作为保险标的的一种保险，保险标的的存放地点相对固定且处于相对静止状态，也可称为仓储险。仓库所有人、仓库经营者、货物所有人可能因自然灾害、意外事故遭受财产损失，也可能因在货物仓储过程中，自身的过错过失导致他人的财产货物损失或者人身伤害，从而面临经济赔偿责任。通过安排适合的仓库财产保险、责任保险可以保障仓库、经营者及货主方的经济利益。企业财产保险为稳定企业的生产与经营，发挥了不可估量的作用。它的可保财产包括房屋、其他建筑物以及附属装修设备、机器及设备、仪器及生产工具、交通运输工具及设备、管理用具及低值易耗品、原材料、半成品、在产品或库存材料、特种储备商品等。财产保险主要包括基本险、综合险和财产一切险。

1．财产保险产品的主要类型

（1）财产基本险

财产基本险是企业财产保险中保险责任范围最小的基本险种。财产基本险明确列明承保的自然灾害与意外事故，超出列明承保的自然灾害与意外事故，即不是保险公司的承保范围。在保险期间内，由于下列原因造成保险标的的损失，保险人按照本保险合同的约定负责赔偿：①火灾；②爆炸；③雷击；④飞行物体及其他空中运行物体坠落。以上原因造成的保险事故发生时，为抢救保险标的或防止灾害蔓延，采取必要的、合理的措施而造成保险标的的损失，保险人按照本保险合同的约定也负责赔偿。保险事故发生后，被保险人为防止或减少保险标的的损失所支付的必要的、合理的费用，保险人按照本保险合同的约定也负责赔偿。

（2）财产一切险

财产一切险是企业财产保险中保险责任最宽的基本险种。一切险，是指一切自然灾害与意外事故。一切险定义保险责任范围的方式是，除保险条款中列明的除外责任之外，其他的自然灾害与意外事故，都是保险公司的承保范围。在保险期间内，由于自然灾害或意外事故造成保险标的直接物质损坏或灭失（以下简称“损失”），保险人按照保险合同的约定负责赔偿。前款原因造成的保险事故发生时，为抢救保险标的或防止灾害蔓延，采取必要的、合理的措施而造成保险标的的损失，保险人按照本保险合同的约定也负责赔偿。保险事故发生后，被保险人为防止或减少保险标的的损失所支付的必要的、合理的费用，保险人按照本保险合同的约定也负责赔偿。

（3）财产综合险

财产综合险是企业财产保险中保险责任范围较基本险更宽一些，较一切险更小的三种基本险种之一。财产综合险明确列明承保的自然灾害与意外事故，超出列明承保的自然灾害与意外事故，即不是保险公司的承保范围。财产综合险的保险责任范围如下。

在保险期间内，由于下列原因造成保险标的的损失，保险人按照本保险合同的约定负责赔偿：①火灾、爆炸；②雷击、暴雨、洪水、暴风、龙卷风、冰雹、台风、飓风、暴雪、冰凌、突发性滑坡、崩塌、泥石流、地面突然下陷下沉；③飞行物体及其他空中运行物体

坠落。前款原因造成的保险事故发生时，为抢救保险标的或防止灾害蔓延，采取必要的、合理的措施而造成保险标的的损失，保险人按照本保险合同的约定也负责赔偿。被保险人拥有财产所有权的自用的供电、供水、供气设备因保险事故遭受损坏，引起停电、停水、停气以致造成保险标的直接损失，保险人按照本保险合同的约定也负责赔偿。保险事故发生后，被保险人为防止或减少保险标的的损失所支付的必要的、合理的费用，保险人按照本保险合同的约定也负责赔偿。

（4）财产保险中的盗窃、抢劫风险

国内的财产保险，包括财产一切险，盗窃抢劫风险属于基本条款中的除外责任，需要通过与保险公司特别约定方式扩展承保。保险公司可能会增收一定金额的保险费。具体的盗窃抢劫扩展条款如下。

经双方同意，由于使用暴力手段进出保险标的坐落地址或被电子监测系统记录的，并经公安部门证明确系盗窃或抢劫行为造成保险标的的损失，保险人按照本保险合同的约定负责赔偿。但下列损失，保险人不负责赔偿。

1）被保险人雇员、家庭成员及寄宿人员直接或间接参与盗窃及内外串通、故意纵容他人盗窃或抢劫所致的损失。

2）放置在室外的保险标的遭受的盗窃损失。

3）保险标的坐落地址发生火灾、爆炸时保险标的遭受的盗窃损失。

4）无合格的防盗措施、无专人看管或无详细记录情况下发生的损失。

5）营业或工作期间、进出库过程中发生的盗窃损失。

6）盘点时发现的短缺。

保险人履行赔偿义务后破案追回的保险标的，仍归被保险人，被保险人应将已获赔款退还保险人；对被追回保险标的的损失部分，保险人按照本保险合同的约定进行赔偿。

2．投保企业财产险的注意事项

（1）正确选择财产保险产品

根据企业财产保险的类型，投保人可根据被保险人的具体风险情况进行选择。如果只是防火灾、雷击、坠物、爆炸，那投保基本险就可以了。如果需要保障暴风、暴雨等自然灾害那就投保综合险，保险费当然是综合险要贵一些。如果主要想保障火灾和不法侵害可以投保企业财产综合险并且附加不法侵害条款。附加的不法侵害条款，要注意的是免赔额大小以及每次事故赔偿限额出险时必须有明显的暴力痕迹，同时需要公安部门立案。

（2）不同类型的仓库其仓储险费率不同

对于投保企业仓库的仓储险而言，仓储险的保险费由保险金额和仓储险费率决定。仓储险费率是财产保险中适于储存大宗物资于仓库、露堆、敞棚、油罐、储气柜、地窖等处所的保险费率。中国现行的仓储险费率为：储存一般物资即非危险品为 1%；储存危险品为 2%；储存特别品为 3%；金属材料专储为 5%；石油专储为 3%。

（3）注意携带相关的证明材料

在投保时，投保人一般要向保险人提供资产负债表等能够表明财务资产情况和证明企业营业范围的材料，以便与保险人协商确定保险金额和保险费率；此外，要如实填写投保单以及相关单证（可在保险公司人员的指导下完成），并交付相应的保险费。

【实用案例 9-2】

企业财产保险理赔案例

一、投保时宜足额投保

上海某服装厂，在生产规模扩大时购入一批缝纫机。数月后，因车间发生火灾，烧毁了部分新买的缝纫机。企业主想到自己曾买过保险，遂向保险公司报案索赔，谁知保险公司以受损缝纫机未入账、而企业仅为账面资产投保、未为账外资产投保为由拒赔。

企业投保财产保险时，一般根据账面资产原值计算保额。但是现在一些民营企业，账面资产往往与实际资产相差很大，一家账面资产只有几百万元的小型企业，实际资产可能有几千万元。如果企业主仅根据账面资产投保，那么大量的账外资产出险时保险公司是不会赔付的。

专业人士建议，有类似情况的企业主在投保时一定要先摸清家底，除了为账面资产投保外，还可为账外资产、低值易耗品（价值在500元以下的，诸如信封、纸、笔等办公用品也是不入账的）等投保。当企业生产规模扩大、资产增加时，要及时为新增的资产投保，及时增加保额，以免出险时像上述案例中的企业主一样不得不自己承担损失。

二、注意库存量变化、季节性生产、折旧等因素

某物流公司以1 000万元保额为自己仓库中的库存货物投保。因连降暴雨致仓库进水，部分货物被淹，损失总计约300万元。该物流公司原以为投保了1 000万元的保额，这300万元的损失应可获得全部赔偿。孰料保险公司以按比例赔付为由，认为该公司出险时全部库存货物价值1 500万元，300万元的损失占20%，故仅赔付1 000万元的20%，共计200万元。其余100万元损失由该公司自行承担。

专业人士表示，保险公司的这种做法是合理的。在企业财产保险中实行按比例赔付的原则，由于出险时实际财产总值大于投保时的保额而带来的损失差值部分由客户自己承担。该人士建议，物流、仓储公司库存货物流动性强、变化量大，投保时应尽量按年度最大库存量计算保额，以免出险时发生赔付不足的情况。一些受季节性因素影响较大的生产厂家，也应当按照旺季时的最大库存货物量计算保额，不要为了少缴一点保费而估值不足，等到出险时又追悔莫及。

该人士提醒，企业主在投保时还应注意资产在运作过程中的变化形式。例如，现在有许多小型私企从事来料加工业务，原材料是上家的，进行一定程度的加工后再将产品返还给上家，从中收取一定的加工费。像这种情况，如果原材料或是加工后的产品出险了，保险公司是不赔的，因为这些资产并不属于该企业所有。而即使上家为其原材料投保了，因为这时原材料不在上家的保险地址内，保险公司也是不赔的。因此建议类似的企业在投保时，不要忘了为这些代保管的资产也投一份保险。此外，从事租赁业务的公司也要注意及时将租赁资产的变更地址及时告知保险公司，以避免因保险资产不在保险地址内而导致保险公司拒赔。

此外，引起赔付不足的原因还有折旧等因素在里面。例如一把椅子新购入时价值500元，按8年折旧匡算，假如4年后这把椅子完全损坏不能使用，则保险公司计入折旧因素，仅赔付250元，如这把椅子修复后还可使用，则保险公司仅赔付维修费用。

企业保险应该注意足额投保，要在事情发生之后第一时间报案，以免引起不必要的麻烦。

（资料来源：http://www.hzins.com/study/detal-25294.html）

第三节　C2C 模式电子商务中的物流风险控制

对于 C2C 电子商务来说，物流配送是交易中的商品流通环节，卖方为了降低成本，通常会选择价格较低的民营快递公司作为第三方物流供应商。快递公司在承诺的时限内快速完成的寄递活动。寄递是指将信件、包裹、印刷品等物品按照封装上的名字地址递送给特定个人或者单位的活动，包括收寄、分拣、运输、投递等环节。

一、C2C 电子商务中的物流风险问题

由于邮政包裹或是快递的性质不同于普通的公众物流，属于第三方物流，第三方物流具有很强的独立性，发货人和收货人都很难对其进行有效的控制。尤其对卖方而言，一方面，当货物从 C2C 电子商务的卖方交送物流公司起，卖方就无法监督、影响快递服务的质量；另一方面，物流配送事实上也决定了卖方交易能否实现，而且物流配送的质量在一定程度上决定了买方对卖方的综合评价结果。这样的情况就使得卖方在 C2C 电子商务中的物流环节，处于无奈接受的弱势地位。

另外，由于快递物流主要包括商品安全、配送时间、快递价格这三方面的问题，许多电子商务卖家选择了价格较低的民营快递公司作为第三方物流供应商，可是又没能注意应对服务质量参差带来的风险。C2C 电子商务的交易中，单笔交易一般数额较小、交易多为临时项目，卖方往往选择风险自留。尽管独立的每笔交易的物流风险可能带来的损失较小，但是一旦交易总量累计，仅以风险自留作为应对物流风险的手段是不够的，需要通过保险的方法进行处理。因此 C2C 电子商务强烈呼吁引入物流保险机制。

据《2011 年邮政行业统计公报》显示，2011 年全国规模以上快递服务企业业务量完成 36.7 亿件，同比增长 57%；快递业务收入完成 758 亿元，同比增长 31.9%。快递业务收入占比提高，占邮政行业业务总收入（不包括邮政储蓄银行直接营业收入）的比重为 48.5%，比上年末提高 3.5 个百分点。2011 年年底，我国快递行业市场规模已排名世界第三位，全国持有快递业务经营许可证的法人企业超过 7 500 家。

然而在快递行业一片欣欣向荣的背后，越来越多的消费投诉却让这一行业蒙上了阴影。据国家邮政局官方网站上宣布的《国家邮政局关于 2012 年 5 月邮政业消费者申诉情况的通告》称，当月该局受理消费者关于快递业务的有效申诉 8 423 件，其中反映快件丢失及内件短少的 1522 件，占 18.1%；反映快件损毁的 668 件，占总申诉数量的 7.9%。一旦货物尤其是贵重物品丢失，快递公司往往与客户在赔偿问题上产生很多纠纷，类似“iPhone 变砖头”等情况时有发生，导致消费者与快递公司矛盾升级。正是快递在物品运送的各个环节都会存在风险，这就迫切需要有保险来作为保障，这也催生了快递保险市场的潜在发展空间。按照我国邮政业发展“十二五”规划，到 2015 年，我国快递业务年处理量将达到 61 亿件，年均增长 21%。显然，对于这样的新兴产业和领域，其所蕴含的保险需求必然是巨大的。

目前，C2C 中的快递物流中主要的风险控制方法和一般的社会物流采取的方法大致相同——保价运输和快递保险。

二、保价运输

1. 保价运输的概念

保价就是货物的保证价值，也可称为声明价格。所谓货物保价运输，是指托运人在托运货物时声明其价格并向承运人支付保价费用，承运人会启动特殊运输流程，保证货物的安全，由承运人在货物损失时按声明价格赔偿的一种货物运输方式。货物保价运输既是运输合同的组成部分，也是实行限额赔偿后，保证承运人、托运人利益对等的一种赔偿形式。不同的快递公司规定的保价费率和赔偿也有所不同。

2. 保价运输的特点

1）保价运输是运输企业实行限额赔偿后，为了保证承运人、托运人双方权益对等，在法律上给予托运人的一种权利。在运输企业承运时，法律上保证托运人自愿决定是否行使这个权利。

2）保价运输的货物，在起运地和目的地之间流动，并一直处在运输企业职工的劳动和监护下，这有利于货物安全运送到目的地交付给收货人。

3）托运人应以全批货物的实际价格作为保价金额。货物的实际价格除货物自身的价格外，还包括承运前已发生的税款、包装费用和运输费用。

4）保价运输除对托运人的损失起补偿作用外，运输企业可以直接采取特殊的技术和组织措施，保证货物运输安全。

5）货物保价运输的责任是从承运人承运货物时起至将货物交付给收货人止全程负责。

3. 快递保价运输

快递必须通过运输，经由海、陆、空多种方式，国际物流更是艰辛，不可抗力、天灾人祸以及各种人为因素造成的风险都有可能造成货物损失。现在快递公司多实行的是保价赔偿的方式，保价是寄件人与快递公司在运送前关于运送物损坏特别达成的赔偿协议，保价金额由寄件人声明，快递公司按照保价率收取保价费，发生物损后快递公司按声明价格进行赔偿。保价中赔偿义务人不是保险公司，而是快递公司。保价率是快递公司预先制订的，保价的最高金额也有限制，并非无限价的保价。比如邮政速递公司 EMS，保价率是 1%，单件价值最多不超过人民币 10 万元；申通快递保价率是 3%～5%，最高保价金额为 2 万元；顺丰速递保价率是 5‰。，最高保价金额为 2 万元；中通快递保价率是 3%，承保最高额为 1 万元。

顺丰保价快递服务介绍

在快递服务过程中，寄件人可对托寄物内容向我司声明价值，并缴纳相应的费用，当货物在运输过程中发生损坏时，我司将按照托运人的声明价值赔偿一定损失。

保价费用为声明价值的 5‰，最低收费 1 元，尾数遵循四舍五入的原则。例如：声明价值为 160 元的保价快件，保价费用为 1 元。注：运费另计。

寄件须知：

1）快件声明价值不得超过快件实际价值，文件类最高声明价值不超过 2 000 元，非文件类最高声明价值不超过 20 000 元。

2）中国内地寄往中国香港、澳门、台湾的快件暂不提供保价服务。

3）若未选择保价，我司对月结客户在不超过运费九倍的限额内，非月结客户在不超过运费七倍的限额内赔偿托寄物损失的实际价值。若选择保价，我司按托寄物的声明价值和损失比例赔偿，托寄物声明价值高于实际价值的，按实际价值赔偿。

三、快递保险

对于快递货物的安全问题，虽然不少快递公司推出保价保障安全，但在 C2C 的卖家却认为，不怕没买家，最怕买家付款了收不到货，但很少有客户会选择保价，因为各家物流都需要缴纳一部分的保价费用，以十万元的包包为例，1%的保价费就是 1 000 元，成本不低，所以很少人会保价。

物流行业有自己的风险和成本，但收入仅是运费，因此快递公司在出现问题时一般都按照运费进行赔偿，但这种赔偿方式显然对寄件人不公平。随着快递运送的物品价值越来越高，保价方式显露出越来越大的局限，如受最高额限制、受快递公司资金实力限制等。如果奢侈品网站和消费者的报价超过快递公司的“承受范围”，那么也只能向保险公司投保。

引入第三方保险加入到快递程序中来，或许可以解决快递公司和寄件人之间的矛盾冲突。目前，物流业应用的保险险种主要是财产保险和货物运输险，邮包险是货物运输保险中的一种。邮包险（Parcel Post Risks）是指承保邮包通过海、陆、空三种运输工具在运输途中由于自然灾害、意外事故或外来原因所造成的包裹内物件的损失。邮包运输险的险别分为邮包险和邮包一切险。

邮包险的承保责任范围是保险公司赔偿被保险邮包在运输途中由于恶劣气候、雷电、海啸、地震、洪水等自然灾害或由于运输工具遭受搁浅、触礁、沉没、碰撞、倾覆、出轨、坠落、失踪，或由于失火、爆炸意外事故所造成的全部或部分损失；另外，还负责被保险人对遭受保险责任范围内风险的货物采取抢救、防止或减少货损的措施而支付的合理费用，但以不超过该批被救货物的保险金额为限。邮包险的责任起讫期限是从邮包离开保险单所载起运地寄件人处所运往邮局开始，直至被保险邮包运达保险单所载明的目的地邮局，自邮局签发到货通知书当日午夜起算满 15 天终止，但在此期限内邮包一经递交至收件人的处所时，保险责任即行终止。邮包险的除外责任与海洋货物运输保险条款中基本险的除外责任基本相同。

深圳邮局和保险公司推出邮包险，费率比保价低一半，保价费率为 1%，而邮包险费率则为 0.5%。邮包险最高保价值 20 万元的物品，某些物品如珠宝等保额会受到限制，但试运行几个月来，每月都有价值几百万元的包裹购买邮包险。邮包险对于规避快递风险的优势显而易见，但邮包险被公众应用需要由保险公司与邮局或快递公司合作，小型快递公司往往没有和保险公司合作的愿望，而邮局或者大型快递公司则很少向寄件人推荐邮包险，因此这个险种少为人知。

平安货运险条款：邮包险、邮包一切险

一、责任范围

本保险分为邮包险和邮包一切险两种。被保险货物遭受损失本保险按保险单上订明承保险别的条款规定，负赔偿责任。

（一）邮包险

本保险负责赔偿：

1）保险邮包在运输途中由于恶劣气候、雷电、海啸、地震、洪水、自然灾害或由于运输工具遭受搁浅、触礁、沉没、碰撞、倾覆、出轨、坠落、失踪，或由于失火、爆炸意外事故所造成的全部或部分损失。

2）保险人对遭受承保责任内危险的货物采取抢救，防止或减少货损的措施而支付的合理费用，但以不超过该批被救货物的保险金额为限。

（二）邮包一切险

除包括上述邮包险的各项责任外，本保险还负责被保险邮包在运输途中由于外来原因所致的全部或部分损失。

二、除外责任

本保险对下列损失，不负赔偿责任：

1）被保险人的故意行为或过失所造成的损失。

2）属于发货人责任所引起的损失。

3）在保险责任开始前，被保险邮包已存在的品质不良或数量短差所造成的损失。

4）被保险邮包的自然损耗、本质缺陷、特性以及市价跌落、运输延迟引起的损失或费用。

5）本公司邮包战争险条款和货物运输罢工险条款规定的责任范围和除外责任。

三、责任起讫

本保险责任，自被保险邮包离开保险单所载起运地点寄件人的处所运往邮局时开始生效，直至该项邮包运达本保险单所载目的地邮局，自邮局签发到货通知书当日午夜起算满15天终止，但在此期限内邮包一经递交至收件人的处所时，保险责任即行终止。

四、被保险人的义务

被保险人应按照以下规定的应尽义务办理有关事项。如因未履行规定的义务而影响本公司利益时，本公司对有关损失有权拒绝赔偿。

1）当被保险邮包运抵保险单所载明的目的地以后，被保险人应及时提取包裹。当发现被保险邮包遭受任何损失，应即向保险单上所载明的检验、理赔代理人申请检验。如发现被保险邮包整件短少或有明显残损痕迹，应即向邮局索取短、残证明，并应以书面方式向他们提出索赔，必要时还须取得延长时效的认证。

2）对遭受承保责任内危险的邮包，应迅速采取合理的抢救措施，防止或减少邮包的损失。被保险人采取此项措施，不应视为放弃委付的表示，本公司采取此项措施，也不得视为接受委付的表示。

3）在向保险人索赔时，投保人必须提供下列单证：保险单正本、邮包收据、发票、装箱单、磅码单、货损货差证明、检验报告及索赔清单。如涉及第三者责任，还须提供向责任方追偿的有关函电及其他必要单证或文件。

五、索赔期限

本保险索赔时效，从被保险邮包递补交收件人时起算，最多不超过二年。

（资料来源：http://www.hzins.com/study/detal-17326.html）

【实用案例 9-3】

邮包险的理赔案例

一、案情介绍

被保险人某机电有限责任公司，由首尔经航空至沈阳空运计算机配件，起运日期为 2007 年 10 月 19 日，于 10 月 19 日到达沈阳后，在卸货开包时发现其中两个显卡破裂造成保险标的损失，估损金额 2 700 元。由此，被保险人某有限公司向某保险公司提出索赔申请。

二、理赔焦点

本案焦点在于，保险公司对在卸货开包时发现其中两个显卡破裂造成保险标损失的保险责任怎么认定及赔偿标准。

1）确定被保险人的保险信息。某机电有限责任公司于 2007 年 5 月 10 日在某财产保险公司投保了邮包保险，保险金额为 100 000 美元，保险合同中起运地为首尔，目的地为沈阳。

经确认，被保险人某公司投保的是邮包险，并且保的是邮包险没有保邮包一切险，保险金额 100 000 美元。

2）根据邮包险保险条款的保险责任：一是被保险邮包在运输途中由于恶劣气候、雷电、海啸、地震、洪水自然灾害或由于运输工具遭受搁浅、触礁、沉没、碰撞、倾覆、出轨、坠落、失踪，或由于失火、爆炸意外事故所造成的全部或部分损失；二是被保险人对遭受承保责任内危险的货物采取抢救、防止或减少货损的措施而支付的合理费用，但以不超过该批被救货物的保险金额为限。本案出险原因，不属于以上的保险责任。

对本案，保险公司只需弄清邮包险保险条款和双方签订的国内货物运输预约保险协议书中的约定即可。

三、理赔结论

本案是因在卸货开包时发现其中两个显卡破裂造成保险标的损失，仅符合邮包一切险所规定的保险责任，而不在邮包险的保险责任范围内，保险公司根据被保险人某机电有限责任公司所投保邮包险的保险责任，确定本案不属于保险责任，保险公司不需向被保险人赔偿损失。

四、本案点评

本案中如果被保险人某机电有限责任公司投保邮包一切险，根据一切险保险责任“除包括邮包险的各项责任外，本保险还负责被保险邮包在运输途中由于外来原因所致的全部或部分损失”，则保险人某保险公司将根据保险责任将不得不向被保险人某有限公司赔偿损失。

本案中被保险人某机电有限责任公司在投保时，选择了邮包险，没有选择邮包一切险，可能有两个原因：一是熟悉自己所投保的险种条款，认为计算机配件在航空运输中，只要飞机安全到达，箱包内配件是不会有任何损失的；二是不熟悉自己所投保的险种条款，且保险人也没有详尽地为客户讲解。

发达国家的保险深度极高，有的国家达到我国的 10 倍以上，有经济发达的因素，也有风险意识非常高，各领域、各行业保险无处不在，当客户选择保险保障时大部分由自己的律师代理，而律师涉及的法律事务涉猎面广，自然给客户提供的保险产品也多。而我国国民的保险知识甚少，保险只是拾遗补缺的一种简单行为，缺乏系统性，又有侥幸心理，本案就是教训。

总之，在投保这个险种时，被保险人一定要详细地了解要投保险种条款的内容，不要因为价格的高低，来选择险种，而要根据所保货物的特点及保险责任规定的范围来选择险种。而且保险人要为客户做好服务，做到详细讲解，尽可能地让客户全面了解所要投保险种的条款内容，让客户做到心中有数。

（资料来源：http://wl.100xuexi.com/view/otdetail/20120407/18e2d7d3-0080-475a-b7db-a9d8958bfb50.html）

四、保价运输与保险运输的区别

货物保价运输与保险运输虽然都有补偿托运人或收货人经济损失的目的，但是两者的性质不同。

1）责任依据的法律不同。保价运输责任的法律依据是有关运输法律法规；而运输保险责任的依据是保险法规。

2）责任基础不同。保价运输责任的基础主要是因承运人责任造成的货物损失；运输保险责任的基础主要是因自然灾害、意外事故等非人为因素造成的损失。根据国内水路、陆路货物运输保险的有关规定，保险货物因承运人责任造成的货物损失，保险人向投保人补偿后，有向承运人追偿的权利。

3）赔偿方式不同。保价运输赔偿的依据是保价协议，它是运输合同的组成部分，根据此协议，托运人要缴纳一定的保价费，承运人以保价金额承运，发生承运人责任的损失时按保价运输的原则赔偿，即最高不超过保价金额。运输保险的赔偿依据是保险协议，根据该协议，在发生保险责任范围内的损失时，赔偿金额最高不超过保险金额。

4）目的不同。保价运输的目的是为了解决限额赔偿不足以补偿托运人损失而设立的一种特殊的赔偿制度。运输保险的目的则是为了解决因自然灾害、意外事故而造成的经济损失的社会救济问题。前者是运输责任的延续，后者是一种社会补偿方式。

5）对货物的安全管理不同。货物保价运输是货物运输合同的组成部分，承运人作为合同的一方直接参加货物的运输工作，有条件对保价货物采取特殊的安全管理措施。对于货物运输保险，因保险公司不参与运输管理，它只是一种经济补偿形式。

6）资金运用的范围不同。运输保险的保费收入，除用于赔偿外，主要用于整个社会的经济、福利等设施的建设。而保价运输的保费收入，除用于赔偿外，主要用于改善运输设施，保证运输安全，提高运输质量，比运输保险更直接地照顾了托运人、收货人的权益。

【小思考 9-1】

网购奢侈品尴尬：快递不愿接单，保险不敢承保

时下网上买房、买车已不是新鲜事，网购奢侈品也成了不少消费者的热门选择。但不少消费者则抱怨称，价值数万元的名表、名包，快递公司不愿接单，而未保价的物品连连出现破损延误的情况，丢失数万元的奢侈品仅获赔几百元，频频吃到哑巴亏。

对此不少快递公司则表示“很无奈”，不少消费者还不习惯进行保价，而出于成本和风

险因素考虑，公司也不得不对保价的快件进行最高限价。

另一方面，与快递物流相关的保险业务目前仍在起步阶段，就广州市场而言，只有屈指可数的几家财产公司有相关业务。

昨日一位从事 3 年专业奢侈品代购的淘宝卖家告诉记者，自己在淘宝网上开店以来，时不时会碰到买家问他，“我的爱马仕发快递安全吗？”“快递员会不会调包，万一丢了怎么办？”甚至有买家为了安全起见会选择跟他同城当面交易。

而记者登录多家奢侈品电商网站则发现，有电商网站为了确保客户的奢侈品安全，则是邀请用户上门取货，并承担用户来回的路费和住宿费用。此前也有报道称：“住最好的酒店，来回打飞的价格也就在 5 000 元左右，与快递公司的承保费用相比甚至更便宜，用户体验还好。”某奢侈品网站负责人表示。

这些未保价的奢侈品面临的风险也是不言而喻的，近期频繁爆出“iPhone 变砖头”等快递人员调包、丢件问题，而十多万元的商品最终可能只能获赔几百元。

据了解，为了防止快递公司出现调包、磕碰等问题，保证安全和配送速度，一些奢侈品电商不仅购买了保险，而且在商品入库时就逐一贴上防伪标签。而为了做好“最后一公里”的服务，电子商务企业则是纷纷开始自建物流渠道。

昨日记者采访了多位业内人士，目前行业普遍面临的问题是，贵重的物品快递公司不愿接单，便宜的物品消费者则不愿保价。一位淘宝卖家对记者表示，一般消费者网购的商品价格都在几百元之内，很少有卖家会对此进行保价，而对于总价较高的一些货品，快递公司则是建议卖家分开邮寄。

1．送保价物品不容易

昨日一位快递公司的市场部人士向记者透露，配送保价物品比普通快件需要额外的人力、配送成本。针对一些特别贵重的保价快件，公司会以特别标签区分，而且会通过单独的柜台进行操作。而其他快件即使是一些大客户也和普通快件的运转方式一样。而根据业内的普遍规则，保价金额由寄件人声明，快递公司则按照保价率收取保价费，发生物损后快递公司按声明价格进行赔偿，丢失未保价物品一般赔付运费的 3～5 倍。

其实，即使消费者愿意交足保价费，快递公司也不是“来单照收”。昨日圆通快递一家营业部负责人对记者表示，由于其站点规模不大，一般不接收超过 1 万元以上快件，“有些皮包、手表等奢侈品我们也没有条件鉴定其价值，而接单后一旦出现问题，快递公司承担的风险也过高。”

2．相关保险业务仍空白

有业内人士表示，引入第三方保险加入到快递程序中来，或许可以解决快递公司和寄件人之间的矛盾冲突。然而记者了解到，目前保险公司在保物流、快递这一块业务仍然是一片空白，就广州市场而言，只有屈指可数的几家财产公司有相关业务，很多外资保险企业甚至根本不涉足这一块业务。有资深保险业内人士向记者坦言，“快递市场鱼目混杂，面对这么乱的市场，保险公司本身风险也很大，根本不敢承保这一块的业务。”

人保财险人士表示，此类货运险的保额以货物实际价值为准，可以加成 10%以下作为运费等其他额外费用的保障，而保费净费率大约在 0.04%左右。以空运某款 30 万元的名牌包包为例，从北京寄到广州，保额最高能达到 33 万元，而客户所交保费为 120 元。

同时，专家提醒，货运险投保需要明确价值货品，奢侈品的话须有购物发票证明价值，保险公司有时也会评估投保人有没有道德风险。另外，由于保险货物本身的缺陷或自然损耗，以及由于包装不善或属于托运人不遵守货物运输规则所造成的损失，保险公司将不负赔偿责任。

（资料来源：http://society.people.com.cn/GB/17692445.html）

思考：你认为应该如何解决 C2C 电子商务中的物流风险问题？

【本章小结】

物流业在经营的过程中会面临着大量的各种各样的风险，主要有运动状态和静止状态两方面来源，现代物流业风险主要包括以下三个方面：①与托运人之间可能产生的风险；②与分包商之间可能产生的风险；③与社会公众之间可能产生的责任风险。

物流保险是处理风险问题的有效手段，目前广泛应用于我国物流业的保险险种主要是物流货物险和物流责任险两大类。物流货物险是指货物的保险，物流责任保险是为物流公司提供的保障。物流货物险还可以分为财产保险和物流货物运输险。财产保险主要指静态财产的保险，也可称为仓储险，物流货物运输险则以运输过程中的货物作为保险标的，并且是物流保险最主要的内容，包含了各种运输方式下的保险。

保险的基本原则包括：最大诚信原则、保险利益原则、近因原则、补偿性原则和代位求偿原则。从投保过程来看，货物运输保险和别的保险有显著不同，各个环节应认真对待。财产保险主要包括基本险、综合险和财产一切险，投保前须先选择好财产保险产品的类型。

C2C 中的快递物流中风险问题很多，目前的解决方法有两种——保价运输和快递保险，虽然都有补偿托运人或收货人经济损失的目的，但是两者的性质不同。邮包险是货物运输保险中的一种，其险别分为邮包险和邮包一切险。

【知识链接】

应用型阅读材料：

[1] 张良卫．物流保险：实践·服务·管理管理[M]．北京：中国物资出版社，2010．
[2] 蒋晓荣，何志华．国际货运与保险实物[M]．北京：北京大学出版社，2006．

研究型阅读材料：

[1] 龙卫洋．物流保险创新[J]．中国物流与采购，2006（17）．
[2] 王汝志．现代物流保险的实践与思考[J]．浙江金融，2008（10）．

网站资料：

中国人民保险公司：http://www.piccnet.com.cn
物流天下：http://www.56885.net
保运通：http://www.baoyuntong.com
中国货运保险网：http://www.marins.com.cn

发展趋势：

日前，我国《快递市场管理办法（修订草案）》（征求意见稿）的公开发布，旨在加强快递市场管理，维护国家安全和公共安全，保护用户合法权益，促进快递服务健康发展。《管

理办法》首次建议寄件人对贵重物品购买保价或保险服务。一方面，快递行业引入保险机制，可以有效减少快递方面的纠纷，让寄件人的利益更有保障；另一方面，随着快递行业的快速发展，对保险公司是一个发展新契机，保险公司正不失时机地抓紧时间开办好快递保险业务。因此电子商务企业应当密切关注物流保险市场动态，做好电子商务物流风险防范。

【习题】

思考题

1．物流业面临哪些主要风险？

2．物流保险有哪些种类？

3．物流保险应遵循哪些基本原则？

4．企业如何进行物流保险索赔？

【案例分析】

货运公司投错货运险案例分析

现实生活中，货物运输公司为货主购买保险时一定要慎重。目前市面上较常见的货物运输险一般分为两种：一是货物损失保险，保险单记载被保险人是货主；另一种属于责任保险，保险单记载被保险人是货运公司。

2009 年 4 月，C 货运公司向 H 保险公司投保了货物运输损失保险，保险单载明，投保人是 C 公司，被保险人是 C 公司的客户。保险期间内，C 公司从客户 B 贸易公司处承接了一批货物的运输业务，在运往目的地的高速公路上，该批货物意外丢失数箱，造成损失高达 37 万余元。事故发生后，B 公司致函 C 公司，表示对于货损应由 C 公司负责赔偿。后 C 公司从 B 公司应付的运输费中扣除了上述 37 万余元。得到赔偿后，B 公司应 C 公司要求，出具了《债权转让协议》，将上述货物的保险金请求权转让给 C 公司。之后，C 公司向 H 保险公司申请理赔，H 保险公司以 C 公司不是本保险的被保险人，而是对保险事故负有赔偿义务的责任人，不能获得保险金请求权为由，拒绝理赔。C 公司遂提起诉讼。

一审法院审理后认为，本保险合同是货物损失保险而非承运人责任险，货物在运输过程中发生损失，承运人 C 公司负有货损赔偿义务，如果 H 保险公司给付了保险金，其可以向 C 公司追偿。因此 C 公司是本案的终局责任人，其已经向被保险人作了赔偿，则 H 保险公司的保险责任也归于消灭。据此判决驳回 C 公司全部诉讼请求。C 公司不服，提起上诉。

二审上海市第一中级人民法院认为，被保险人 B 公司已从 C 公司处获得了全部的货损赔偿款，无权再向保险人主张保险理赔。C 公司基于《债权转让协议》，从被保险人处受让的权利，不得超过被保险人依法享有的保险金请求权范围。因此，C 公司同样不得就货损向 H 保险公司主张理赔。据此二审判决驳回上诉，维持原判。

此案例表明，货物运输公司在投保时，必须慎重选择保险类别，仔细阅读保险条款尤其是关于保险责任范围的规定，如果希望为自己的承运人责任提供保险保障，应明确告知保险公司或保险代理人，在保险单上注明自己为被保险人。

根据以上案例所提供的资料，请分析：

1．C 公司为什么没有获得理赔？

2．你认为货物损失险和物流责任险的主要区别是什么？

参考文献

[1] 张良卫．物流保险：实践·服务·管理[M]．北京：中国物资出版社，2010．
[2] 蒋晓荣，何志华．国际货运与保险实物[M]．北京：北京大学出版社，2006．
[3] 夏露，李严峰．物流金融[M]．北京：科学出版社，2008．
[4] 刘胜春．电子商务物流管理[M]．北京：科学出版社，2009．
[5] 张浩．采购管理与库存控制[M]．北京：北京大学出版社，2010．
[6] 张婧．我国物流保险发展研究[D]．大连：大连海事大学，2007．
[7] 龙卫洋．物流保险创新[J]．中国物流与采购，2006（17）．
[8] 王汝志．现代物流保险的实践与思考[J]．浙江金融，2008（10）．
[9] 李亦亮，徐俊杰．现代物流仓储管理[M]．合肥：安徽大学出版社，2009．
[10] 徐康平．现代物流法导论[M]．北京：中国物资出版社，2007．
[11] 梅艺华，吴辉，李海波．仓储管理实务[M]．北京：北京理工大学出版社，2010．
[12] 李怀湘．仓储管理实务[M]．北京：北京理工大学出版社，2010．
[13] 黄中鼎．现代物流管理学[M]．2 版．上海：上海财经大学出版社，2010．
[14] 郭曙光．仓储与配送管理实务[M]．北京：中国林业出版社，2008．
[15] 袁长明，刘梅．物流仓储与配送管理[M]．北京：北京大学出版社，2007．
[16] 欧阳振安，严石林．仓储管理[M]．北京：对外经济贸易大学出版社，2010．
[17] 蔡临宁．物流系统规划：建模及实例分析[M]．北京：机械工业出版社，2004．
[18] 刘云霞．现代物流配送管理[M]．北京：清华大学出版社，2009．